ŒUVRE

PARLEMENTAIRE

DU

COMTE DE CAVOUR

TRADUITE ET ANNOTÉE

PAR

I. ARTOM ET ALBERT BLANC

Elibron Classics
www.elibron.com

Elibron Classics series.

ISBN 0-543-96653-4 (paperback)
ISBN 0-543-96652-6 (hardcover)

This Elibron Classics Replica Edition is an unabridged facsimile of the edition published in 1862 by J. Hetzel, Paris.

ŒUVRE PARLEMENTAIRE

DU

COMTE DE CAVOUR

PARIS. — IMPRIMERIE DE J. CLAYE
RUE SAINT-BENOIT, 7

ŒUVRE

PARLEMENTAIRE

DU

COMTE DE CAVOUR

TRADUITE ET ANNOTÉE

PAR

I. ARTOM ET ALBERT BLANC

PARIS

J. HETZEL, ÉDITEUR, 18, RUE JACOB

— LIBRAIRIE J. CLAYE —

1862

AVANT-PROPOS

Ce livre contient les discours principaux prononcés devant le Parlement italien par le comte de Cavour, de 1848 à 1861.

A la mort du ministre, la Chambre des députés du royaume ordonna la réimpression intégrale, en un recueil officiel, de tous ses discours. Cette collection, destinée surtout aux Italiens, leur offrira un ample sujet d'études spéciales. Mais à côté de ce monument consacré par les représentants de la nation à l'homme qui fut une si haute expression de leur pensée commune, il y a place peut-être pour une publication moins vaste, composée dans une langue plus connue que la nôtre en Europe, et qui se borne à reproduire soigneusement les discours et les fragments relatifs à des faits de quelque importance ou à des questions de principes. Tel voudrait être l'ouvrage que nous présentons aux lecteurs.

Une traduction française de l'œuvre parlementaire du comte de Cavour ne devait pas être un assemblage sans choix de tous ses discours aux Chambres : il en est, dans le nombre, qui portent sur des objets d'un intérêt tout local ou même tout momentané, et qui ne sont point faits pour exciter l'attention de lecteurs étrangers aux menus détails de l'administration de l'ancien royaume de Sardaigne. Il a donc fallu omettre ou réduire, avec toute la circonspection convenable, les discours ou les passages de ce genre.

Les considérations de cet ordre seules, à l'exclusion de toute autre idée préconçue, ont présidé au choix et à la mise en œuvre des matériaux de cet ouvrage. On s'est regardé comme tenu en conscience de ne rien négliger de ce qui pouvait faire mieux connaître les phases successives de la carrière de l'homme d'État et le développement progressif de ses idées. Toutes les transformations de cette pensée si peu dogmatique ont été des preuves de bonne foi et des hommages rendus à l'expérience : les mettre en pleine lumière, ce n'est qu'en faire mieux apparaître l'unité essentielle.

Nous avons joint au texte les éclaircissements et les pièces justificatives qui ont paru nécessaires. Des fragments intéressants, détachés des discours qu'il a paru inutile de reproduire complétement, ont été rapportés sous la forme de notes aux discours reproduits.

L'un des auteurs de ce travail a retracé, dans les premières pages du livre, des souvenirs qui lui sont chers. L'un et l'autre, dans des notices placées en tête des discours, ont essayé de dessiner les traits principaux des situations où ces discours furent prononcés. Ils se sont gardés rigoureusement de toute prédilection dans leurs jugements, sachant que les citoyens éminents veulent des historiens et non pas des panégyristes. N'ayant pas pour tâche d'écrire les annales de l'Italie moderne, ni même celles du Piémont constitutionnel, ils n'ont pu donner dans ce recueil, aux hommes qui y sont nommés, autant de place qu'il leur en appartiendra dans l'histoire nationale; mais ils espèrent qu'on appréciera leur réserve à l'égard des vivants, collaborateurs ou rivaux estimés du comte de Cavour.

Leur but d'ailleurs n'a pas été seulement d'honorer la mémoire du ministre sous la direction duquel ils ont eu l'honneur de servir leur pays; ils ont voulu aussi rappeler combien le mouvement italien, dès l'origine de la période présente, a été juste, noble, et fécond en présages heureux pour le reste du monde.

Le vœu qu'ils forment, c'est que ce livre témoigne de la grandeur d'une nation autant que de la grandeur d'un homme.

INTRODUCTION

Ruinam sarcire generis lapsi.

VIRGILE.

Il n'appartient pas à la génération actuelle d'écrire l'histoire complète de la politique du comte de Cavour. Les quelques hommes qui jouissaient de sa confiance et qui ont pris part à ses travaux doivent garder à la mémoire de l'homme d'État le secret qu'ils auraient tenu à l'ami intime, au maître vénéré. Bien des considérations diverses imposent soit à ses confidents, soit à sa famille, une réserve qui ne serait nullement nécessaire s'il s'agissait seulement de la réputation du comte de Cavour, destinée à grandir de plus en plus à mesure que la vérité sera mieux connue.

Mais si les mémoires du grand Italien ne doivent être rédigés, ainsi qu'il aimait souvent à le dire, que dans cinquante ans, par ses petits neveux, il nous a paru que quelque chose restait à faire pour donner une satisfaction à la curiosité légitime et à la sympathie des contemporains.

Une grande partie de la vie publique du comte de Cavour s'est passée dans les luttes de tribune : c'est au sein du Parlement qu'il aimait à exposer ses idées ; c'est là surtout qu'il avait la conscience de sa grandeur morale et intellectuelle; c'est là que souvent une interruption, une attaque a fait jaillir sa pensée avec un nouvel éclat.

Recueillir ses principaux discours, les présenter au public français, c'est peut-être rendre à une mémoire que nous vénérerons toujours le seul hommage digne d'elle qui dépende de nous. Cette tâche, qui ne demandait que du dévouement et le respect consciencieux de la pensée du maître, nous l'avons entreprise. A mesure que nous relisions pour les traduire ces pages éloquentes et pleines d'enseignements utiles, les souvenirs se pressaient dans notre mémoire. J'en réunis quelques-uns dans ce court avant-propos, en me bornant scrupuleusement aux dernières années de sa vie, pendant lesquelles j'eus l'honneur de remplir auprès de lui de modestes fonctions. Sans rappeler des faits présents à la mémoire de tous, sans prétendre apprécier ses travaux, sans même vouloir écrire sa biographie si connue, j'ai jugé utile d'ajouter quelques traits familiers à la figure imposante qui se dégage de l'œuvre que nous publions. J'ai dû, à regret, me mettre parfois en scène et figurer dans les entretiens que je rappelle; on me rendra cette justice de reconnaître que je ne l'ai fait que le moins possible.

Tout le monde connaît les qualités intellectuelles du comte de Cavour; peu de gens connaissent ses inappréciables qualités morales. Aux yeux de ses adversaires politiques il était et il passe encore pour un homme d'intrigue, de ruse et d'ambition, ne reculant pas devant des moyens douteux pour arriver à son but; avide de pouvoir, masquant son despotisme sous des manières libérales, sceptique et corrupteur. Bien des fois, en lui traduisant les articles des journaux autrichiens, où le *Seelen und Reisverkaufer* revenait à chaque instant, je voyais l'indignation et le dédain passer rapidement sur sa physionomie, que déridait bientôt un éclat de rire franc et sonore. Le fait est que le prétendu Machiavel s'amusait beaucoup de la rouerie qu'on lui attribuait. Il disait souvent : « Je suis bien moins malin qu'on ne se plaît à le dire; je vais par les grands chemins, on croit que je marche par des sentiers de traverse; je dis ouvertement ce que je pense, et l'on me suppose toute sorte d'arrière-pensées et de réticences. » Riche, de noble extraction, reconnu comme un politique de premier ordre, je m'étonnais souvent qu'il consentît à rester en butte à certaines attaques, lui qui n'avait aucune des vues personnelles que suppose ordinairement l'amour du pouvoir.

Un soir, au milieu de l'une des phases les plus douloureuses de la question de Nice et de la Savoie, je lui exprimai franchement ma pensée. « Certes, vous avez raison, me répondit-il. Le Roi me ferait duc de Leri, comme le répètent sottement les journaux autrichiens, que je n'échangerais pas contre ce titre mon nom de comte de Cavour; j'ai plus de fortune personnelle qu'il ne m'en faut pour mes besoins, quoique je ne sois pas aussi riche qu'on le dit; et quant à la popularité, jamais je n'en aurai une plus grande que celle que j'ai goûtée le lendemain de la bataille de Magenta et la veille de Solferino. Mais que voulez-vous? j'ai l'ambition de servir l'Italie; je risque volontiers pour elle ma réputation et ma popularité. Si j'avais en vue mon intérêt personnel, au lieu d'amener l'Italie et l'Europe à admettre la cession de Nice et de la Savoie, je donnerais ma démission, et, content d'une gloire acquise à bon marché, je me retirerais à Leri, en laissant mon pays se débattre au milieu de cette crise périlleuse. »

Le comte de Cavour aimait le pouvoir, non pour les satisfactions qu'il procure, mais pour le but qu'il s'était lui-même proposé. L'activité fiévreuse dont il était possédé savait s'emparer de tous les genres d'occupations. « Jamais, me disait-il un jour en revenant de Gênes à Turin, jamais je n'ai connu l'ennui, ce mal qui ronge la génération actuelle. Je puis passer des heures, des nuits à lire des romans ou des articles de revue; j'ai vécu des saisons entières dans les marécages de Leri en surveillant l'exploitation de mes domaines. Dans ma jeunesse, je passais des nuits à résoudre dans ma tête des problèmes de mathématiques. Lorsque j'aurai rempli ma tâche, je me retirerai à Leri, je vieillirai paisiblement à la campagne; car, je vous l'ai dit bien des fois, le séjour de Rome ne m'attire aucunement. Je mettrai en ordre mes papiers, je rassemblerai les éléments de mes mémoires, et je laisserai le soin de les publier à mon neveu Aynard ou à ses enfants. » Cette faculté d'arrêter son attention sur tous les objets, de passer alternativement des plus vastes combinaisons politiques aux plus minces détails, m'étonnait souvent. Je me rappelle qu'à l'occasion de ce même voyage, il m'avait prié de lui procurer un roman pour lire en chemin de fer. Je choisis naturellement les publications les plus récentes parmi celles de France et d'Angleterre ; il fallut retourner deux fois chez le libraire, car il avait tout lu, il connaissait tout, et à la fin je dus le prier de venir faire son choix lui-même. Après s'être beaucoup diverti de mon embarras, il vint et choisit un volume qui, heureusement pour moi, ne fut pas même coupé, car notre entretien dura autant que notre rapide voyage de Gênes à Turin.

A la même époque je fus témoin d'une ovation que lui firent les Gênois. Venant du palais royal, où nous étions descendus à notre retour de Florence, nous marchions par les rues Balbi, Nuova et Nuovissima. La ville était déserte ; c'était un dimanche soir, et tout le monde était à la promenade de l'Acqua-Sola. Il voulut me conduire vers le lieu qu'il habitait à Gênes lorsqu'il était lieutenant du génie, et il me montra la fenêtre près de laquelle il travaillait à cette époque. Tout à coup un grand bruit nous arracha à ces réminiscences de sa jeunesse ; quelqu'un des rares passants, l'ayant reconnu, avait répandu la nouvelle de sa présence dans le quartier, un rassemblement s'était aussitôt formé, et ce ne fut qu'à grand'peine qu'il put se réfugier dans une voiture de place pour échapper à la foule qui criait : *Viva Cavour! viva l'Italia !*

Rentré dans son appartement, il me raconta de quelle impopularité était frappé son nom peu de temps encore avant la guerre d'Italie. « Il m'a fallu bien des années, me dit-il, pour leur prouver que mon but n'était pas de ruiner leur commerce, de sacrifier Gênes à Turin ou à la Spezia. Il n'y a pas longtemps, une moitié de la ville était républicaine, l'autre moitié était cléricale. Cependant, je ne me suis jamais découragé, car je savais que le temps viendrait où Gênes comprendrait quel est l'avenir que je lui prépare. » Et lorsque, pendant l'expédition de Garibaldi en Sicile, les mazziniens firent des efforts inutiles pour ameuter les Gênois contre le gouvernement, il me disait : « N'avais-je pas raison en vous disant que les Gênois sont maintenant trop riches pour ne pas être conservateurs? »

Même en Piémont, son génie avait dû vaincre bien des obstacles. Son nom, son éducation plus anglo-française qu'italienne, tout tourna d'abord contre lui. Les événements de 1849 avaient laissé partout une fermentation qui se faisait sentir aussi en Piémont. Ce fut la gloire de M. Massimo d'Azeglio de conjurer les premiers dangers de la situation en contenant les partis extrêmes, en même temps que l'éclat de son nom et sa loyauté bien connue inspiraient la plus grande confiance à tous les Italiens. A cette époque, le Parlement n'était guère favorable au comte de Cavour lorsqu'il parlait de politique intérieure ou extérieure ; bien des fois il dut essuyer les huées des tribunes. Sa parole ne commença à avoir quelque autorité que dans les questions financières. Ses connaissances profondes en matière d'économie politique, la facilité avec laquelle il traitait les questions d'impôts, d'emprunts, de budget, le firent appeler dès 1850 au ministère de l'agriculture et du commerce. Il commença par entreprendre la réforme de tous les traités de commerce existants entre le royaume de Sardaigne et les autres puissances. Abolition des droits différentiels, liberté de cabotage, réduction des tarifs, tous les principes que l'Angleterre avait adoptés par suite de l'impulsion vigoureuse et féconde de sir Robert Peel furent reconnus en peu de temps par le petit royaume de Sardaigne. Devenu ministre des finances en 1851, il continua de travailler sans relâche à organiser le Piémont d'après l'exemple des États dont la civilisation est plus avancée; comme ces inventeurs obligés de fabriquer eux-mêmes les outils dont ils se serviront pour exécuter l'œuvre qu'ils ont conçue, le comte de Cavour s'attacha d'abord à faire du Piémont un État qui pût servir de modèle à toutes les autres parties de la Péninsule. Ce point d'appui une fois trouvé, cet instrument docile et puissant une fois dans ses mains, il put songer à la délivrance de l'Italie.

Est-ce à dire que, dès 1850, le lendemain de la bataille de Novare, le comte de Cavour ait eu en vue l'unité de l'Italie? C'est une question qu'on m'a faite bien souvent. M. de Cavour était-il, avant Villafranca, unitaire ou fédéraliste? Je n'ignore pas que dans sa jeunesse l'instinct de sa force intellectuelle lui donnait le pressentiment d'être un jour le ministre du royaume d'Italie. Cependant je pense qu'avant Villafranca le comte de Cavour n'aurait pas absolument repoussé une confédération italienne. Esprit lucide et pratique, jamais il ne visait à un but imaginaire ou inaccessible; mais jamais aussi il ne se proposait un but moins élevé que celui qu'il pouvait atteindre. Son regard ne sortait point des bornes de la réalité; mais le réel était pour son génie un horizon bien plus vaste qu'il n'est pour le reste des hommes. Il m'a dit souvent que ce fut la paix de Villafranca qui rendit impossible l'essai d'une confédération italienne. En effet, si le programme de Milan avait pu être rempli jusqu'au bout, si l'Italie avait été libre des Alpes à l'Adriatique, les souverains de Naples et de Toscane, le pape lui-même, auraient pu être amenés à adhérer à une politique italienne, et la confédération aurait pu s'établir avec plus ou moins de chances de succès. Au contraire, l'Autriche étant restée campée sur le Mincio et le Pô, les Italiens ne purent nourrir l'espoir de voir se modifier la politique des anciens alliés de la maison de Habsbourg. L'instinct de la défense éloigna l'Italie de l'idée de la confédération, idée toute de transition d'ailleurs, et fit mûrir plus rapidement la conception de l'unité.

Qu'il me soit permis de faire remarquer ici en passant dans quelles erreurs peuvent tomber les plus éminents esprits lorsqu'ils parlent de faits qu'ils ne connaissent pas avec précision. Dans son livre sur l'Église et la société chrétiennes, M. Guizot, oubliant que la paix de Villafranca n'avait nullement achevé l'œuvre de l'indépendance italienne, qu'elle avait laissé l'Autriche d'autant plus forte qu'en conservant toutes ses positions stratégiques elle avait moins de territoires à surveiller et à défendre, accuse le comte de Cavour d'avoir, sans nécessité et uniquement pour satisfaire l'ambition piémontaise, dérobé à Mazzini l'idée de l'unité. C'est là, qu'on me permette de le dire, une singulière illusion. L'Italie était en 1848 plutôt fédéraliste qu'unitaire, ce qui prouve précisément que le travail des sociétés secrètes n'avait pas abouti, puisque vingt années de conspirations n'avaient pu constituer un parti unitaire. En effet, l'unité de l'Italie ne cessa d'être un rêve que le jour où une seule des maisons régnantes dans la Péninsule se voua avec une héroïque fidélité à la défense de la cause nationale. Dès ce jour la déchéance des autres dynasties fut déclarée dans le cœur des Italiens; le règne de Victor-Emmanuel sur toute l'Italie commença le lendemain de la bataille de Novare. Possible dès ce jour, l'unité de l'Italie ne fut indispensable que le lendemain de la paix de Villafranca. En 1848 le comte de Cavour a pu être fédéraliste autant que Balbo, Gioberti, Rossi; après la paix de Villafranca, il est permis de croire que Rossi aurait été unitaire autant que le comte de Cavour. Quant à Gioberti, son livre *del Rinnovamento civile* ne laisse pas de doute à cet égard.

Quoiqu'il eût souffert plus que personne en voyant la guerre se terminer tout à coup de cette façon, M. de Cavour fut le premier à s'apercevoir des suites heureuses que la paix de Villafranca pourrait avoir pour le sort de l'Italie. Lorsqu'au mois de décembre 1859 j'allai prendre ses ordres pour les préparatifs de notre départ pour Paris (on sait qu'il avait été nommé plénipotentiaire au Congrès, dont l'ouverture paraissait imminente), je fus étonné de le trouver en d'aussi bonnes dispositions. Je l'avais vu à son retour de Villafranca pâle et défait, vieilli de longues années en trois jours : un voyage en Suisse et en Savoie et quelques mois passés à Leri lui avaient suffi pour se remettre[1]. Mais les horizons nou-

1. Voici quelques billets écrits par le comte de Cavour à l'un de ses amis intimes, M. Castelli, dans cette période de repos :

« Prissinge, près Genève, 7 août 1859.

« Cher Castelli, à mon retour de Chamonix, je trouve l'intéressante lettre que vous m'avez écrite en revenant de Bologne. Si quelque chose pouvait adoucir la souffrance que m'a fait éprouver la malheureuse paix de Villafranca, c'est l'attitude admirable de l'Italie centrale. Si ces contrées parviennent à demeurer libres et indépendantes malgré la diplomatie, je dirai que l'issue de la guerre a été un avantage pour elles, car cette indépendance, elles la devront à leur propre vertu, et non pas aux armes étrangères.

« J'ai reçu, en même temps que votre lettre, une lettre de Farini. Je suis heureux qu'il justifie pleinement l'opinion que j'ai toujours eue de lui. Saluez Rattazzi. Assurez-le de mon concours en tout et pour tout. Je ne ressens de curiosité d'aucune espèce à l'égard des secrets de sa politique; par choix, je veux plutôt rester tout à fait étranger aux affaires du jour; toutefois, si Rattazzi jugeait utile un conseil de ma part, je suis toujours prêt à le donner avec franchise.

« Vous savez qu'en politique je pratique largement l'avant-dernier précepte du *Pater noster*. Rattazzi, en acceptant le ministère après la paix, a fait acte de courage et de patriotisme. Il a donc droit à l'appui des citoyens honnêtes et libéraux; il aura le mien, franc, loyal, énergique.

« J'ai été à Chamonix en passant par Bonneville, et je suis revenu par Taninge. Les libéraux du Faucigny m'ont accueilli avec une sympathie toute particulière. Je resterai encore quelques jours à Genève, et je ne reprendrai la route de Turin que lorsque je saurai que la chaleur diminue en Piémont. Écrivez-moi, et croyez-moi votre ami bien affectionné. »

« 19 août.

« Je vous préviens que je partirai dimanche de Genève. Ne voulant pas me rapprocher de Zurich, je vais me réfugier à Aix. Veuillez m'y écrire pour me dire si la température est supportable en Piémont. Dans le cas affirmatif, je reprendrai le chemin de Turin pour aller dans un coin donner des conseils, si l'on m'en demande, et me tenir bien tranveaux qui s'ouvraient à ses yeux contribuaient sans doute à lui donner cette surexcitation joyeuse dont j'étais frappé. Il était alors impatient de ressaisir le pouvoir. Réunir l'Émilie d'abord, puis la Toscane elle même, tel

quille si l'on n'a pas besoin de moi. Si, à votre retour de Florence, Rattazzi vous laisse libre, venez me rejoindre; nous reviendrons ensemble en traversant quelque montagne à votre choix, le mont Cenis excepté. Croyez à ma sincère amitié. »

« Sans date. Probablement novembre 1859.

« Cher Castelli, vous ne pouvez, vous ne devez pas douter que vos lettres ne me soient agréables toujours, et aujourd'hui plus particulièrement. Je n'ai pas renoncé à la politique : j'y renoncerais si l'Italie était libre; alors ma tâche serait accomplie; mais tant que les Autrichiens sont de ce côté des Alpes, c'est un devoir sacré pour moi de consacrer ce qu'il me reste de vie et de forces à réaliser les espérances que j'ai travaillé à faire concevoir à mes concitoyens. Je suis décidé à ne pas user inutilement mes forces en des agitations vaines et stériles; mais je ne serai pas sourd à l'appel de mon pays. »

« Leri.

« ... La nomination du prince de Carignan à l'unanimité, son acceptation du poste périlleux où les vœux des peuples de l'Italie centrale viennent de l'appeler, l'approbation du Roi et, par suite, du ministère, sont des événements de la plus haute importance, qui exerceront, j'en suis certain, la plus heureuse influence sur les destinées de notre patrie...

« ... A Leri on a du temps pour tout, même pour lire la prose de Mme de S. »

« Leri.

« ... Ne m'en veuillez pas si je ne vous écris pas : c'est que je ne veux pas vous entretenir des discussions du conseil communal de Trino, dont je suis un membre assidu : ce sont les seuls événements auxquels je puisse prendre part. Pardonnez-moi donc mon silence, et continuez à me tenir informé de ce qui arrive de plus intéressant dans le monde politique. Je vous envoie sous ce pli une lettre d'un ex-prêtre qui se plaint qu'on lui refuse un passeport. Je ne le connais point, mais s'il n'existe rien de très-gros à sa charge, je crois qu'il serait préférable de le laisser aller où il veut, afin d'éviter qu'il aille faire du vacarme à était le programme dont la réalisation devait rendre enfin possible l'unité italienne.

On sait comment il réussit à exécuter ces projets, et j'ai déjà fait allusion aux amertumes qu'il dut dévorer pour les affaires de Nice et de la Savoie. Il ne m'est pas permis de m'étendre sur ce triste sujet. J'ajouterai cependant que ce fut à cette occasion que j'assistai pour la première fois à l'élaboration d'un de ses grands discours. Il n'est pas sans intérêt de connaître quelle était sa mé-

Londres. Ne perdez pas cette lettre; elle contient l'adresse du pharmacien qui vend l'huile de marron contre la goutte. »

« Leri.

« ... Lundi matin je serai à la disposition de Rattazzi; mais comme vous avez employé d'une manière ambiguë, contre les préceptes de don Bianco, le pronom *sua*, je ne sais si la commission* doit se réunir chez moi ou chez Rattazzi. Dans la première hypothèse, veuillez ordonner à mon grand Martin de mettre en ordre la salle à manger pour les travaux de la commission. J'attends demain lord Clanricarde, qui a voulu absolument venir. Aujourd'hui j'ai eu le feu chez moi; il m'a détruit beaucoup de fourrage. Patience! Aimez-moi bien. »

« Leri, 8 décembre 1859.

« Mon cher Castelli, Nigra est arrivé hier, comme vous me l'aviez annoncé, non pour me communiquer ma nomination au congrès de Paris, mais simplement pour me dire que le ministère n'ayant encore rien reçu de Paris, D. m'engageait à prendre patience et à ne pas bouger de Leri.

« Me voilà donc relégué ici indéfiniment! Pour ce qui me concerne, j'en prends gaiement mon parti, car la vie que je mène me convient tout à fait. Je m'amuse parfaitement tout seul ou avec les bons cultivateurs au milieu desquels je vis. Je suis tout résigné à passer l'hiver entier ici. Mais...

« Puisque je suis bien décidément un *rilegato*, j'ai le droit d'invoquer de votre amitié une visite. Un de ces jours que le soleil luira comme aujourd'hui, venez me trouver, je vous prie. Cela me procurera quelques heures agréables et de précieux souvenirs. Croyez à ma sincère amitié. »

* Pour la loi électorale. M. de Cavour en était le président.

thode. D'ordinaire il laissait la discussion s'engager dans les chambres pendant quelques jours. Assis nonchalamment au banc des ministres, jouant avec son couteau à papier et essuyant le feu de ses adversaires avec toute l'aisance d'un lutteur expérimenté, il avait l'air de ne prêter aucune attention à ce qui se disait : en réalité, pas une syllabe ne lui échappait. Peu à peu et par un travail intérieur dont il n'avait presque pas conscience, le plan de son discours se trouvait tout formé dans sa tête. Sans jamais en écrire un mot, sans même prendre des notes, à moins qu'il n'eût à rapporter des chiffres ou des dates, il lui suffisait de réfléchir pendant une heure ou deux, le matin même du jour où il devait prendre la parole, pour donner à ses idées la forme convenable. Dans les dernières années il avait pris l'habitude de me faire assister à la répétition générale de ses discours. Assis vis-à-vis de moi dans un fauteuil, il épiait sur mon visage, qui jamais ne sut rien lui cacher, l'impression que faisait sur moi la trame fine et serrée de son argumentation. Quelquefois il m'interrogeait du regard ou provoquait par des questions mes observations sur les points dont il n'était pas satisfait. Il avait horreur de l'emphase et de la rhétorique : il visait surtout à l'évidence, et à mon avis il l'atteignait. Sans jamais tomber dans l'exagération ou le paradoxe, il présentait les questions sous un jour nouveau et d'une façon si naturelle, que souvent ses adversaires de bonne foi étaient surpris d'avoir pu les envisager autrement. Il évitait avec soin les lieux communs, mais les idées qu'il exposait, tout en étant nouvelles, semblaient appartenir à tout le monde, car tout le monde reconnaissait en elles la substance de la discussion, la résultante des forces réelles qui dominaient la situation. Son élocution en italien était difficile, entrecoupée, pénible à entendre; et cependant, si on faisait le dénombrement des votes des deux chambres, on reconnaîtrait que le plus souvent la clôture était adoptée aussitôt après qu'il avait été entendu. Sans avoir les dons brillants et les attributs extérieurs de l'orateur, il en avait la qualité la plus solide, un esprit délié et lumineux, déduisant l'un de l'autre ses arguments avec une simplicité victorieuse, une clarté irrésistible. L'ordre logique de ses idées, une fois établi, ne pouvait être dérangé par aucune interruption. Bien des fois, en écoutant de l'une des tribunes de la chambre le discours qu'il avait préparé de vive voix le matin en ma présence, j'ai pu remarquer la fidélité de sa mémoire. Tantôt les mêmes mots qui m'avaient frappé venaient provoquer tour à tour l'hilarité et les applaudissements de la Chambre; plus souvent il improvisait sa phrase, mais l'idée était constamment la même, et j'aurais pu annoncer à mes voisins par quelle suite de corollaires il arriverait à sa dernière conclusion. Comme je lui exprimais ma surprise pour taut d'exactitude, il me répondit : « Je ne serais pas aussi sûr de moi, si j'écrivais mon discours. Au lieu de ne suivre que l'idée et de me fier à l'improvisation pour la phrase, je serais obligé de me tenir littéralement à des mots écrits : et même, si j'avais un souffleur comme tel de mes honorables adversaires, il m'arriverait souvent de rester à court. L'habitude que j'avais prise dans ma jeunesse de résoudre en esprit des problèmes de mathématiques m'a mis à même d'entasser dans ma tête une longue série de théorèmes et de corollaires qui gardent toujours leur ordre de bataille et ne me donnent aucun embarras. » Il revenait souvent sur ses études de mathématiques, et il me disait que chaque question de politique ou de morale est une courbe dont il faut intégrer les éléments par une sorte de calcul infinitésimal. Un jour qu'il me paraissait donner aux mathématiques une trop grande place dans la conduite des affaires politiques, j'osai lui dire que cependant il n'aurait pas sans doute donné le gouvernement de l'Angleterre à Newton, qui connaissait si bien les lois qui gouvernent les mondes. Il eut un petit sourire de satisfaction intérieure, et il m'avoua que l'étude de l'économie politique et de l'histoire, les voyages et la connaissance des hommes lui avaient servi autant que les sciences exactes. Néanmoins il avait la prétention d'être un grand ignorant, car, disait-il, je ne connais ni grec ni latin. De plus, ajoutait-il en riant, jamais de ma vie je n'ai écrit de vers, et il m'est plus facile de faire l'Italie que de composer un sonnet. » Poussant l'horreur du dilettantisme jusqu'à prétendre qu'il n'avait aucun goût pour les arts, il faisait profession d'être sans oreilles pour la musique et sans yeux pour la peinture et la sculpture. Cependant il fit presque violence à Verdi pour qu'il acceptât la députation, et il disait à ce propos : « Celui qui a composé le *Trovatore* peut bien siéger au Parlement national. » Je le surpris à Bologne dans la galerie de tableaux s'extasiant devant la *Sainte-Cécile* de Raphaël, et une discussion s'engagea entre nous sur la beauté comparative de la *Vierge à la Chaise* et de la *Sainte-Cécile*. Son indifférence pour les beaux-arts était une sorte de parti pris bien plutôt qu'un défaut de sens esthétique[1].

Il en était de même pour la philosophie. Il m'a dit plus d'une fois, avec ce sourire sympathique qui animait sa conversation : « Que pensez-vous du moi, du non moi, du sujet et de l'objet, du fini et de l'infini? Quelle est votre opinion sur la thèse, l'antithèse et la synthèse? Quant à moi, je dois laisser toutes ces choses à mon frère; nous avons partagé entre nous : à lui l'idéal, à moi le réel. » Malgré ces boutades, il était loin d'être indifférent aux grands problèmes de la destinée humaine. Il croyait fermement au progrès qui, d'après lui, consisterait surtout dans l'éducation et l'amélioration incessante du peuple. Il repoussait le socialisme, le regardant comme une négation de la liberté, qui était à ses yeux la formule souveraine de la politique intérieure. Mais il ajoutait qu'il comprenait la nécessité de la taxe des pauvres instituée en Angleterre; car, disait-il, s'il n'existe pas de droit au travail, il y a un devoir d'assistance. Peu de jours encore avant sa mort, il donnait une preuve de sa sollicitude pour le sort des classes laborieuses. Une grève ayant éclaté parmi les ouvriers boulangers de

1. Un matin, à Pise, il vint me réveiller au point du jour, et il voulut visiter de nouveau, pendant que la ville était silencieuse et déserte, les monuments qu'il avait vus la veille à la hâte avec le Roi. Comme nous étions dans le Campo Santo, il me dit : « Qu'il ferait bon reposer ici! » Je lui fis observer en riant que nous étions en terre sainte, et que la terre que nous foulions avait même été rapportée de Palestine au temps des croisades. « Êtes-vous sûr, répondit-il avec cette raillerie qui lui était habituelle, qu'on ne me canonisera pas un jour? »

Turin, il fit appeler son fournisseur et s'enquit auprès de lui, familièrement et minutieusement, des conditions que les maîtres faisaient aux ouvriers; le lendemain il reçut une députation des maîtres boulangers, et il allait également recevoir une députation des ouvriers lorsqu'il tomba subitement malade. C'est que tout en pensant que l'autorité doit s'abstenir d'intervenir en pareil cas, il croyait que le devoir des hommes considérables par leur fortune et par leur position est de veiller autant que possible au bien-être des classes inférieures. Il parlait souvent de la nécessité d'affronter avec courage les crises et les inconvénients inévitables qu'entraîne la liberté : il la voulait sans bornes et sans autre contrôle que celui qu'exige la sauvegarde du droit d'autrui. Il appliquait hardiment ces idées, soit dans la sphère économique, soit dans les matières de politique, de morale ou de religion; jamais peut-être il ne s'est rencontré, parmi les peuples de race latine, un homme qui ait eu une conception aussi large, un respect aussi profond et aussi vif de la liberté. On sait qu'il refusa toujours de demander à la Chambre les pleins pouvoirs, hors des cas de guerre, et qu'il ne voulut jamais exercer une dictature que l'Italie lui aurait accordée pourtant sans hésitation. Sa conviction à ce sujet était telle qu'il répétait à toute occasion : « Il faut que l'Italie se fasse par la liberté, autrement il faut renoncer à la faire. » En pleine révolution, lorsque Naples venait à peine d'être unie aux États du roi Victor-Emmanuel, il voulut qu'on y laissât subsister la liberté de la presse la plus absolue; et lorsqu'on lui objectait que la presse en Italie, quoique absolument dégagée de toute entrave, est rarement bonne soit sous le rapport politique, soit sous le rapport littéraire, « la presse n'est pas bonne, répliquait-il, mais l'opinion publique l'est. » Son avis était que, lorsque la presse est libre, toute police politique est inutile, car là où tout le monde peut sans danger dire sa pensée, tout le monde a intérêt à la dire. Quelqu'un voulait lui démontrer un jour l'utilité de créer un journal semi-officiel qui eût pour mission de défendre la politique du gouvernement. Il répliqua : « Voulez-vous faire prendre en grippe des idées justes et saines? présentez-les sous une forme officieuse ou officielle. Si vous soutenez une bonne cause, vous trouverez facilement, sans les payer, des écrivains qui la défendront avec plus de cœur et de talent que des journalistes salariés. » Lorsque l'on pense que l'homme qui parlait ainsi avait été depuis douze ans et était encore, pendant les derniers jours de sa vie, en butte à des attaques d'une violence extraordinaire, on ne peut s'empêcher d'admirer la générosité de son caractère en même temps que l'élévation de son esprit.

Il regardait la liberté d'enseignement comme un juste corollaire de la liberté de la presse. Appréciant combien a été funeste à l'Italie le système d'éducation exclusivement académique et littéraire qui a prévalu jusqu'à nos jours, il aurait voulu détourner au profit des écoles techniques d'arts et métiers l'argent qui se dépense à former des avocats et des littérateurs. Pénétré de la nécessité de pousser les Italiens à abandonner l'étude des mots pour celle des faits et des idées positives, il n'eût pas hésité, une fois que des lois sages auraient pourvu avec efficacité à l'enseignement élémentaire, à supprimer le ministère de l'instruction publique, et il eût laissé à la liberté illimitée de discussion le soin d'élever incessamment le niveau des connaissances scientifiques et littéraires.

Il méditait en outre, dans les derniers temps, deux grandes et nouvelles applications de cette conception de la liberté, qui est la clef de voûte de toute son œuvre politique. Il voulait doter l'Italie de la liberté administrative et de la liberté religieuse. Jamais il n'admit pour l'Italie un système de centralisation tel que celui qui existe en France. Sans méconnaître les avantages que présente dans certaines circonstances la concentration de toutes les forces nationales dans une seule main, sans se dissimuler qu'un tel régime est à peu près indispensable dans les temps de guerre et de troubles, il croyait fermement que l'Italie devait s'organiser de manière à jouir de toute la liberté administrative compatible avec l'unité politique. Aussi avait-il accepté en principe l'institution des régions, proposée par MM. Farini et Minghetti. Prêt à renoncer à ce système, si le Parlement ne s'y montrait pas favorable, il attendait que la discussion publique de cette question importante lui eût fait connaître les véritables intentions du pays, et il n'était pas fâché pour le moment de voir les députés nommés dans les parties de l'Italie les plus éloignées de Turin se montrer encore plus préoccupés d'assurer l'unité nationale que de ménager les libertés administratives. Il espérait que devant cet exemple d'un Parlement plus jaloux que le pouvoir exécutif de donner au gouvernement central toute la force et l'autorité nécessaires, on cesserait enfin d'accuser le cabinet de Turin de vouloir établir sur toute l'Italie la domination piémontaise. Il y avait cependant des concessions qu'il n'était nullement disposé à faire : c'étaient celles qui eussent porté une atteinte à la liberté administrative des communes. Il refusait au gouvernement toute compétence dans la gestion des biens communaux, et il ne lui réservait qu'un droit de surveillance, qu'il aurait même vu avec plaisir déférer à la province ou à un autre corps administratif intermédiaire Je lui représentais, comme faisaient tant d'autres, les inconvénients qu'une liberté communale illimitée offrirait dans quelques contrées de l'Italie où la population est peu éclairée; je lui citais telle ville dont l'administration était maintenant beaucoup moins bonne qu'à l'époque où le gouvernement intervenait plus activement dans les affaires communales. Il me répondait : « Seriez-vous donc disposé à abandonner l'administration de votre fortune à un étranger, uniquement parce qu'il aurait une réputation de bon administrateur? Il en doit être de même des communes. L'intérêt des contribuables est la garantie la plus sûre que l'administration sera bien contrôlée. Avec un bon système électif, avec une presse libre dénonçant les abus, je ne vois pas pourquoi les habitants de la commune ne pourraient pas s'administrer mieux par eux-mêmes que sous la direction des agents du gouvernement. » Aussi était-il d'avis de laisser aux conseils communaux le libre choix des syndics, en établissant seulement quelques garanties de capacité et de moralité.

Ce rôle de contradicteur qu'il m'arrivait quelquefois de prendre involontairement auprès de lui avait fini par lui plaire, et il m'encourageait à la discussion avec la plus grande bonté. Saisi de la grandeur et de la valeur pratique des combinaisons politiques dont il m'entretenait, je restais parfois silencieux, pénétré d'admiration et de respect. Alors il m'assiégeait de ses interrogations, et, de sa voix presque caressante, il me disait : « Faites-moi donc vos objections! » Déjà intérieurement convaincu, je hasardais quelques remarques et quelques doutes dont sa puissante intelligence se jouait avec une facilité merveilleuse.

C'est surtout sur les affaires de Rome que nous eûmes de longues et fréquentes conversations. Je savais que dès le commencement de sa carrière politique, en 1848, il avait soutenu dans le *Risorgimento* la théorie de la séparation absolue et de l'indépendance réciproque des deux pouvoirs. Je le savais opposé à toute confiscation des biens ecclésiastiques ; je n'ignorais pas qu'il pensait, avec M. de Tocqueville, qu'il est bon que le clergé ait, par la propriété foncière, un point de contact de plus avec la société où il vit; je savais enfin qu'il était aussi éloigné du fanatisme antireligieux que du fanatisme de la superstition, et j'avais été bien souvent l'humble instrument d'une protection que jamais il ne refusait aux prêtres dignes de ce nom qui avaient recours à lui. Cependant, et tout en partageant complétement sa manière de voir, lorsqu'il me manifesta pour la première fois son projet d'ouvrir des négociations avec la cour de Rome pour lui offrir la liberté complète de l'Église en échange de la renonciation au pouvoir temporel, je fus alarmé des difficultés et des dangers de l'entreprise. Un jour que j'assistais, comme il m'arrivait souvent, à son déjeuner, j'osai lui parler ouvertement et plus longtemps qu'à l'ordinaire. Il me paraissait que l'espoir qu'il avait d'amener la cour de Rome à accepter ses idées serait une chimère, tant que l'Autriche aurait un pied en Italie. J'ajoutai qu'il est dans la nature des pouvoirs spirituels de ne jamais abdiquer, et que la papauté me semblait destinée à perdre son autorité temporelle peu à peu, au milieu de l'indifférence universelle. L'appeler à une telle transformation en lui disputant un dernier lambeau de territoire, la contraindre à commencer sous une forme nouvelle le cours d'une nouvelle destinée, c'était s'exposer à faire revivre, par un semblant de martyre, une institution qui, ayant pour fondement et pour point de départ le principe d'autorité, est incompatible avec les sociétés modernes, qui ont la liberté pour base. Même en supposant que le Pape abdiquât son pouvoir temporel, je m'effrayais des conséquences que la liberté absolue de l'Église pouvait produire au milieu des populations de l'Italie méridionale, si superstitieuses, si peu avancées en fait d'instruction élémentaire. Quelle influence n'allaient pas exercer dans un tel milieu des prêtres et des moines en nombre démesuré, débarrassés de tout contrôle de la part des autorités civiles? Combien ne pourraient-ils pas être dangereux dans un pays partagé naguère en cinq ou six États, et menacé par cinq ou six prétendants intéressés à faire cause commune avec le clergé resté hostile, et à semer le désordre et l'insurrection?

Il écouta ces observations sans m'interrompre, mais il répondit avec sa vivacité habituelle :

« Je ne partage pas vos alarmes ; j'ai plus de confiance que vous dans les effets de la liberté. Concevez-vous l'Italie sans Rome, et pouvez-vous assigner à Rome un autre rôle que celui de capitale de l'Italie ? Ne voyez-vous pas que le moment est venu de résoudre cette question du pouvoir temporel, qui a été de tout temps la pierre d'achoppement de la nationalité italienne, et que le seul moyen de la résoudre est de rassurer le monde catholique sur le sort que l'Italie nouvelle fera à la papauté ? On fait injure au catholicisme lorsqu'on prétend qu'il est incompatible avec la liberté. Ma conviction est, au contraire, qu'aussitôt que l'Église aura goûté de la liberté, elle se sentira comme rajeunie par ce régime salubre et fortifiant. Pourquoi les catholiques éclairés et sincères qui, dès l'année 1831, demandaient pour l'Église la suppression de tout privilége et de tout contrôle, c'est-à-dire le régime du droit commun, n'accepteraient-ils pas une solution qui met un terme à une situation monstrueuse ? Vous dites que la papauté n'abdiquera jamais : je n'en demande pas tant, il suffit d'une renonciation tacite. D'ailleurs croyez-vous qu'elle ait à abdiquer quelque chose ? Croyez-vous que le pouvoir temporel existe encore ? La preuve qu'il est bien mort, c'est que l'occupation de Rome par les troupes françaises n'éveille aucune jalousie chez les autres puissances catholiques. Pensez-vous qu'il en aurait été de même au XIIIe ou au XIVe siècle ? N'est-il pas évident que le Pape a cessé d'être un prince indépendant et d'avoir une véritable influence politique du moment où il vit d'aumônes et où il accepte en frémissant une protection qu'il n'aime pas? Lorsque l'Europe sera convaincue que ce n'est pas au catholicisme que nous en voulons, elle trouvera naturel et convenable que le drapeau italien flotte à Rome de préférence à tout autre drapeau. L'entreprise n'est pas facile, mais elle est digne d'être tentée. Ce n'est pas en vain que l'Italie a tant tardé à recouvrer son indépendance et son unité. La reconstitution de notre nationalité ne doit pas être stérile pour le reste du monde. C'est à nous qu'il appartient de mettre un terme au grand combat engagé entre l'Église et la civilisation, entre la liberté et l'autorité. Quoi que vous en disiez, je garde l'espoir d'amener peu à peu les prêtres les plus éclairés, les catholiques de bonne foi à accepter cette manière de voir. Peut-être pourrai-je signer, du haut du Capitole, une autre paix de religion, un traité qui aura, pour l'avenir des sociétés humaines, des conséquences bien autrement grandes que la paix de Westphalie! »

C'est en exprimant ce noble et grand espoir qu'il mit fin à notre conversation. J'ai cru devoir la rapporter telle qu'elle m'est restée dans la mémoire et sans même cacher les hésitations de ma pensée, parce qu'elles font vivement ressortir la fermeté de décision du comte de Cavour. Il ne doit plus en effet être permis à personne aujourd'hui de mettre en doute la sincérité avec laquelle le comte de Cavour poursuivait cette tentative grandiose. Cependant, en Italie même et parmi des hommes qui appartiennent au parti libéral, plusieurs se sont mépris singulièrement sur les raisons qui ont décidé M. de Cavour à faire déclarer solennellement par les Chambres italiennes que Rome doit être la capitale de l'Italie. A quoi bon, s'est-on demandé, cette prise de possession anticipée d'une ville occupée en même temps par la France et par le saint-siége? Quel résultat pouvait-on attendre des négociations entreprises avec la cour de Rome? Dire qu'on veut n'aller à Rome qu'après s'être mis d'accord avec le monde catholique, n'est-ce pas renvoyer la revendication de notre capitale à l'accomplissement d'une condition inexécutable? Ainsi, même pour quelques-uns des partisans du comte de Cavour, cet acte n'était qu'un stratagème d'une valeur douteuse. Ne pouvant, disait-on, renoncer à jamais à réunir Rome au reste de l'Italie, et ne voulant pas en réalité dépouiller Turin du privilége d'être la capitale du royaume, on remettait pompeusement la solution de la question à l'époque d'une transaction que rien ne faisait prévoir comme prochaine.

Les intentions, les vues du comte de Cavour étaient bien différentes. Certes, il lui en coûtait d'ôter à Turin son éclat et son rang de capitale : mais jamais il n'a hésité un instant entre ce sacrifice, qui lui était en quelque sorte personnel, et la conviction qu'il avait de la nécessité absolue que Rome devînt la capitale du nouveau royaume. Il était si persuadé de l'abnégation patriotique des habitants de Turin, qu'il m'a plusieurs fois répété, après son premier discours sur Rome, qu'il pouvait donner sans risque sa démission de député, si cela lui plaisait, certain que ses électeurs de Turin lui accorderaient leurs suffrages avec la même unanimité. Aussi, lorsque parut la brochure de M. Massimo d'Azeglio contre le choix de Rome, j'ai pu remarquer qu'aucune des considérations exposées par l'éloquent publiciste n'avait ébranlé la conviction du président du conseil. En provoquant le vote émis par les Chambres il se proposait d'atteindre immédiatement un double but. D'abord il apaisait les agitations intérieures et tranchait d'un coup les discussions sur le choix de la capitale, discussions qui, en 1848, lorsqu'il ne s'agissait que de choisir entre Turin et Milan, avaient eu déjà les suites les plus fâcheuses. En même temps il associait le Parlement à la ligne politique qu'il s'était tracée à l'égard du saint-siége, en faisant sanctionner d'avance le grand principe de l'Église libre dans l'État libre. Réduisant ainsi à néant toutes les fins de non recevoir que le cardinal Antonelli paraissait devoir opposer aux offres de négociations, lui enlevant par des déclarations publiques et solennelles tout prétexte pour élever des doutes sur la bonne foi du cabinet de Turin, le comte de Cavour voulait mettre le saint-siége en demeure de choisir entre la liberté religieuse qu'on lui offrait et les restes du pouvoir temporel. Enfin, et pour tout dire en un mot, ces déclarations étaient un appel au monde catholique, elles devaient provoquer un jugement de l'opinion universelle sur la séparation des deux pouvoirs et amener les âmes sincèrement religieuses à donner ouvertement leur adhésion au système proposé par M. de Cavour.

Je touche ici à l'un des traits les plus remarquables du caractère du grand homme que l'Italie a perdu : je veux parler de sa déférence extrême envers l'opinion publique. Celle-ci était à ses yeux la véritable souveraine du monde à notre époque, et il pensait qu'aucun changement n'était durable en fait s'il n'avait été auparavant mûri dans les esprits. J'ai dit quel était son respect pour la liberté de la presse, et certes il est superflu de faire mention de l'importance qu'il attachait aux débats parlementaires. Ainsi qu'il l'a déclaré plus d'une fois à la Chambre des députés, le plus grand nombre de ses notes diplomatiques étaient adressées aux populations encore plus qu'aux gouvernements. Il livrait à la publicité tout ce qui n'était pas compromettant pour les cabinets avec lesquels il traitait, et c'est par ses appels fréquents à l'opinion générale qu'il est parvenu à substituer, dans les rapports diplomatiques, à la notion païenne ou féodale de l'*État* l'idée de nationalité, immense révolution de laquelle est née l'Italie. Il sentait surtout la nécessité d'avoir l'opinion pour alliée dans cette question de Rome, question brûlante s'il en fut, que la force était impuissante à trancher, question de conscience et de haute moralité historique. Le vote du Parlement devait exercer sur les esprits cette influence élevée à laquelle, malgré son respect pour les opinions individuelles, le comte de Cavour n'a jamais voulu renoncer : ce vote rendait impossible les demi-solutions, les expédients de fantaisie : il calmait d'un côté les alarmes sincères ou affectées du parti catholique, de l'autre les impatiences naturelles ou calculées du parti avancé; il indiquait enfin aux aspirations nationales un but sublime, qu'on ne pouvait atteindre qu'en donnant à l'Europe des gages de concorde, de modération et de sagesse.

Telles étaient les idées du comte de Cavour, et bien

que sa mort ait suivi de près, hélas! les discussions solennelles qu'il provoqua sur ce sujet, il a vécu assez pour en pressentir le triomphe. Chargé de dépouiller sa correspondance réservée, j'ai pu m'assurer par moi-même des adhésions nombreuses qui arrivaient de tous côtés à son programme : l'Église libre dans l'État libre. Aussi me parlait-il avec un véritable enthousiasme des chances qu'il entrevoyait de réussir dans ses projets. Sa parole touchait alors à l'exaltation, à la poésie, et je restais frappé d'étonnement en voyant cet esprit si positif, cet économiste, ce politique consommé, s'exprimer avec tant de chaleur sur l'alliance possible et même prochaine du catholicisme et de la liberté.

C'est qu'il était aussi grand par le cœur que par l'esprit, et qu'à une logique inflexible se joignait en lui une nature pleine de confiante générosité. J'ai parlé longuement de son tempérament libéral; un autre trait le fera connaître encore mieux. Son premier mouvement était toujours plein de bienveillance. Même avec les hommes qu'il voyait pour la première fois, sa manière d'être respirait une aimable confiance. On voyait qu'il lui en coûtait de croire les hommes méchants, et qu'il ne se mettait en garde contre eux qu'à contre-cœur. Chez un homme qui avait une si grande expérience des hommes et des choses, cette disposition, qui ne saurait être attribuée à un défaut de sagacité, dénote à mon avis une bonté supérieure. Il était sujet à de véritables accès d'admiration enthousiaste pour tel ou tel de ses amis : aussi l'a-t-on souvent accusé à Turin de ne pas assez connaître les hommes, de ne pas savoir choisir son entourage. Il ne m'appartient pas de le défendre de ce reproche; je dirai seulement qu'il avait au contraire la prétention de savoir juger les hommes, et qu'il se réjouissait des succès de ses amis comme de son propre ouvrage. Il n'épargnait pas son admiration aux hommes qui la méritaient de quelque manière. Il reconnaissait avec la même impartialité les qualités de ses adversaires politiques et prenait vivement leur défense lorsque des maladroits les attaquaient devant lui. Visant avant tout à atteindre son but, il n'admettait pas la rancune en politique, et ses adversaires de la veille devenaient quelquefois ses instruments ou ses aides du lendemain. Cette conduite a donné lieu à bien des accusations de versatilité, à bien des doutes sur la solidité de ses principes. Il est des hommes qui ne lui ont point pardonné d'avoir, lui, ancien membre de la droite, contracté en 1853 une alliance avec le centre gauche de la Chambre dont il associa le chef, M. Rattazzi, à ses travaux. C'est encore ainsi qu'on lui a reproché d'avoir appelé en 1859 le général Garibaldi à former un corps de volontaires, à se mettre à leur tête, et à prendre part avec les armées régulières de la France et de la Sardaigne à la délivrance de l'Italie. — Il faut l'avoir vu pendant les mois d'avril, mai et juin 1859, pour se faire une idée de la dévorante activité dont il était doué. Tout à la fois président du conseil, ministre des affaires étrangères, de l'intérieur, de la guerre et de la marine, il avait transporté son lit dans les bureaux du ministère de la guerre, et il se promenait la nuit en robe de chambre, passant d'un ministère à l'autre, donnant tour à tour des ordres relatifs à l'artillerie, à la police, ou à la correspondance diplomatique. Tout entier à l'œuvre d'affranchissement, que lui importaient alors les dissidences qui le séparaient de Garibaldi? Ils voulaient tous deux délivrer l'Italie; le reste n'était rien. Une nuit le général vint s'asseoir au chevet du comte de Cavour, et accepta le rôle dans lequel il devait, peu de temps après, accroître avec tant de bonheur sa juste renommée. Quant au comte de Cavour, il ne songea pas même aux embarras, aux préoccupations que devait lui attirer ensuite cette alliance avec le parti avancé. Et lorsque, au milieu des crises des deux années suivantes, on le blâmait d'avoir prêté des forces à ce parti en rappelant sur le théâtre de l'action le héros de Montevideo, il répondait nettement qu'il était loin de s'en repentir, si grande était la nécessité de transformer en armée d'Italie la brave armée du roi de Sardaigne, et de faire que le plus grand nombre possible d'Italiens prît part à la guerre nationale. C'est ce qu'il rappela en peu de mots le 20 avril 1861, dans la mémorable séance où le général Garibaldi parut à la Chambre en accusateur et en accusé tour à tour. J'assistais à cette scène grandement dramatique, et jamais je n'oublierai ce choc de deux âmes d'une trempe si différente, enflammées également de l'amour de l'Italie, mais séparées par des souvenirs douloureux; cette lutte entre une intelligence supérieure façonnée de longue main à toutes les exigences de la politique, et l'instinct impétueux de l'homme primitif n'écoutant que sa passion d'autant plus aveugle et irrésistible qu'elle était plus généreuse. D'un tempérament irascible autant que celui du général

Garibaldi, joignant les nerfs délicats d'une femme à une puissante constitution physique, le comte de Cavour fit alors un effort suprême sur lui-même : ses brèves paroles s'élevèrent jusqu'à ces régions de l'émotion auxquelles il n'avait jamais osé atteindre auparavant, par une crainte exagérée de la rhétorique. Il fut noble et pathétique, fier et modeste en même temps : c'est qu'il disait ce qu'il sentait, ce qu'il me répétait bien souvent dans ses entretiens confidentiels.

Lorsqu'on embrasse d'un coup d'œil cette étonnante carrière politique, bien des contradictions qui ont semblé inexplicables disparaissent et se trouvent justifiées par un amour sans limites pour la liberté. Traité à la fois de clérical par les républicains, d'athée et de révolutionnaire par le parti clérical, le comte de Cavour suivait imperturbablement sa route. Impartial sans cesser de prendre à toutes les questions le plus vif intérêt, sa défiance des utopistes ne l'entraînait pas jusqu'à l'idolâtrie du *statu quo*, de même que son mépris pour la routine ne le disposait point à s'éprendre de toutes les idées nouvelles. Il encourageait de ses conseils, quelquefois même de son argent, les industries qui venaient s'établir pour la première fois dans le pays : il accueillait avec empressement tous les capitalistes étrangers qui venaient l'aider dans l'exécution des immenses travaux publics auxquels il a donné une impulsion si vigoureuse : il effrayait les hommes de finance par la hardiesse avec laquelle il poussait le Piémont à entreprendre le percement du Mont-Cenis, l'installation des arsenaux militaires à la Spezia, les fortifications de Casal et d'Alexandrie, mille autres travaux qui dépassaient la portée et les ressources d'un petit royaume de cinq millions d'habitants. Mais lorsqu'on venait proposer à la Chambre de substituer à l'armée régulière des milices volontaires telles qu'elles existent aux États-Unis; lorsqu'on demandait l'abolition de tous les impôts indirects et la création d'un impôt unique sur le revenu, ou bien d'un impôt progressif sur le capital, il repoussait avec une verve intarissable ces théories fâcheuses ou intempestives qui eussent pu empêcher le Piémont d'accomplir sa mission de libérateur de l'Italie. Le comte de Cavour avait ce qui a manqué jusqu'ici à un trop grand nombre d'hommes d'État : l'instinct et la science de la liberté. Il repoussait toutes les théories qui, libérales en apparence, sont absolutistes en réalité. Bien souvent, en parlant de M. Mazzini et des républicains, il me disait : « J'admire leur dévouement à une idée, mais j'ai horreur de leur fanatisme. » Il aimait le système représentatif et parlementaire, parce qu'il le croyait le plus capable de mettre continuellement en mouvement toutes les intelligences, de faire par un échange incessant d'idées et par une discussion inépuisable l'éducation des classes inférieures de la société. Il ajoutait que pour que ce mouvement continuel ne devînt pas un tourbillon et ne donnât pas le vertige à l'esprit public, il fallait qu'il existât au centre de la machine politique un pivot destiné à en régulariser et à en diriger l'action, une dynastie placée au-dessus de toutes les discussions, mais dont les intérêts demeurassent inséparables des grands intérêts nationaux. Le pouvoir exécutif ne devait, selon le comte de Cavour, jamais aller à la remorque des pensées et des besoins du peuple, mais prendre au contraire les devants lorsqu'il s'agissait de mesures généreuses et réalisables, afin de pouvoir s'opposer avec une autorité suffisante au courant des passions populaires lorsque la foule obéirait à des entraînements dangereux et funestes. « Aucune république, disait-il souvent, ne peut se trouver en état de donner une somme de liberté aussi réelle et aussi féconde que celle que peut comporter la monarchie constitutionnelle, pourvu qu'on n'en fausse pas les rouages par des jalousies mesquines et des défiances malheureuses. La forme républicaine adaptée aux besoins et aux mœurs de l'Europe moderne est encore à découvrir... Elle supposerait, en tout cas, déjà achevée cette grande tâche de l'éducation populaire qui sera l'œuvre de notre siècle. » Aussi n'admettait-il le suffrage universel que dans ces occasions extraordinaires où, tout étant mis en cause, la nécessité de tout reconstruire oblige à faire appel à la volonté de tout le monde. Bien qu'étant assez disposé à abaisser progressivement le cens électoral, il aurait combattu énergiquement toute proposition tendante à établir d'une manière permanente et définitive le suffrage universel en Italie, car à ses yeux, la première garantie de la liberté de l'électeur, c'était sa capacité.

Au reste, le comte de Cavour n'aimait pas les professions de foi, et il avait la plus grande antipathie pour ce qu'on a appelé l'*esprit doctrinaire*. Tout dogmatisme répugnait à sa nature, et il avait l'habitude de dire que la conclusion la plus claire à tirer de l'histoire est que toute société ne vit que par la combinaison de plusieurs principes, l'équilibre de plusieurs forces. Loin de prétendre à l'infaillibilité, il avouait souvent qu'il s'était trompé, soit dans ses jugements sur certains hommes, soit dans l'appréciation de certains faits. « Un de ces jours, me dit-il une fois, je vous dresserai la liste de mes erreurs politiques; ce ne sera pas la moins instructive de mes leçons. » Dans une autre occasion il disait en riant : « Les hommes qui sont au pouvoir ne s'aperçoivent jamais qu'ils sont impopulaires; car il y a une grâce d'état pour les ministres comme pour les maris. »

On sait que la conscience de ce qu'il valait et de la grandeur de son rôle historique n'avait pas ôté au comte de Cavour cette simplicité, cette sorte de bonhomie spirituelle qui donnait un charme si séduisant à sa conversation. Rien n'était trop petit pour lui : il s'intéressait à votre personne, à vos habitudes, à vos affections. Son regard perçant devinait sur votre visage les sentiments qui naissaient dans votre cœur, et ses questions, sans jamais être indiscrètes, faisaient assez voir qu'il pénétrait jusqu'au fond des intentions de son interlocuteur. Il arrivait souvent qu'après avoir passé quatre ou cinq heures de suite à s'occuper des affaires de la marine, des finances ou de l'intérieur, il passait dans le cabinet où je travaillais, et là, sautant et courant dans la chambre comme un écolier qui a fini sa tâche, il s'entretenait quelques instants avec moi pour se reposer. Il donnait alors pleine carrière à son esprit : les épigrammes sur ses adversaires, sur les orateurs boursouflés de l'extrême gauche et de l'extrême droite pleuvaient avec une telle abondance qu'il semblait qu'il prît sa revanche de la réserve qu'il s'était habitué peu à peu à garder dans ses discours à la Chambre. Souvent il plaisantait sur lui-même, surtout lorsqu'il était obligé de paraître en grand uniforme dans les fêtes officielles. Hormis les occasions où il ne pouvait s'en dispenser, il ne portait jamais de décorations, et il avait peu de goût pour ceux qui aiment à se parer de rubans. Comme on était venu lui conseiller l'institution d'un ordre destiné à remplacer ceux qui existaient dans les différents États de la Péninsule, il s'y refusa. « Ne voyez-vous pas, dit-il, que l'esprit de la société actuelle est contraire à ces sortes de choses? Pourquoi créer des causes nouvelles d'inégalité lorsqu'une force irrésistible pousse toutes les classes vers l'égalité? Je gage que dans cinquante ans il n'y aura plus d'ordres de chevalerie en Europe. » J'ignore ce qu'il adviendra de cette prophétie, mais ces paroles d'un homme qui était revêtu de presque tous les ordres existants en Europe m'ont paru pouvoir être rapportées.

Il n'accordait pas à la naissance une importance plus grande. Il m'est arrivé un jour de lui demander comment il se faisait qu'une devise allemande *Gott will Recht* fît partie de ses armoiries. « On prétend, me répondit-il, que ma famille est originaire de la Saxe, et qu'un pèlerin du nom de Benz est venu en 1080 en Piémont. De là les coquilles que vous voyez sur mes armes, et la devise qui les décore. Y croyez-vous? Non. Ni moi non plus. » Et il partit d'un éclat de rire si bruyant que la chambre en résonna longtemps. Dans une autre circonstance quelqu'un s'opposait à ce que le cordon de l'Annonciade fût donné à un éminent personnage, et rappelait que les statuts de l'ordre exigeaient que les chevaliers eussent une noble généalogie. Il répondit : « Ne voyez-vous pas que vous condamnez ainsi l'ordre de l'Annonciade à ne se recruter désormais que parmi les hommes qui ont plus d'ancêtres que d'esprit? » Cependant il pensait que l'aristocratie pourrait jouer encore un beau rôle en Italie. *Noblesse oblige* était un de ses mots, et il répétait souvent que ceux qui ont des aïeux illustres doivent racheter à force de bienfaits, au moyen de services rendus à leurs compatriotes, ce privilége de la naissance, qui devient si souvent un objet de haine et d'envie. « L'égalité des droits, disait-il, ne fera cesser jamais l'inégalité des conditions : aussi n'y a-t-il qu'un moyen de prévenir le socialisme, c'est que les classes supérieures se dévouent au bien des classes inférieures, sinon la guerre sociale est inévitable. » C'est à ce rôle bienfaisant exercé par l'aristocratie et la haute bourgeoisie qu'il attribuait surtout la prospérité de l'Angleterre, pour laquelle il professait une admiration sans égale. Dès le début de sa carrière politique il s'appliqua à modeler le Piémont sur les institutions anglaises. Le genre d'éloquence de ses discours était anglais plutôt que français, et il visait bien plus à être un parfait *debater* qu'un grand orateur. Par son sens pratique, par ses connaissances économiques et industrielles, enfin par son respect extraordinaire pour toutes les libertés, le comte de Cavour eût pu prendre rang parmi les hommes d'État anglais. Il en avait le patriotisme, et, quoiqu'on ait prétendu le contraire, la fierté; car la souplesse de son caractère n'alla jamais jusqu'à l'oubli de l'honneur national, et, s'il m'était permis d'entrer dans le champ de sa politique extérieure, je pourrais citer maint exemple du courage qu'il sut déployer dans ses rapports avec les grandes puissances. A la suite de la cession de la Savoie et de Nice, il plut aux partis extrêmes d'attribuer à M. de Cavour toute sorte de projets de cessions territoriales. C'était un jour la Sicile, le lendemain la Sardaigne ou la Ligurie qui devait cesser d'appartenir au royaume d'Italie. Comme si c'eût été la peine d'arracher dans plusieurs grandes batailles la Lombardie à l'Autriche, de rallier par des miracles de patriotisme et d'habileté les populations du midi de l'Italie autour du roi Victor-Emmanuel, pour défaire d'un côté ce qu'on avait fait de l'autre, pour détacher telle ou telle des plus belles, des plus fortes, des plus véritablement italiennes parmi les provinces de la Péninsule! Le bon sens public a fait justice de ces imputations; mais qu'il me soit permis de l'affirmer encore une fois, bien que cette affirmation soit sans doute superflue, jamais le comte de Cavour n'aurait consenti à séparer du royaume d'Italie une seule de ses provinces actuelles. Mon devoir est d'ajouter aussi que jamais il n'a été question d'aucun projet de ce genre, et qu'après la cession de Nice et de la Savoie, jamais le moindre symptôme n'a pu donner à croire que le gouvernement de l'empereur Napoléon III songeât à des acquisitions de ce genre.

Est-il besoin au reste de donner des preuves du courage du comte de Cavour? J'ai vu son calme plein de grandeur lorsqu'au printemps de 1859 il remit au baron de Kellersperg la réponse à l'ultimatum autrichien; je l'ai vu donner sans sourciller l'ordre d'inonder les vastes plaines placées entre le Tessin, la Doire et le Pô, opération savamment préparée d'avance et qui a tant contribué à la défaite du général Giulay. Enfin j'ai admiré son énergique tranquillité lorsque, par suite d'un mouvement des Autrichiens vers Biella, Turin fut un moment menacée d'invasion. Aussitôt, bien que la stratégie conseillât d'abandonner Turin, le ministre, ne voulant à aucun prix que l'ancienne capitale des rois de Sardaigne fût livrée aux étrangers, fit des préparatifs pour une défense énergique. Une commission fut nommée pour présider à la formation des barricades; des ordres furent expédiés par le télégraphe pour appeler aux armes toute la population des environs, et tout cela fut fait sans parade, sans proclamations, sans que les rues et les places de Turin témoignassent le moins du monde de l'émoi de ces heures solennelles.

En parlant de l'Angleterre, le comte de Cavour aimait à répéter qu'un changement analogue à celui qui s'est produit dans la politique commerciale de la Grande-Bretagne devait s'opérer peu à peu dans sa politique extérieure. « Déjà, disait-il, l'Angleterre n'est plus le champion de l'absolutisme sur le continent, et il ne serait pas facile à un ministère anglais de s'allier avec l'Autriche pour l'oppression de l'Italie. S'il n'est pas dans le rôle des ministres anglais d'exercer la brillante et généreuse initiative qui semble réservée à la France, il n'en est pas moins vrai que le patriotisme britannique tend à se transformer, qu'il commence à être moins exclusif, moins égoïste, et que de plus en plus il placera la prospérité de l'Angleterre non dans l'abaissement systématique des autres puissances, mais dans l'établissement de rapports internationaux fondés sur la justice et sur l'humanité. » Toutefois, malgré l'estime qu'il ressentait pour l'école de Manchester, il ne croyait pas que des congrès de la paix pussent avoir une grande influence sur l'avenir de l'Europe. « Certes, disait-il souvent, les guerres, surtout les guerres injustes, tendent à devenir toujours plus rares en Europe ; elles seront du moins de plus en plus courtes et moins désastreuses ; mais la paix universelle me paraît une sorte d'idéal dont on doit se rapprocher constamment sans pouvoir se flatter de l'atteindre. »

Il était surtout une éventualité à laquelle le comte de Cavour refusait obstinément de croire : la guerre entre la France et l'Angleterre. L'hypothèse d'un tel événement l'effrayait comme celle d'une ère nouvelle de barbarie s'étendant sur l'Europe. La France et l'Angleterre étaient pour lui les deux pôles de la civilisation, le cœur et le cerveau de l'Europe ; les voir sincèrement unies et alliées à l'Italie était son rêve favori. Aussi revenait-il souvent avec bonheur sur cette alliance de Crimée qui fut sa première grande conception diplomatique, et qu'il aurait voulu voir renouvelée non pas contre la Russie, mais contre l'Autriche.

Sa reconnaissance pour la France dépassait encore, s'il se peut, son admiration pour l'Angleterre. Il déplorait seulement que les Français, si libéraux par l'instinct, le soient si peu par les idées, et que cette nation qui aime le plus passionnément la liberté, ait été jusqu'à présent dans l'impossibilité de cultiver et de faire fleurir cette plante précieuse. Il en accusait surtout l'excessive centralisation, et il espérait qu'en France aussi le progrès commencerait dans le champ économique. Il voyait avec le plus grand plaisir la réforme que la volonté énergique et éclairée de l'Empereur commençait à introduire dans le régime douanier. Peu de jours encore avant sa mort il me recommandait de réunir les numéros du *Moniteur* qui contenaient le compte rendu des débats des assemblées françaises sur l'abolition de l'échelle mobile, qu'il espérait, inutilement, hélas! pouvoir lire aussitôt entré en convalescence.

Ainsi c'était toujours vers la liberté que se tournait ce grand esprit. Il n'est pas facile d'énumérer les services que M. de Cavour a rendus à la cause libérale. Ils sont loin d'être limités à la Péninsule italienne. L'Autriche, arrêtée par une diplomatie supérieure à la sienne, obligée d'en appeler brutalement au sort des armes, s'est changée, sous l'empire de la nécessité et du malheur, en un gouvernement constitutionnel. A ce point de vue encore, les batailles de Magenta et de Solferino ont exercé l'influence la plus bienfaisante. Ces défaites de l'Autriche ont été, pour les races slave et hongroise, de véritables victoires. Toutes les populations du centre et du nord de l'Europe ont ressenti le contre-coup des événements qui se sont accomplis en Italie. Les Allemands commencent à éprouver ce besoin énergique de force et de grandeur qui transforme une race privée de cohésion politique en une nation vivante. La Prusse, quelles que soient ses hésitations, ne reculera pas toujours devant la tâche qui lui est assignée par la Providence : il y a dans l'exemple du Piémont un prestige qui agira sur elle et un enseignement qu'elle comprendra.

Les libéraux français, nous l'espérons du moins, trouveront eux aussi quelque raison de s'accorder à rendre pleine justice à l'homme qui a tant fait pour l'alliance définitive de leur pays avec le nôtre. Lorsque le temps aura effacé les ressentiments personnels et enseveli dans l'oubli les petites manœuvres des partis, on reconnaîtra que la politique extérieure de la France n'a pas été sans influence sur sa politique intérieure; que la première n'a pu être large, réformatrice, libérale sans que le régime intérieur se modifiât peu à peu dans le même sens et dans la mesure que rendait possibles la condition faite à la France par soixante ans de révolution. On saura gré au comte de Cavour d'avoir énoncé la seule solution véritable de ce grand problème des rapports entre l'Église et l'État, qui s'impose de plus en plus à la génération actuelle. Le concordat de 1801 a été une trêve habile, il n'a pas été une solution. La France, cette nation qui est à la fois voltairienne et catholique, révolutionnaire et cléricale, devra s'élever enfin au-dessus des antinomies entre lesquelles elle s'est débattue jusqu'à présent, et donner à l'Église la seule liberté dont elle ait besoin, la liberté dans le droit commun.

Ainsi, pour la première fois depuis bien des siècles, un Italien s'est trouvé en état d'exercer sur l'Europe une grande influence politique. Cette idée de la nationalité italienne dont la littérature avait gardé depuis Dante la magnifique tradition, n'avait pu encore se personnifier dans un homme qui eût la taille et les facultés d'un homme d'État. Alfieri, Foscolo, Manzoni, Balbo, Gioberti, d'Azeglio eux-mêmes étaient des littérateurs et des philosophes plutôt que des politiques. Il fallait un homme qui, au patriotisme de l'Italien, joignît la connaissance réelle et positive de l'état de l'Europe, et des moyens d'action qu'exigent les progrès modernes; qui cherchât la délivrance de l'Italie, non dans une révolte sauvage contre toutes les traditions européennes, mais dans l'union intime avec les puissances qui marchent à la tête de la civilisation. Tel fut le comte de Cavour. Tel a été son rôle providentiel.

— C'était au mois de mai 1860. Le comte de Cavour revenait de l'une de ces courses rapides qui interrompaient à de rares intervalles la féconde série de ses travaux. A quelques milles de Turin, il regarda à la portière du wagon et me dit : « Voyez-vous là-bas cette flèche à demi cachée dans les arbres? C'est le clocher de l'église de Santena, là est le château héréditaire de ma famille. C'est là que je veux reposer après ma mort. » Qui m'eût dit alors qu'un terme si proche était marqué à cette puissante existence que je me plaisais souvent à me figurer arrivée à la verte vieillesse des Palmerston et des Russel! Qui m'eût dit alors qu'un an à peine après ce voyage je devrais, accomplissant jusqu'au bout un triste devoir, accompagner à Santena la dépouille funèbre du grand ministre! Ce lugubre pèlerinage ne sortira jamais de ma mémoire. Je voyais pour la première fois ces grands arbres, ces jardins, ce vaste manoir dont il m'avait parlé bien souvent et qu'il avait réservé pour sa dernière demeure, préférant se rendre, dans ses courts moments de loisir, à sa ferme de Leri, où les larges prairies, les vastes rizières se prêtaient mieux à ses habitudes laborieuses. Quoique les habitants de toutes les communes voisines se fussent empressés de se rendre à Santena, c'était un humble convoi que celui que nous suivions : mais dans tout le cortége, sur le visage de tous une douleur sincère et profonde. Arrivés au caveau de la famille, il se trouva que la niche creusée dans le mur à la place que le comte de Cavour avait lui-même désignée était trop petite, et il fallut l'agrandir. Ces coups de marteau retentissaient dans mon cœur; il me semblait entendre la fatalité qui poursuit l'Italie depuis tant de siècles s'acharner avec une persistance impie contre l'œuvre splendide presque achevée par le grand Italien.

C'est à nous cependant, c'est aux Italiens qu'appartient le soin de sa gloire, car elle est inséparable de l'avenir de notre pays. L'homme qui, au milieu de redoutables épreuves, s'écriait dans la solitude de son cabinet : « Périsse mon nom, périsse ma réputation, mais que l'Italie soit! » celui-là est bien digne que son souvenir vive éternellement dans le cœur des Italiens. Le rôle des véritables grands hommes ne finit pas dans la mort. Modèles de dévouement et de patriotisme, ils deviennent dans leur tombeau le type de la nation pour laquelle ils ont vécu. La conduite des Italiens s'inspirera du souvenir du comte de Cavour. Ils sauront comme lui concilier la largeur des idées avec un esprit positif et pratique, joindre l'impartialité des jugements à un amour passionné du bien. Comme lui, ils seront également éloignés de l'apathie et du fanatisme, tolérants pour toutes les convictions, inexorables pour toutes les hypocrisies ; ils éviteront de mettre jamais les intérêts de la patrie en opposition avec les grands intérêts de la justice et de l'humanité. Alors l'Italie, composant enfin un corps homogène, librement réunie autour de son roi, développant ses immenses ressources en vue du progrès et de la civilisation, sera un magnifique témoignage de ce que valait l'homme qui lui a ouvert la voie de ses destinées nouvelles.

I. Artom.

ŒUVRE PARLEMENTAIRE

DU

COMTE DE CAVOUR

I

SUR LA REPRISE DES HOSTILITÉS CONTRE L'AUTRICHE.

(20 octobre 1848.)

« Tout le monde, disait en 1853 le comte de Cavour, tout le monde en Piémont a voulu la guerre de 1849, M. de Revel comme Pietro di Santa Rosa, comme M. Rattazzi, comme moi. » De même qu'il avait poussé l'un des premiers le cri de guerre à la nouvelle de l'insurrection de Milan, il comprenait aussi, au commencement de 1849, que le pays ne pouvait sortir que par un dernier effort, heureux ou malheureux, de l'impasse où il se trouvait. Mais entre la campagne de 1848 et celle de 1849, le comte de Cavour, membre de la droite dans le premier parlement piémontais, conseillait la modération, et l'on voit par son discours du 20 octobre 1848 comment et par quels motifs il le faisait. Ses conseils ne pouvaient être suspects. On savait que le créateur, le directeur du *Risorgimento* n'était pas un partisan de la paix à tout prix; que, bien qu'il eût été élevé à l'école du régime parlementaire en Angleterre, en Belgique et en France, il n'apportait point en Italie les doctrines relâchées, le scepticisme politique, l'esprit de tergiversation enfin que la démocratie piémontaise regardait alors comme inhérent à la vie constitutionnelle. Certes, il avait acquis le droit de recommander au Parlement le calme et la prudence même dans des temps aussi critiques, l'homme qui avait écrit ces mots à propos de la politique suivie pendant les dernières années par le cabinet des Tuileries : « Politique indécise et timide, qui voudrait rester neutre entre les idées de progrès et l'esprit de résistance, et qui n'est digne en rien de la grande nation... erreur immense qui fait paraître d'autant plus grande, par le contraste, la politique anglaise en Italie. » Pourtant le comte de Cavour était en butte à une prévention d'un autre genre : il rapportait de ses voyages une certaine ressemblance de caractère et d'esprit avec les hommes d'État anglais, et le parti démocratique, alors en force, se défiait de cet « aristocrate, » qui savait du reste commander l'attention de la Chambre. Le moment n'était pas venu encore où la noblesse en Piémont et dans le reste de l'Italie se mit décidément à la tête du mouvement national.

La situation politique où se trouvait le Piémont à la date du discours qu'on va lire, ressort assez du discours lui-même; il n'est donc besoin ici que de reproduire les traits principaux de la discussion. La Chambre, après une interruption de deux mois et demi, avait repris ses travaux le 17 octobre. Le ministère Casati, auquel elle avait conféré les pleins pouvoirs avant d'être prorogée, avait été remplacé, à l'époque de nos revers, par un ministère présidé par le général comte Perrone di San Martino et composé en outre de

MM. Pinelli, Dabormida, Merlo, Revel et Santa Rosa. L'opposition, dès la première séance, réunit tous ses efforts contre le cabinet.

Répondant aux interpellations de M. Ravina, sur l'état des négociations relatives à la médiation anglo-française et sur les intentions du gouvernement à l'égard de la guerre, M. Pinelli déclara qu'il ne lui était pas permis de dire où en étaient ces négociations, mais que le gouvernement n'accepterait la paix que si elle avait pour base la reconnaissance de la nationalité italienne : l'armistice était expiré et n'avait point été renouvelé; l'une et l'autre des deux puissances avait la faculté de le dénoncer huit jours à l'avance; les tergiversations de l'Autriche pouvaient lasser le gouvernement et le décider à recommencer la guerre, mais lui seul devait être laissé juge du moment où il conviendrait de s'y déterminer.

L'opposition, représentée par MM. Buffa, Brofferio, Montezemolo et Valerio, exprima ensuite ses griefs. Ni la France, ni l'Angleterre n'étaient des alliés sûrs; leur jalousie réciproque les portait seule à intervenir dans les affaires de l'Italie par une médiation. Il était dangereux de rester plus longtemps dans une situation fausse qui n'était ni la paix ni la guerre, à la merci d'une médiation impuissante et qui n'avait été utile à l'Italie qu'un instant, lorsqu'il s'était agi de gagner du temps. Si la Sardaigne avait des amis en Europe, le seul moyen de les décider à la secourir était d'agir avec vigueur, avec enthousiasme, et de recommencer sans délai la guerre d'indépendance. La révolution de Vienne, la guerre de Hongrie, l'état violent où se trouvait toute l'Italie étaient autant de circonstances propices qui devaient décider le gouvernement à employer ces forces révolutionnaires, lesquelles, autrement, se tourneraient contre lui.

Là-dessus, le comte de Cavour prit la parole. — La discussion continua ensuite avec une certaine violence. L'ordre du jour assez froid adopté par la Chambre comme conclusion du débat se borna à prendre acte des déclarations faites par les ministres.

SÉANCE DE LA CHAMBRE DES DÉPUTÉS
du 20 octobre 1848.

Le ministère et l'opposition sont en désaccord sur deux points : l'utilité de persister dans les voies de la médiation, et l'opportunité de recommencer immédiatement la guerre. Au fond, tout le monde regarde la guerre comme probable et comme pouvant devenir d'un jour à l'autre très-opportune pour nous. De même, tout le monde accepte la médiation, au moins comme fait accompli. La seule discussion possible porte donc sur le point de savoir s'il convient de renoncer à la médiation sans plus attendre, ou s'il faut écouter pendant quelque temps encore les puissances médiatrices. C'est, comme on le voit, une pure question d'opportunité, que l'opposition pense résoudre en disant que cette guerre, regardée par tous comme à peu près inévitable, doit être déclarée sans délai et que le moment présent est pour nous le meilleur.

Je crois que tel est le fond de la question. Examinons les deux systèmes.

L'opposition dit qu'il faut rompre sans autre délai avec la médiation, parce qu'elle ne peut nous apporter des conditions acceptables et qu'elle est fatale à nos intérêts. Le député Buffa a dit à ce sujet : « Voyez l'Angleterre : elle a accepté la médiation pour faire plaisir à la France, pour ne pas rester isolée ; mais elle ne l'a pas fait avec sincérité, car chez elle le pouvoir et l'opinion sont actuellement hostiles à l'Italie. Songez aux discussions du Parlement, lisez les feuilles anglaises, vous vous convaincrez aisément que les sympathies de cette nation penchent bien plutôt vers l'Autriche que vers nous. » J'avoue que mon opinion est fort différente, et que l'Angleterre me paraît être entrée franchement, loyalement, résolûment dans la médiation. Cette affirmation m'expose, je le sais, à être plus encore qu'à l'ordinaire taxé d'anglomanie, et à continuer de servir de point de mire au bel esprit de quelques journalistes de cette ville; mais quels que soient les jugements du dehors, j'ai la confiance que mes collègues reconnaîtront à mon langage que nul n'aime plus que moi son pays.

Certes l'Angleterre n'a pas adhéré à la médiation par pure générosité, par esprit de philanthropie; je crois que c'est un véritable, un puissant intérêt qui l'y a engagée; deux raisons me le prouvent :

La première, c'est que, comme le ministre des affaires étrangères[1] nous l'a donné à entendre, l'Angleterre désire vivement le maintien de la paix, parce que les commotions politiques et les guerres internationales nuisent à son immense commerce et ébranlent l'édifice gigantesque de son industrie. Les révolutions qui ont troublé le continent cette année ont diminué de plusieurs millions sterling l'exportation des produits des manufactures anglaises. Ce seul fait pourrait suffire à vous prouver que l'Angleterre veut la paix, et c'est parce qu'elle la veut, que le ministère anglais est entré avec empressement

1. Perrone di San Martino.

dans la médiation, sachant bien qu'il ne peut y avoir de paix durable en Europe si l'Italie n'est pas indépendante, si elle n'est pas assurée contre toute domination étrangère.

La seconde raison, que je regarde comme plus grave, c'est que l'Angleterre ressent une singulière jalousie envers cette nouvelle puissance germanique qui s'est constituée à Francfort dans des vues d'ambition extrême. Le germanisme est à peine né, et déjà il menace de troubler l'équilibre européen, il manifeste des idées de domination et d'usurpation. La diète de Francfort ne cache pas son projet d'étendre son action jusque sur les plages de la mer du Nord, d'envahir par des traités et par la force la Hollande pour devenir puissance maritime et combattre la domination exercée sur les mers par l'Angleterre.

En présence de telles tendances, il est naturel que les Anglais regardent de mauvais œil le nouvel empire germanique et nourrissent envers lui des sentiments d'hostilité à peine déguisés. La preuve de la vivacité de ces sentiments se voit chaque jour dans les journaux, dans les discours parlementaires en Angleterre ; mais le plus sûr indice en est encore dans les actes mêmes du gouvernement qui n'a point hésité, dans cette question du Schleswig qui n'a pas l'importance de la question italienne, à se déclarer en faveur du Danemark opprimé et à menacer d'une guerre la Prusse, l'Allemagne, si l'on ne suspendait pas les hostilités et si l'on n'acceptait pas la médiation proposée.

L'Angleterre considère aujourd'hui la question italienne non pas comme intéressant l'Autriche, mais comme intéressant l'Allemagne. Elle sait que l'empire d'Autriche ne peut plus subsister tel quel ; qu'il doit se transformer, et devenir un empire slave ou être absorbé par l'empire germanique. En aidant à ce qu'il soit exclu de l'Italie, l'Angleterre n'affaiblit donc pas un ancien et puissant allié; elle ne fait que combattre la politique ambitieuse d'un empire rival.

Si ces vues sont justes, si je ne suis pas dans l'erreur, personne ne contestera que les intérêts réels de l'Angleterre ne la portent à persister dans la médiation, et que nous ne puissions en conséquence être assurés de la sincérité de son concours. Vous savez tous que, quand ses intérêts sont engagés dans une cause, elle la soutient avec une ténacité et une énergie que nul peuple jusqu'ici n'a pu égaler.

Mais ma confiance dans l'Angleterre repose avant tout sur le caractère des hommes d'État qui la gouvernent, du chef du cabinet, lord John Russel, et du ministre des affaires étrangères, lord Palmerston. Lord John Russel est le ministre le plus libéral qu'il y ait en Europe. Depuis plus de trente ans, membre de l'opposition ou du ministère, il se montre fidèle à la cause de la liberté et du progrès, et se fait le champion des doctrines les plus généreuses. Le libéralisme de lord Palmerston ne peut inspirer la même confiance, mais en revanche on peut compter sur la rare fermeté de résolution dont il a donné des preuves répétées. Pour ne pas fatiguer la Chambre, je rappellerai seulement à son souvenir la révolution belge : la cause de la Hollande était alors très-populaire en Angleterre, soit parce que le royaume des Pays-Bas était en quelque sorte un ouvrage avancé de la diplomatie anglaise contre l'ambition française, soit parce que les Hollandais sont protestants et les Belges catholiques. Eh bien, en dépit de l'opinion publique qui se prononçait hautement en faveur du vieux roi Guillaume, lord Palmerston soutint la cause belge, et cela non-seulement par des protocoles, mais par le blocus des ports de la Hollande, afin de forcer l'obstiné souverain à accepter les conditions de la médiation.

Je dis donc que le libéralisme de lord John Russel et la ténacité de lord Palmerston me fournissent de nouveaux motifs de croire à la sincérité de l'Angleterre, et de ne pas craindre que de tels hommes puissent se laisser circonvenir par les intrigues de cet homme d'État aujourd'hui proscrit dont les préopinants ont si bien apprécié la politique[1].

Quant à la France, je dirai également toute ma pensée. Je crois qu'elle désire vivement, loyalement l'indépendance de l'Italie; qu'elle est entrée de bonne foi dans la médiation, et qu'elle veut y persister. Mais je crois aussi que sa politique intérieure est extrêmement embarrassée, et que c'est ce qui rend son action moins courageuse qu'il ne faudrait, moins haute qu'il ne conviendrait à une aussi grande nation. L'opposition nous dit : « Mais de la part de la France, ce qu'il faudrait, ce n'est pas une médiation, c'est une intervention. » J'en suis pleinement d'accord, et s'il était possible d'obtenir l'intervention française, j'aimerais à déchirer dès à présent

1. M. de Metternich.

l'acte de médiation, pour n'avoir jamais plus à en parler. Mais cette intervention, comment l'obtenir?

Ce sera en déclarant la guerre, disent les honorables Buffa et Brofferio. Ces députés appuient leur opinion commune sur des raisons différentes. Le député Buffa dit : « La nation française est généreuse, entreprenante ; soyez généreux, courageux, imprudents même, vous éveillerez les sympathies de la France, et elle accourra à votre aide. » Cette générosité naturelle à la France, je la reconnais et l'honore hautement ; mais l'histoire donne un cruel démenti aux inductions qu'en tire le député Buffa. Quelle nation a été plus intéressante, plus opprimée que la Pologne? quelle nation avait plus de titres, plus de droits à la protection de la France? Et pourtant la France ne s'est point émue jusqu'ici des longues souffrances de la Pologne, et n'a pas fait un mouvement pour ce peuple illustre et malheureux.

Une voix. Ce fut la faute de Louis-Philippe.

Cavour. La république n'a rien fait de plus que Louis-Philippe.

Ravina. La république est née d'hier.

Cavour. L'honorable Brofferio a fait un autre raisonnement ; il a dit : « Déclarez résolûment la guerre, cette résolution généreuse excitera la colère de la nation française contre le gouvernement pusillanime qui la retient, et provoquera une nouvelle révolution populaire. »

Ici, je prie l'honorable Brofferio lui-même de me permettre de m'étonner qu'il exprime le vœu, l'espoir d'une destruction violente du gouvernement actuel de la France. Je ne comprends pas qu'il puisse applaudir à un fait qui serait la condamnation la plus complète de ces institutions démocratiques dont il est un des plus fervents apologistes. Comment peut-il désirer une révolution? contre qui? contre l'Assemblée nationale, expression du suffrage universel? Le député Brofferio se trompe sur les conséquences d'un mouvement semblable; il croit qu'il s'ensuivrait le remplacement de M. Cavaignac par M. de Lamartine; mais aujourd'hui M. de Lamartine a perdu son influence, et il en est réduit à applaudir lui-même aux nouvelles combinaisons ministérielles du général Cavaignac, comme on le voit dans le journal *le Bien public*, qu'il dirige. Les véritables suites d'une révolution telle que le député Brofferio l'imagine, c'est-à-dire de nouvelles journées de juin couronnées de succès, seraient l'arrivée au pouvoir des hommes de la république rouge, des socialistes, de MM. Ledru-Rollin, Cabet, Raspail; ce serait la terreur, l'anarchie succédant aux libertés dont jouit la France. Les provinces alors ne voudraient probablement pas s'accommoder de l'anarchie triomphante à Paris; la guerre civile éclaterait, et cette même armée des Alpes dont nous invoquons le secours serait la première à marcher sur Paris pour le salut de l'État. L'éventualité dont le député Brofferio a parlé tournerait donc au détriment de la cause italienne, bien plus, de la liberté européenne, et amènerait une douloureuse réaction despotique.

Je crois que nous pouvons espérer le concours amical de la France, mais sans nous flatter qu'elle nous appuie d'une intervention active et énergique; et en conséquence j'avoue aussi que je n'ai pas une foi bien vive dans l'efficacité de sa médiation. Mais est-ce une raison pour rompre sur-le-champ, pour mettre de côté tout égard, pour user de procédés hostiles envers les puissances médiatrices qui se sont présentées à nous en amies, et qui, loin de nous nuire, nous ont rendu des services dont quelques-uns vous étaient indiqués tout à l'heure par le ministre des affaires étrangères[1]?

Non certes. Il faut au contraire différer; il faut user de quelques tempéraments qui ne sauraient faire traîner beaucoup les choses en longueur, et, lorsque le moment sera venu de nous débarrasser de la médiation, nous garder d'indisposer contre nous les deux puissances médiatrices dont l'alliance nous sera toujours utile, quelle que soit l'issue de la guerre prochaine.

Il n'est donc pas vrai que la médiation nous soit inutile et qu'elle puisse être brusquement rompue sans inconvénient. Il reste à savoir cependant si ce moment n'est pas le meilleur que nous puissions choisir pour la guerre. Si, en effet, l'opportunité d'une guerre était prouvée, si tout retard devait être fatal, je serais le premier à prendre congé de la diplomatie. Mais je crois que, sur cette question encore, la manière de voir de l'opposition n'est pas parfaitement juste. Si j'ai bonne mémoire, l'honorable Brofferio a dit : « Les peuples d'Italie, si inactifs au mois d'août, se remuent aujourd'hui, et forcent leurs gouvernements à prendre part à la lutte nationale. » Je

1. Le ministre avait parlé des effets d'équipement dont le gouvernement s'était fourni en France, et de la présence d'une armée française sur les Alpes qui avait assez inquiété le maréchal Radetzki pour arrêter sa marche.

ne veux pas examiner ici quelle peut être la portée du mouvement de Livourne, et si le projet d'une constituante, lancé par le député Montanelli, est fait pour nous amener à cette harmonie si nécessaire au triomphe de la cause italienne; j'entre plutôt dans les vues du député Brofferio, et je suppose que le ministère Guerrazzi ou tel autre qui pourra succéder au ministère Capponi, sera de tous les ministères possibles le plus énergique, le plus dévoué à la nation, le plus décidé à coopérer de toute manière à la guerre d'indépendance.

Mais quand cela serait? qu'est-ce que le ministère toscan pourra faire pour nous aider? A moins qu'il n'ait une puissance surnaturelle, il ne pourra pas prendre une part efficace à la guerre, puisqu'il n'existe pas en Toscane de forces régulières, et qu'il n'est au pouvoir d'aucun gouvernement d'improviser une armée. Par malheur, après les tristes événements de juillet, rien n'a été fait en Toscane pour réorganiser les quelques troupes régulières revenues des champs de bataille lombards; par malheur, l'armée, dans cette noble province, n'existe pas. Qu'attendre donc de ce côté, sinon un renfort à peine appréciable?

La Toscane aujourd'hui n'aurait à envoyer en Lombardie que ces jeunes braves, débris des fatales journées de Curtatone et de Montanara, qui sont toujours prêts à se former en volontaires et qui accourraient à nos côtés. Je ne méconnais pas plus que le député Brofferio la valeur d'un tel secours, mais j'affirme, sans crainte d'être démenti par les militaires instruits, qu'il servirait bien peu à la solution du grand problème, c'est-à-dire à la prise du terrible quadrilatère fortifié de Mantoue, Peschiera, Vérone et Legnago.

Nous devons attendre moins encore de Rome que de la Toscane. Ce n'est pas que j'accuse de faiblesse ou de mauvais vouloir le nouveau ministère présidé par Pellegrino Rossi. J'ai confiance au contraire dans cet illustre homme d'État, et j'aime à croire qu'il est décidé à achever dignement sa carrière, en consacrant au bien de sa patrie les rares qualités de son esprit. Mais les États romains possèdent moins encore que la Toscane les éléments d'une armée régulière; rien n'y est préparé pour l'organisation d'une force qui soit propre à être immédiatement mise en campagne. Le ministère précédent, soit par négligence, soit par des causes plus déplorables encore, a laissé se dissoudre les glorieux restes de l'armée qui a combattu en Vénétie. Les Suisses qui ont montré tant de courage se sont vus dédaignés et délaissés, et ont abandonné en grand nombre un drapeau devenu ingrat. Les volontaires, privés de subsides, sont revenus chez eux, en vendant leurs armes le long de la route pour vivre; les milices irrégulières ont été dispersées et licenciées; et Rome, aujourd'hui, est encore moins préparée à la guerre qu'elle ne l'était dans les plus mauvais jours de Grégoire XVI.

L'avocat Brofferio nous a parlé encore de ces émigrés lombards qui se trouvent dans les vallées et les montagnes de la Suisse, et nous a fait entrevoir la possibilité qu'ils perdent patience et qu'ils descendent en Lombardie sans plus tarder pour commencer la guerre sous d'autres auspices et avec un autre drapeau. Pour moi, je respecte les opinions de ces exilés, quelles qu'elles puissent être. Ils portent le poids du malheur, ils me sont sacrés. Mais si ardent que soit leur patriotisme, si grande que soit leur hardiesse, je ne puis les croire occupés d'une entreprise impossible. Ils n'ont point de matériel de guerre, ils n'ont aucune espèce d'organisation militaire; comment pourraient-ils penser à se jeter seuls contre l'armée entière de Radetzki? J'espère, avec le député Valerio, que la voix de la raison, de la prudence aura plus d'empire sur eux que celle du désespoir, et les déterminera à attendre avec nous l'heure opportune pour reconquérir l'indépendance de la patrie.

Je sais, aussi bien que l'opposition, que nous trouverons en Lombardie une vigoureuse assistance dans l'insurrection populaire; je ne doute pas que ces populations, éclairées par leurs infortunes, ne se lèvent sitôt que le drapeau subalpin passera le Tessin, et n'oublient tout pour s'unir à nos efforts contre l'oppresseur. Mais cette aide nous est toujours assurée pour le jour quelconque où la guerre aura lieu, et il n'est pas à craindre que le temps affaiblisse les sentiments des Lombards. Aussi, malgré la douleur que nous éprouvons en voyant leurs maux se prolonger, nous ne pouvons pas nous déterminer sur la seule espérance de leur concours à passer sur-le-champ la frontière.

Mais la plus forte raison donnée par l'opposition pour prouver l'opportunité de la guerre, c'est certainement celle qu'elle tire des derniers événements de Vienne, de l'état de bouleversement des provinces autrichiennes.

J'observerai à cet égard qu'on a été trompé par une

fausse ressemblance entre les événements actuels et ceux du mois de mars dernier. Je prie la Chambre de me permettre d'entrer à ce propos dans quelques détails pour bien exprimer toute ma pensée.

Le mouvement de Vienne, en mars, était purement politique. Le peuple de la capitale, interprète des sentiments qui animaient tous les peuples de l'Empire, s'est levé pour obtenir, les armes à la main, les institutions constitutionnelles et les autres concessions politiques réclamées par l'esprit de notre temps. Ce mouvement a été calmé sans difficulté par les concessions plus ou moins sincères de l'Empereur. Mais à peine la tranquillité intérieure était-elle rétablie, que ce même peuple qui s'était battu avec tant de chaleur pour sa liberté s'unissait à son gouvernement pour nous ravir non-seulement nos libertés, mais un bien plus précieux encore, l'indépendance! (Agitation dans la Chambre.)

Oui, Messieurs, au premier rang de l'armée autrichienne ont combattu contre nous les volontaires de Vienne, les héros des barricades viennoises du mois de mars.

C'est que dans l'Empire autrichien la question de liberté, la question politique n'est pas la seule qui agite les âmes, qui remue les masses; il y en a, tout à côté, une autre bien plus grave, bien plus menaçante, celle des races qui luttent entre elles, les unes pour conserver une ancienne domination, les autres pour conquérir une existence nouvelle.

Il existe dans l'Empire une race nombreuse, énergique, agissante, mais opprimée de plusieurs siècles : la race slave; elle s'étend dans toutes les régions orientales de l'Empire depuis le Danube jusqu'aux montagnes de la Bohême; elle veut être toute entière émancipée, et recouvrer sa nationalité; sa cause, juste et noble, est défendue par des hordes peu policées, mais déterminées et vigoureuses, et elle triomphera dans un avenir peu éloigné.

Le grand mouvement slave a inspiré le premier poëte du siècle, Adam Michkiewitz; cela seul donne confiance dans l'avenir de ce peuple. L'histoire, en effet, prouve que lorsque la providence suscite l'un de ces génies tels qu'Homère, Dante, Shakespeare ou Michkiewitz, c'est que les nations où ils naissent sont appelées à de hautes destinées.

Peu après le triomphe de la cause libérale à Vienne, le mouvement slave commença à se prononcer ouvertement dans l'Empire. La branche la plus intelligente de la famille slave, la Bohême, essaya, dès le mois d'avril, de se soustraire à la domination germanique et de former à Prague un centre de ralliement pour tout le slavisme. Cette généreuse entreprise manqua, tous les partis à Vienne s'étant réunis pour l'écraser. La malheureuse ville de Prague, pour avoir voulu recourir à la force, fut, après une lutte terrible, bombardée, mitraillée et enchaînée au joug militaire, sous un état de siége qui y régnait encore il y a peu de jours.

Le mouvement slave, brutalement réprimé dans le nord de l'Empire, s'est développé plus fort et plus menaçant dans la partie du bassin du Danube habitée par les Slaves-Croates.

Je ne discute pas les raisons ou les prétextes du mouvement de la Croatie contre la Hongrie ; je n'entre pas dans les détails du grand antagonisme qui sépare les Magyars et les Slaves. Je ferai remarquer seulement à la Chambre que les Magyars, pleins de générosité tant qu'il s'est agi de défendre les droits de leur pays contre l'usurpation impériale, se sont jusqu'à présent montrés orgueilleux, tyranniques, oppresseurs envers la race slave répandue dans les provinces hongroises.

Valerio. Cela n'est pas.

Cavour. Cela est; nul ne peut nier qu'en Hongrie l'aristocratie n'appartienne à la race magyare et le peuple à la race slave, et que l'aristocratie du royaume n'y ait opprimé le peuple.

Quoi qu'il en soit, je n'ai aucune envie de faire l'éloge des Croates (on rit), pas plus que celui de leur chef le ban Jellachich ; je remarque seulement que c'est le drapeau slave qu'ils ont déployé, et non pas, comme plusieurs le croient, le drapeau de la réaction et du despotisme. Jellachich s'est servi du nom de l'Empereur ; c'était d'une politique clairvoyante, mais cela ne prouve pas que son principal, sinon son unique but, n'ait pas été la restauration de la nationalité slave. Qu'est-ce que c'est, en effet, que le pouvoir impérial ? Un vain simulacre qu'empruntent tour à tour les partis qui se partagent l'Empire. Jellachich, voyant l'Empereur en querelle avec les Viennois, s'est déclaré pour le pouvoir central, mais non pas pour le rétablissement du gothique édifice renversé par la révolution de mars. Le mouvement de Jellachich est si peu une simple réaction militaire que, tandis qu'il approchait de Vienne, les députés slaves, particulièrement ceux de Bohême, qui représentaient la partie éclairée du slavisme, quittaient l'assemblée pour se retirer à Prague ou à Brünn et y établir un parlement slave.

Je crois donc que la lutte qui se prépare au sein de l'Autriche n'est pas un démêlé politique semblable à celui de mars, mais le prélude d'une redoutable guerre de races, d'une guerre entre le germanisme et le slavisme.

Valerio. Tant mieux pour nous.

Cavour. S'il en est ainsi, il est évident que la guerre une fois en train s'étendra rapidement à toutes les provinces slaves, se fera géante, et deviendra plus acharnée après la bataille qui va être livrée sous les murs de Vienne, quel que soit le résultat de celle-ci. Car si le slavisme l'emporte et devient maître de Vienne, on peut être certain que les provinces allemandes, refusant de subir la loi d'une race qu'elles méprisent, se détacheront de la capitale, et, avec l'aide de l'assemblée de Francfort, combattront le slavisme à Vienne, à Prague, en Croatie. Si Jellachich est battu et contraint de se retirer dans son pays menacé par les Magyars vainqueurs, il rappellera sur les bords de la Drave la nombreuse infanterie croate qui fait la force de l'armée de Radetzki, pour recommencer son audacieuse tentative.

Je crois donc pouvoir affirmer qu'en ce qui regarde l'Allemagne un retard ne peut être dangereux pour nous, et que les éventualités de l'avenir nous sont favorables. Non pas que les opérations de la guerre doivent être pour cela renvoyées indéfiniment; je veux constater seulement l'erreur où se trouve l'opposition quand elle nous présente les événements de Vienne comme un motif irrésistible de recommencer aussitôt les hostilités.

On observe en dernier lieu qu'il est possible de faire la guerre tout de suite, parce que l'armée s'est de beaucoup améliorée depuis deux mois. Je dois, à ce propos, rendre hommage à la loyauté avec laquelle l'opposition a reconnu et loué ce qui a été fait par le ministre de la guerre[1]; mais l'état de l'armée n'est pas encore arrivé à la perfection, et quelques jours d'exercice encore ne lui feront pas de mal.

Je crois avoir démontré l'inconsistance des raisons mises en avant par l'opposition pour établir l'opportunité d'une guerre immédiate; je crois avoir prouvé qu'il ne peut nous être qu'avantageux de temporiser, soit en ce qui concerne la médiation, soit en ce qui concerne la guerre. Il ne me reste qu'à conclure en disant que nous devons laisser le gouvernement du Roi libre de déterminer l'heure où il conviendra de recommencer les hostilités. Cette heure pourra sonner dans une semaine, dans un mois (murmures), mais quand elle arrivera, elle nous trouvera tous d'accord sur les moyens comme nous le sommes sur le principe. (Applaudissements.)

1. Le général Dabormida.

II

SUR LE PROJET DE LOI POUR L'ABOLITION DE LA JURIDICTION ECCLÉSIASTIQUE ET DU DROIT D'ASILE.

Le comte de Cavour ne joua pas un rôle important dans les événements de 1849. Regardé comme trop modéré par le parti démocratique qui triompha aux élections de janvier 1849, il fut, à cette époque, exclu de la Chambre par les électeurs de Turin, et ne redevint député qu'aux élections générales du mois de décembre de la même année, lorsque la Chambre qui refusait d'approuver les conditions de la paix avec l'Autriche eût été dissoute par le Roi.

C'est dans la discussion sur les juridictions ecclésiastiques, en mars 1850, que la figure de l'homme d'État commence à se dessiner. La thèse qu'il soutint à ce propos donna sujet de l'accuser d'avoir changé de parti, et cette accusation fut répétée plusieurs fois contre lui dans le cours de sa carrière. La vérité est que le comte de Cavour s'était trouvé, en 1848 et 1849, en désaccord, sur des questions relatives à la guerre, avec des hommes qui partageaient du reste ses idées sur les réformes que le Piémont aurait à accomplir en temps de paix. Le comte de Cavour faisait partie de la droite pendant la crise de 1848, parce que la droite cherchait alors à contenir, à modérer les impatiences et les témérités du parti avancé; il se sépara de la droite après Novare, parce qu'elle voulait empêcher jusqu'à ces progrès élémentaires sans lesquels la Constitution ne pouvait être qu'une lettre morte. « En 1848 et 1849, disait-il plus tard à la Chambre, bien que je ne fusse pas de l'avis de mon honorable ami Rattazzi sur la question de la guerre, nous étions d'accord sur beaucoup d'autres points : la liberté de la presse et la loi électorale, par exemple. Après la paix, il ne s'est plus agi que de questions intérieures : rien ne nous séparait plus. Lorsque le ministre d'Azeglio, dont j'étais le chaud partisan, eut dissous la Chambre et fait un nouvel appel aux électeurs, le résultat des nouvelles élections donna au cabinet une majorité considérable. En ma qualité de journaliste, j'étais un peu au fait de ce qui se passait derrière le rideau de la scène politique; je vis que le danger le plus grand, pour le ministère et pour le pays, était que le pouvoir cherchât à abuser en quelque manière de cette majorité pour faire un pas en arrière. A peine les élections furent-elles achevées, qu'il parut dans le *Risorgimento* que je dirigeais un article qui commençait par ces mots : « Ne touchez pas à la presse! » Cette attitude énergiquement libérale prise dans le journalisme, le comte de Cavour la prit également à la Chambre, notamment dans la discussion du projet dont il s'agit ici.

Le projet de loi pour l'abolition des juridictions ecclésiastiques et du droit d'asile, présenté par le comte Siccardi, répondait aux justes réclamations de l'opinion publique. L'égalité devant la loi et l'abolition des tribunaux exceptionnels, prononcées en principe par le Statut, impliquaient nécessairement cette réforme. De longues négociations avec le pape, continuées avec persévérance, n'avaient abouti à rien. Aussi la proposition du comte Siccardi fut-elle accueillie généralement avec une extrême faveur.

La discussion de ce projet s'ouvrit à la Chambre le 6 mars.

Le garde des sceaux le recommanda d'abord à l'Assemblée, en exposant que le *for ecclésiastique* était incompatible avec le principe de l'inaliénabilité de l'administration de la justice civile et pénale de la part de l'État. La droite répondit aux démonstrations faciles des orateurs de la majorité par des dissertations sur le droit canonique, sur le droit international appliqué aux concordats; elle dit qu'en touchant au clergé, l'on risquait de soulever une agitation catholique, surtout dans les campagnes. La Chambre eut la douleur d'entendre le comte César Balbo se prononcer à cette occasion contre le gouvernement, qui se contentait pourtant de bien peu en fait de réformes ecclésiastiques : son irrésolution, ses craintes hors de propos affligèrent ses concitoyens, accoutumés à vénérer en lui l'un des fils aînés de l'Italie nouvelle.

Dans son discours, le comte de Cavour s'éleva à une hauteur où n'atteignirent pas les adversaires du projet. Ceux-ci réunirent, dans la votation, 26 voix contre 130.

SÉANCE DE LA CHAMBRE DES DÉPUTÉS

du 7 mars 1850.

Messieurs, la loi soumise à vos délibérations a été combattue au double point de vue du droit civil et canonique et des convenances politiques. Je me bornerai à parler à ce dernier point de vue, le premier ayant été traité à fond par le ministre des cultes[1] et par mon honorable ami Bon-Compagni; et je le fais avec d'autant plus

1. Le comte Siccardi.

de plaisir que jamais l'à-propos, la bonté d'une mesure ne m'a paru plus évidente.

Hier, deux orateurs qui appartiennent à ce côté-ci de la Chambre[1] ont exposé avec netteté et franchise les motifs qui les empêchent de voter cette loi, et qui les contraignent en conséquence de se séparer du plus grand nombre de leurs amis politiques. Ils ont dit que les temps ne sont pas propices ; que nous n'avons pas encore assez négocié avec le saint-siége à ce sujet; ils ont soulevé aussi des objections tirées de la politique pure ; enfin ils ont parlé de l'impression que cette loi ferait sur les esprits et des suites qu'elle pourrait entraîner.

Je veux prendre à partie ces raisons une à une. Et d'abord je prétends que lorsqu'une réforme est reconnue bonne, comme celle-ci l'a été par les députés Revel et Balbo, et qu'on ne la critique pas dans le fond, c'est qu'il est bien probable qu'elle est opportune autant que bonne. Toute réforme destinée à avoir immédiatement un bon résultat est opportune : ce premier raisonnement ne saurait être infirmé que par des considérations bien puissantes en sens contraire.

Ces considérations, quelles peuvent-elles être, à les prendre dans les discours que nous avons entendus ? Les uns ont dit que les temps sont paisibles, et que la tranquillité précieuse dont jouissent les esprits ne doit pas être troublée à la légère (on rit) ; d'autres ont dit qu'au contraire la tranquillité n'est pas assez complète,

1. A la droite; MM. Marongiù, évêque de Cagliari, et César Balbo.

et qu'il faut attendre une période de calme plus réel. Je réponds aux premiers que c'est justement quand la tranquillité règne que les véritables hommes d'État pensent aux réformes utiles; celles-ci se font alors beaucoup mieux, et avec plus de dignité de la part du gouvernement, que lorsque le pays est en fièvre et que les partis exploitent l'agitation publique pour les obtenir. (Très-bien !)

A ceux qui veulent, avec l'honorable Balbo, attendre des jours plus tranquilles, je dirai que, sans être alarmiste, je ne crois pas prudent de renvoyer ces mesures jusqu'à l'époque où le calme serait devenu parfait. Je ne suis pas de ceux qui voient partout des sujets de troubles, et qui pensent que nos frontières soient sans cesse menacées; mais je ne suis pas non plus de ces optimistes qui se croient entrés dans une ère de paix illimitée; et, selon moi, attendre dans un espoir semblable, ce serait s'exposer à attendre toujours.

Le comte Balbo nous cite l'Angleterre, où les changements politiques mûrissent avec lenteur, où la réforme électorale a été débattue cinquante ans. De bonne foi, croit-il notre constitution arrivée déjà à la solidité de la constitution anglaise, et qu'une réforme comme celle qui nous occupe puisse être renvoyée à cinquante ans d'ici? On peut prévoir, je le répète, sinon la probabilité, du moins la possibilité d'orages futurs; eh bien, le meilleur moyen de se préparer à les affronter, c'est de réformer pendant que tout est en paix et qu'il n'existe pas de pression de la part des partis extrêmes. Pour diminuer les forces de ces partis, vous n'avez rien de meilleur à faire que de leur ôter cette arme puissante qu'ils peuvent trouver dans la conservation d'abus injustifiables. C'est un grand avantage que de se prévaloir d'une cause juste, même quand elle ne sert que de prétexte. Soit donc qu'on regarde le moment présent comme trop tranquille ou comme trop agité, je dis toujours que c'est s'exposer à se trouver au dépourvu dans des temps beaucoup plus critiques, que de s'arrêter maintenant à de nouveaux essais de négociations avec Rome. (Approbation générale.)

Certes je m'associerais à ceux qui blâment le ministère si, avant de nous présenter cette loi, il n'avait pas fait des démarches auprès du saint-siége et cherché à obtenir son concours; mais tout le monde sait que ces négociations durent depuis 1848. Depuis le jour où, à cette époque, le comte Sclopis, alors garde des sceaux, annonçait qu'elles venaient d'être ouvertes, je ne crois pas qu'elles aient été jamais interrompues. Nous avons eu à Rome bien des envoyés de divers caractères, officiels et non officiels, laïques et prêtres, magistrats et prélats, tous hommes de premier mérite, et qui sont tous revenus sans avoir rien pu obtenir.

Le comte Balbo me permettra de lui dire que, selon ma conviction profonde, il nous serait impossible, dans les circonstances présentes, d'obtenir par des négociations un concordat tel que le comporteraient l'esprit moderne et les principes de notre Statut. Je suis loin, messieurs, d'oublier le respect dû au saint-siége, et si je désapprouve sa politique, je vénère hautement le chef de la hiérarchie catholique; mais tout ce que rapportent les personnes venues de Gaëte nous force de regarder comme puéril tout espoir de ce genre. Plusieurs de ces personnes, et des plus considérables, pour nous donner une idée de l'esprit qui domine le sacré collége, disent que le cardinal le plus favorable aux réformes, je dirai presque celui qui occupe l'extrême gauche dans cette illustre assemblée, est le cardinal Lambruschini. (Hilarité prolongée.)

A quoi bon recommencer de la même manière des tentatives qui ont tant de fois échoué? à quoi bon faire ajouter de nouveaux refus à ceux que nous avons essuyés? On propose de signifier à la cour de Rome que, passé tel terme, si elle n'accorde rien, nous ferons les réformes sans elle. Mais de quelques formes que fût revêtue une pareille intimation, elle serait toujours un ultimatum menaçant, tel qu'on en envoie aux puissances avec qui on est à la veille de se battre. Cette manière d'agir, loin d'amener rien de bon, pourrait accroître au contraire les inconvénients de la réforme, en aigrissant les esprits sans calmer les scrupules des consciences qui se seraient laissé alarmer; et l'honorable chanoine Pernigotti aurait plus que jamais raison en disant : « Si vous pensez pouvoir vous passer de Rome, pourquoi vous adresser à elle? Pourquoi surtout revenir à la charge sans cesse pour vous voir opposer un invariable refus ? »

Sur le terrain politique, la question devient plus délicate, et je m'abstiendrais volontiers de m'y hasarder si je ne me croyais en devoir de présenter quelques considérations, que je crois très-graves, aux membres de cette Chambre, et en particulier à ceux de nos amis politiques qui se sont séparés de leur parti dans cette occasion.

Avant que le roi Charles-Albert eût proclamé la constitution, le pays était divisé en deux partis : l'un désirait ardemment le régime constitutionnel et se montrait disposé à ne pas marchander sur les moyens, pourvu que le résultat fût favorable au progrès civil; l'autre était satisfait de l'état de choses existant et prêt à tout faire pour le maintenir. Le Statut octroyé par le Roi eut cet effet admirable, de faire disparaître, au moins pour quelque temps, ces deux partis, et de réunir l'immense majorité de la nation autour du trône constitutionnel. Tous les amis du progrès acceptèrent en effet le Statut; ceux d'entre eux qui ne le trouvaient pas conforme de tout point à leurs désirs reconnaissaient du moins qu'il était en rapport avec l'époque et suffisant pour nous acheminer vers des améliorations plus amples. La plus grande partie des hommes de l'ancien régime, d'autre part, accepta le Statut comme un acte légitime du souverain qui a droit à leur respect. On ne saurait opposer à mon assertion nos luttes parlementaires plus ou moins vives, car les dissidences portaient sur les moyens et non sur le but, et il n'a point existé de parti au sein du Parlement qui ne fût pleinement constitutionnel.

Tant que la politique extérieure et la tentative héroïque du roi Charles-Albert préoccupèrent les esprits, il ne se manifesta point de dissidences graves parmi nous sur les questions intérieures; ce n'était pas, en effet, des dissidences graves que nos diversités de vues sur les lois d'administration et d'organisation du royaume.

Mais lorsque la force des choses nous enleva, au moins pour quelque temps, aux préoccupations de la politique étrangère, l'esprit public se reporta sur les questions de l'intérieur, et le parti dévoué au progrès sentit s'éveiller en lui un désir ardent de voir le Statut appliqué dans toute sa largeur et jusque dans ses conséquences logiques.

La situation politique où nous nous trouvâmes après nos désastres, et dont je ne veux rendre responsable personne dans cette Chambre, a rendu impossible toute réforme pendant près d'un an. Que résulta-t-il de ce temps d'arrêt? Que beaucoup doutèrent, se mirent à se décourager et à croire que nos institutions n'étaient pas propres à l'accomplissement des réformes réclamées par l'opinion publique et par les nécessités de notre époque. On put observer que l'attachement aux formes constitutionnelles s'affaiblissait, non point chez les hommes éclairés qui savent distinguer les causes passagères des causes durables, mais dans les masses, qui jugent surtout d'après les résultats. Cette disposition des esprits me paraît incontestable. Ce fait est à mes yeux de la plus haute gravité et mérite toute l'attention du ministère et du Parlement.

D'un autre côté, le parti qui, avant la constitution, avait été content, et qui n'avait accueilli qu'avec résignation le nouveau pacte fondamental, voyant qu'on peut vivre constitutionnellement sans réformes, est arrivé peu à peu à croire que le maintien du Statut peut bien s'accorder avec un petit retour en arrière. (Sensation.) Je ne veux pas me représenter des périls imaginaires, et croire, avec l'un des préopinants, que ce parti, grandi en hardiesse sinon en force, nous menace sérieusement, ni qu'il ait la moindre chance de réussir jamais. Le sens élevé de notre souverain, le bon esprit de l'immense majorité du pays nous garantissent contre de tels dangers, et si le peuple piémontais est moins impétueux que celui des autres provinces italiennes, il a pour lui la tenacité de ses résolutions. (Bien!) Mais enfin, sans devenir prépondérant, ce parti pourrait se fortifier assez pour embarrasser le pouvoir, et rendre toujours plus difficiles les réformes que le Parlement, que le gouvernement regardent comme indispensables. Les différer encore, ce serait se préparer dans l'avenir des obstacles bien plus grands que ceux d'aujourd'hui.

Il est donc d'une grande importance que le ministère manifeste dès ce moment et par des actes les intentions positives du gouvernement. Il est nécessaire, il est urgent que les conseillers de la couronne fassent connaître d'une façon précise la ligne qu'ils veulent suivre, et je ne vois pas de meilleure réforme à opérer pour cela que celle qui est proposée à vos délibérations. (Très bien! à gauche.)

Elle prouvera à tous les amis du progrès que le progrès est possible avec le régime constitutionnel; elle les rassurera sur la politique des ministres, sur les volontés de la couronne. Ceci est tellement important pour moi, qu'au besoin je me serais contenté de cette seule considération pour voter en faveur de la loi. Si le ministère eût agi autrement, s'il eût persisté dans un système de petites améliorations à peine sensibles, le double mouvement des esprits que j'indiquais tout à l'heure aurait continué à les éloigner progressivement des vrais principes constitutionnels; et supposé qu'une secousse révolutionnaire vînt agiter de nouveau l'Europe, le pays en eût ressenti le contre-coup; des factions s'y seraient levées; nous aurions pu voir la nation se partager en deux partis extra-légaux, et le parti constitutionnel se réduire à quelques hommes instruits, dépourvus de toute force, raillés et traités de doctrinaires.

Tel est le péril, très-grand selon moi, que le ministère prévient en nous proposant cette loi.

J'en viens au dernier raisonnement des adversaires du projet, relatif à l'influence que cette loi peut avoir sur l'état des esprits. On craint qu'elle ne rebute, qu'elle n'éloigne de notre système actuel une partie notable du clergé et du peuple influencé par le clergé. Je comprendrais de telles appréhensions si ces réformes attaquaient le moins du monde le principe catholique, ou rabaissaient la condition du sacerdoce; mais c'est ce qu'aucun orateur n'a même songé à soutenir ici. Au contraire, des hommes d'une grande autorité ont établi et, selon moi, prouvé que ces réformes ne peuvent être que fort avantageuses au catholicisme et à l'influence légitime que nous souhaitons le voir exercer. Le catholicisme a toujours eu le grand mérite de s'adapter aux temps, de savoir, dans ce qu'il a de changeant, s'accommoder des principes dominants dans le monde. Le député Bon-Compagni a dit fort bien qu'à l'époque où la société reposait sur le privilége, l'Église sut se faire donner sa part, et une large part de priviléges : aujourd'hui que les sociétés reposent sur l'égalité et le droit commun, je crois que le clergé catholique saura fort bien en prendre son parti, et qu'ainsi il gagnera en influence. (Bravo!)

Je désire appuyer sur un point qui m'a frappé dans cette loi : celui des procès intentés aux prêtres. L'on a voulu voir un scandale dans la présence d'un prêtre devant les tribunaux ; mais l'impunité qui n'était que trop fréquente dans l'ancien état de choses entraînait des conséquences bien autrement déplorables. La vue d'un prêtre coupable et impuni est quelque chose de beaucoup plus triste qu'un procès intenté selon les lois ; le régime légal a pour les prêtres l'avantage immense de les protéger contre la calomnie.

La loi qui soumet les prêtres à la juridiction commune est donc destinée à accroître la considération due au sacerdoce. J'en dirai autant de l'abolition des immunités ecclésiastiques et du droit d'asile. Je me souviens que dans ma première jeunesse, à Ventimiglia, je vis un moine accusé d'un crime se réfugier dans un couvent, et le couvent entouré pendant un mois de soldats et de carabiniers; l'effet que ce spectacle produisit sur moi, sur la population, ne fut certes favorable ni à la religion, ni au sacerdoce.

Si donc ces réformes ne peuvent nuire à la religion, comment indisposeraient-elles d'une manière durable les prêtres contre nos institutions, contre le pouvoir, contre le Parlement? Supposer que les prêtres puissent en ressentir autre chose qu'un froissement passager, c'est leur faire injure, c'est les croire capables de sentiments égoïstes, puérils et bas. Non, il n'en résultera, j'en suis sûr, aucune animosité contre nous; quelques bouderies momentanées, quelque irritation légère n'empêcheront pas l'immense majorité des ecclésiastiques de nous tendre bientôt la main; et nous la leur serrerons avec plaisir, car nous avons la conviction que le progrès des sociétés modernes a besoin des deux puissances morales les plus fortes aujourd'hui dans le monde, la religion et la liberté. (Bravos à droite.) Je n'ai donc aucune raison de craindre une lutte religieuse.

Je vous ai parlé d'un parti qui a accueilli nos institutions de mauvaise grâce : des prêtres en font partie; ces prêtres ne constituent, je crois, qu'une partie minime du clergé, mais ils en sont la partie la plus active, ou, si l'on veut les désigner avec un peu d'énergie, la plus intrigante. Ils ont jusqu'ici plus ou moins dissimulé leur hostilité, et n'ont fait à nos institutions qu'une guerre sourde. Cette loi leur offre un motif, un prétexte pour se déclarer ouvertement. Le seul effet qu'elle produira sur la masse du clergé sera donc d'en dégager les éléments secrètement hostiles et de transformer les malveillants en ennemis déclarés. Loin de me paraître fâcheux, ceci me semble être une raison de plus pour voter la loi, car les ennemis les moins dangereux sont ceux qui se montrent à découvert. (Très-bien!)

Je devrais peut-être finir ici mon discours; qu'on me permette cependant de parler d'une objection qui n'a pas été faite à la Chambre, mais qui est de nature à préoccuper certains esprits, partisans trop jaloux du prestige de l'autorité. Quelques personnes voient dans cette réforme comme un acte de faiblesse, une concession à l'esprit révolutionnaire. Je leur réponds : Observez tous les gouvernements de l'Europe; quel est celui qui a pu résister aux révolutions? On ne le trouve pas chez les princes allemands, dont les capitales ont presque toutes été ensanglantées. Ce n'est pas non plus celui de la France, où un trône a été renversé en quelques heures; ce dernier pays possédait des hommes distingués, clairvoyants, qui ne contestaient pas l'utilité des réformes, mais qui les renvoyaient toujours, disant qu'elles étaient hors de propos. Ils les renvoyèrent tant qu'ils furent surpris par l'insurrection; alors, au lieu de s'opérer avec l'aide de l'expérience et après avoir été mûries, les réformes se firent violemment et dans le désordre. Si le ministre Guizot, qui admettait lui-même le bon droit de ceux qui réclamaient la réforme électorale, ne l'eût pas différée sans cesse comme inopportune, il est probable que Louis-Philippe serait encore sur le trône. Quel est donc le seul pays qui ait su se préserver de la tempête? C'est l'Angleterre.

En Angleterre, des hommes d'État attachés aux principes conservateurs, et qui savaient faire respecter l'autorité, eurent d'autre part le courage d'accomplir des réformes immenses, auxquelles ne peut être comparé le petit changement qui nous occupe aujourd'hui, et ils le firent malgré l'opposition d'un grand nombre de leurs amis qui trouvaient ces réformes inopportunes. Le duc de Wellington, dont on ne contestera pas l'énergie et la fermeté, sut se séparer en 1829 de ses amis politiques et appuyer l'émancipation des catholiques, combattue par toute l'Église anglicane; c'est ainsi qu'une guerre civile fut épargnée à l'Irlande en 1830. Lord Grey, en 1839, se séparant de la plupart des hommes qui appartenaient à la même classe que lui, parvint à faire accepter par la couronne et par l'aristocratie la loi électorale, regardée comme une loi presque révolutionnaire; et il préserva ainsi l'Angleterre d'une commotion. Un exemple plus récent et plus éclatant encore est celui que donna en 1846 sir Robert Peel, qui mena à bonne fin, en dépit des efforts de toute l'aristocratie territoriale, une réforme économique où cette aristocratie devait perdre non-seulement une juridiction exceptionnelle, mais une partie de ses revenus; et pour venir à bout de son œuvre, Peel n'hésita pas à se séparer de presque tous ses amis politiques et à s'exposer à l'accusation la plus pénible pour un cœur généreux, celle de trahison et d'apostasie. Il en fut largement récompensé par sa conscience, par la certitude d'avoir sauvé l'Angleterre des mouvements socialistes qui agitaient l'Europe et semblaient devoir agiter son pays plus encore que les autres.

Ainsi, messieurs, les réformes faites à temps n'affaiblissent pas l'autorité, elles la raffermissent, et réduisent à l'impuissance l'esprit révolutionnaire. (Sensation.) Je dis donc aux ministres : Imitez franchement le duc de Wellington, lord Grey et sir Robert Peel, que l'histoire proclamera les premiers hommes d'État de notre époque; progressez largement dans la voie des réformes, sans craindre qu'elles soient hors de propos; ne pensez pas que le trône constitutionnel en puisse être affaibli; il en sera affermi au contraire, et il jettera dans notre sol des racines si profondes, que le jour où la révolution se relèverait autour de nous, non-seulement il pourra la dominer, mais encore il groupera autour de lui toutes les forces vives de l'Italie, et guidera la nation aux destinées qui l'attendent. (Applaudissements; l'orateur reçoit des félicitations.)

III

SUR LA RÉFORME COMMERCIALE.

A la mort de Pietro di Santa Rosa, le comte de Cavour fut nommé ministre de l'agriculture et du commerce (11 octobre 1850). Ce département comprenait aussi la marine. Le 19 avril 1851, il prit en outre le portefeuille des finances, que M. Giovanni Nigra venait de quitter. Ses débuts au ministère furent signalés par une transformation complète du système économique de la Sardaigne, opérée au moyen de traités de commerce. Les trois discours suivants font connaître le caractère de cette réforme importante, commencée par le prédécesseur du comte de Cavour, continuée et achevée par lui.

Épuisée par deux campagnes désastreuses et par l'indemnité de guerre imposée par l'Autriche, la finance ne pouvait pas se guérir elle-même. Il fallait que le commerce, l'agriculture, l'industrie, profondément améliorées, lui vinssent en aide. Les deux ministères que le comte de Cavour réunissait dans ses mains étaient appelés à une œuvre identique : il fallait faire face aux dépenses du pays en augmentant ses ressources, en donnant une activité nouvelle à la production et aux échanges. Réduire les dépenses du budget eût été une mesure insuffisante, fût-on même allé jusqu'à affaiblir l'armée et à renoncer à l'exécution de travaux publics indispensables; et quant à un accroissement du produit de l'impôt, on ne pouvait raisonnablement l'attendre que d'un accroissement de la richesse publique. Comment arriver à ce dernier résultat? par le libre échange. Telle fut l'idée mère de la réforme commerciale.

Avant d'être ministre, le comte de Cavour avait eu l'occasion déjà d'exprimer quelques idées sur ce sujet devant la Chambre. Le 4 avril 1850, on discutait un projet de loi pour l'abolition des droits différentiels en faveur des nations qui offriraient la réciprocité; il exposa que selon lui ces droits devaient être abolis non-seulement à défaut de réciprocité, mais quand même aucune autre compensation ne serait accordée, que cette mesure en un mot devait être indépendante de toutes les mesures que les autres nations pourraient prendre à cet égard. La Chambre ne se montrant point favorable à cette idée, il fit remarquer qu'au moins ne fallait-il pas exiger absolument la réciprocité pure et simple, c'est-à-dire l'uniformité des droits de douane de part et d'autre sous quelque pavillon que les marchandises fussent importées; que le gouvernement pouvait avoir à demander d'autres faveurs en retour des facilités qu'il offrait au commerce des nations étrangères, et que si quelqu'une d'entre elles, « mal conseillée par des préoccupations politiques ou par des préjugés anti-économiques, » refusait d'accorder à la marine sarde l'abolition des droits différentiels, elle pourrait en revanche offrir d'autres compensations douanières qu'il ne fallait pas défendre d'avance au gouvernement d'accepter. « En France, par exemple, ajoutait-il, je n'espère pas voir abolir les droits différentiels, quoique je sois convaincu que le libre échange serait peut-être pour la France le meilleur moyen de se guérir de la maladie politique, économique et sociale dont elle souffre; mais on peut attendre d'elle des réductions douanières. »

Une circonstance prouve combien il tenait peu, quant à

lui, à ces compensations, et combien la liberté commerciale lui paraissait avantageuse en elle-même : c'est qu'il la demandait même pour des nations avec lesquelles il était contestable que nous eussions intérêt à établir même un système de réciprocité : l'Autriche et la Grèce, par exemple.

« Si l'Autriche, disait-il encore dans la même discussion, nous proposait une abolition réciproque et absolue, nous ne devrions pas la lui refuser, car elle pourrait nous menacer, comme l'a fait la France, d'établir par représailles une surtaxe sur les produits que nous exportons chez elle par voie de terre, et cette menace nous forcerait, dans l'intérêt du port de Gênes, à terminer par des concessions un démêlé qui ne saurait avoir une issue heureuse.

« Pour la Grèce, je ne pense pas que le Parlement veuille lui refuser, parce qu'elle n'est pas une puissance de premier ordre, ce que nous accorderions aux autres nations. Il serait, je ne dis pas seulement peu généreux, mais peu habile de n'abolir ces droits que pour les nations puissantes qui ont des moyens d'user de contrainte à notre égard. Je désirerais au contraire que nous eussions de bonnes et étroites relations avec la Grèce, qui se trouve dans une situation analogue à la nôtre et qui pourra avoir des intérêts politiques fort semblables à ceux qui nous guideront. L'avenir peut réserver à la Grèce de hautes destinées, surtout sur mer, et une union commerciale et maritime avec la Grèce pourrait n'avoir rien de chimérique par la suite, la Grèce ayant donné dans ces derniers temps des témoignages de sa sympathie pour l'Italie. Refuser à cette nation ce que nous accorderions aux autres, ce serait inaugurer contre elle une politique hostile. »

Et ces deux puissances étaient les seules, suivant lui, qui pussent faire une concurrence sérieuse au commerce maritime de la Sardaigne dans la Méditerranée; la France, que plusieurs craignaient, ne lui semblait pas si redoutable; notre importation principale en effet était celle des grains, qui nous arrivaient des côtes de la Turquie, de la mer Noire et de certains ports de l'Adriatique : or sur tous ces points la marine marchande de Gênes avait des relations plus anciennes et plus étendues et pouvait trafiquer et naviguer dans de meilleures conditions que la marine française (séance du 4 avril 1850).

On comptait du reste sur la réciprocité, toujours en fait d'abolition de droits différentiels, de la part non-seulement de l'Angleterre qui venait d'établir l'acte de navigation, mais des États-Unis, de la Suède et du Danemark. Quant à l'Amérique du Sud, le commerce sarde y était déjà assez fort pour se soucier peu des droits différentiels établis dans ces contrées. De tout cela le comte de Cavour avait conclu, conformément à l'avis de la commission (approuvé ensuite par la Chambre), à ce que les droits différentiels fussent abolis par le seul fait de la réciprocité accordée par d'autres nations, et à ce que le gouvernement fût autorisé à les abolir à son gré, même pour celles qui ne l'accorderaient pas. « Le salut du pays, au point de vue économique, dépend de l'adoption définitive d'une politique des plus libérales dans ces matières. »

On voit que le comte de Cavour n'appartenait pas à cette école qui tient à des compensations en fait de réformes commerciales. A la date de la discussion que nous venons de retracer, c'est-à-dire avant d'être ministre, alors qu'il envisageait surtout la question en théoricien, il eût aimé à voir ces réformes opérées par une loi générale, et sans qu'il fût tenu aucun compte des régimes en vigueur chez les autres puissances. Mais lorsqu'il fut ministre, lorsque, la question des droits différentiels vidée, il fallut faire un pas de plus et arriver à une réduction générale des tarifs de douane, l'examen de nos relations commerciales lui fit voir les choses sous un autre aspect. La voie des traités de commerce, quoiqu'elle fût la moins droite, la moins large, la moins conforme aux principes, était la seule cependant qui permît d'ouvrir à nos producteurs un accès plus facile aux marchés étrangers ; tandis qu'en nous contentant d'abaisser nos tarifs, nous nous limitions volontairement à un avantage unique, celui de mettre nos consommateurs en état d'acheter à un prix plus bas les produits de l'extérieur. Du reste, certaines catégories du tarif douanier, desquelles il ne pouvait être question dans les traités à conclure, devaient évidemment être l'objet d'une réduction pure et simple opérée au moyen d'une loi spéciale.

Les négociations commencèrent. La France venait la première : le traité de commerce du 28 août 1843, échu le 20 novembre 1850, était regardé en Piémont comme si peu avantageux, que la Chambre de commerce de Gênes demandait positivement qu'il fût dénoncé, et que, si des concessions ultérieures n'étaient pas faites par la France, le commerce national restât libre de tout engagement plutôt que de se lier sans profit. La France, de son côté, déclarait, par les divers organes de l'opinion publique, qu'elle ne sacrifierait pas à de pures théories la protection de son industrie et de sa navigation, et qu'il était nécessaire que le Piémont fît des concessions plus amples que celles du traité de 1843. En vain le Piémont faisait-il observer que l'Angleterre, les États-Unis, etc., étaient exempts en France des droits différentiels de navigation, et que notre marine ne pouvait être plus redoutable que celle de ces nations : il fut répondu en propres termes que la Sardaigne n'était un petit État sous aucun rapport, et moins encore sur mer qu'autrement; que la France la rencontrait comme rivale sur toutes les côtes de la Méditerranée; que les lois maritimes sardes offrent à nos navigateurs des facilités que n'admettent pas les règlements en France; que le fret d'un navire sarde est d'un tiers moins coûteux que celui d'un navire français, etc.

Il fallut se rabattre sur des réductions au tarif des douanes; mais là encore on trouva bien des difficultés. L'une des raisons qu'alléguaient de préférence les intérêts opposés aux nôtres dans ce débat, était que la Sardaigne, en réduisant ses droits, ne ferait qu'appliquer le système économique qu'il lui avait plu d'adopter, qu'elle n'avait donc le droit de rien demander en échange, tandis que du côté de la France, qui se déclarait protectioniste, toute réduction était une concession réelle qui comportait des correspectifs. Au fond, les obstacles paraissaient provenir de l'espoir, nourri par les hommes les plus écoutés dans le moment à Paris, que la France, en maintenant et même en aggravant ses rigueurs douanières, profiterait seule de la docte utopie qui poussait, suivant eux, les autres États à se ruiner en embrassant le principe de la liberté du commerce. Un groupe de puissants industriels, au sein de l'Assemblée française, prêtait à cette idée singulière toute l'influence dont peuvent disposer parfois des intérêts privés coalisés en dépit de l'intérêt public.

Ce qui résulta de tout cela, ce fut le traité de commerce et de navigation du 5 novembre 1850, traité fort pauvre et conçu sur des bases qui ne sont plus, grâce à Napoléon III, celles du régime économique de la France d'aujourd'hui. Le ministère piémontais ne parvint à le faire adopter par les Chambres qu'en le présentant comme une mesure politique plutôt que commerciale, et destinée à nous concilier le bon vouloir de la France.

Pendant ce temps, des négociations avaient été suivies avec la Belgique pour un traité de commerce et de navigation, conclu bientôt sur des bases libérales, le 24 janvier 1851, à Turin. D'autres négociations non moins actives avaient eu lieu avec la Grande-Bretagne, qui montra les meilleures dispositions, et un bon traité fut signé avec cette puissance le 27 février 1851. Les avantages principaux de ces deux traités, en dehors des progrès économiques qui s'y trouvaient consacrés, étaient de resserrer nos rapports politiques avec des nations dont le régime ressemblait au nôtre, et d'amener les protectionistes sardes à accepter plus facilement des réductions de droits compensées par les concessions belges et anglaises. L'un et l'autre fut bien accueilli en Piémont.

Sur ces entrefaites, quelques journaux de France élevèrent de vives réclamations contre la politique commerciale de la Sardaigne, disant qu'après avoir obtenu de la France de grandes faveurs en retour de certaines réductions, la Sardaigne accordait gratuitement ces mêmes réductions à d'autres États. Ces rumeurs retentirent jusque dans l'Assemblée française. Le comte de Cavour eut l'occasion de s'expliquer sur ce point dans une lettre dont voici quelques fragments :

« Le gouvernement du Roi professe, en fait de commerce, des principes très-libéraux; il est, en théorie du moins, libre échangiste. Toutefois, il croit devoir procéder dans l'application de ces principes avec une certaine prudence et beaucoup de mesure, afin d'amener non le bouleversement, mais la transformation de notre système économique. C'est pourquoi il a pensé que, pour certains articles principaux de notre tarif, la réforme devait s'opérer plutôt en vertu de traités de commerce que par des dispositions générales. L'occasion d'appliquer ce système s'est présentée pour la première fois lors de l'ouverture des négociations pour le renouvellement du traité de 1843 avec la France. Le gouvernement du Roi l'a saisie avec empressement, car, soit à cause de nos sympathies politiques, soit à cause des conditions économiques du pays, la France est la nation avec laquelle nous désirons avoir les rapports les plus intimes et les plus étendus. »

Ici il remarque combien le traité du 5 novembre 1850 et la convention littéraire annexée étaient étroitement conçus; puis il ajoute :

« Je prendrai la liberté de vous rappeler, monsieur, la défaveur marquée avec laquelle ces traités furent accueillis soit par le public, soit par le Parlement. En effet, il faut bien reconnaître que cette défaveur était loin d'être dénuée de fondement. Malgré cela les traités furent votés à une grande majorité; mais ils le furent, permettez-moi de vous le dire, uniquement parce que mes collègues et moi nous en fîmes une question de cabinet, et que les considérations politiques l'emportèrent dans le Parlement sur les considérations économiques.

« Pendant la discussion du traité avec la France, un plénipotentiaire belge vint à Turin nous offrir de négocier un traité de commerce avec son pays. Cette offre, conforme aux principes du ministère, fut sur-le-champ acceptée, et des négociations furent immédiatement ouvertes sur des bases presque absolument identiques à celles qu'avait posées M. le sénateur Cibrario[1] dans son contre-projet, repoussé par le plénipotentiaire français. Le traité qui en résulta fut accueilli avec faveur par le pays; car, bien qu'envisagé au point de vue du système protecteur, il fût possible de soutenir qu'il ne nous apportait pas de suffisantes compensations en retour des concessions que nous avions faites, il était incontestable que la Belgique nous accordait bien au delà non-seulement de ce que la France nous avait accordé, mais de ce qui avait été demandé à celle-ci dans le contre-projet de M. Cibrario.

« La France, il me semble, ne peut trouver rien à redire à ce traité; car, je le répète, il ne contient rien, absolument rien qui ne lui ait été ou implicitement ou explicitement offert, et par elle formellement refusé.

« Peu après la signature du traité avec la Belgique, un traité de commerce fut négocié avec l'Angleterre entre notre ministre[2] à Londres et lord Palmerston. A cette époque était encore en vigueur un ancien traité de navigation et de commerce conclu avec l'Angleterre, mais qui devait expirer en octobre.

« Nous en demandions le renouvellement, avec quelques nouvelles concessions relatives aux droits de navigation per-

1. Négociateur pour la Sardaigne.
2. Le marquis d'Azeglio.

çus par des corporations et par des particuliers propriétaires d'une partie des phares qui existent sur les côtes anglaises.

« Le gouvernement anglais se montra disposé à accéder à nos demandes et à s'engager à nous assurer d'une manière définitive les bienfaits du dernier acte de navigation, en les étendant suivant nos désirs, et cela à une seule condition, celle de recevoir le traitement de la nation la plus favorisée.

« Cette demande était, vous le reconnaîtrez, je l'espère, tellement raisonnable qu'il n'y avait pas moyen de la refuser. L'Angleterre nous avait en effet accordé par le fait plus que nous n'avions obtenu par les traités conclus avec la France et la Belgique. Nos huiles, pour lesquelles la France n'avait rien voulu nous accorder, et sur lesquelles la Belgique avait maintenu un droit léger, il est vrai, mais non sans importance, sont affranchies de tout droit en Angleterre. Il en est de même des soies travaillées. Enfin nos vins, que la Belgique repousse, ne sont frappés dans ce pays que d'un droit léger. Dans l'état actuel de la législation commerciale anglaise, nous ne pourrions en fait de réduction de droits de douane que lui demander des concessions absolument insignifiantes. En effet, le seul article de nos exportations qui soit encore frappé d'un droit assez fort, ce sont les étoffes de soie : mais en réalité ce droit n'est pas une entrave pour nous, puisque les étoffes de soie que nous exportons ne sont pas de la nature de celles que l'Angleterre tire de l'étranger.

« Obtenant de l'Angleterre tout ce qui pouvait véritablement favoriser les intérêts économiques du pays, il était bien naturel de lui accorder non des faveurs spéciales, mais le traitement de la nation la plus favorisée.

« Et veuillez observer que cette concession n'était pas gratuite, puisqu'elle était compensée par l'engagement formel de maintenir intact, pendant toute la durée du traité, le principe, d'une importance suprême pour nous, de la parfaite assimilation des deux pavillons vis-à-vis du gouvernement et vis-à-vis des corporations qui perçoivent des taxes différentielles sur les navires étrangers.

« Cette assimilation, vu l'immense développement de notre commerce maritime, a une importance bien supérieure à toutes les concessions que nous ayons jamais réclamées ou même que nous puissions jamais obtenir des autres puissances européennes.

« Vous reconnaîtrez, je l'espère, la vérité de cette assertion, en réfléchissant que nous possédons près de 25,000 marins et au delà de 3,000 bâtiments, c'est-à-dire bien plus d'hommes et de navires qu'il ne nous est possible d'en employer pour notre commerce national. Aussi nos armateurs étaient-ils obligés par le passé d'aller chercher en Amérique des moyens d'utiliser leurs navires repoussés par les droits différentiels de presque tous les ports de l'Europe. L'Angleterre, en leur ouvrant ses ports et ceux de ses colonies, leur a conféré un bénéfice immense; elle a offert à notre navigation un champ presque sans limites à exploiter. C'est pourquoi le gouvernement du Roi se croit fondé à déclarer qu'aucun traité de commerce conclu ou à conclure ne saurait être aussi avantageux à notre pays que celui que nous avons dernièrement signé à Londres. »

Par suite des réclamations de la France, auxquelles la Sardaigne désirait vivement pouvoir accéder en retour de concessions raisonnables de sa part, des négociations nouvelles eurent lieu; une convention additionnelle au traité fut signée à Turin le 20 mai 1851, et un nouveau traité de commerce et de navigation fut conclu entre les deux États le 14 février 1852.

Plus tard, en 1854, à propos d'une réduction nouvelle des droits sur les céréales, le comte de Cavour notait, à l'honneur des grands propriétaires du pays, un fait qui était également vrai de plus d'un grand industriel dont les réformes économiques en Piémont affectaient les intérêts.

« On a observé avec raison que la réduction des droits sur

les céréales exerce des effets divers sur les différentes classes intéressées dans l'agriculture, et que tandis que la liberté profite aux manœuvres et aux fermiers, elle peut porter quelque préjudice aux grands propriétaires. Eh bien, nous avons vu dans cette enceinte la grande propriété élever la voix pour exhorter le ministère et la Chambre à appliquer le principe de liberté dans toute son extension. Je dirai de plus que les grandes réformes successivement adoptées dans ce pays sont dues à l'initiative des grands propriétaires. La première de ces réformes à été accomplie sous Charles-Albert; elle a eu un caractère assez radical, car le droit fut réduit de six et de neuf francs à trois pour l'ancien *sac* génois, et elle était l'œuvre du comte de Revel, un grand propriétaire. J'ai la bonne fortune d'en proposer une nouvelle aujourd'hui, et j'appartiens, moi aussi, à la catégorie des grands propriétaires. (On rit.)

« Ceci prouve, Messieurs, que chez nous, lorsqu'il s'agit du bien public, les intérêts de classe se taisent; ce fait, je le répète, est honorable pour la nation. »

Il reste à dire que la liberté économique, appliquée avec énergie dans toute l'extension possible, fut suivie d'un mouvement extraordinaire dans l'industrie, l'agriculture et le commerce. Ce mouvement, pendant les premiers temps, fut aidé de toute façon par le ministère; il devint même excessif; la spéculation ne connut bientôt plus de frein, et quelques désastres en résultèrent. Mais l'esprit d'association et d'entreprise avait relevé les forces du pays, le trésor avait à sa portée une source de revenus plus riche, et le but de la réforme économique était atteint.

Voici ce que disait à ce propos le comte de Cavour, le 21 mars 1854 :

« Je serai franc. Je reconnais qu'un élan excessif s'est manifesté chez nous vers l'association, vers les entreprises industrielles, mais je prie qu'on observe qu'il était de toute nécessité d'éveiller l'esprit de spéculation dans notre pays. La seule manifestation un peu notable de cet esprit, avant 1847, avait été la création de la banque de Gênes; il n'y avait guère d'autre exemple d'une grande œuvre d'utilité publique, d'une grande entreprise industrielle conçue et exécutée dans le pays. Il était clair que le pays ne pourrait supporter les charges nouvelles qui devaient lui être imposées si l'esprit d'association, si l'esprit industriel ne recevait une impulsion vigoureuse. Or il est très-difficile, quand on a réveillé de telles forces, de les arrêter précisément au point où la perfection le voudrait, où elles ne peuvent amener aucun danger. Il n'est pas donné à l'homme d'opérer sans quelques inconvénients des transformations aussi radicales; il n'est pas possible de tenter de grandes réformes avec une telle sûreté de vues et d'action qu'elles aillent et s'arrêtent juste au point désirable.

« Mais je dis que le ministère, que le ministre des finances ne peut être accusé d'avoir trop poussé à la spéculation. Je crois avoir déclaré souvent devant la Chambre qu'il n'était plus le cas de favoriser de nouvelles entreprises; j'ai adressé souvent, de cette tribune, des conseils de prudence et de réserve aux capitalistes; j'ai fait plus : en plusieurs occasions j'ai refusé d'approuver la constitution de compagnies qui ne présentaient pourtant rien de mauvais, uniquement parce que je reconnaissais que le mouvement était trop rapide. Malheureusement ni mes avertissements, ni mes efforts n'ont pu avoir assez d'influence pour contenir dans de justes limites l'élan général.

« Je crois que si nous n'avions pas donné l'essor à l'esprit industriel, nos finances seraient bien plus menacées qu'elles ne le sont : car cet esprit a une élasticité merveilleuse, et sitôt que les affaires s'amélioreront, nous le verrons regagner tout le terrain perdu. Dans tous les pays doués d'une activité économique sérieuse, les traces des crises s'effacent bien vite. Qui se souvient aujourd'hui en Amérique de la crise terrible de 1838? en Angleterre, de celle de 1847? A coup sûr, bien des cadavres sont restés sur le champ de bataille industriel; mais ils ont été enterrés (on rit); d'autres ont regagné ce que les premiers avaient perdu, et l'ensemble de la nation continue sa route. Tel sera, ou je me trompe beaucoup, le résultat de notre politique financière. »

Pour achever de faire apprécier la manière dont le comte de Cavour jugeait les choses de l'agriculture et du commerce, nous plaçons ci-après, à leur rang de date, deux discours de peu d'étendue sur l'institution agricole de la Vénerie et sur l'augmentation du capital de la Banque nationale.

1

DISCUSSION DU TRAITÉ DE COMMERCE ET DE NAVIGATION ET DE LA CONVENTION SUR LA PROPRIÉTÉ LITTÉRAIRE CONCLUS AVEC LA FRANCE.

Séance de la Chambre des députés du 21 janvier 1851.

Si, au lieu d'avoir à examiner devant les représentants du pays le traité au point de vue des circonstances et de nos convenances actuelles, je me trouvais devant une Académie, libre de le considérer dans ses rapports avec l'intérêt véritable des deux pays, ma tâche serait aisée : je démontrerais sans peine, en suivant la même marche que les préopinants, que ce traité ne répond ni aux exigences de la science ni aux véritables intérêts de l'une et de l'autre nation. Mais mon devoir m'éloigne du terrain des principes et me confine sur celui de la politique; et ce qu'il faut que je considère, ce sont les titres que ce traité peut avoir à l'approbation actuelle du Parlement.

Tout d'abord, il est naturel de se demander si ce traité n'est pas le meilleur qui soit possible aujourd'hui entre nous et la France. Je demande à la Chambre quelque attention pour les détails où je vais entrer.

Jusqu'en 1843, il n'exista point de traité de commerce entre les deux pays. Nos relations avec la France étaient réglées par le droit commun, par la législation douanière de l'un et de l'autre gouvernement, et cette législation avait pour base les principes prohibitifs. Le protectionisme régnait: il règne encore dans les lois françaises plus complétement qu'il n'a jamais fait chez nous, bien que nos anciennes lois n'en aient pas été exemptes. En vertu de ce régime, les marchandises exportées de Piémont en France étaient frappées de droits considérables, de même que les marchandises importées de France dans nos États; le commerce maritime, lui aussi, était grevé de droits différentiels très-lourds, tant de douane que de navigation.

En 1843, les deux gouvernements cherchèrent à améliorer cet état de choses, à donner à nos rapports un caractère plus libéral en fait de droits de navigation, et à acheminer la législation douanière dans une voie moins étroite et moins difficile.

En ce qui concerne les droits de navigation, la réforme de 1843 fut complète: les deux pavillons furent assimilés l'un à l'autre sous ce rapport, tant pour le commerce direct[1] que pour le commerce indirect[2]; mais les droits de douane ne furent qu'insensiblement modifiés. Encore faut-il noter que ce qu'il y avait de favorable dans ces clauses ne fut obtenu de la France que parce que nous consentions en même temps à signer un traité pour la propriété littéraire; ce traité, sanctionné à cette époque et amplifié en 1846, fut le prix dont nous payâmes les concessions qui nous étaient accordées par le traité de commerce.

Les résultats de ces accords trompèrent les espérances qu'avaient conçues les négociateurs. Nos importations, nos exportations n'en furent pas sensiblement augmentées. Le député Airenti a signalé un accroissement dans nos importations, mais elle n'est pas notable, et doit être attribuée à une augmentation de la consommation intérieure, produite par le développement de la richesse nationale.

Quoi qu'il en soit, le traité de 1843 expirait en mai 1850, et aucun des deux gouvernements, absorbés apparemment par la politique générale, ne paraissait songer à reprendre les négociations à l'approche de ce terme. On se contenta donc, au dernier moment, de remettre à une époque plus éloignée l'échéance du traité. Cependant le désir d'en conclure un nouveau se fit jour peu à peu dans les deux pays, et des négociations s'ouvrirent à Turin dans ce sens.

1. C'est-à-dire le commerce fait entre les ports des deux pays par les navires de l'un ou de l'autre.

2. C'est-à-dire le commerce fait entre les ports d'un pays tiers et ceux de l'un des pays contractants par les navires de l'autre.

Je dois dire ici une chose : le traité de 1843, quoiqu'il contînt de bien minces concessions douanières de la part de la France, avait rencontré une telle opposition dans les anciennes Chambres françaises, que le ministère de M. Guizot, qui commandait à une forte majorité dans les Chambres... (Murmures.)

MOJA. *Commandait!*

CAVOUR. Je parle de M. Guizot.

MOJA. Le ministère ne commande pas à la majorité.

CAVOUR. Il ne commandait que trop à la majorité des Chambres françaises.

Malgré donc la soumission de la majorité, le ministre Guizot avait dû plier devant elle dans cette circonstance, et réduire à quatre ans la durée du traité fixée d'abord à six. Aussi le gouvernement français, dès l'ouverture des nouvelles négociations, c'est-à-dire au mois de juillet dernier, commença-t-il par déclarer qu'il regardait le traité de 1843 comme onéreux pour la France, et qu'il ne pouvait entrer en discussion pour un traité nouveau si nous n'acceptions des bases plus favorables à la France. Surtout, par rapport aux droits de navigation, le négociateur français[1] se montrait très-décidé à ne pas maintenir la parité des pavillons dans le commerce indirect.

A ces exigences s'en joignaient d'autres plus dures encore sur la propriété littéraire, dont je parlerai plus loin. La seule concession que la France offrît spontanément et dès le principe, c'était une réduction des droits sur le riz ; circonstance dont je prie la Chambre de

1. M. Ad. Barrot.

tenir compte, car on nous a accusés d'avoir sacrifié les intérêts de plusieurs provinces de l'État à ceux des pays de rizières, tandis qu'au contraire, après avoir accueilli cette proposition, nous n'insistâmes point pour obtenir une réduction plus forte.

Notre négociateur[1] déclara à son tour qu'il ne pouvait admettre les bases proposées par le négociateur français, ni consentir à ce que le traité de 1843 fût regardé comme trop favorable au Piémont; il offrait d'en venir plutôt à un système de concessions réciproques, larges et sérieuses.

Je passe sur les vicissitudes que traversèrent ces négociations, qui durèrent depuis le mois de juillet jusqu'à la fin de septembre; pendant ce temps notre habile négociateur parvint à décider le négociateur français à accepter les bases que nous proposions. Celles-ci consistaient, de notre côté, à offrir à la France des réductions de droits sur cinquante-huit articles qui constituent la plus grande partie de l'importation française dans le royaume; les articles énoncés dans le traité de 1843, ceux même que contient le traité d'aujourd'hui, sont bien moins nombreux, et nous avons dû, faute de concessions correspectives, retirer plusieurs de celles que nous offrions, ce que je prie la Chambre d'observer. Il en a été ainsi, par exemple, pour les tissus de soie et de laine, pour les produits chimiques, le fer ouvré et d'autres produits sur lesquels notre négociateur offrait de larges réductions; pour correspectif, il demandait en premier lieu et

1. M. Cibrario.

comme condition *sine quâ non* la réduction des droits différentiels de navigation, des droits différentiels de douane et des droits sur les huiles; il insistait en seconde ligne pour obtenir l'introduction à bas prix des fers de Savoie en France.

Le négociateur français, persuadé par les raisons que nous lui donnâmes, s'était donc montré prêt à les appuyer à Paris; mais le ministre des affaires étrangères de France lui adressa des remontrances sévères, et, voulant s'assurer que dans la suite des négociations l'on ne s'éloignerait pas de ses instructions, il envoya auprès de lui un employé supérieur que nous trouvâmes animé du plus strict esprit de prohibitionisme.

Les négociations ayant continué néanmoins pendant tout le mois d'octobre et une partie de novembre, il fallut se convaincre, après quatre mois d'efforts à peu près inutiles, que l'on ne pouvait plus raisonnablement espérer de faire modifier les premières bases posées par la France.

Cela étant, il me semble qu'il ne restait plus qu'à repousser ou à accepter immédiatement le traité. Nous aurions pu essayer encore d'envoyer notre négociateur à Paris; mais quelque cas que je fasse de son habileté et de sa science, je ne crois pas qu'il fût parvenu à convertir des prohibitionistes sur lesquels la voix des Bastiat, des Chevalier et des Say est restée impuissante.

Avant de prendre une résolution, le ministère voulut encore examiner à fond le projet de traité; tout en reconnaissant qu'il était bien loin de répondre à ce qu'on aurait pu attendre du bon vouloir combiné des deux nations, on constata qu'il offrait encore au Piémont une somme d'avantages supérieure à celle des sacrifices. Le gouvernement se décida donc à l'agréer ; ce n'est pas qu'il ait jugé absolument nécessaire de se lier par un traité de commerce avec la France, mais en définitive il se sentait tenu d'établir un ordre de choses meilleur que l'ancien. Il est facile de prouver que c'est ce qu'il a fait.

Je prie ici la Chambre d'observer qu'il ne s'agissait pas de voir si le traité valait ou non celui de 1843, puisque celui-ci était périmé ; mais de voir s'il valait plus ou moins que le régime antérieur à ce premier traité.

Je vais donc passer en revue les trois parties du traité : celle des droits de navigation, celle des droits de douane, et celle enfin de la propriété littéraire [1].

D'abord, il est constaté que les dix-neuf vingtièmes du commerce indirect que nous avons fait avec la France pendant les années dernières se sont concentrés sur le port de Marseille, où il n'existe, comme l'a fait observer M. Farina, aucune différence dans les droits de navigation. Ainsi, l'exemption des droits différentiels de navigation nous eût été inutile quant au port de Marseille. Le gouvernement a donc cru pouvoir négliger cet objet, sur lequel le négociateur français était inébranlable, faisant du maintien des droits différentiels une question de principes. Notre négociateur ne peut être blâmé pour une concession dénuée de valeur pratique.

1. Celle-ci formait en réalité une convention à part ; mais comme elle n'apportait en elle-même aucun avantage à la Sardaigne, et qu'elle n'était que le prix, comme on l'a vu, dont nous avions payé ce traité si peu satisfaisant, le comte de Cavour la présente dans la discussion comme faisant corps avec le traité de commerce.

On nous reproche d'avoir accordé aux bateaux à vapeur français le même traitement qu'aux bateaux à vapeur sardes ; mais c'est une mesure très-favorable à notre commerce, car il importe beaucoup que les bateaux français touchent fréquemment à nos ports, qu'aucune taxe ne les en éloigne.

Je rappellerai à la Chambre combien le commerce de Gênes souffrit lorsque, par un mouvement d'antipathie politique, on voulut mettre des obstacles à l'arrivée à Gênes des bateaux français qui faisaient le service de l'Orient. On a peut-être enrichi ainsi quelques armateurs, mais on a nui gravement à la masse des commerçants de Gênes et de tout l'État. A mes yeux, toute mesure qui tend à attirer les bateaux dans nos ports est digne de la plus grande faveur, non-seulement pour les compensations que cette facilité peut nous valoir, mais pour les avantages qui en résultent naturellement.

On a fait une autre objection, celle-ci de la dernière gravité : c'est que nous aurions accepté une condition humiliante en laissant, à l'article 4, la France juge des conditions de la nationalité de nos bâtiments. L'article 4 établit que la nationalité des bâtiments se constate selon la loi de leur propre pays, ce qui est parfaitement juste ; il ajoute, il est vrai, que c'est à la condition que le capitaine sera citoyen du pays dont il porte le pavillon, et que les deux tiers de l'équipage en seront originaires ou y auront résidé pendant dix ans[1] ; mais

1. M. Farina avait désapprouvé que l'on admît le droit de revenir, par des enquêtes ultérieures concernant la composition de l'équipage,

cette condition est bien plus favorable à nous qu'à la France, car M. Farina sait mieux que moi qu'il y a bien plus de marins étrangers sur les bâtiments français que sur les nôtres. Je ne crois pas que nous ayons un seul bâtiment où plus d'un tiers de l'équipage soit étranger, tandis que le fait est fréquent dans la marine française.

A la vérité l'on n'a pu rien obtenir, en fait de commerce maritime, sur les droits différentiels de douane. C'est la véritable tache de ce traité. Tant qu'on n'aura pas modifié les droits différentiels de douane, il servira de bien peu qu'on modifie les droits différentiels de navigation. Le maintien des premiers, qui sont vingt-cinq ou trente fois plus forts, rend illusoire toute diminution sur les derniers.

Nous nous sommes privés de la faculté de rétablir de nouveaux droits différentiels; nous le confessons à haute voix. Oui, nous avons jugé bon que les deux États renonçassent à cette faculté, parce que, d'après nous, dans quelques erreurs économiques que puisse tomber une autre nation, nous ne devons point nous laisser entraîner sur cette pente glissante, ni condamner notre pays, en guise de réparation pour la perte qu'il fait d'un côté, à de nouveaux sacrifices de l'autre. C'est parce que le ministère a cru et croit encore que, dans tous les cas, et quelques résolutions que nos voisins puissent prendre en matière économique, il ne nous conviendra jamais de rétablir des droits différentiels, c'est parce qu'il pense ainsi, dis-je,

sur les actes de nationalité délivrés par les autorités sardes aux bâtiments nationaux.

qu'il a adhéré à l'engagement réciproque de ne plus établir de nouvelles taxes de ce genre.

Il ne me reste, pour épuiser le chapitre des droits de navigation, qu'à parler de l'Algérie. Dans le traité de 1843, la France avait favorisé notre commerce avec cette colonie, tant pour les droits de douane que pour ceux de navigation ; ayant récemment assimilé l'Algérie à la France, le gouvernement français n'a pas voulu faire figurer dans le traité une exception à ce sujet, mais aucun changement n'a été opéré pour les droits de navigation, et le droit de 2 fr. par tonneau, établi en 1843, subsiste.

Ainsi, quant aux droits de navigation, le nouveau traité ne diffère de l'ancien que sur un point, qui est de nulle valeur [1], et l'état de choses qu'il consacre est préférable à celui qui a précédé le traité de 1843.

Je passe à la question des droits de douane. On a critiqué et les concessions que nous avons faites et celles qui nous ont été faites.

Sur les premières ; je déclare tout net que si, au lieu d'un traité, j'avais eu à écrire un projet de réforme douanière, j'y aurais fait entrer toutes les réductions établies par le traité, sinon de plus fortes. Toutes ces réductions sans exception se justifient par l'intérêt des consommateurs, par celui du trésor et du pays tout entier.

Je commence par les catégories les moins importantes. La réduction de 20 à 15 fr. le kilog. sur les passemen-

1. Celui de la cessation de l'assimilation des deux pavillons dans le commerce indirect.

teries de soie maintient une protection bien suffisante[1]. La réduction sur le droit d'entrée du papier n'a que le tort d'être limitée au papier *sans fin* et de ne pas s'étendre à toutes les espèces de papier : c'est dommage, car le droit sur le papier est une vexation à laquelle chacun est sensible, ceux surtout qui ont eu le malheur de diriger un journal. (Hilarité.) La réduction sur le droit d'importation des cuirs n'est pas attaquée, et avec raison; elle est avantageuse aux classes pauvres. Celle qui concerne le droit d'exportation des peaux d'agneau est un bienfait pour une partie des cultivateurs. La réduction sur les droits d'entrée pour les porcelaines, que nos fabriques sont arrivées d'ailleurs à exporter avec succès, laisse subsister encore une protection suffisante. Je laisse de côté d'autres objets de peu d'importance.

Les vins en ont beaucoup; et sur ce chef nous avons fait à la France une concession réelle. Mais la taxe *ad valorem* sur les vins fins est supprimée, ce qui est excellent, car l'employé des douanes peut difficilement apprécier les qualités des vins fins, son traitement ne le mettant guère en état de boire les vins de Château-Laffite ou de Château-Margaux. (On rit.)

Reste une taxe de 14 fr. par hectolitre sur les vins fins, et de 10 sur les vins ordinaires de l'étranger. Nos vins ordinaires, dans les années de récolte moyenne, se

1. Le comte de Cavour n'admettait en aucune façon que les douanes dussent être autre chose qu'un pur et simple impôt. S'il paraît reconnaître ici qu'elles puissent parfois être employées comme moyen de protection, c'est que la nécessité de battre l'opposition avec ses propres armes l'oblige à emprunter le langage du protectionisme.

vendent sur place 12 ou 13 fr. l'hectolitre au plus; j'ai été dans le cas d'en vendre à bien plus bas prix, et je crois qu'à Valenza il est très-fréquent qu'ils se vendent 7 ou 8 fr. l'hectolitre. Les protectionistes eux-mêmes peuvent donc se contenter d'une taxe qui est souvent de 100 pour 100. La Savoie, me fait-on observer, produit assez de vin pour sa consommation, et n'a pas besoin d'en aller acheter au dehors ; mais dans les années de mauvaise récolte le vin est rare et médiocre dans cette contrée; il serait injuste de vouloir, par égard pour une minorité de propriétaires de vignes (car quatre provinces en Savoie ne produisent point de vin), empêcher la majorité qui consomme d'acheter en France du vin meilleur et à meilleur marché. Une autre province achète aussi du vin en Piémont ou au dehors, c'est la Ligurie ; c'est en vue de ses intérêts, de ceux surtout de la rivière de Levant, que le gouvernement a réduit ainsi cette taxe, afin qu'il ne fût pas dit que, n'ayant pu favoriser la Ligurie dans la vente de son produit principal, l'huile, il lui faisait tort encore pour ses achats de vins; et en vérité, le malheur que nous avons eu de ne rien obtenir pour l'huile génoise, nous donnait peu d'envie de rendre plus lourdes encore les conditions auxquelles ces populations se procurent du vin.

Je crois donc pouvoir affirmer que les concessions douanières faites par nous étaient toutes conseillées par l'intérêt bien entendu de notre pays, et que nul n'y saurait trouver des indices de facilité excessive envers la France.

D'autre part, ce que nous avons obtenu d'elle n'est

pas considérable, et je n'entends point m'en vanter; cependant il s'y trouve des concessions qui ne sont pas à dédaigner, celles entre autres qui concernent le bétail, le riz, les fruits, et la suppression de tout droit sur les peaux préparées. De telles concessions surpassent de beaucoup celles que nous avons faites à la France dans nos tarifs; mais aussi faut-il ajouter à ces dernières celles que nous lui accordons dans la convention sur la propriété littéraire, qui est étroitement liée au traité de commerce.

Sans traiter à fond, comme l'a fait M. Farina dans un sens négatif, la question de la propriété littéraire, je prie qu'on remarque que les nations les plus cultivées, les plus jalouses de leurs droits ont pourtant consacré en principe la propriété littéraire internationale. Il y a aujourd'hui un traité en vigueur sur cet objet entre l'Angleterre et la Prusse, et ni l'une ni l'autre ne passe pour être peu soigneuse de sa dignité, ni pour être facile à admettre que d'autres nations se mêlent des affaires qui lui sont exclusivement propres.

Mais je veux simplement examiner quelle perte matérielle résulte pour nous de ce traité. J'observe d'abord qu'il aura par malheur beaucoup moins d'effet qu'il n'en aurait eu les années dernières. La raison en est au fond honorable pour le pays : c'est que depuis la constitution, sous le régime de la presse libre, l'importation des livres étrangers a beaucoup diminué. Nous en avons importé, en 1844, 1,322 quintaux métriques; en 1849, 807 seulement, et sur ces 807 quintaux plus de 600 avaient été exportés de France, ce qui prouve qu'on exagère beaucoup l'importance de la réimpression belge et les avantages que nous en retirons.

En effet, je crois qu'à l'exception des livres grevés de droits d'auteur, on imprime à Paris à meilleur marché qu'en Belgique. La réimpression belge se borne aux ouvrages soumis aux droits d'auteur, et depuis quelques années les livres qui méritent d'être réimprimés ne sont que trop rares. L'exportation belge consiste surtout en romans; quand ces envois diminueraient, je n'y verrais pas grand mal. (Assentiment.)

Quoi qu'il en soit, 20,000 kilos de livres ont été importés d'ailleurs que de France; il en est bien venu la moitié de l'Italie et de la Suisse italienne : restent 10,000 kilos, et c'est faire à la réimpression belge une part assez large. Or la différence entre le coût moyen des livres imprimés à Paris avec droits d'auteur et celui des livres réimprimés en Belgique est de 5 ou 6 fr. par kilo. La convention sur la propriété littéraire nous occasionne donc 50 ou 60,000 fr. de perte annuelle. Les réductions de droits de douane qui nous sont accordées étant de 400,000 fr. par année, nous sommes en bénéfice.

D'ailleurs ne pourrait-il pas arriver que cette convention nous fût utile à nous aussi, et que quelques-uns de nos compatriotes eussent l'occasion d'en revendiquer les avantages? Est-il impossible qu'il naisse chez nous un second Manzoni, qui s'élève à une assez grande renommée pour jouir en France de sa propriété littéraire? Sous un régime tel que celui de cette convention, l'auteur des *Promessi sposi* eût retiré de son œuvre autre chose que les quelques centaines de francs qu'elle lui a rendues.

Le traité sur la propriété littéraire, même envisagé au point de vue purement matériel, n'est donc point si mauvais qu'il balance ce que nous valent les réductions douanières [1].

J'ajoute à ceci quelques considérations d'un ordre plus élevé. Quoique je ne partage pas entièrement les craintes qui ont été manifestées hier encore dans cette Chambre, quoique je ne croie pas que nous soyons entourés de tant de périls qu'il faille, sans perdre une heure, chercher un appui actif chez nos voisins, je ne suis pas non plus porté à l'optimisme. L'horizon est encore sombre autour de nous, et nos institutions ne sont point à l'abri de tout péril. Il est, je ne dis pas probable, mais possible qu'un événement vienne à se produire qui nous fasse désirer l'appui au moins moral de la France, et je crois qu'il serait peu sage d'indisposer de quelque manière que ce soit la France contre nous.

Il est bien facile de dire que le rejet du traité contrarierait non pas le peuple, mais le gouvernement français; que la nation et le pouvoir ne sont pas la même chose en France, que les gouvernements y changent tandis que la nation demeure indépendante des passions et des entraînements de ses maîtres successifs. Ce raisonnement pourrait être juste s'il s'agissait d'une question intérieure, d'une question exclusivement française; mais quand il

1. Il serait hors de propos d'entrer ici dans le détail du régime douanier établi par le traité dont il est question et par les conventions postérieures. Pour plus de détails, voir le Recueil intitulé: *Traités publics de la Royale Maison de Savoie.*

s'agit d'affaires internationales, la nation s'identifie avec son gouvernement. Il faut bien noter que si le traité a trouvé des adversaires dans l'Assemblée française, en revanche il a été chaudement soutenu par des hommes d'une grande valeur, appartenant spécialement à la gauche.

On croira peut-être que je me sers ici d'un artifice oratoire; on me dira : pensez-vous sérieusement que la France prendrait une attitude hostile et userait de représailles si nous repoussions ce traité? Je réponds sincèrement que je ne le pense pas; mais une nation puissante a bien d'autres moyens de nuire que de faire une guerre de tarifs. Je citerai précisément à ce propos le fameux traité sur le droit de visite, dont M. Farina a parlé; traité que le gouvernement français rejeta après qu'il avait été signé par son négociateur. Le ministre Guizot avait conclu par l'intermédiaire de son envoyé à Londres un traité pour l'abolition de la traite des noirs; ce traité, en dépit des critiques qui en ont été faites, était empreint d'un sentiment d'humanité et de justice. Mais M. Guizot ne sut pas résister à la pression de l'opinion publique, et à cet amour tenace et excessif du pouvoir qui a été sa grande faiblesse; il rompit le traité conclu d'après ses propres instructions, et garda son portefeuille. L'Angleterre ne déclara pas pour cela la guerre à la France, et n'usa pas de représailles douanières, mais il s'éleva chez elle contre le gouvernement français un sentiment d'antipathie et d'animosité qui n'a pas été peut-être sans influence sur la révolution de 1848.

Dieu me préserve de comparer notre situation à celle où était alors la France. La maison de Savoie, indissolublement unie à la nation par huit siècles de gloire et de périls communs, placée à la tête de la régénération italienne par Charles-Albert, et représentée par un prince qui joint aux vertus de ses pères une haute sagesse et un sincère attachement à nos libertés; la maison de Savoie, dis-je, a de bien autres racines dans cette terre subalpine que n'en avait en France la famille de Louis-Philippe. Ma comparaison est donc aussi loin que possible de tendre à agir sur la Chambre en évoquant le spectre de la révolution. Je puis dire cependant que si à l'intérieur notre situation est infiniment meilleure, il n'en est pas de même pour l'extérieur, et que Louis-Philippe était certainement, en face de l'Europe, plus en sûreté que nous ne le sommes.

Je prie la Chambre de tenir compte de ces considérations politiques, et de passer au besoin sur les objections économiques, qui sont le plus petit côté de la question. Je la prie de voter le traité, qui ne nous apporte pas tous les avantages que nous désirons, mais qui raffermira cette union que nous devons tant souhaiter de voir s'établir entre les peuples libres de l'Occident de l'Europe. (Mouvements divers.)

2

MÊME DISCUSSION
SUR L'ORDRE DU JOUR DU DÉPUTÉ BIANCHERI,
INVITANT LE MINISTÈRE
A RECOMMENCER LES NÉGOCIATIONS AVEC LA FRANCE
POUR LA CONCLUSION D'UN AUTRE TRAITÉ.

—

Séance de la Chambre des députés du 23 janvier 1851.

...Pour que cet ordre du jour aboutisse à quelque chose, il faut qu'il déclare également que les négociations seront conduites par d'autres négociateurs et par un autre ministère; celui qui siége vous a dit qu'il a traité pendant quatre mois, que tous les moyens en son pouvoir ont été épuisés; il serait absurde de vouloir qu'il revînt lui-même à la charge. Je déclare avec une profonde conviction que le négociateur français avait, dans cette occasion, des dispositions plus libérales que le ministère de Paris, et que le ministère à son tour avait des idées plus libérales que l'Assemblée. Si l'on veut s'en assurer, qu'on lise dans le *Moniteur* la discussion que celle-ci a tenue il y a peu de jours sur les douanes de l'Algérie; on verra que le protectionisme a été soutenu de toutes parts dans la Chambre, à droite et à gauche, par la montagne comme par le tiers-parti ; ouvrez les journaux : le *National*, comme l'*Univers*, est protectioniste. Une nouvelle négociation n'aboutirait à rien ; notre position n'en serait que plus difficile vis-à-vis de la France, et bien des affaires commerciales se trouveraient en suspens. Il vaudrait mieux rejeter le traité tout nettement. Je prie donc la Chambre de ne pas s'arrêter à cet ordre du jour et de passer à la votation sur les deux traités[1].

3

SUR LE TRAITÉ DE COMMERCE AVEC LA FRANCE.

Séance du Sénat du 5 février 1851.

... La politique ultra-protectioniste de la France à notre égard ne doit pas être déplorée à l'excès. Les plus fortes concessions que, dans l'état actuel des choses, la France eût pu nous faire nous auraient mis en état de transporter quelques barils d'huile à Marseille, et d'en rapporter quelques fûts de vin ; ce commerce, quoique

1. Le traité de commerce et la convention littéraire.

fait entre deux États différents, n'aurait été après tout que du petit cabotage, car la navigation de Porto-Maurizio et d'Oneglia à Marseille, et de Cette à Gênes n'est pas autre chose. Le petit cabotage n'est point à mépriser, mais il a en somme une importance assez secondaire. Les habitants de la Rivière sauront trouver d'amples compensations à ces restrictions dans la navigation de long cours, qui prend chez nous un développement considérable depuis quelques années. Nous voyons augmenter sans cesse le nombre et le tonnage des bâtiments génois qui sortent de la Méditerranée pour tenter la fortune commerciale sur les deux Océans. Les mesures prohibitives de la France auront pour résultat d'accroître ce mouvement heureux, qui deviendra très-grand aujourd'hui où les ports de l'Angleterre, de la Hollande, ainsi que leurs colonies, sont ouverts à nos navires. Les marins de la Rivière et de la Sardaigne, qui sont si aptes à varier leurs méthodes de navigation, et qui ne connaissent point de supérieurs, trouveront dans le reste du monde des champs d'opérations plus vastes et plus lucratifs que celui que leur eût ouvert un traité meilleur avec la France, qui n'aurait, en définitive, à leur offrir que le petit cabotage dans les ports français de la Méditerranée[1].

1. Peu favorisé dans la Méditerranée, le petit commerce maritime de la Sardaigne allait tenter ce que n'avaient point entrepris les républiques maritimes au XVIe siècle, alors qu'un vigoureux élan vers le nouveau monde pouvait peut-être les sauver; il forma dans l'Amérique du Sud des relations étendues et il y jeta des germes de prospérité que l'Italie fera peut-être éclore plus tard. L'un des symptômes de cette tendance nouvelle se rencontre dans un discours prononcé par le comte

de Cavour le 2 juillet 1853, et dont quelques fragments ne seront pas déplacés ici. Il s'agissait d'établir une ligne régulière de navigation à vapeur entre Gênes et l'Amérique :

« Depuis plusieurs années nous développons de toutes nos forces et dans une large mesure l'esprit d'association, d'industrie, d'entreprise ; mais, chose étrange, le mouvement n'a pas gagné encore le commerce maritime. Comment Gênes, avec ses immenses capitaux, avec l'habileté maritime et commerciale qui lui est propre, n'a-t-elle point organisé d'entreprise collective pour le commerce maritime? Tous ses riches éléments de puissance commerciale ont agi isolément, et le commerce génois n'est absolument que le résultat d'efforts individuels. Si ce résultat est déjà si remarquable, que n'obtiendra-t-on pas en réunissant les capitaux et les navigateurs en des entreprises communes? Eh bien, messieurs, la Société transatlantique est le premier essai de l'association sur une large échelle dans la place de Gênes. Si elle réussit, d'autres grandes entreprises pourront se former sans le secours de l'État.

« Un fait d'une importance immense, c'est qu'à cette occasion les capitaux piémontais se sont joints aux capitaux génois pour une grande entreprise maritime. Dans la seule ville de Turin, il a été souscrit pour plus de 4 millions d'actions. Rien ne saurait être d'un meilleur augure; car, si la fusion politique des Piémontais et des Génois est accomplie aujourd'hui, je crois que la fusion des intérêts rendra cet accord encore plus solide.

« Je sais bien que la somme qu'il faut y consacrer est lourde pour nos forces; mais en la votant, messieurs, vous ne ferez que suivre le plan adopté par vous depuis trois ans. Lorsque, après une lutte glorieuse et fatale, nous eûmes à choisir entre l'économie absolue par de petites épargnes et le système que nous suivons, vous avez choisi sans balancer; vous n'avez hésité ni à établir de nouveaux impôts, ni à en supprimer d'autres qui entravaient notre essor économique; vous avez engagé le ministère à poursuivre avec activité les entreprises commencées; vous en avez voté de nouvelles, qui coûtent des millions, mais qui rapporteront des millions; vous avez décidé la construction des lignes de Suze et de Novare l'an dernier; cette année, vous avez sanctionné les deux projets de chemins de fer les plus hardis que l'Europe ait vus ; vous avez dépensé des centaines de millions pour faire de Gênes l'une des plus grandes places commerciales d'Europe; ne vous arrêtez pas aujourd'hui devant quelques centaines de mille francs, quand il s'agit d'assurer notre commerce en Amérique. »

4

SUR LA CATÉGORIE DU BUDGET CONCERNANT L'INSTITUTION AGRICOLE DE LA VÉNERIE.

Séance de la Chambre des députés du 11 février 1851.

... L'école de la Vénerie avait pour but de former des agriculteurs complets, de donner aux élèves les connaissances théoriques et pratiques nécessaires à un bon agriculteur.

Or ma conviction, que je manifeste franchement, est que ni l'État ni un établissement quelconque ne peuvent, ne doivent chercher à enseigner l'agriculture pratique; je pense que la vraie, la bonne pratique ne saurait se trouver dans les établissements publics, et qu'elle ne se rencontre que dans les établissements des particuliers, où l'on se livre réellement par profession à l'exploitation agricole.

Qu'est-ce en effet que l'agriculture? un art industriel semblable à tout autre, mais bien plus compliqué, bien plus obscur, les autres ayant des lois générales plus précises que les siennes. Or, je vous le demande, y a-t-il quelque part dans le monde une institution qui se propose de former des industriels pratiques, des filateurs de coton, par exemple, ou des fabricants de drap ? Non ; il y a des écoles techniques, des conservatoires des arts et métiers qui donnent des notions théoriques appliquées à la pratique, et qui rendent de grands services aux industriels; mais je ne connais pas d'établissement qui s'ouvre aux jeunes gens à peine sortis de leurs premières études, pour les rendre à la société devenus fabricants de drap, filateurs de coton ou fabricants de machines.

Je suppose que j'interpelle, par exemple, l'honorable Quintino Sella, qui est maître en fait d'industrie, et que je lui demande si, voulant former un chef de fabrique, il l'enverrait dans une école de ce genre pour le faire entrer aussitôt après dans sa fabrique, ou s'il ne préférerait pas le voir acquérir des connaissances théoriques dans une école technique, et s'exercer ensuite à la pratique dans une manufacture toute privée et dirigée par un spéculateur visant à gagner de l'argent ; je sais d'avance la réponse que me ferait M. Sella.

Pourquoi n'en sera-t-il pas de même pour l'agriculture, qui est sujette à des lois bien plus incertaines, bien moins connues que celles des autres industries ? L'art de la fabrication du coton et du fer est aujourd'hui presque réduit à une théorie scientifique ; les lois physiques et chimiques qui regardent ces branches de l'industrie ne sont point contestées ; tandis que toutes les grandes lois principales de l'agriculture sont encore contestées aujourd'hui, non-seulement sur les bancs des dernières écoles, mais parmi les premiers savants de l'Europe.

Que la Chambre me permette de lui citer un exemple

vulgaire, mais important. S'il est une partie de la science agricole qui puisse être déterminée avec quelque rigueur, c'est la théorie des engrais; or, sur ce chapitre nous voyons les premiers esprits d'Europe professer aujourd'hui deux systèmes absolument opposés ; l'une de ces écoles, qui a pour chefs Boussingault et Johnson, attribue toute l'efficacité des engrais aux sels ammoniacaux ; l'autre, qui a à sa tête le fameux Liebig, enseigne que cette efficacité réside dans les bases métalliques et terreuses. D'après cette incertitude sur l'une des parties les plus précises de cette science, la Chambre peut juger de l'obscurité où peuvent être les parties moins positives.

On me citera l'exemple des autres nations, de la France, de l'Allemagne, dont les institutions et les écoles théoriques et pratiques ont beaucoup servi aux progrès de l'agriculture. Je ne conteste pas ce fait. Mais je remarque d'abord que les établissements qui ont été utiles à l'agriculture, comme celui de Roville en France, celui de Mollin en Prusse, celui de Hoenlim en Wurtemberg, ont dû leur prospérité à leurs fondateurs et à leurs directeurs : il s'est trouvé que ceux-ci étaient des hommes de génie qui avaient appliqué toute leur puissance d'esprit aux progrès de l'instruction agricole. Si j'avais sous la main un Dombasle, un Thaer, un Schwitz, je dirais que l'exception peut l'emporter sur la règle, et que, grâce à l'aide de talents si exceptionnels, on peut admettre un système qui ne saurait donner sans eux que de mauvais résultats; mais tant qu'il ne me sera pas prouvé que le directeur de l'établissement est un génie égal à ceux que j'ai cités, je désapprouverai l'institution.

Une circonstance plus importante explique d'ailleurs le succès de ces établissements. Dans les pays et à l'époque où ils furent institués, il régnait un système pratique détestable, suivi par routine et qu'il devait être infiniment utile de modifier : ce système était celui de la culture biennale ou triennale avec jachères; il est évident qu'on pouvait adopter un assolement meilleur, et c'est ce que les grands agriculteurs que j'ai nommés purent démontrer par la pratique.

Mais je le demande à tous ceux qui s'occupent de cet art, est-il question dans les livres, dans les leçons des savants, d'un système d'assolement qui puisse remplacer celui que nous avons en Piémont? Je ne le crois pas. J'ai fait de l'agriculture pendant douze ans; j'ai lu le plus de livres que j'ai pu, j'ai étudié tous les systèmes d'assolement qu'ils proposent : j'y ai trouvé des idées justes, des conseils bons à suivre, mais rien qui nous engage à changer totalement notre système agricole. Je n'ai pas vu davantage que quelqu'un de nos agronomes se soit trouvé bien d'avoir introduit chez nous des méthodes d'assolement vantées dans d'autres contrées; ceux qui l'ont essayé ont dû s'arrêter bien vite, pour éviter des pertes considérables.

Il est un pays qui a fait dans la science agricole des progrès bien plus grands que les pays qu'on vous cite pour leurs écoles : c'est l'Écosse, qui est peut-être aujourd'hui la première contrée agricole du monde. Un détail en peut faire juger : il existe, dans toutes les villes principales d'Écosse, des personnes dont la profession est d'exercer la chimie agricole, c'est-à-dire de faire des analyses de terres et d'engrais pour les agriculteurs ; cela seul indiquè combien la science agricole y est répandue. Eh bien ! l'Écosse ne possède aucune institution du genre de celle de la Vénerie.

En France et en Allemagne, si quelques établissements dirigés par des hommes supérieurs ont prospéré, ceux qui n'ont été que des institutions ordinaires entretenues par les deniers de l'État ont été de bien peu d'utilité. Je me souviens d'avoir visité, il y a plusieurs années, dans l'un de ces deux pays, un établissement où vivaient sept ou huit professeurs ; j'en sortis scandalisé de la manière dont les prairies étaient tenues ; le moindre de nos cultivateurs tient infiniment mieux les siennes. Aussi je n'ai aucune confiance dans la réussite de l'établissement de Versailles, fondé naguère par la République. Je n'irai pas jusqu'à dire, avec un membre de l'Assemblée législative, qu'il ne s'y trouve de bon que les vaches, lesquelles ont eu le mérite de ne pas perdre leur lait ; mais je suis sûr qu'il ne sortira jamais de cette école des agriculteurs pratiques ; il n'en sortira que des aspirants à des chaires, qui formeront à leur tour d'autres aspirants à d'autres chaires. Les provinces n'en retireront aucun avantage ; il n'en résultera qu'une chose : l'augmentation de cette masse d'individus qui, ayant reçu une certaine éducation, conçoivent de grandes espérances, de grandes prétentions que la société ne peut satisfaire, qui s'irritent alors contre la société, et qui finissent par se tourner contre elle, en se rangeant parmi ces mécontents toujours occupés à attaquer l'ordre et le progrès, parce qu'ils sont placés dans une position fausse.

Je crois vous avoir démontré qu'une institution théorique et pratique ne peut servir dans l'état actuel de nos connaissances. Je ne dis pas que ces sortes d'établissements ne puissent devenir utiles, dans le cas où la science ferait quelque progrès considérable, où l'on viendrait à découvrir une nouvelle théorie de physiologie végétale, où l'on formulerait nettement des principes sûrs d'agrologie susceptibles d'une large application. Mais, aujourd'hui, vouloir réunir dans un établissement la pratique à la théorie, c'est empêcher la théorie de porter ses fruits, c'est fausser la pratique.

Vous voulez donc, me dira-t-on, ne rien faire pour l'enseignement agricole et laisser le champ libre à l'empirisme? Je pense bien différemment. Quelque incertaine que soit encore la science de la culture, quelque obscur qu'elle laisse encore le secret de la nature sur certains points, je la crois susceptible de rendre de très-grands services. Les agriculteurs qui connaissent ce que l'on en peut connaître ont un grand avantage sur les autres. Je juge donc indispensable de créer dans les grandes villes des cours de théorie agricole et de sciences auxiliaires de l'agriculture, afin de faire enseigner cet ensemble de notions qui font de l'agriculture actuelle le commencement d'une science. Je ne veux pas que la pratique en soit entièrement séparée, car le professeur devra sans aucun doute accompagner ses démonstrations d'expériences; mais la pratique ne doit être employée, selon moi, que comme moyen de faire mieux pénétrer la théorie dans les jeunes intelligences.

Il serait bon, en conséquence, de créer au plus tôt

à Turin deux chaires au moins pour les sciences agricoles.

Il y a autre chose encore à faire. Vous savez qu'il existe une infinité de notions scientifiques et élémentaires qu'il serait excellent de répandre dans les populations pour l'instruction de ceux qui, au lieu de suivre la foule dans les chemins battus, préfèrent se consacrer aux travaux de leurs pères, aux travaux des champs. J'aimerais voir enseigner, dans la plupart des établissements d'instruction secondaire, ou au moins dans certains colléges placés dans des conditions particulières, les sciences utiles à l'agriculture; les éléments, par exemple, de la chimie agricole, de la physiologie végétale, de la météorologie, de l'agrologie; l'on se bornerait, dans ces leçons élémentaires, aux principes dont la vérité est démontrée. Tel est le projet que le gouvernement se propose de réaliser dans les colléges où ces cours pourront être le mieux appréciés, en raison soit de la localité, soit des études spéciales qui y sont faites, soit des dispositions mêmes des élèves, de leurs parents et des directeurs de ces colléges.

Voici donc en résumé les vues du ministère sur la question : suppression absolue de l'établissement actuel de la Vénerie; institution d'une école vétérinaire dans une province agricole; fondation à Turin de quelques chaires d'agriculture, de science forestière et de sciences qui s'y rapportent; introduction enfin dans quelques colléges, à titre d'essai, de l'enseignement technique agricole.

5

DÉFENSE DES TRAITÉS DE COMMERCE ET DE NAVIGATION AVEC L'ANGLETERRE ET AVEC LA BELGIQUE.

Séance de la Chambre des députés du 14 avril 1851.

Je suivrai le même ordre de discussion qu'a adopté l'honorable comte de Revel; j'exposerai d'abord les principes économiques du ministère, puis les règles auxquelles il s'est conformé dans l'application de ces principes; j'examinerai ensuite les reproches adressés à son système, et je finirai par la critique des considérations politiques et financières qui sont la base du discours de l'honorable préopinant.

Le gouvernement se déclare franchement libre échangiste, c'est-à-dire qu'il croit que, dans un état de choses normal, le gouvernement n'a pas à protéger par des taxes telle ou telle industrie; qu'il n'est pas obligé, et par conséquent qu'il n'a pas le droit de favoriser une ou plusieurs industries au détriment des autres industries du pays; qu'on ne peut faire peser sur la généralité des consommateurs des taxes créées en faveur de certaines branches de l'industrie; que les douanes ne peuvent être établies qu'en vue d'un but financier, c'est-à-dire dans l'intérêt du public; il croit, en somme, que si profitables que puissent être pour les finances les droits de douane, il n'est pas bon, — je vais plus loin — il n'est pas juste qu'ils aient pour effet de peser sur la généralité des citoyens au profit d'une seule classe.

Je n'ai pas besoin de développer ces principes. Ils ont été si largement exposés en Italie et au dehors, dans le dernier siècle et dans celui-ci, par les maîtres de l'art, que je me croirais coupable de présomption si je pensais que ma faible voix pût ici s'égaler aux leurs; je veux seulement prendre à partie quelques-uns des sophismes dont s'étaye encore le système protecteur.

Si ce système a joui et jouit encore d'une grande faveur chez bien des peuples, c'est qu'on est parvenu à faire croire que c'est à lui qu'est due la création des capitaux employés dans l'industrie privée. Les partisans du système croient généralement que si les droits appelés protecteurs n'eussent pas été établis, les capitaux ne se seraient pas formés. C'est une grande erreur.

Le système protecteur n'a pas le pouvoir de créer des capitaux; il fait seulement que les capitaux disponibles se dirigent vers telle branche d'industrie plutôt que vers telle autre. Il paraît donc évident que le protectionisme ne peut alléguer pour sa défense la nécessité de donner de l'emploi aux capitaux dans des branches protégées, à moins qu'il ne démontre d'abord que les capitaux n'ont pas d'emploi possible dans celles des branches de l'industrie, de l'agriculture et du commerce qui n'ont pas besoin de protection. Or nous ne sommes assurément pas dans ce dernier cas.

Notre agriculture n'a pas encore absorbé tous les capitaux qui s'y pourraient employer utilement; il y a en outre bien des branches d'industrie appropriées à nos ressources spéciales et auxquelles les capitaux se seraient consacrés s'ils s'étaient trouvés en quantité plus considérable. Je vous signalerai dans ce genre une industrie qui n'a pas à redouter la concurrence étrangère, et qui est pourtant restée dans une langueur déplorable, faute de capitaux : c'est la mouture. On moud aujourd'hui en Piémont comme on faisait au temps de Bérold, tandis que partout en Europe et en Amérique des procédés divers ont diminué le prix et amélioré la qualité des produits. Nous avions là, tout près de nous et à la portée de tous nos capitalistes, un excellent emploi pour nos fonds; ceux-ci n'avaient par conséquent pas besoin que le protectionisme vînt leur créer des moyens de se rendre utiles.

J'en dirai autant des étoffes de soie. Si vous demandez à nos fabricants de tissus de soie pourquoi ces tissus sont en général inférieurs à quelques égards à ceux de France, ils vous diront que c'est avant tout parce que leurs fabriques manquent de capitaux; ils diront très-vrai, car lorsqu'elles en ont, ces fabriques, qui ne reposent pas sur l'oreiller du protectionisme, sont les seules qui résistent à la concurrence étrangère, et elles donnent à leurs travaux un développement inconnu aux industries protégées. Exemple : la manufacture de soieries du baron Blanc, à Faverges.

Mais le droit protecteur, me dit-on, attire chez nous les capitaux étrangers. Mais songez, messieurs, à ce que nous coûtent les capitaux qui viennent de l'étranger s'employer dans notre industrie. Il est clair qu'ils ne se contentent pas du rapport moyen qu'ils auraient chez eux; il faut que ce rapport augmente; si le gain moyen en industrie est de 10 pour cent, les capitaux étrangers ne viendront s'employer chez nous qu'au 15 ou 20 pour cent; je crois que l'expérience a assez prouvé que ce n'est qu'à cette condition que ces capitaux nous arrivent; or, nous convient-il de nous procurer des capitaux étrangers à de si énormes sacrifices? Il est évident au surplus que la protection n'est pour rien dans cette immigration des capitaux.

Il peut être vrai, ajoute-t-on, que la protection ne crée pas de capitaux; mais elle les pousse dans certaines voies, leur donne dans l'industrie certaines destinations qui les font fructifier plus qu'ils ne feraient dans l'agriculture; le pays profite de cette dérivation des capitaux de l'agriculture vers l'industrie. Moi, je crois que la protection arrive justement au résultat contraire, et pousse les capitaux dans les voies les moins fructueuses.

Qu'est-ce en effet qui contribue le plus aux progrès de l'industrie, et la rend plus productive? Deux choses surtout, selon moi : la division du travail et le stimulant de la concurrence. Or le protectionisme empêche la division du travail, en faisant que le capital national disponible, le capital de reproduction, au lieu de se concentrer sur les industries spéciales qui sont notre lot naturel, se distribue entre toutes sortes d'industries dont les produits pourraient être tirés avec avantage du dehors. Cela me semble absolument incontestable. De plus, le protectionisme émousse évidemment l'aiguillon de la concurrence, ce qui est d'un effet d'autant plus fâcheux que le pays voué à ces errements est circonscrit dans de plus étroites limites. Lorsqu'un État grand comme la France se fait protectioniste, on peut espérer jusqu'à un certain point que la concurrence intérieure suffira à améliorer les manufactures; mais il n'en peut être ainsi dans un petit État, et il y arrive presque toujours que, grâce à la protection, les producteurs s'endorment et ne font qu'avec une lenteur extrême des progrès accomplis rapidement ailleurs.

Je n'ai pas besoin, pour le prouver, de chercher des exemples hors de notre pays. Si une industrie a été largement protégée chez nous, c'est bien celle de la filature des soies; on a été jusqu'à prohiber l'exportation de la soie grége. Qu'est-il résulté? que cette industrie, qui au dernier siècle avait atteint dans ce pays une supériorité très-remarquable, est restée stationnaire de notre temps, tellement que depuis la Restauration, non-seulement nous avons perdu notre primauté sur le marché de Lyon, mais nous avons fini par rester fort en arrière; aussi les organsins et les trames du midi de la France se sont-ils vendus 10, 12 et jusqu'à 20 fr. le kilo de plus que les nôtres, surtout à l'époque où régnait chez nous la prohibition. Après la Restauration, notre gouvernement, conseillé par quelques hommes éclairés, voulut remédier au mal en supprimant la prohibition; il en fut sérieusement question sous Charles-Félix; mais les chefs de filatures crièrent qu'on les ruinerait, que toutes les manufactures fermeraient, que 20,000 ouvriers resteraient sans pain; ils trouvèrent dans les régions du pouvoir des hommes qui professaient des opinions semblables à celles qui s'opposent aujourd'hui à la réforme douanière, et la réforme fut empêchée. La Chambre de commerce de Turin avait élevé elle-même la voix en faveur du protectionisme, et présenté au Roi un mémoire où il était dit que la liberté d'exporter la soie grége serait une calamité ruineuse, comme l'honorable comte de Revel en craint une aujourd'hui.

Les choses, on le voit, se sont passées alors comme elles se passent aujourd'hui; seulement, l'usage ne s'étant pas encore répandu de se servir de la voie publique comme moyen de publicité, les ministres de ce temps-là n'ont pas eu la consolation de voir leur panégyrique écrit en grosses lettres sur tous les murs de la capitale [1]. (Hilarité.)

Le roi Charles-Albert, après bien des difficultés, passa sur les remontrances des protectionistes; malgré une résistance assez longue du Conseil d'État, l'exportation des soies gréges fut enfin autorisée moyennant un droit modéré. Les faits ne répondirent pas aux prophéties de la Chambre de commerce de Turin, aucune filature ne ferma, peu de soie grége fut exportée, et aucun ouvrier

1. Certains protectionistes zélés faisaient écrire sur les murailles : *Morte a Cavour! abbasso Cavour!* A propos de la diminution des droits sur les grains, il y eut même une sorte d'émeute, qui se borna pourtant à casser quelques vitres à l'hôtel Cavour.

ne chôma; au contraire, il s'ouvrit des manufactures nouvelles, les procédés de fabrication s'améliorèrent, — non pas tout de suite, car les habitudes que donne la protection ne disparaissent pas tout d'un coup, mais enfin cette année-ci les choses sont arrivées à une situation aussi différente que possible de celle que les protectionistes avaient annoncée. Non-seulement nos soies gréges ne s'en vont pas dans les filatures de Londres, mais il est avéré que nos propriétaires de filatures ont acheté à Londres des balles de soie qui ont été filées dans nos manufactures et réexportées en Angleterre. (Sensation.)

Il me semble que cette preuve des bienfaits du libre échange est assez sensible et prise assez près de nous pour répondre à ceux qui trouvent que nos théories ont quelque chose de fantastique.

J'emprunterai à un ordre d'opérations tout différent, au commerce, une autre preuve de l'effet qu'a la protection de rendre les capitaux moins productifs. Sous le roi Charles-Félix, en vue de favoriser la navigation génoise, des droits différentiels sur les pavillons étrangers furent établis pour quatre articles, dont un seul, les grains, avait une grande importance commerciale. Les droits étaient fixés de manière à réserver entièrement à la marine nationale l'importation des grains de la mer Noire et de la Turquie. Il arriva que tout le commerce maritime de Gênes s'adonna à des spéculations sur les grains, et l'affluence dans cette voie fut telle que les résultats pour chacun devinrent fort mesquins. Alors quelques commerçants génois, d'un esprit plus hardi, plus entreprenant, au lieu de se tenir tapis sous le manteau de la protection, affrontèrent la concurrence dans les mers libres d'Amérique, et peu à peu un commerce considérable s'engagea entre Gênes et les côtes de l'Amérique du Sud, où aucune protection ne nous couvrait. Ce commerce prospéra beaucoup plus que l'autre, quoique l'un et l'autre fussent exercés par des hommes du même pays, et de la même habileté probablement; mais l'un était protégé, l'autre avait pour lui le vent propice de la liberté.

Je sais bien que les protectionistes, quand ils sont battus sur le terrain des idées générales, se retranchent dans les exceptions, et disent : « Nous sommes libres échangistes, en dernière analyse, mais nous voulons avancer par degrés, et ne pas laisser l'industrie sans tutelle; l'industrie est encore une petite fille; son âge si tendre et si intéressant veut qu'on la sauvegarde. » (On rit.) D'abord, qu'entend-on par cette enfance de l'industrie? Ce n'est certes pas l'âge des soins maternels, car je vois des industries exercées chez nous depuis vingt, trente, cinquante ans, et on me les signale comme étant encore trop jeunes. Cette éternelle jeunesse, si on en admettait la réalité, serait une calamité nationale.

Mais, au fond, cette manière de raisonner signifie ceci : « Nous sommes inférieurs aux producteurs étrangers, compensez cette infériorité par une prohibition qui nous protége. » Ils pourraient avoir raison, ils pourraient demander du temps pour se mettre au niveau des autres, si l'industrie étrangère restait stationnaire; si en Angleterre, en Belgique, en France la production ne faisait plus de progrès. Mais le malheur est que, tandis que nos producteurs, sous l'action de la protection, suivent lentement les phases de l'enfance, ceux de l'étranger avancent avec la vigueur de la jeunesse, l'énergie de la virilité; ceux-ci sont stimulés par la concurrence, ceux-là sont énervés par le privilége, par la protection.

Ainsi l'industrie libre progresse avec le temps, et l'industrie protégée se traîne, quand elle n'est pas immobile. Je pourrais encore vous citer comme preuve l'industrie française : lorsqu'on parla pour la première fois en France de réformes douanières, en 1827 ou en 1828, je crois, les fabricants de fer, de coton ne manifestèrent pas la prétention d'être éternellement protégés; ils dirent seulement : notre industrie est dans l'enfance, accordez-nous quelques années de protection, jusqu'à ce que nous ayons atteint le degré de développement de l'industrie anglaise. On trouva ces raisons bonnes et on maintint la protection pour dix ans; mais au bout de ce temps, une nouvelle enquête s'étant faite, on trouva que la fabrication n'était point sortie de cet état d'enfance, qu'elle était même d'une complexion plus faible encore qu'auparavant. (On rit.) La distance qui la séparait de la fabrication anglaise avait augmenté. Vous voyez, messieurs, que cette métaphore ne signifie rien et ne recouvre rien de solide.

Les protectionistes ont aussi coutume de mettre en avant les ouvriers sur leur ligne de défense, et de dire que c'est dans l'intérêt de ceux-ci qu'ils soutiennent la protection. Ce serait fort bien si, contrairement à ce que j'ai déjà établi, la protection créait des capitaux : car la situation des ouvriers dépend du nombre des bras qui cherchent du travail et de la quantité des capitaux disponibles; si les capitaux augmentent, l'ouvrier gagne. Mais puisque la protection diminue au contraire la productivité des capitaux, elle nuit aux ouvriers. Elle pourra, il est vrai, leur être avantageuse dans des localités données, où elle favorisera telle industrie qui y sera très-répandue; c'est ainsi que les énormes droits mis sur le fer au temps de l'absolutisme ont apporté de grands bénéfices à la vallée d'Aoste. Mais il faut voir si les autres provinces, dans ce cas, ne payent pas dix fois ce que l'une d'elles gagne. Ainsi le chiffre de 8,000 tonnes de fer peut être regardé comme exprimant la production annuelle de la vallée d'Aoste; le droit protecteur a été longtemps de 250 fr. par tonne, il a été réduit plus tard à 160 fr.; supposons que la protection représente un sacrifice de 100 fr.: c'est, pour 8,000 tonnes, 800,000 fr. d'impôt que la nation paye aux habitants de la vallée d'Aoste. Or, si une partie seulement de cette somme, au lieu d'être payée aux industriels de cette vallée, était annuellement employée à des travaux d'utilité publique, à la construction des routes du grand ou du petit Saint-Bernard, à la canalisation de la Dora, je suis sûr que la vallée d'Aoste s'en trouverait beaucoup mieux.

Le comte de Revel a cité les autres nations; je le suivrai également sur ce terrain. Il fait commencer à 1842 la réforme économique anglaise; mais elle commença dès 1824 ou 1825; ce fut le fameux Huskisson et son collègue Canning qui furent les premiers à modifier l'ancien système; le ministère de lord Grey et celui de lord

Melbourne continuèrent l'œuvre, accélérée ensuite par sir Robert Peel.

Oui, sans doute, sir Robert Peel, en exposant, en 1842, ses doctrines économiques, dit qu'il voulait procéder lentement, graduellement, en tenant compte des intérêts des classes protégées; mais on oublie d'ajouter qu'en 1846, ce même ministre, dans la Chambre des communes, donnant un exemple unique plutôt que rare de vertu politique, déclara qu'il s'était trompé lorsqu'il avait cru à la bonté d'un système modérément protecteur, et que ses nouvelles études, ses recherches, et l'expérience acquise l'obligeaient à se rétracter publiquement. (Mouvement d'approbation.) Personne ne croira que sir Robert Peel ait joué là une comédie pour conserver le pouvoir; un tel soupçon ne saurait atteindre ce grand homme; il savait qu'en faisant cette protestation il assurait sa chute, qui eut lieu en effet après qu'il eut achevé la grande réforme de la loi sur les céréales.

Je ne puis affirmer positivement que sir Robert Peel ait cru que la diminution des droits accroîtrait la production; je n'ai pas ses paroles présentes à la mémoire; mais je sais que s'il ne l'a pas cru, les faits lui ont donné un démenti remarquable, car les chiffres prouvent que la réduction des droits sur le sucre, dont le comte de Revel a parlé, a eu pour effet une augmentation de production considérable.

C'est une illusion de s'imaginer que l'Angleterre ait prospéré grâce au protectionisme, et de dire qu'elle ne l'a abandonné qu'au moment où son industrie n'en avait plus besoin. Je crois au contraire, avec tous les Anglais éclairés de notre temps, et avec les économistes qui ont précédé la génération actuelle, avec Adam Smith, avec Ricardo et ses disciples, que l'Angleterre a prospéré malgré le protectionisme, et non point par lui.

Cette prospérité s'explique bien mieux par d'autres raisons. L'Angleterre est le seul pays qui ait été depuis près de deux siècles à l'abri de toute guerre étrangère; c'est le pays d'Europe qui jouit depuis le plus longtemps de la liberté; c'est le pays qui, par la nature de son sol et par sa situation géographique, possède le plus d'éléments utiles à la production. Les industries qui ont prospéré davantage en Angleterre sont justement celles qui ont été le moins protégées. L'industrie la plus protégée était celle des soies, les soies étrangères étant complétement prohibées; venaient en seconde ligne les étoffes de laine, qui l'étaient beaucoup moins; et en dernier lieu les étoffes de coton, qui étaient à peine favorisées. Le progrès de ces industries fut en raison inverse de la protection qui leur était accordée : celle des soies resta à peu près stationnaire, celle des laines se développa petit à petit, celle des cotons, qui n'était presque pas protégée, grandit démesurément et arriva à défier toute concurrence sur le globe. Il en résulte pour moi que la protection a entravé plutôt que favorisé le développement de la richesse anglaise.

Enfin l'honorable comte de Revel invoque une autorité qu'on s'étonne de voir citer à l'appui du protectionisme, celle des États-Unis, qui auraient été obligés, malgré leur amour de la liberté, de recourir à la protection. C'est absolument inexact. Il y a en Amérique un grand parti protectioniste, qui se compose des fabricants de coton de la Louisiane et de la Nouvelle-Angleterre, des propriétaires des mines de fer de la Pensylvanie, et des cultivateurs de chanvre du Kentucky ; mais qu'est-ce que cela prouve? Que ces gens-là ne savent pas, quoique républicains, faire céder leur intérêt à l'intérêt public, et que les formes républicaines ne suffisent pas à déraciner l'égoïsme du cœur de l'homme. Mais ce que le comte de Revel n'a pas dit, c'est que ce parti n'a point fait prévaloir ses théories; il a pu, au moyen d'une coalition, faire nommer président un protectioniste, mais le congrès, qui ne l'est pas, a repoussé la modification de tarif qu'on lui proposait. On considère en Amérique les douanes comme une ressource financière, et la Chambre comprendra que les Américains sont en cela entièrement d'accord avec la théorie libre échangiste, qui ne voit dans les douanes qu'une excellente source de revenus pour l'État.

La Belgique aussi a été citée. La Belgique a eu par le passé plus de raisons que nous n'en avons d'établir des droits protecteurs; a-t-elle eu beaucoup à s'applaudir de l'avoir fait? Ceux qui ont lu les enquêtes faites en Belgique sur l'état des industries, celles du lin et du fer, par exemple, savent à quel état la protection les avait réduites.

Aucune nation ne fournit d'exemple qui soit favorable à la protection. Un grand fait se produit au contraire de nos jours : tous les hommes éclairés d'Europe sont plus ou moins attachés au libre échange ; la vérité a pénétré jusqu'au cabinet de Vienne. Le comte de Revel a dit que l'homme éminent qui dirige le ministère des finances à Vienne ne suivrait certainement pas l'exemple du ministre du commerce de Turin : je ne prétends point servir de modèle à cet homme d'État, mais si l'on a rapporté exactement le langage qu'il a tenu dans l'assemblée des fabricants à Vienne, je soutiens qu'il peut donner au comte de Revel des leçons de libéralisme.

Je conclus que la solidité du système libre échangiste n'est pas sérieusement contestable. Je vais maintenant dire d'après quelles règles le gouvernement l'a mis en pratique; ce sera répondre à ceux qui nous accusent d'avoir été infidèles à notre principe, soit en ne l'appliquant pas à toutes les branches de l'industrie, soit en ne l'étendant pas à toutes les nations indistinctement.

Le gouvernement croit que le pays doit marcher vers le libre échange avec résolution et fermeté, mais non pas y arriver d'un seul coup. Autant que le comte de Revel, il préfère les réformes aux révolutions, et croit que les industries qui doivent leur existence à la protection, qui ont été longtemps entretenues et favorisées, ont droit à des égards; il pense qu'on ne saurait passer brusquement d'un système à l'autre et retirer sans ménagement cette protection dont on a été longtemps si prodigue, sans manquer à l'équité, sans commettre une faute économique et politique. Il est clair que lorsqu'un gouvernement attire par des moyens légaux les capitaux dans certaines industries, il contracte envers celles-ci une obligation, et quand il reconnaît son erreur, il ne lui est pas permis d'en faire retomber le poids tout entier sur les industries que lui-même a voulu garder sous sa tutelle.

Une raison d'équité conseille donc de n'abolir que graduellement les droits protecteurs. Des raisons économiques veulent en outre qu'on évite un changement subit de système, qui produirait une perturbation parmi les capitaux, pourrait entraîner quelques catastrophes alarmantes, et répandrait partout la défiance. Le pays se remettrait de cette crise, mais ce serait toujours une cause de perte immédiate que nous devons écarter. Enfin un motif politique conseille une marche graduelle. Il faut se garder de porter un coup trop violent à des manufactures qui emploient de nombreux ouvriers et de grands capitaux. Les mécontentements soulevés par une réforme radicale qui serait mortelle pour quelques-uns de ces établissements, l'idée qui se répandrait à bon droit dans certaines classes que le gouvernement, le Parlement les traitent avec injustice, ne pourraient que fournir des armes aux partis extrêmes.

Le devoir du gouvernement était donc de ne pas appliquer trop rigoureusement le système, de tenir compte des effets d'une longue protection, et de diminuer celle-ci de manière à mettre l'industrie dans la nécessité de s'améliorer et non point dans l'impossibilité de vivre.

Du moment où il en était ainsi, le procédé à suivre consistait à conclure des traités.

Le comte de Revel combat cette manière d'agir à plusieurs points de vue. Politiquement, il fait remarquer qu'en signant des traités avec tels pays et non avec tels autres, en nous soumettant à des obligations, à des charges dont nous ne pourrons pas nous délier, nous avons en quelque sorte renoncé à notre indépendance en faveur de certaines nations, et nous nous sommes fait des ennemis de certaines autres avec lesquelles nous n'avons pas traité. Ce reproche pourrait être juste si le gouvernement n'était pas disposé à accorder aux autres nations ce qu'il a accordé à la Belgique et à l'Angleterre. Mais le ministère a déclaré hautement et souvent répété qu'il considère comme mauvais le système des droits différentiels, et qu'il croit à la nécessité d'en venir, dans un temps donné, à l'uniformité. Il a ouvert dans ce dessein des négociations avec d'autres États, leur témoignant un vif désir de leur accorder les mêmes facilités qu'à l'Angleterre; il espère qu'ils seront disposés à s'y prêter, et il ne leur demande que des concessions équivalentes, au point de vue protectioniste, à ce qu'il leur offre. Il fait profession de foi libre échangiste, il déclare qu'il veut la liberté commerciale, dans l'intérêt de la consommation intérieure, dans l'intérêt du pays, mais qu'il ne l'accordera en ce qui le concerne que s'il obtient des concessions en retour.

Quant à nous être liés irrévocablement envers certaines nations, c'est à nos yeux le grand mérite de notre plan de conduite. Si le ministère n'avait pas une foi entière dans la liberté des échanges, s'il la considérait, avec le comte de Revel, comme une nouveauté dont on peut essayer, mais prudemment et avec la prévision d'un retour en arrière pour le cas où les résultats ne répondraient pas aux espérances; si telles étaient, dis-je, les vues du ministère, le système des traités serait fort blâmable; mais si la Chambre partage notre opinion, si elle a confiance dans le libre échange, elle saura gré au ministère d'avoir ôté au parti protectioniste, allié ou non de certains partis politiques, tout moyen de nous faire reculer dans notre conquête de la liberté sous toutes ses formes. (Bien!) Je voudrais pouvoir assurer le pays par des moyens analogues, s'il en existait, contre toute réaction dans l'ordre politique.

Il est temps d'entrer dans l'examen des articles des traités. Le comte de Revel a démontré que nous avons obtenu très-peu de concessions : mais, en vérité, je n'ai jamais mené grand bruit de ce que nous avons obtenu; le ministère n'a pas fait difficulté d'avouer que si on lit les traités à travers des lunettes de protectioniste, ils ne sont pas soutenables, et que nous y faisons une figure ridicule. Je confesse volontiers que si le ministère n'avait pas senti le besoin de rendre durables et de mettre à l'abri de toute atteinte nos réformes douanières, il n'aurait pas dû conclure ces traités. Mais je ne crois pas non plus que les bénéfices que nous retirerons de ces traités, et en premier lieu du traité belge, soient aussi imperceptibles que le comte de Revel paraît le penser. Un bénéfice principal se rencontre d'abord dans la clause du traité belge relative à la navigation. La nation belge nous est bien supérieure en diverses branches d'industrie; mais sa marine est fort au dessous de la nôtre; elle a réellement encore besoin de protection, et toutes les facilités que la Belgique nous accorde sur ce chef sont positivement des faveurs. Aussi le ministre qui a exposé les motifs du traité à la Chambre des représentants belges a-t-il dit que les clauses relatives à la navigation étaient la compensation de ce que nous avions accordé.

Le comte de Revel pense que nous aurions dû faire étendre l'assimilation des pavillons même au commerce indirect; mais c'était impossible, la Belgique s'y étant refusée à l'égard de l'Angleterre, des États-Unis, avec qui des intérêts bien plus nombreux la relient; elle ne pouvait nous accorder cette faveur sans être obligée, aux termes de traités conclus avec d'autres nations, de la leur accorder de même. Remarquez, au reste, que le commerce direct n'est pas de peu d'importance : il ne se borne point aux productions du sol; il s'étend à tous les produits étrangers qui se trouvent en dépôt dans nos ports francs, et il arrive fréquemment que des marchandises doivent être transportées du port franc de Gênes à celui d'Anvers. Les peaux, par exemple, dont le principal dépôt dans la Méditerranée est à Gênes, sont fréquemment envoyées de là dans la mer du Nord.

Nous sommes exclus, il est vrai, du commerce indirect, c'est-à-dire soumis en cela aux droits différentiels; mais qu'on n'oublie pas que la Belgique a un système de douanes fort diversifié, dont l'ordonnance est un chef-d'œuvre du protectionisme. Les droits protecteurs du pavillon sont si élevés sur certains articles, qu'ils équivalent à une prohibition; mais d'autres articles, les céréales, par exemple, ne payent que des droits différentiels minimes, qui ne sauraient empêcher les Génois de faire concurrence aux Belges.

On a tourné en ridicule l'espoir, manifesté dans la relation du ministère, que nous arriverons un jour à la liberté du commerce indirect avec la Belgique par suite des concessions mêmes que la Belgique sera amenée à faire à d'autres nations. Une chose est évidente pour moi; le jour où l'Angleterre dira à la Belgique : — Je vous ai laissé jouir du bénéfice de l'acte de navigation, sans exiger de compensation; maintenant je demande l'égalité de traitement; sinon je vous impose des droits différentiels; — ce jour-là, la Belgique sera forcée d'accorder à l'Angleterre la parité du traitement pour le commerce indirect; car ayant avec l'Angleterre un commerce actif de sels, de charbons, de coton et d'autres produits manufacturés, elle verra que le rétablissement des anciens droits de navigation serait sa ruine, et elle cédera incontestablement aux instances de l'Angleterre. A ce moment, en vertu de notre traité, il faudra qu'elle nous fasse gratuitement les mêmes concessions. Tout cela, sans être très-important, n'est cependant pas indigne de considération.

Je passe au traité avec l'Angleterre. (Écoutez!) Ce traité a été critiqué plus amèrement encore. Il accorde immensément, nous dit-on, et il n'obtient rien.

Ici j'entre dans quelques explications. Lorsque nous ouvrîmes nos négociations avec l'Angleterre, elle nous dit franchement : Je ne vous demande point de faveur particulière, point de compensation pour ce que je vais vous accorder; je ne vous réclame pas telle ou telle modification de tarifs; je ne demande qu'une chose, mais je la demande absolument, c'est que vous me traitiez sur le pied de la nation la plus favorisée. On ne pouvait trouver cette prétention exorbitante, car l'Angleterre ajoutait : — Je vous ai déjà accordé beaucoup plus que n'ont fait les nations avec lesquelles vous avez traité. Vous avez obtenu de la Belgique une diminution des droits sur les huiles, et l'égalité de pavillon pour le commerce direct : j'ai supprimé tout à fait les droits en question, et j'ai égalisé les pavillons dans le commerce indirect aussi bien que dans le direct. Je vais plus loin : je m'oblige à exonérer vos bâtiments des droits différentiels de navigation que perçoivent dans mes ports certaines corporations et certains individus. — Vous savez en effet, Messieurs, qu'il en est ainsi en Angleterre à l'égard des droits maritimes : il y a non-seulement des corporations, mais des propriétaires de phares, par exemple, qui peuvent, en vertu d'une loi, percevoir des droits sur les bâtiments étrangers. — Après vous avoir fait toutes ces faveurs, concluait le gouvernement anglais, je ne veux pas être traité plus mal que ceux qui vous en ont accordé beaucoup moins. —

En vérité, nous n'avons rien trouvé à opposer à cela, et nous avons consenti aux réductions que nous avions accordées aux Belges.

En définitive, quoique le comte de Revel assure que le protectionisme existe encore dans le Royaume-Uni, je ne vois pas quelles grandes réductions douanières nous pouvons souhaiter de ce côté. Presque tous les produits naturels entrent librement en Angleterre. L'huile ne paye rien; le blé, le riz, les fruits frais, presque rien. Quant aux vins, le comte de Revel a fait observer avec raison que nous n'en pouvons exporter que très-peu. Il y a le droit sur les tissus de soie, mais si l'on considère le genre d'étoffes de soie qu'on consomme en Angleterre et qu'on y importe de l'étranger, l'on reconnaîtra que nous ne devons pas viser à y établir un commerce bien étendu dans ce genre; les seules étoffes de soie qu'on y importe sont les riches soieries de luxe où la France excelle; pour les étoffes unies et de moindre prix, la fabrication anglaise peut soutenir la concurrence avec la France, avec nous et avec tout autre pays. Je crois qu'une réduction même notable du droit sur les soies, qui n'est que de 15 pour cent, n'aurait guère profité qu'à la France.

Mais alors qu'avons-nous donc obtenu de l'Angleterre? La certitude de jouir pendant dix ans des bénéfices de l'acte de navigation, c'est-à-dire du commerce direct et indirect, et en outre la certitude d'être exemptés des taxes différentielles perçues non-seulement par le gouvernement, mais aussi par les communes, les corporations et les particuliers.

On dira que c'est un bénéfice imaginaire, qu'il n'est pas probable que l'Angleterre rentre dans le système protecteur. Ce n'est pas vraisemblable en effet, mais c'est possible. Si l'on compte par douze ou quinze ans, je conviens qu'au bout de ce temps le libre échange aura jeté des racines impérissables; mais d'ici là un petit retour momentané en arrière n'est pas impossible. Le parti protectioniste est encore puissant en Angleterre; il se compose des représentants de tous les cantons agricoles et de plusieurs ports de mer; il dispose à la Chambre des communes d'une minorité puissante. Ce parti est dirigé par un homme d'État fort distingué, lord Stanley, à qui je suis tenté de comparer, non par plaisanterie, mais sérieusement, le comte de Revel. (On rit.) Un retour temporaire au protectionisme n'est ni impossible, ni peut-être absolument improbable; tous ceux qui connaissent l'Angleterre pensent que si les élections générales avaient eu lieu dans le moment où ce qu'on appelait l'agression papale irritait le plus vivement les esprits, la majorité eût voté en faveur des protectionistes.

Or les protectionistes ont exposé il y a peu de temps leur système : c'est celui du comte de Revel. Ils disent qu'ils sont pour la liberté du commerce, mais qu'ils veulent le maintien de certains droits protecteurs. Ils ont même désigné les deux points sur lesquels ils veulent reculer vers le protectionisme : c'est la loi des céréales et la loi de navigation. Si ce parti était revenu au pouvoir, s'il eût eu la majorité dans la Chambre des communes, avec le crédit qu'il a dans la Chambre des lords, il eût pu réaliser ses plans, temporairement sans doute, mais de manière à troubler profondément le commerce génois.

Je vous signale ici un fait : c'est que l'acte de navigation anglais a ouvert à notre marine marchande la plus grande partie du monde; il l'achemine, selon moi, à une prospérité dont on ne se fait pas encore une juste idée. Notre marine marchande a tout ce qu'il faut pour soutenir la concurrence avec toute autre marine, pourvu qu'elle se transforme, qu'elle remplace les bâtiments de petit tonnage par de grands bâtiments; mais comment espérer cette transformation si l'avenir n'était assuré, si un changement de ministère en Angleterre, si le retour au pouvoir de libres échangistes semblables au comte de

Revel pouvaient d'un moment à l'autre changer la nature de nos rapports avec l'Angleterre? Dans cette incertitude, les commerçants génois ne sauraient tenter des opérations si considérables; ils ne sauraient soumettre les capitaux nécessaires pour une telle œuvre aux chances d'une lutte des partis en Angleterre.

Je persiste donc à dire que le traité avec l'Angleterre est pour nous très-avantageux, et que le seul inconvénient qu'on ait cru y trouver est qu'il nous empêche de revenir en arrière, c'est-à-dire de mal faire, tandis que nous restons entièrement libres de compléter nos réformes. (Marques générales d'approbation.)

6

SUR LE MÊME OBJET.

Séance de la Chambre des députés du 15 avril 1851.

.... Dans le système actuel, Messieurs, les consommateurs payent trois sortes d'impôts à la fois : l'une va dans les mains du gouvernement, la seconde dans l'escarcelle des contrebandiers, la troisième dans le coffre-fort des producteurs privilégiés. La société fait donc un sacrifice comme trois pour obtenir un résultat comme un.

Il faut à cela une réforme des plus promptes, des plus

radicales. Le trésor y peut perdre quelque chose, mais le pays gagnera trois ou quatre fois ce que le trésor aura perdu, et il y aura profit général. En définitive, la richesse du trésor est en raison de celle du pays; si la perte faite par le trésor sur ce chapitre ne peut être compensée par les autres ressources dont la finance dispose aujourd'hui, l'État, le Parlement demanderont au pays une partie de ce que lui aura fait gagner la réduction des droits; et le pays payera avec plaisir, parce qu'il résultera toujours pour lui un profit de l'ensemble de l'opération. (Bien.)

Il y a une chose qui n'a pas été dite ici, mais qu'on se répète à voix basse. Sans contester la bonté intrinsèque de la réforme, ni la modération, la prudence avec lesquelles elle s'accomplit, on en nie l'opportunité. — Le ministère, dit-on, mécontente peu à peu bien des classes de citoyens : avec les lois Siccardi, il a indisposé le clergé; avec la réforme douanière, les industriels; qui sait combien les réformes administratives projetées feront encore de mécontents? L'on va ainsi créant des ennemis à nos institutions, fournissant des armes et des recrues aux partis extrêmes. — (Écoutez.)

C'est montrer bien peu de confiance dans le patriotisme et les lumières des classes protégées, que de supposer que le dépit puisse avoir raison de leur fidélité à nos institutions. Certes, on ne peut exiger qu'elles voient tout de suite ces réformes de bon œil; mais quand les réductions seront appliquées, quand les résultats en seront appréciables, et j'espère qu'ils le seront avant peu, les favoris de la protection eux-mêmes y applaudiront, et reconnaîtront d'après l'expérience combien une réforme était nécessaire.

Et d'ailleurs, quand il serait vrai que cette loi doit faire quelques mécontents, serait-ce une raison pour reculer? Non, Messieurs. Céder à une telle crainte, ce serait s'exposer à un danger plus grave, celui de mécontenter la nation entière. Si la nation voyait le Statut ne nous donner que de nouvelles lois d'impôt, et ne nous dédommager de ces impôts par aucune réforme, elle lui serait beaucoup moins attachée. Il vaut mieux, croyez-moi, mécontenter le petit nombre que le grand, surtout quand on le fait par des motifs d'équité, de justice.

Que si l'inconvénient en question grandissait au point de demander un remède, je vous ferais remarquer, Messieurs, que le système constitutionnel offre un moyen très-simple de remédier au mal. (Vive attention.) L'on change de ministres, et l'on maintient les réformes. (Mouvement.) Les classes qui auraient le plus souffert auraient ainsi une satisfaction sans que la politique fût changée. C'est ce qu'on a fait souvent en Angleterre à la pleine satisfaction du pays. Je m'empresse de vous déclarer que si l'état des esprits devenait tel que ce remède fût utile, nous serions les premiers à vous en conseiller l'usage.

Je voudrais encore vous soumettre, Messieurs, une considération très-grave, qui peut-être vous paraîtra étrangère à ce débat, parce qu'elle se fonde surtout sur des théories, mais qui, après mûre réflexion, ne vous semblera pas devoir être négligée dans votre délibération.

Messieurs, l'histoire moderne, celle surtout du dernier

siècle, démontre à l'évidence que la société est poussée fatalement dans la voie du progrès. Les lois de cette tendance n'ont été encore indiquées nettement ni par les philosophes les plus profonds, ni par les hommes d'État les plus sagaces; mais au milieu de bien des incertitudes, ce qui est certain, c'est que l'humanité se dirige vers deux buts, l'un politique, l'autre économique. Dans l'ordre politique, elle tend à modifier les institutions de telle sorte qu'un nombre d'hommes toujours plus grand soit appelé à prendre sa part du pouvoir; dans l'ordre économique, elle tend à améliorer sans cesse le sort des classes inférieures, à mieux répartir les produits de la terre et du capital.

Je laisse entièrement de côté la question politique, pour ne m'occuper que de la question économique.

Je disais que l'humanité, sous ce dernier point de vue, tend à améliorer le sort des classes inférieures. Deux moyens s'offrent pour réaliser ces améliorations; ils résument tous les systèmes conçus dans les temps modernes par les esprits les plus prudents comme par les plus aventureux. Les uns ont foi dans la liberté, dans l'efficacité de la libre concurrence, dans le développement spontané de l'homme intellectuel et moral; ils croient que l'application toujours plus complète du principe de liberté créera un bien-être plus grand pour tous, mais surtout pour les classes les moins aisées. C'est ce que professe l'école économique, c'est ce que croient les hommes d'État qui gouvernent l'Angleterre.

Une autre école professe des principes tout opposés : elle croit que les misères de l'humanité ne peuvent être soulagées, que le sort des classes ouvrières ne peut être amélioré qu'au moyen d'une restriction systématique de l'exercice des forces individuelles, d'une extension illimitée de l'action centrale du corps social tout entier, représenté par un gouvernement formé de la concentration de toutes les forces des individus. C'est l'école socialiste. Il ne faut pas s'y tromper : bien qu'elle soit arrivée à des conclusions funestes, parfois même atroces, on ne peut nier que ses théories n'aient quelque chose de séduisant pour les âmes généreuses et élevées [1]. Le seul moyen, Messieurs, de combattre cette école qui menace d'envahir l'Europe, c'est d'opposer à ses principes d'au-

1. Le comte de Cavour disait à propos du socialisme, en octobre 1848 : « Ce serait se tromper grossièrement que de croire que l'idée socialiste est une extravagance, une absurdité fondée sur des théories chimériques. Non, Messieurs; cette idée, qui a séduit bien des esprits d'élite, repose sur un principe erroné, mais spécieux et digne d'un mûr examen : ce principe consiste à substituer l'État, la société aux possesseurs du capital privé dans la grande œuvre de la production, de l'accumulation de la richesse. Le lamentable état économique de la France donne une idée des effets que peuvent produire ces théories. La révolution politique de Février est un fait très-grave, mais qui n'explique pas entièrement une si redoutable crise économique. Le mal est venu du socialisme, non pas de celui des hommes extrêmes, mais de ce socialisme modéré qui séduisit jusqu'à un certain point des membres respectables du gouvernement provisoire. Ce ne furent pas les rêves icariens, les expériences phalanstériennes qui épouvantèrent les capitaux et détruisirent le crédit; ce furent les décrets de MM. Garnier-Pagès et Duclerc, relatifs à l'impôt progressif, à l'expropriation des chemins de fer, des banques, des compagnies d'assurances. Conçus dans d'excellentes intentions, par des hommes qui se déclaraient contraires au socialisme, ces projets conduisaient pourtant tout droit au socialisme. S'ils eussent été réalisés, le pouvoir social, arrêtant l'accumulation du capital par les particuliers, se serait substitué à eux dans l'industrie des chemins de fer, celle des banques, celle des assurances, pour s'emparer ensuite des autres grandes industries exercées par eux, et devenir enfin le plus grand, pour ne pas dire le seul producteur de l'État. »

tres principes. Dans l'ordre économique, comme dans l'ordre politique, comme dans l'ordre religieux, les idées seules peuvent lutter efficacement contre les idées, les principes seuls ont raison des principes; la compression matérielle est peu de chose dans un pareil combat. Pendant quelque temps, le canon et les baïonnettes peuvent faire taire les doctrines et maintenir l'ordre matériel; mais si ces doctrines sont arrivées à dominer dans la sphère des intelligences, tôt ou tard elles se traduisent en résultats positifs, et changent la face du monde.

Or je dis, Messieurs, que l'allié le plus puissant du socialisme, dans l'ordre intellectuel, bien entendu, c'est la doctrine protectioniste [1]. Elle part absolument du même principe : réduite à sa plus simple expression, elle affirme le droit et le devoir du gouvernement d'intervenir dans la distribution, dans l'emploi des capitaux; elle affirme que le gouvernement a pour mission, pour fonction de substituer sa volonté, qu'il tient pour la plus éclairée, à la volonté libre des individus. Si ces affirmations venaient à passer à l'état de vérités reçues et incontestées, je ne vois pas ce qu'on pourrait répondre aux classes ouvrières, à ceux qui se font leurs avocats, quand ils viendraient dire au gouvernement : Vous croyez qu'il est de votre droit et de votre devoir d'intervenir dans la distribution du capital, et d'en réglementer l'action; pourquoi donc ne vous mêlez-vous pas de l'autre élément de la production, le salaire? pourquoi ne réglez-vous pas les salaires? pourquoi n'organisez-vous pas le travail?

1. On verra plus loin que le comte de Cavour attribuait à la centralisation une influence analogue.

En vérité, il me semble que, le protectionisme admis, il faut admettre la plupart des idées socialistes, sinon toutes. Je prie les honorables opposants qui siégent à la droite, et qui s'honorent, comme je m'en honore moi-même, du nom de conservateurs, de bien peser ces considérations; je les prie de bien examiner si le protectionisme n'est pas la pierre angulaire sur laquelle le socialisme élève ses ouvrages avancés contre l'ancien édifice social; quand ils y auront bien pensé, ils ne voudront pas lui donner l'appui de leurs votes. J'espère qu'ils se convaincront que, si la politique du ministère est franchement, résolûment libérale, elle est aussi conservatrice, non pas à l'égard des parties usées de la société ancienne, mais à l'égard des principes fondamentaux sur lesquels notre ordre public et nos institutions reposent.

J'ai donc la confiance que le traité recevra l'approbation presque unanime de la Chambre. Il en résultera de grands bienfaits pour le pays; et vous aurez démontré une fois de plus, Messieurs, un grand fait qui a été notre salut dans les temps difficiles, qui fait notre force aujourd'hui, et qui nous vaudra le respect de l'Europe : ce fait, c'est que dans ce parlement subalpin, il peut bien y avoir des divergences sur les questions secondaires, sur les moyens les meilleurs de faire le bien du pays, mais qu'il y règne une volonté unanime de marcher avec persévérance vers la liberté. (Applaudissements prolongés.)

7

DISCUSSION DU PROJET DE LOI POUR L'APPROBATION DES ARTICLES ADDITIONNELS AU TRAITÉ DE COMMERCE AVEC LA FRANCE.

—

Séance de la Chambre des députés du 28 juin 1851.

La direction que cette discussion a prise rend ma tâche fort difficile. On a laissé de côté le traité; l'on s'est jeté dans des questions personnelles et dans des considérations politiques.

Je ne répondrai pas aux allusions que l'honorable Sineo a faites à mon passé. J'ai vécu toute ma vie à Turin, au milieu de mes concitoyens; tous mes actes ont été connus; avant même la constitution, je suis entré dans l'arène de la publicité; je laisse donc le jugement de ma vie passée à mes concitoyens; ils seront plus ou moins sévères pour les erreurs que je puis avoir commises, mais certes personne ne doutera de mes intentions, des sentiments que j'ai manifestés dès l'âge de seize ans, et à une époque où il n'était pas sans danger d'en montrer de pareils.

Cela dit, je vais parler des raisons politiques qui nous ont fait conclure ce traité et ces articles additionnels. Je prie qu'on me dispense de suivre les préopinants sur le terrain glissant de la politique intérieure de la France, que je n'ai ni à louer, ni à critiquer. Je pense qu'une grande nation qui a des institutions libérales est jusqu'à un certain point responsable des actes de son gouvernement, et il n'est pas sage, selon moi, de vouloir opposer entièrement le gouvernement à la nation; car les reproches que l'on fait à l'un retombent sur l'autre.

L'on se tromperait si l'on croyait que les divisions intérieures qui agitent la France signifient quelque chose dans les rapports de ce pays avec le nôtre. En tout pays et toujours, l'opposition la plus violente, sitôt que les objets de ses colères sont attaqués à l'étranger, prend leur défense presque sans le vouloir. L'honorable Brofferio en est un exemple, lui qui, après avoir fort maltraité le ministère, nous disait tout à l'heure que, lorsque notre gouvernement est menacé au dehors, il sent dans son cœur un certain sentiment italo-piémontais qui le porte à nous défendre. (On rit.) Il en est de même en France.

Si nous eussions refusé de traiter avec le gouvernement français, celui-ci n'aurait pas été seul à nous en vouloir; toute la nation aurait été avec lui, d'abord à cause de cette solidarité qui réunit les partis en face de l'étranger, puis par une autre raison plus grave.

Cette raison, c'est que la nation française, en fait d'économie publique, n'est pas plus libérale que ne l'est son gouvernement. Comme je l'ai souvent fait remarquer à la Chambre, les journaux les plus avancés, les plus radicaux, les plus révolutionnaires de France sont protectionistes. Le *National*, que je vois souvent ici sur les bancs de la gauche, est protectioniste; les socialistes eux-mêmes le sont : ils crient sans cesse contre la concurrence du dedans; jugez s'ils aiment celle du dehors. Je ne connais parmi les journaux sérieux de France que les *Débats* et l'*Ordre* qui soient libres échangistes. Un refus de traiter ne nous aurait fait des amis dans aucun parti, et nous ne pouvons pas même espérer qu'un changement amène au pouvoir des hommes plus favorables à nos vues économiques. Je l'ai dit : le ministère en France est plus libéral que l'assemblée, et l'assemblée plus libérale que la nation, — au point de vue économique. Il y a au ministère deux économistes qui font taire pour le moment leurs principes, laissés par eux à la porte du cabinet: ce sont MM. Léon Faucher et Buffet. Ils ne peuvent pas renier le libre échange; ils disent seulement qu'il est impossible de le faire accepter à l'Assemblée, que c'est de leur part un désir irréalisable, et qu'à présent les questions politiques étant de beaucoup les plus importantes, ils doivent leur sacrifier les questions économiques.

Un refus de traiter eût donc été un acte d'inimitié contre la nation française. Or, nous convient-il, je ne dis pas de nous mettre avec elle sur un pied d'hostilité, — car rien, dans les relations établies entre les deux États, ne laisse supposer que des hostilités soient possibles, — mais de donner lieu à des défiances et à des rancunes?

On a beaucoup parlé d'éventualités plus ou moins vraisemblables. Si nous étions attaqués, a dit quelqu'un, la France nous défendrait; d'autres ont été d'un avis contraire. Pour moi, je dis sincèrement que si l'on nous attaquait, je compterais beaucoup moins sur les secours étrangers que sur les sentiments unanimes de la nation, sur l'enthousiasme que soulèverait dans notre peuple la vue du drapeau national aux mains d'un roi généreux et habitué aux jeux de la guerre. (Sensation.)

Mais une attaque dirigée contre nous n'est pas la seule éventualité possible en Europe. Ne peut-il pas arriver telle complication où soient enveloppés tous les peuples qui nous entourent? telle complication qui partage en deux camps l'Orient et l'Occident? Et si cela arrivait, voudrions-nous n'être pas bien avec la France? Si un événement de ce genre, qui n'est pas probable, mais qui n'est pas non plus impossible, se présentait, les orateurs qui attaquent si vivement le traité voudraient-ils nous voir exposés à une agression française et réduits à recourir, pour nous défendre, aux baïonnettes de l'autre rive du Tessin? (Murmures à gauche.) Je ne le crois pas.

Je le déclare franchement : en présence des faits qui peuvent surgir, je crois qu'il est prudent, qu'il est conforme aux véritables intérêts du pays de nous mettre en bons rapports avec la France. Voilà pourquoi nous avons je ne dirai pas sacrifié, mais laissé au second plan les considérations économiques. C'est par des vues politiques que nous avons été conduits à accepter ce traité qui affermit nos bonnes et cordiales relations avec la France, et qui nous épargnera, en cas de complications, le désagrément d'être engagés déjà dans une guerre de douanes avec la puissance à laquelle tous nos intérêts nous commanderont de nous allier.

8

SUR LE MÊME OBJET.

—

Séance de la Chambre des députés du 30 juin 1851.

Je crois fermement que le moyen d'amener la France à des tendances plus libérales est plutôt de lui prêcher la liberté par l'exemple que de chercher à la lui imposer par des procédés coercitifs. Les hommes d'État anglais, les premiers de l'Europe, ne font pas autrement. La Chambre doit se souvenir que lorsque le Parlement anglais réforma le fameux acte de navigation, lorsqu'il admit dans ses ports les bâtiments étrangers aux mêmes conditions que les bâtiments nationaux, il conféra au pouvoir exécutif la faculté de rétablir les anciens droits différentiels au préjudice des nations qui n'accorderaient pas le même traitement aux navires anglais; jusqu'ici pourtant, le gouvernement anglais n'a point usé de cette faculté. Il a fait les plus vives instances auprès des nations protectionistes, surtout auprès de l'Espagne et de la France, pour les engager à établir la réciprocité; tout ayant été inutile, la résistance de ces puissances ne manqua pas d'être mise à profit par les protectionistes anglais, qui s'en servirent pour combattre la politique du ministère, lui reprochant de ne pas user de représailles envers l'Espagne et la France, quoique le pouvoir lui en eût été conféré par le Parlement. Lord Palmerston et lord John Russel repoussèrent ces suggestions ; ils déclarèrent que ce n'était point une raison, parce que la France ne voulait point sortir du gâchis du protectionisme, pour qu'on y replongeât l'Angleterre. Ceci se passait au mois de mars dernier. Bien plus récemment, le 18 juin, une nouvelle discussion eut lieu dans la Chambre des lords sur le maintien des droits différentiels en France. Lord Stanley prit occasion des plaintes que ces droits soulevaient parmi les armateurs anglais, pour exhorter le ministère à user de représailles. Le ministre des colonies, lord Grey, héritier d'un nom cher à tous les amis de la liberté, répondit à lord Stanley avec beaucoup de sagesse et de franchise ; il dit qu'il voyait avec peine la France s'obstiner à conserver un état de choses fatal au commerce des deux pays, mais que ce n'était point un motif d'ajouter encore de nouvelles entraves à celles dont on ressentait déjà les effets ; qu'entre le système des représailles et celui de la liberté, il choisissait sans hésitation le second ; que la cause libérale gagnerait beaucoup plus à une application généreuse des sains principes qu'à un système restrictif infligé aux nations qui ne sauraient pas imiter l'Angleterre ; qu'il était convaincu que ce libéralisme sans réserve produirait tôt ou tard son effet sur l'esprit public en France, et que ce n'était pas en imitant l'exemple peu sage des Français qu'on parviendrait à les ramener ; que si l'Angleterre eût pu désirer voir la France à l'arrière-garde dans la marche universelle vers la civilisation, elle n'eût pas souhaité autre chose que le maintien de ces droits si funestes à l'industrie française : « Oui, s'écriait-il en finissant, la politique la plus sage pour nous est d'attendre avec patience qu'un changement se produise dans l'opinion française, de nous abstenir d'actes de représailles qui n'empêcheraient pas les mesures que la France adopte contre nous, et qui aggraveraient encore le mal que nous font ces mesures. »

Voilà, Messieurs, ce qu'a fait une grande nation bien plus puissante et plus forte que nous. Voilà l'exemple qu'il faut suivre.

. . . . . Maintenant que nous sommes près de l'achèvement des réformes économiques, permettez-moi de revenir sur nos pas, de mesurer le chemin que nous avons fait et de le comparer aux autres voies que nous aurions pu suivre.

La réforme économique pouvait être faite soit par des traités, soit par une mesure générale, indépendante de tout accord avec l'étranger.

Le ministère jugea plus convenable de procéder par des traités, moyen difficile, pénible, qui le força plusieurs fois à descendre dans l'arène contre tel ou tel des représentants du protectionisme, mais qui lui permit, avec l'aide du Parlement, de les battre un à un et de remporter une victoire entière. Au point où en sont les choses, la liberté économique est un principe sanctionné par la Chambre, et ne pourrait être compromise quand bien même la Chambre rejetterait ce traité; la grande idée dont le ministère poursuivait la réalisation s'est mise en marche, et elle ne s'arrêtera plus, quoi qu'il arrive.

Eh bien, je le demande aux honorables députés qui ont si vivement critiqué le système des traités, croient-ils que nous eussions pu arriver à un tel résultat comme nous l'avons fait, dans une seule session, si nous eussions présenté à la Chambre une loi qui eût embrassé toute la réforme commerciale? Ne serait-il pas arrivé alors que tous ceux qui, par une raison ou par l'autre, auraient été mal disposés pour telle ou telle réduction spéciale, se seraient unis et auraient formé tous ensemble une opposition assez forte, sinon pour faire repousser le principe de liberté, du moins pour en altérer l'application? Je ne veux pas faire de personnalités; mais si je réunis les protecteurs de l'industrie manufacturière, les partisans des immunités locales, les représentants des pays producteurs de fromages, les avocats de la zone des huiles (on rit), etc., je crois que ces forces, sans arriver à déplacer la majorité, peuvent embarrasser gravement la discussion d'un objet si compliqué, si difficile, si ardu que l'est une réforme douanière. C'est en les divisant que nous avons pu accomplir en peu de temps une réforme qui a coûté bien d'autres peines dans d'autres pays.

En considération du but que nous avons atteint, du rôle que joue le traité actuel dans l'ensemble du système que nous achevons, j'espère qu'il sera approuvé de plusieurs députés qui l'auraient repoussé en tant que mesure isolée et considérée en elle-même. La Chambre, j'en ai la confiance, agréera donc la proposition ministérielle. S'il en est autrement, je ne me repentirai point d'avoir conseillé au ministère le parti qu'il a pris, car ainsi nous sommes venus à bout de l'une des plus larges réformes qui se soient vues en Europe ; je ne m'attristerai point en voyant que, par ce vote contraire, des hommes de plus de science et d'habileté que je n'en ai soient appelés à compléter ce que nous avons fait.

9

DISCUSSION
D'UN PROJET DE LOI RELATIF A DES MODIFICATIONS AUX STATUTS DE LA BANQUE NATIONALE.

Séance de la Chambre des députés du 18 juillet 1851.

Puisque nous ouvrons la discussion générale, je crois de mon devoir de faire connaître les motifs qui ont porté le ministère à proposer ce projet de loi.

Il eût été désirable sans doute qu'il pût être présenté à l'examen de la Chambre dans un autre moment que celui-ci, où la session est près de finir; mais il a fallu penser sans retard à la réforme des statuts de la Banque nationale, et voici pourquoi. La loi votée par le Parlement dans la session dernière, le désir unanime du pays, l'intérêt de l'État exigeaient que la Banque revînt aux payements en numéraire, et que le cours forcé des billets cessât. Pour ramener la Banque à la situation normale, le ministère a d'abord demandé au Parlement la permission d'émettre des obligations au moyen de souscriptions, et de payer dans un terme de trois mois le reste de ce qui est dû à la Banque par l'État. Ce payement, en acquittant l'État, l'autorise à exiger de la Banque le retour aux payements en numéraire; mais on ne peut méconnaître que ce retour, s'il n'est accompagné d'aucune mesure de précaution, troublera les opérations commerciales et forcera la Banque à restreindre ses opérations.

Il est évident en effet que si l'on n'adopte pas soit ce projet de loi [1], soit une autre mesure provisoire ou définitive du même genre, si la Banque doit dès le 15 octobre payer en espèces sans que son capital soit augmenté, sans que ses billets aient cours légal, il est évident, dis-je, qu'elle devra, dès le mois de septembre, réduire autant que possible son passif, c'est-à-dire sa circulation.

Pour atténuer les effets de cette transition à l'état normal, le ministère a décidé qu'elle s'opérerait en octobre, époque où je crois que les besoins du commerce sont moins pressants. C'est le moment où les filatures ont cessé de demander des capitaux, et où elles ont remboursé déjà ceux qu'elles ont empruntés aux banquiers. Mais enfin la Banque ne peut pas réduire ses

1. Le projet autorisait la Banque à porter son capital de 8 à 16 millions, et donnait cours légal à ses billets.

opérations de plusieurs millions, comme il faudrait qu'elle le fît si on ne venait pas à son aide, sans qu'une perturbation grave se produise dans le pays. Le pays s'est habitué à compter sur le cours ordinaire des opérations de la Banque. La caisse de la Banque, pour beaucoup de commerçants, est une succursale de leur propre caisse. Si cette ressource leur manquait, ils souffriraient. C'est en vue d'empêcher que le retour à l'état normal, retour impossible à différer, n'ait ces résultats, que le ministère vous propose sans retard des mesures propres à rendre la transition plus douce.

Je passe à l'examen de l'ensemble de la question.

Je crois fermement qu'un État qui veut atteindre un haut degré de prospérité matérielle et développer au plus haut point ses moyens de production, doit avoir un grand établissement de crédit. L'exemple des plus riches nations le prouve. Si l'Angleterre n'avait eu l'aide de sa Banque nationale, ses progrès eussent été bien plus lents. Il y a à cela une raison particulière, digne de toute l'attention de la Chambre.

Une banque doit régler ses opérations de manière à pouvoir en toute occurrence faire face à ses engagements. Une banque à l'état normal, c'est-à-dire qui a l'obligation stricte de solder ses billets en numéraire, doit s'arranger de façon à pouvoir toujours opérer ce change avec facilité. Cela n'est pas embarrassant dans les temps ordinaires; une banque bien constituée, astreinte à des opérations prudentes et régulières, étend naturellement sa circulation selon les besoins du pays, et n'est pas gênée sensiblement par cette nécessité du remboursement que la loi lui impose. Mais il arrive dans la vie des peuples des moments où l'ordre économique est troublé, surtout en ce qui concerne la circulation monétaire. Cela peut dépendre de causes politiques comme de simples éventualités commerciales.

Quand la perturbation a des causes politiques, je ne crois pas qu'aucune mesure de prudence puisse la prévenir. Dans une grave crise politique, la banque sera toujours obligée de recourir à des moyens extraordinaires. Il n'y a pas d'établissement au monde qui ait des bases plus solides que celles de la Banque de France, qui soit plus attaché aux règles de la prudence, aux habitudes même de la timidité; et pourtant, en présence du grand mouvement de 1848, la Banque de France demanda au gouvernement d'être dispensée de rembourser ses billets, et l'ordre économique à l'intérieur fut sauvé par cette exonération. Mais de telles circonstances se produisent ou devraient se produire très-rarement, et la prudence humaine ne peut rien contre elles; il n'y a donc pas à s'en occuper.

Il y a, en revanche, des perturbations économiques qui se reproduisent presque régulièrement, parce qu'elles sont la conséquence de faits ordinaires. Ce sont celles qu'amènent des événements qui ont une influence temporaire sur ce que j'appellerai la balance du commerce; ainsi, un pays achète à l'étranger une plus grande quantité de denrées qu'à l'habitude, ou bien, en ayant acheté la même quantité, il se trouve privé d'une partie des ressources qui lui servent communément à payer ces denrées, d'où il résulte que la circulation n'est plus équilibrée et que le commerce a un besoin exceptionnel de numéraire; le commerce alors s'adresse aux grands détenteurs du numéraire, aux banques; celles-ci sont amenées à restreindre considérablement leur circulation, et une crise se produit dont les inconvénients peuvent être très-sérieux.

Si donc, dans les cas de ce genre, il existe dans le pays une banque fondée sur des bases très-larges, la perturbation est moins grave, et cela par deux motifs : en premier lieu, parce que la Banque n'a guère à satisfaire que des besoins de numéraire sérieux et réels, sa position étant difficile à ébranler, et les porteurs de billets ne concevant pas de craintes sur sa solvabilité; en second lieu, parce qu'une banque puissante a des relations à l'étranger, que son crédit s'étend au loin, et qu'il lui est facile de se procurer du numéraire à propos, ce que ne peut faire parfois un établissement moins considérable.

L'existence d'une forte institution de crédit est donc un besoin de la première importance pour un pays qui jouit d'un certain mouvement économique. On me dira que la banque de Philadelphie a mal réussi; mais cette banque, extrêmement favorisée par le gouvernement, n'avait contracté aucune obligation envers l'État, et celui-ci n'avait aucune action sur l'administration de la banque. De plus, les statuts de cette banque étaient si larges que, loin de restreindre son rôle aux simples opérations du prêt et de l'escompte, ils lui conféraient le droit de se livrer à toutes sortes d'opérations commerciales. Tant que la banque de Philadelphie se borna aux opérations qui sont le propre des banques, elle rendit beaucoup de services, et tous les historiens américains reconnaissent, je crois, que c'est à elle que l'on fut redevable de la renaissance du crédit après les guerres qui avaient ébranlé presque toutes les institutions de crédit américaines. Mais plus tard cette banque, absolument indépendante du gouvernement, devint l'instrument de capitalistes ambitieux qui vinrent à en prendre la direction; ceux-ci, élargissant ses attributions, voulurent avoir le monopole des cotons américains, ce qui amena une des faillites les plus considérables qui aient affecté le monde économique.

Mais avec plus de garanties et une administration plus sage, les grandes institutions de crédit, utiles dans les temps ordinaires, sont d'une importance extrême dans les moments de besoin exceptionnel. Tout le monde sait combien de services la Banque d'Angleterre a rendus au gouvernement britannique, et je ne sais si Pitt, avec tout son génie, aurait pu soutenir sa lutte contre Napoléon s'il n'avait eu les subsides de la Banque. La Banque de France a également servi très-puissamment le gouvernement français, et nous ne savons que trop combien celle de Vienne a été utile à l'Autriche. Il est incontestable qu'il en serait autrement si, au lieu d'un établissement considérable, on en possédait plusieurs de médiocre importance. Si, en 1848, notre pays eût eu, au lieu de la Banque de Gênes, trois ou quatre banques avec un capital égal au tiers ou au quart de celui de la Banque de Gênes pour chacune, le gouvernement n'en eût pas retiré tant d'avantages.

Je sais qu'il existe des préjugés contre les grandes institutions de crédit : on craint de fonder en elles un pouvoir rival de celui de l'État; mais, selon moi, quand les statuts de la Banque sont nets, quand la loi donne au gouvernement la faculté d'intervenir dans toutes les opérations, et le droit de contrôle et de surveillance, on ne peut redouter aucun péril de ce genre. Je ne vois pas que nulle part il y ait eu lutte entre les établissements de crédit et les gouvernements, à l'exception du cas de la Banque d'Amérique, fondée sur des bases véritablement trop aventurées. La Banque d'Angleterre, qui est jusqu'à un certain point indépendante du gouvernement, lui a toujours donné son appui, que le ministère fût tory ou wigh; la Banque de France a de même aidé la République comme le gouvernement de Louis-Philippe, et s'est tenue en bons rapports avec Garnier-Pagès comme avec Humann et Lacave-Laplagne. Avec des statuts restrictifs, la Banque ne peut en aucune façon s'émanciper ou exercer d'autre action que celle que la loi lui attribue, ni par conséquent être en antagonisme avec le gouvernement.

Enfin quelques-uns pensent que la fondation d'une banque sur une vaste échelle rend impossible la création de banques plus petites, et surtout de banques locales. C'est à mon sens une très-grande erreur; je crois au contraire qu'on ne peut établir convenablement des banques locales, ou d'ordre inférieur, s'il n'existe déjà dans le pays un établissement de crédit de quelque importance. Cet établissement une fois créé, des banques secondaires destinées à un certain genre spécial d'opérations, ou instituées pour des localités particulières, pourront être organisées avec beaucoup plus de facilité et étendre successivement leurs opérations, si la loi est moins exigeante pour elles, si l'on consent à leur accorder plus de facilités qu'à la banque centrale, si on leur permet, par exemple, d'escompter du papier à deux signatures seulement, d'émettre du papier de valeur moindre que celui de la banque centrale, etc.

C'est ce qui arrive par exemple en Angleterre, où la Banque centrale a toujours accordé aux banques locales des subsides sans lesquels la plupart d'entre elles ne se seraient point soutenues. En effet, les opérations des banques locales consistent surtout à escompter du papier à deux signatures, et à envoyer ce papier, revêtu de leur signature à elles, à la Banque de Londres qui l'escompte et qui leur fournit les moyens de continuer leurs opérations. Si ces banques n'avaient aucun centre où s'adresser, leurs opérations seraient si restreintes que l'utilité en serait peu appréciable. Je suis si convaincu de cette vérité, que je n'aurais jamais donné mon assentiment aux capitalistes qui m'ont demandé la concession de la banque d'Annecy, si je n'avais été sûr que cette banque, placée dans le voisinage de Genève, pourrait en toute occurrence y faire escompter son papier. Je suis persuadé que si la banque de Savoie était livrée à ses propres ressources, si elle n'était pas aidée par les banques genevoises ou par la Banque nationale subalpine, cet établissement, qui doit rendre à la Savoie de très-grands services, serait d'une utilité peut-être nulle.

Quelques personnes, parmi celles qui reconnaissent l'utilité d'une banque centrale au point de vue de la création de banques secondaires, pensent que cette banque centrale, destinée à diriger en partie les opérations financières, doit être, non pas seulement nationale de nom, mais fondée par le gouvernement et avec des capitaux appartenant à l'État.

C'est une autre erreur : le gouvernement ne doit, ne peut pas diriger une banque de circulation et d'escompte, ni même se mêler trop intimement à ses opérations. Ces opérations sont très-délicates; la banque doit en quelque sorte régler la mesure du crédit selon les circonstances économiques, lesquelles varient d'un jour à l'autre, selon l'état présent des choses et l'avenir tel qu'on le prévoit. Il faut pour cela une grande pratique des affaires, une grande habileté, une indépendance complète des préoccupations de la politique. Je crois qu'une banque dirigée par l'État serait toujours assez mal conduite : la direction d'une banque doit n'être sujette à aucune prévention pour ou contre tel parti, et ne tenir compte que de l'intérêt de la banque et du commerce en général; or les agents du gouvernement, les ministres sont des hommes, ils ne peuvent se défendre absolument de quelque sympathie, de quelque préférence pour ceux qui partagent leurs idées, leurs sentiments, et qui luttent pour les mêmes principes; une banque dirigée par eux ne pourrait inspirer que peu de confiance au commerce, et satisfaire que très-médiocrement le pays. Je ne connais en réalité aucune banque de circulation et d'escompte qui appartienne en propre à un gouvernement.

Je suis loin de penser de même en ce qui concerne les établissements qui, sous le nom de banques, reposent sur des bases fort différentes, tels que les banques territoriales, les banques de crédit agricole, de crédit foncier, etc. Les inconvénients qui excluent la direction par le gouvernement d'une banque de circulation et d'escompte n'existent pas pour les banques territoriales, où les opérations sont plus simples et ne demandent pas un tact commercial aussi parfait. Une banque territoriale n'est qu'un moyen de rendre collectif le crédit individuel des propriétaires, et de faire que le même papier qui, revêtu seulement d'une hypothèque spéciale sur un fonds donné, serait par lui-même d'un emploi difficile, acquière, par une hypothèque sur la banque, la même valeur ou une valeur plus grande que les titres de la dette publique. Ce sont là des opérations très-simples auxquelles le gouvernement peut présider sans inconvénient. Comme je l'ai dit, il n'en est pas ainsi des banques de circulation et d'escompte.

Si donc il était nécessaire de fonder dans le pays une grande institution de crédit, et si le gouvernement ne devait pas se charger de cette création, qu'y avait-il à faire? L'une de ces deux choses : fonder une banque nouvelle, ou augmenter l'importance de celle qui existait.

La création d'une banque nouvelle avait contre elle bien des obstacles. Non pas que le capital fasse défaut : je suis sûr que si la Banque n'existait pas et qu'il fallût trouver 16 ou 20 millions pour la fonder, on y parviendrait sans difficulté ; mais il serait bien difficile d'arriver au même résultat en concurrence de la Banque nationale qui existe déjà.

La Banque actuelle a pour elle le bénéfice de la priorité, l'avantage d'avoir pour administrateurs et pour intéressés presque tous les capitalistes qui font dans notre pays le commerce de banque. Ce n'est pas assez, pour qu'une banque nationale ait du crédit et de l'influence, qu'elle ait de l'argent; il faut encore qu'elle soit dirigée par les hommes qui ont le plus d'importance dans ce genre de commerce. Or, Messieurs, dans tout pays le nombre des véritables banquiers est très-restreint; — j'entends par le commerce de banque celui qui se limite au mouvement des fonds d'un pays à d'autres pays. — Je ne crois pas qu'il y ait à Turin plus de quatre ou cinq maisons qui fassent réellement ce commerce; il n'y en a pas à Gênes plus de quatorze ou quinze; à Londres, pas plus de cent. Toutes les maisons qui font dans nos États le commerce des lettres de change sont intéressées dans la Banque existante, et il serait difficile que d'autres capitalistes vinssent faire concurrence à ceux-là, par les mains desquels s'opère déjà la plus grande partie du mouvement des fonds.

Il reste donc à voir comment il est possible d'obtenir que la Banque nationale actuelle augmente son capital de manière à satisfaire aux besoins nouveaux du pays.

Je crois qu'une Banque au capital de seize millions peut suffire aux besoins actuels, sauf à accroître plus tard ce chiffre si les forces productrices du pays continuent à se développer comme elles l'ont fait jusqu'ici. Il faut donc offrir quelque avantage à la Banque pour la décider à porter son capital à ce chiffre.

On me dira : quelle difficulté y a-t-il donc à cette augmentation de capital? — Une difficulté très-naturelle : de toutes les opérations possibles, celle que les actionnaires d'une banque sont le moins portés à effectuer, c'est l'augmentation du capital, car il est clair que les profits ne s'accroissent pas dans la proportion de cette augmentation.

Cependant, au point de vue des banques elles-mêmes, des raisons de prudence, de prévoyance leur conseillent souvent ces augmentations de capitaux; mais on sait que la Banque de Gênes s'est montrée peu disposée à accéder à cette mesure si une compensation ne lui était accordée : la compensation que le gouvernement lui offre consiste à donner à ses billets *cours légal*. Ceci est le point le plus délicat de la question.

Je n'ai pas besoin de faire remarquer l'immense différence qu'il y a entre le cours légal et le cours forcé. Chacun sait que le cours forcé oblige à prendre les billets en payement sans laisser de moyen sûr de les changer contre du numéraire; tandis que le cours légal, en obligeant à recevoir les billets en payement, laisse la faculté d'obtenir immédiatement de la Banque le change des billets en numéraire, de sorte qu'on peut dire que le cours légal ne fait que retarder le change des billets en espèces. Ce retard ne peut avoir aucun inconvénient dans les villes où la Banque nationale a ses siéges principaux ou ses succursales. Pour les autres localités, l'inconvénient est plus apparent que réel : le gouvernement étant obligé de recevoir en payement les billets de la Banque, et cette obligation n'étant aucunement onéreuse pour lui, car il peut toujours faire venir sans frais les billets des provinces dans les villes où il peut les changer à la Banque contre de l'argent, il s'ensuit que les demandes continuelles de billets que le trésor fait dans les provinces empêchent parfaitement les billets d'y baisser de prix. L'État a même intérêt à ce que ses fonds arrivent en billets à Turin et à Gênes, où se font ses plus grandes dépenses, plutôt qu'en numéraire, car le numéraire coûte à transporter.

Quelques embarras seraient à craindre si la circulation métallique était uniforme dans toutes les provinces de l'État; mais vous savez mieux que moi que, dans les provinces éloignées surtout, la circulation est très-irrégulière et se fait au moyen de monnaies qui n'ont pas de valeur légale ou qui ont cours à un taux abusif. Je ne crois pas me tromper en assurant que près des trois quarts de la circulation dans les provinces a lieu, pour les sommes de quelque importance, en or. La circulation de billets que nous voulons établir remplacera donc une circulation monétaire irrégulière, abusive. Il n'y a certainement pas un négociant à Turin, faisant des affaires en province, qui ne porte chaque année une certaine somme dans ses livres à la catégorie *perte sur les monnaies*. Il en est de même des agriculteurs qui tiennent leurs comptes avec soin.

En substituant le papier à ce cours abusif de l'or, il n'y aura plus de déchet, et la circulation deviendra plus solide et plus régulière.

On pourrait ajouter à ces considérations la possibilité d'une augmentation de la quantité d'or circulante. Je suis convaincu que l'or baissera de prix. Mais, ne voulant pas traiter cette question maintenant, je ferai observer seulement que la baisse de l'or, depuis deux ans, a été de un à un et demi pour cent et qu'elle a dépassé, en conséquence, la baisse des billets; ce qui prouve que la circulation de l'or a plus d'inconvénients que celle des billets. Cela est si vrai, que la préférence du public pour les billets devient très-marquée.

Le cours abusif de l'or profite aux spéculateurs des petites villes, mais il nuit aux producteurs, surtout aux agriculteurs. L'agriculteur est presque toujours victime dans le commerce où l'or intervient; car il faut qu'il négocie d'abord sa denrée, puis la monnaie; forcé de recevoir une monnaie abusive, il ne sait ou ne peut pas la faire peser, et il éprouve parfois de grandes pertes sur des espèces qui auraient dû être mises hors de cours. Le billet ne donne lieu à aucune de ces incertitudes; il sera un bienfait pour les classes les moins éclairées, les plus nombreuses.

On craint que le cours légal accordé aux billets ne porte la Banque à étendre outre mesure sa circulation. Mais la circulation se règle non pas sur les désirs de la Banque, mais sur les besoins du pays. La Banque ne peut pas maintenir en circulation une somme de billets plus grande que celle dont le pays a besoin pour le change ordinaire. La Banque d'Angleterre, la plus habilement administrée de toutes, a eu beau réduire successivement depuis deux ans le taux de son escompte, elle n'a pu mettre en circulation la somme que ses statuts lui permettent d'émettre; elle aurait le droit d'émettre, je crois, sept ou huit millions sterling de plus, elle y gagnerait beaucoup, mais il lui est impossible de le faire, car il faudrait qu'elle retirât le soir ce qu'elle aurait jeté dans la circulation le matin.

Je ne parle pas de la Banque de France, qui donne en ce moment le spectacle singulier d'une banque qui a en numéraire un fonds bien supérieur à celui qu'elle a en circulation. Je crois qu'elle pourrait facilement augmenter ce dernier si elle était moins timide, plus éclairée; mais la Banque de France ne veut pas sortir des traditions du passé et suit le chemin qu'elle a toujours battu; elle croit que son devoir principal est de se tenir prête à tout événement, et elle ne fait rien pour augmenter sa circulation. Si elle faisait ce qu'on fait en Angleterre, si elle réduisait son escompte de 4 à 3, de 3 à 2 pour cent, elle pourrait mettre en circulation 7 ou 800 millions au lieu de 520; mais elle n'atteindrait pas, le voulût-elle, la circulation d'un milliard et 800 millions, je crois, à laquelle elle est autorisée.

Je dis donc que, dans les temps ordinaires, le cours légal des billets n'influe pas sur la quantité de la circulation; quand une banque compte quelques années d'existence et a établi sa position, ses billets acquièrent d'eux-mêmes le cours légal; personne ne les refuse, on les recherche même pour la commodité de leur usage.

Le cours légal n'a d'influence que dans les moments de crise économique; dans les crises politiques, il n'en a point : quand l'opinion s'alarme pour la stabilité de l'État, de l'ordre social, rien ne peut maintenir les billets en circulation, et il n'y a rien à faire pour prévenir les effets d'un tel état de choses. Mais dans les moments de crise économique, où il ne se manifeste qu'un besoin de numéraire général pour les opérations commerciales, le cours légal est d'une grande utilité : la Banque sait que pour faire face aux opérations habituelles, quotidiennes, il faut toujours au commerce une certaine quantité de billets qui resteront dans la circulation quel que soit le besoin de numéraire : elle n'est plus obligée dès lors de recourir à des mesures extrêmes pour traverser la crise. Ainsi, le cours légal a l'avantage d'assurer la circulation et de maintenir en cours une certaine quantité de billets dans les moments où il est à désirer qu'ils n'affluent pas tous ensemble aux caisses de la Banque.

Le cours légal donne donc à la Banque plus de solidité et de crédit ; il préserve en même temps le pays, à un certain degré, des effets des crises économiques.

Comme compensation de cet avantage accordé à la Banque, diverses charges lui ont été imposées.

D'abord, elle devra établir deux succursales, l'une à Nice, l'autre à Verceil. Ces établissements, fort utiles à ces deux villes, ne seront guère qu'une charge pour la Banque, car il est rare qu'une succursale puisse couvrir ses propres frais.

La Banque devra faire gratuitement l'office de trésorier de l'État.

La Banque enfin devra, quand elle en sera requise, se charger du service de la dette publique. Ceci est une question à étudier; en réalisant cette stipulation, l'État fera une grande économie, et le service pourra se faire à la satisfaction complète du pays, comme il est arrivé en Angleterre.

Telles sont les considérations que j'ai cru devoir soumettre à la Chambre à l'appui du projet en discussion.

IV

SUR L'ENSEIGNEMENT DE LA THÉOLOGIE DANS LES SÉMINAIRES.

Dans le discours prononcé par le comte de Cavour à la Chambre, le 14 mars 1851, à propos de l'enseignement de la théologie dans les séminaires, la tendance libérale s'accentue de plus en plus; le ministre s'y montre tel qu'il sera plus tard au moment du grand conflit avec Rome. On peut remarquer en passant qu'à mesure que la réaction gagne du terrain en Europe, Camille de Cavour paraît sentir davantage la nécessité de tenir le Piémont en éveil et d'en faire, à l'aide de la liberté, comme un point lumineux au milieu du continent que l'ombre et le sommeil envahissent. Aucune occasion ne lui paraît trop petite pour parler ou agir dans ce sens.

La Chambre, à propos du budget de l'instruction publique, avait été conduite à s'occuper des chaires de théologie instituées dans les séminaires; les titulaires en avaient été toujours rétribués par l'État, qui s'était réservé, par la loi sur l'instruction publique du 4 octobre 1848, un droit de surveillance sur cette branche de l'enseignement. Ce droit était naturellement contesté, et l'exercice en était contrarié par une partie du haut clergé. Les évêques avaient vu avec déplaisir qu'on leur retirât la faculté, dont ils étaient en possession depuis 1822, de nommer eux-mêmes les professeurs sans consulter le gouvernement, et deux d'entre eux, celui d'Acqui et celui de Saint-Jean de Maurienne, avaient fermé les portes de leurs séminaires aux professeurs nommés par le ministre. La commission parlementaire avait rayé du budget les honoraires de ces deux professeurs, mais l'opposition voulait davantage; elle entendait que l'allocation aux professeurs de théologie fût entièrement supprimée, ou bien que le gouvernement se fît obéir des évêques.

M. Gioja, ministre de l'instruction publique, établit une distinction entre l'enseignement théologique donné à l'université de Turin dans un esprit large et libéral, et l'enseignement des séminaires, qui au contraire avait grand besoin de réformes, mais auquel il était fort contestable que l'État pût et dût toucher sérieusement. Il proposa de remettre la discussion de la question à l'époque où serait présentée une nouvelle loi sur l'instruction publique. M. de Cavour parla dans le même sens. La Chambre approuva.

DANS LA DISCUSSION DU BUDGET DE L'INSTRUCTION PUBLIQUE

Séance de la Chambre des députés du 14 mars 1851.

Le ministre de l'instruction publique, mon honorable collègue, établissait hier que deux questions se posent relativement à l'enseignement théologique : d'un côté, en ce qui concerne les universités; de l'autre, en ce qui regarde les séminaires.

Quant à l'enseignement de la théologie dans les universités, il a reconnu sans difficulté que l'importance en est considérable, et il a prié la Chambre de ne rien épargner pour le conserver intégralement; la Chambre a applaudi à ces paroles, et je fais de même. Cet enseignement a rendu, rend et rendra probablement encore des services immenses; c'est à lui que nous devons les lumières principales de notre théologie, les prêtres savants dont le nom est cher au peuple piémontais.

Quant à l'enseignement des séminaires, le ministre a déclaré avoir des doutes graves, et il a conclu à ce qu'on ne tranchât pas la question à propos d'un article du budget et sans l'avoir profondément étudiée en elle-même. Il a ajouté que, pour l'année courante au moins, il serait injuste de refuser leur traitement à des professeurs qui ont déjà fait une grande partie de leur cours annuel.

Je n'avais réellement pas l'intention de prendre la parole sur ce sujet, n'ayant point les connaissances spéciales qui seraient nécessaires pour en bien parler : toutefois, comme des maximes que je crois pernicieuses ont été émises dernièrement par quelques membres de la gauche, M. Asproni et M. Brofferio entre autres, j'ai cru devoir protester hier, et proclamer un principe absolu, auquel j'attache une importance suprême[1]. J'ai dit que, dans le cas dont il s'agit, mon opinion personnelle, comme citoyen, est que le gouvernement doit rester étranger à cet enseignement, et cesser par conséquent de payer

1. « Le gouvernement, avait dit la veille le comte de Cavour, ne doit pas se mêler de l'enseignement des séminaires. Si j'avais à émettre une opinion comme citoyen, non comme ministre, je dirais que le gouvernement doit rester étranger à l'enseignement de la théologie, sur lequel il appartient aux évêques seuls de veiller. Les évêques ne doivent pas faire

les professeurs. J'étais, en parlant ainsi, sur le terrain des principes; mon collègue était sur celui de l'opportunité, quand il a réservé la question. Sur les principes, je ne pourrais transiger; sur l'opportunité, je reconnais que je ne suis pas le meilleur juge, n'ayant pas des données suffisantes pour décider, séance tenante, si le gouvernement doit continuer ou non à exercer sur cet enseignement, tant qu'il le paye, la surveillance bien imparfaite qui lui a appartenu jusqu'ici. Il n'y a pas de divergence entre mon collègue de l'instruction publique et moi, sinon que j'ai été moins circonspect que lui.

Mais la question étant posée, je veux, non comme ministre, mais comme homme politique, exposer clairement à la Chambre ce que je pense; car je ne veux pas passer pour autre que je suis.

Je me suis opposé aux idées soutenues hier par MM. Brofferio et Asproni sur la nécessité de soumettre l'enseignement des séminaires à la surveillance directe et immédiate du gouvernement. Ces idées sont funestes; je crois pouvoir le démontrer à la Chambre.

D'abord, elles sont impraticables. Jamais la Chambre, le gouvernement n'arriveraient à exercer une surveillance réelle; le clergé, les évêques la réprouveraient de telle sorte qu'il faudrait pour vaincre leur résistance recourir à des moyens voisins de la persécution, que la

la besogne des députés, ni les députés celle des évêques. Nous sommes libres de croire ou de ne pas croire, de choisir pour directeurs spirituels qui bon nous semble. Si les séminaires enseignent une mauvaise morale, nous prendrons pour confesseurs des théologiens qui aient été à l'école de M. Asproni. » (Rires d'adhésion à droite, murmures à gauche.)

Chambre ne voudrait certes pas employer, et que le pays condamnerait d'ailleurs.

Cela se faisait pourtant sous le gouvernement absolu; pourquoi, dit-on, cela ne se ferait-il pas sous le régime constitutionnel?

Je doute que ce contrôle ait jamais été sérieux au temps dont on parle; je veux pourtant l'admettre. Mais le gouvernement absolu avait tous les moyens possibles d'exercer une influence morale sur les évêques; le pouvoir civil était alors étroitement lié avec le pouvoir ecclésiastique, qui à tout moment recourait à lui; ce dernier avait tout intérêt à ne pas contrarier directement la surveillance de l'État sur l'enseignement des séminaires, laquelle ne s'exerçait, — si toutefois elle s'exerçait, — ni avec sévérité ni avec efficacité. Ce qu'on obtenait alors par des moyens de conciliation et de persuasion ne saurait être obtenu par ces mêmes moyens sous le régime constitutionnel.

Supposons même que les évêques se bornent à une résistance passive : comment effectuer une surveillance? en se faisant envoyer le programme des leçons? Mais un programme ne peut point assurer qu'on suivra tel système théologique et moral plutôt que tel autre. Le seul moyen serait de faire des inspections. Croyez-vous que ce serait aisé? D'abord, qui en chargeriez-vous? des laïques? je ne le pense pas; ce serait chose trop singulière que d'envoyer des laïques surveiller l'enseignement de la théologie. Des prêtres? Mais où en trouverez-vous qui soient disposés à affronter l'opposition décidée des évêques? Non-seulement les prêtres attachés aux vieilles idées, les prêtres entraînés par les doctrines jésuitiques, mais les membres les plus libéraux, les plus éclairés de notre clergé s'y refuseraient.

Admettons encore que tous les obstacles soient surmontés et que vous ayez soumis à une inspection réelle, efficace les cours des séminaires; qu'aurez-vous gagné? Vous aurez fait dépendre l'enseignement ecclésiastique du pouvoir civil, et donné commission au pouvoir exécutif de faire suivre dans les écoles de théologie et de morale les doctrines que vous estimez les meilleures. De là, de toute nécessité, l'obligation pour le conseil des ministres d'avoir à décider parfois des questions de théologie et de morale. Or, j'ai beaucoup de confiance dans les lumières et la sagesse de mes honorables collègues, mais je ne me crois pas obligé de voir en eux des autorités compétentes en ces matières.

De plus, si le ministère avait à exercer un tel contrôle, le Parlement serait en droit, en devoir d'examiner comment il s'acquitte de sa tâche, ce qui ouvrirait aux débats théologiques l'accès du Parlement. Je demande ce que le Parlement y gagnerait en autorité et en dignité. Je demande quel effet produirait, après une vive discussion sur l'enseignement de quelque séminaire, la proposition, par un député jaloux des droits du pouvoir civil, d'un ordre du jour comme celui-ci : « Considérant que dans le séminaire d'Alexandrie, de Gênes, ou dans tel autre, on enseigne une morale qui manque de pureté et de sévérité, la Chambre invite le ministère à pourvoir à ce que la doctrine de saint Thomas soit enseignée avec plus de rigueur. » (Hilarité prolongée au centre et à droite.)

Une telle politique ne serait pas seulement ridicule et impraticable, elle serait funeste. Je crois que les préopinants, en soulevant cette question, n'ont pas eu en vue de diminuer l'autorité légitime de l'Église, et qu'ils veulent plutôt amener le clergé à marcher d'accord avec nos lois organiques; mais comment le clergé se convertira-t-il à nos institutions, comment les aimera-t-il, si après lui avoir ôté, et avec raison, quelques-uns des priviléges que l'ancien régime lui attribuait, si au moment de lui ôter ceux qui lui restent encore et de procéder à une répartition meilleure des revenus ecclésiastiques, vous venez lui dire : — nous réformons selon les principes de l'égalité et de la liberté toutes les parties de la législation qui vous étaient jadis favorables; mais quant à votre indépendance et à votre liberté, nous voulons conserver les traditions du passé, que nous appelons, en tant qu'elles vous sont contraires, l'héritage glorieux de nos pères! — Loin de ramener le clergé, ce langage l'éloignera de vous de plus en plus, parce que vous aurez éveillé le sentiment de l'injustice, qui est le plus fort de tous chez les hommes éclairés.

L'histoire de tous les temps prouve que le moyen le plus sûr d'accroître l'influence politique du clergé est de lui faire une situation exceptionnelle, de le persécuter, ou seulement de lui infliger des vexations. Il n'est pas besoin de remonter jusqu'au moyen âge pour s'en assurer. Après la révolution de 1688, le gouvernement anglais voulut diminuer l'influence du clergé en Irlande, et employa pour cela tous les moyens de coercition, avec cette énergie, poussée parfois jusqu'à la férocité, qui appartient à la forte race anglo-saxonne. On n'arriva qu'à faire de l'Irlande une masse compacte obéissant à son clergé avec une confiance aveugle et absolue. Une politique tout opposée ayant donné en 1829 la liberté à l'enseignement et au culte irlandais, l'influence du clergé baissa beaucoup, à ce point que nous avons vu O'Connel, secondé par tout le clergé, échouer complétement lorsqu'il voulut susciter en faveur du rappel de l'union une agitation semblable à celle qu'il avait faite pour l'émancipation des catholiques. Plus récemment, vous avez vu combien il a mal réussi au ministère anglais actuel de vouloir appliquer au clergé des mesures répressives et simplement vexatoires; vous avez vu combien la seule présentation du bill contre l'*agression papale* a nui à l'autorité acquise aux hommes du gouvernement.

J'invite la Chambre, autant que je sais et que je puis le faire, à profiter des leçons du passé, et à ne combattre l'intolérance cléricale qu'en donnant la liberté au clergé.

Peut-être dira-t-on qu'en principe c'est juste, mais que les circonstances sont exceptionnelles, que nous sommes dans un temps de transition, et qu'il importe de prendre des mesures extraordinaires pour mettre nos institutions à couvert des périls, des conspirations dont une partie du clergé pourrait les menacer.

Ces craintes d'abord sont exagérées; s'il est beaucoup de prêtres qui regrettent l'ancien régime, leurs priviléges, et qui voudraient voir la ruine de nos libertés, la majorité du clergé est, je crois, animée d'autres sentiments. Je ne pourrais m'expliquer comment ce clergé, sorti presque tout entier des classes populaires qui n'ont jamais joui des privilèges du passé, serait contraire à la Constitution. Mais le fût-il, qu'est-ce que le cléricalisme pourrait contre nous? J'ai, pour me rassurer sur ce point, une raison que je crois irréfutable : si autrefois, quand l'absolutisme et le parti clérical étaient étroitement unis, quand ce dernier était appuyé sur toutes les forces du pouvoir civil, quand il avait le monopole de la presse et de l'enseignement, il n'a pu empêcher le développement et le triomphe final des idées libérales, comment pourrait-il, aujourd'hui que ces idées se sont implantées parmi nous, aujourd'hui que nous pouvons les défendre à l'aide de la presse, de l'enseignement, de la parole, comment pourrait-il, avec la seule ressource des cours faits dans des séminaires, nous replonger dans le royaume des ténèbres? (Très-bien! à droite.)

Un autre fait contemporain peut encore nous rassurer. Il y a un pays en Europe avec lequel nous avons beaucoup de ressemblances politiques, géographiques et religieuses : c'est la Belgique. La Belgique possède un clergé beaucoup plus puissant que le nôtre, parce que ce clergé, — qui a toujours été moral et qui a été, jusqu'à un certain point, éclairé autrefois, — ayant très-activement pris part à la dernière révolution, s'est acquis une popularité véritable et méritée. Après la révolution de 1830, le clergé se sépara des libéraux ; les deux partis se firent une rude guerre, mais les hommes de la liberté ne voulurent jamais employer contre leurs adversaires d'autre arme que la liberté elle-même. Il est donc arrivé que le parti clérical, après avoir eu la majorité au Parlement, après avoir eu le pouvoir en main, a vu sa puissance décliner peu à peu; il est réduit aujourd'hui à une minorité insignifiante, et lorsque, non content de la part très-large qui lui a été faite, il a voulu envahir les établissements municipaux et provinciaux, le Parlement, tout en faisant une loi sur l'enseignement public pour mettre un frein à ses prétentions excessives, s'est senti assez fort pour laisser intactes les véritables libertés de l'Église.

Il est certain que la liberté d'enseignement aura des inconvénients, et je ne me porte pas caution (Dieu m'en préserve!) des doctrines qui seront enseignées dans les séminaires. Mais quelle est la liberté qui ne porte point de fruits amers? Je ne la connais pas; la liberté de la presse elle-même a les siens. Le député de Caraglio [1] ne le niera pas; il y a peu de jours, si je ne me trompe, j'ai vu, dans un journal qu'il dirige, une polémique où les abus d'une certaine presse étaient signalés si ingénieusement que j'ai envié tant d'habileté de plume. Mais en indiquant ces excès, il n'a invoqué aucune mesure répressive; en brave qu'il est, il a combattu la presse par la presse, et je dois dire qu'il a réussi à faire baisser un peu le ton de ses adversaires, ce dont je lui fais mon sincère compliment.

Eh bien, faisons de même pour l'enseignement. S'il se présente des abus dans l'enseignement ecclésiastique, ceux qui s'y entendront écriront sur ces matières des traités plus raisonnables et plus libéraux; mais pour Dieu, Messieurs, ne débutons pas dans la voie des réfor-

1. M. Brofferio, de la gauche.

mes en posant un principe d'absolutisme, une négation de l'une de nos plus précieuses libertés.

Voilà mon opinion très-arrêtée sur le fond de la question. Quant à l'opportunité, quant au moment et aux moyens à choisir pour passer de l'ancien système au nouveau, je suis prêt à transiger; mais je ne puis transiger sur le principe qui doit nous guider, sur le but où nous devons tendre.

J'espère que la Chambre accueillera favorablement ces déclarations, qu'elle ne se laissera pas séduire par l'éloquence de MM. Brofferio et Asproni, et qu'elle discernera le vrai caractère de leurs doctrines sous le vernis de libéralisme et de progrès dont elles se couvrent. La Chambre, j'y compte, saura reconnaître que ce prétendu progrès serait un retour aux maximes du règne de Louis XIV, et que le libéralisme qu'on nous conseille est de la même nature que celui qu'au temps de Louis XV certains encyclopédistes professaient dans les boudoirs de Mme de Pompadour. (Approbation à droite.)

V

DISCUSSION D'UN PROJET DE LOI SUR LA PRESSE.

(Février 1852.)

La marche générale des affaires en Europe, au commencement de 1852, était de nature à inquiéter les amis des libertés piémontaises, mal affermies encore. Il était sage de prévenir à l'intérieur tout excès qui eût pu donner prise à l'action étrangère sur nos institutions; il était prudent de ne pas laisser de prétexte à des influences illibérales. Or la loi en vigueur sur la presse ne suffisait pas à empêcher les journaux d'attaquer avec violence certains souverains étrangers; il fallut songer à modifier cette loi, et le garde des sceaux, M. Deforesta, présenta un projet de loi dans ce sens. Le projet était laconique : il portait que le procureur du roi ne serait point tenu à exhiber la plainte de la partie lésée, et il attribuait aux tribunaux ordinaires la connaissance des procès pour injures contre les chefs des gouvernements étrangers, qui avaient été jusqu'alors de la compétence des jurys.

Cette mesure, imposée par la nécessité, ne pouvait recevoir un accueil bien empressé. Elle gênait les allures d'une presse habituée à tout dire, et contrariait l'instinct public, qui voyait dans les excès mêmes de la presse une preuve de l'indépendance du pays à l'égard de l'étranger. En outre, le projet Deforesta n'établissait pas et n'avait pas la prétention d'établir sur des bases complètes un système de législation sur la presse ; et c'était pourtant un système complet, une législation définitive que voulait une partie de la Chambre, représentée dans le débat par la commission qui avait nommé pour rapporteur M. Miglietti. Celui-ci présenta un projet de loi destiné à remplir les lacunes que le projet ministériel laissait dans la législation sur la presse : les ministres et l'opposition s'accordèrent à le faire rejeter. M. Tecchio demanda que l'on abandonnât tout projet de modification de la loi existante, et émit la supposition que le projet était un effet de la pression d'un gouvernement étranger sur le nôtre; il conclut à ce que la question préalable fût reprise. M. Pescatore demanda aussi la question préalable, mais c'était pour donner au ministère le temps de présenter un projet plus étendu.

Le comte de Cavour répliqua à M. Pescatore. Il n'avait pas attendu d'ailleurs ce moment pour manifester ses idées à l'endroit du régime de la presse; il avait dit précédemment que, selon lui, on ne pouvait pas entreprendre de mettre un frein aux excès des journaux en général; qu'il fallait se contenter de parer en détail aux maux les plus dangereux, sans aspirer à établir une législation répressive, complète, sur le droit d'écrire et d'imprimer; « on peut — ce sont ses paroles — choisir entre deux systèmes, celui de la liberté et celui de la censure; l'un des deux une fois adopté, c'est perdre son temps que de vouloir en arrêter les développements; l'abus dans un sens ou dans l'autre est inévitable. Il n'y a pas d'autre remède aux maux de la presse que la presse elle-même. » En somme, le ministère avait à défendre contre la droite la liberté de la presse, et contre la gauche les mesures restrictives jugées indispensables pour empêcher cette même liberté de compromettre son avenir. Il s'agissait de sauver, par un acte de modération, les destinées du régime libéral en Piémont.

Le président du conseil, M. d'Azeglio, en fit une question de cabinet; il affirma sur son honneur, en réponse à M. Tecchio, que le ministère n'avait subi aucune pression et qu'il avait agi tout à fait spontanément; il rappela que le cabinet anglais avait approuvé cette mesure.

La question était nettement posée. Si le ministère d'Azeglio était battu, si la gauche parvenait à empêcher le projet de passer, les chefs de la droite, M. de Revel en tête, arrivaient au pouvoir, et le Piémont, comme plus d'un État voisin, faisait un pas en arrière.

Ceux qui n'étaient pas dans le secret des négociations engagées hors de la Chambre entre les chefs des divers partis, ne furent pas peu surpris lorsque le chef du centre gauche, M. Rattazzi, en critiquant d'ailleurs assez fortement le projet ministériel, déclara qu'il jugeait nécessaire d'appuyer le gouvernement, qui jouissait, dit-il, de la confiance de la plus grande partie du pays.

On le voit, le fameux *connubio* entre l'ancien membre de la droite et le chef du centre gauche commençait de se manifester dans le cours de cette discussion; il se dessina tout à fait lorsque le comte de Cavour prononça le discours qu'on va lire. Malgré la vivacité de sa réplique aux objections de M. Rattazzi, sa rupture avec l'extrême droite ne pouvait être plus éclatante. Dans la séance du surlendemain, le comte César Balbo, en essayant de se maintenir dans une neutralité où son cœur se trouvait plus à l'aise sans doute que son esprit, amena le comte de Cavour à déclarer franchement que la conciliation était impossible, et qu'il fallait que la Chambre optât entre les deux systèmes. Après une discussion longue et animée, le projet de loi fut adopté par 98 voix contre 42.

Les explications suivantes, données en 1855 par le comte de Cavour sur cette importante évolution parlementaire, achèveront de la faire comprendre.

« Dès 1849 j'étais d'avis que l'on ne touchât pas à la loi

sur la presse; je ne voulais pas davantage que l'on touchât à la loi électorale.

« Peu de temps après, je fus appelé à siéger au Conseil de la couronne, et je devins le collègue de mon honorable ami Massimo d'Azeglio. Je trouvai parmi les amis du ministère l'honorable comte de Revel; le comte de Revel désapprouva pourtant le traité de commerce que j'avais conclu avec l'Angleterre, ne pensant pas qu'on dût appliquer aussi complétement que je le faisais les principes du libre échange. Je lui donnai néanmoins une mission de la plus haute confiance à Londres, et je n'ai eu qu'à m'en féliciter; il l'a remplie comme on pouvait l'attendre d'un homme tel que lui. A son retour de Londres, l'honorable comte ne cacha nullement qu'il jugeait nécessaire de modifier profondément la loi sur la presse et la loi électorale.

« Moi, qui dès 1849 étais d'opinion toute contraire, je n'avais aucun motif pour en changer dans cette circonstance; je déclarai donc que le moment me paraissait opportun pour prendre une résolution nette, et que mieux valait une séparation ouverte qu'une union qui ne pouvait être qu'apparente.

« Aujourd'hui, comme en 1852, je sais bien que si le comte de Revel se trouvait au pouvoir avec ses amis politiques, il ne chercherait pas à abattre le Statut, à relever l'ancien régime; l'honorable comte de Revel a mis son nom au bas du Statut, il ne saurait l'effacer. Mais derrière le comte de Revel il y a une faction qui veut aller beaucoup plus loin que lui, une faction qu'il n'aurait aucune envie de suivre, mais qui l'entraînerait; le moment venu, elle lui passerait sur le corps et arriverait au but qu'elle s'est fixé.

« Quand le vent souffle dans un certain sens, il est dangereux de se laisser entraîner par le courant des événements. L'honorable Menabrea, qui est maître en mécanique, sait que le mouvement croît en raison du carré des distances; il m'accordera que le mouvement vers la réaction, fort lent dans l'origine, pourrait devenir bientôt assez rapide pour emporter ceux-là mêmes qui auraient cru pouvoir le diriger.

« Voilà pourquoi, en 1852, pendant que le vent soufflait à la réaction en Europe, j'ai pensé qu'il était dangereux de céder à ce courant et de modifier en quoi que ce soit nos lois organiques dans le sens restrictif.

« Voilà comment j'ai pu, sans inconséquence, rompre les liens qui m'attachaient au député Revel, et me joindre au député Rattazzi et à ses amis politiques. »

Le comte de Cavour disait un autre jour, à propos de sa rupture avec la droite :

« On reproche au ministère de n'avoir pas su être énergique, de n'avoir pas su recourir à la force. C'est un reproche dont je ne veux pas même chercher à le laver. Ces sortes de remèdes ont été pleinement appliqués dans d'autres contrées; j'en fais juge le pays entier, j'en fais juge cette sage assemblée : l'emploi de tels moyens a-t-il mieux réussi chez ces peuples que n'a fait chez nous la politique du ministère? »

Séance de la Chambre des députés du 5 février 1852.

Je dois dire d'abord à la Chambre pourquoi le ministère a jugé à propos de modifier la situation faite à la presse; en second lieu, pourquoi il a cru devoir borner cette modification à la répression des délits relatifs à la politique étrangère; pourquoi enfin il a pensé que la meilleure manière de l'opérer était de changer un seul article de la loi actuelle, en déférant aux tribunaux ordinaires, et non plus aux jurys, la connaissance des infractions relatives aux chefs des gouvernements étrangers.

Parmi les problèmes que présentent la législation moderne et l'organisation constitutionnelle, je crois que le plus difficile à résoudre d'une manière satisfaisante est celui de la presse. Quoique la liberté de la presse ne soit admise que depuis peu dans les principes de la politique générale, elle a été l'objet d'une infinité de lois qui n'ont point atteint, il faut le dire, le but proposé. Concilier en cette matière l'usage de la liberté avec la répression des abus qui en peuvent naître, c'est une entreprise que j'ose dire impossible. Force est donc de se contenter de lois imparfaites.

Dans la première séance de cette discussion, mon honorable collègue, le président du conseil[1], exprimait l'espoir que les progrès de la raison et les études faites sur ce sujet conduiraient à une solution complète du problème. Je ne partage pas cette espérance; nous aurons toujours, en fait de presse, une législation plus ou moins défectueuse. La Chambre ne s'étonnera pas, et ceux de mes honorables collègues et amis qui ont pris part à la rédaction de la loi ne m'en voudront pas, si je reconnais que la loi, telle quelle, est fort imparfaite; je dirai même qu'elle contient plus que sa part d'imperfections, et que ce qui concerne la composition du jury, par exemple, est très-défectueux. Le ministère en a la conscience depuis longtemps; il s'est longtemps demandé s'il convenait de mettre un frein aux abus de la presse tout en maintenant le principe de liberté. Mais, en fait de presse, Messieurs, il faut examiner les lois restrictives non-seulement dans leur mérite intrinsèque, scientifique,

1. Massimo d'Azeglio.

légal, mais aussi dans leurs rapports avec l'état de choses existant, avec la nature des abus et l'influence de ces abus sur le pays. Dans cette conviction, le ministère a étudié la question relativement, soit aux affaires de l'intérieur, soit aux affaires étrangères.

En ce qui concerne la politique intérieure, il a acquis la certitude que les abus et les excès de la presse n'avaient point causé d'inconvénients assez graves pour donner lieu à une répression plus efficace. Ce fait est tout naturel : dans une situation normale, celle où un peuple, parvenu à un certain degré de civilisation, n'est pas agité par des passions extraordinaires et ne se trouve pas à la merci d'événements exceptionnels, les excès de la presse n'ont pas grande influence.

Je crois d'ailleurs que la répression, quand elle dépasse certaines limites, entraîne des conséquences contraires à celles qu'on en attend. Les erreurs de la presse, ses excès, je parle toujours de ce qui regarde les affaires de l'intérieur, trouvent comme un antidote dans l'expérience de chaque jour, dans le bon sens des populations, qui jugent par elles-mêmes si les appréciations de la presse sont exactes ou inexactes, justes ou injustes, raisonnables ou exagérées; chacun de ses égarements lui fait perdre une partie de son crédit; quand un homme est attaqué tous les jours par la presse et que tous les jours les faits démentent ces accusations, la presse perd beaucoup de son pouvoir sur les réputations. Ainsi, dans les temps difficiles que nous avons traversés, la presse, partageant l'agitation générale, s'est montrée sévère, souvent même injuste envers les hommes qui ont passé au pouvoir ; pourtant je ne vois pas que l'opinion publique ait changé pour eux : ou ils sont restés populaires, ou ils ne sont pas devenus plus impopulaires qu'auparavant.

Valerio. C'est que la défaite de Novare a paru leur donner raison.

Cavour. J'en dirai autant des actes des gouvernements : quand une certaine presse les attaque avec violence, les présente sous un faux jour, leur attribue des tendances perverses, et que les faits viennent ensuite prouver la fausseté de ces imputations, j'affirme que cette presse perd le pouvoir de nuire à ces gouvernements.

La presse qui représente les partis extrêmes est plus dangereuse que jamais, selon moi, quand une loi répressive la contraint de masquer ses opinions, de les déguiser sous des voiles qui les rendent plus difficiles à juger par la multitude. Je tiens pour certain que les partis excentriques ne sont jamais formés que d'une partie minime de la population, et qu'ils ne deviennent redoutables que lorsqu'ils savent se faire les simples organes des besoins, des désirs de la majorité des citoyens, et se présenter au public non pas en révélant leurs véritables intentions, mais seulement comme les apôtres les plus ardents des réformes que la généralité réclame. Si vous leur laissez une pleine liberté, ils ne pourront pas se contenir, se borner au rôle de défenseurs des droits de la majorité ; ils se dévoileront, le public les connaîtra, et ils ne seront plus à craindre.

En effet, Messieurs, si la répression reste dans la sphère de la légalité, si la loi définit les délits et ne laisse point à l'arbitre humain le pouvoir de les déterminer, elle ne parviendra jamais à empêcher la pensée de se manifester; elle ne saura qu'en faire changer l'expression, la forme. Or les partis extrêmes, je le répète, seront d'autant plus dangereux que les formes dont ils s'envelopperont seront plus modérées; ce qui s'est passé dernièrement dans notre pays et dans toute l'Europe le prouve.

Après la bataille de Novare, il est hors de doute qu'il existait dans le pays des germes de républicanisme épars çà et là. Les maux soufferts par la nation l'avaient tellement endolorie et troublée, qu'une partie des populations eût pu, si ces germes se fussent développés, en ressentir l'action. Le parti républicain trouva des organes dans le royaume (dénégations à gauche); il n'en trouva que peu ou point, si l'on veut, à Turin, mais il en trouva à Gênes. (Murmures.) Je ne sais comment on peut le contester; ces organes se vantaient chaque jour et sans mystère d'être les émissaires et les interprètes de Mazzini. Au lieu d'être un mal, leur franchise fut à mon sens une chose excellente. Si le gouvernement ne leur eût pas laissé pleine liberté, s'il se fût inquiété de leurs attaques, s'il en eût comprimé l'élan, ce parti aurait sans doute aujourd'hui une force qu'il est bien éloigné d'avoir. Je crois que ce qui a le plus contribué à diminuer l'importance de l'opinion républicaine, a été beaucoup moins la polémique de la presse opposée que les exagérations et les turpitudes des journaux républicains de Gênes. (Très-bien.)

L'expérience a été faite de même par la Belgique; par la France également, mais dans le sens inverse. Dans ces deux pays, après 1830, la presse jouissait d'une grande liberté : elle en abusa; les feuilles du parti républicain firent au pouvoir une guerre des plus violentes. En France, après l'attentat de Fieschi, l'on voulut étouffer la presse républicaine, et les lois de septembre furent publiées; en Belgique, l'on ne fit absolument rien. Les législateurs français réussirent à empêcher les journaux de prononcer les mots de république ou de révolution, mais les journaux propagèrent leurs idées sous des phrases voilées et par des insinuations indirectes qui les rendaient plus dangereuses; de telle sorte que le parti républicain grandit en France, tandis qu'en Belgique il diminua peu à peu et finit par disparaître.

Je répète que, selon ma ferme conviction, selon celle du ministère, les inconvénients de la liberté de la presse, dans des temps qui n'ont rien d'anormal, ne peuvent exiger réellement des mesures de répression extraordinaires. (Marques d'adhésion.) Il n'est donc point à propos de changer radicalement la loi; et si une proposition restrictive est faite, nous la combattrons énergiquement[1]. (Très-bien.)

1. Le 7 janvier précédent, un député savoisien ayant émis une proposition qui tendait à imposer aux journaux l'obligation de la signature des articles, le comte de Cavour répondait en français (l'usage de la langue française était facultatif dans les discussions) :

« Je ne crois pas qu'il existe de mesure plus contraire aux intérêts de la liberté de la presse, de mesure qui ait plus pour effet de diminuer l'action utile de la presse, que celle que vient de proposer l'honorable Bastian. Cette mesure tend à diminuer de beaucoup l'importance des journaux, elle tend à réduire les journaux à être l'expression d'opinions individuelles, au lieu d'être ce qu'ils sont aujourd'hui, les organes des partis, les organes des grands principes. (Adhésion à gauche.)

« Quand l'assemblée française a voulu restreindre la liberté de la

Cette déclaration pourra être jugée imprudente; car après l'avoir faite, le ministère doit s'attendre à perdre l'appui de l'honorable Ménabréa et de ses amis politiques. (Mouvement.) Mais le ministère a déclaré dès le début de cette discussion que, dans une circonstance aussi grave que celle où nous sommes, il est du devoir des hommes politiques de manifester franchement leurs vues, de révéler sans détour au Parlement et à la nation le but qu'ils poursuivent, la conduite qu'ils veulent tenir. Pénétré du sentiment de ce devoir, je supprime toute réserve à ce sujet, au risque de me priver de l'aide puissante des députés dont je viens de parler, et de m'attirer leur hostilité. (Approbation.) Je m'y résigne. Déjà en 1848 j'ai eu à lutter avec l'honorable Ménabréa, qui était alors dans un parti plus avancé que n'était le mien; je suis prêt à recommencer aujourd'hui que les idées conservatrices le préoccupent au point de lui faire négliger les grands principes de liberté.

Ménabréa. Je demande la parole pour un fait personnel[1].

Cavour. Le gouvernement, en fait de questions intérieures, n'a pas cessé de se préoccuper sérieusement des

presse, elle n'a pas trouvé de moyen plus efficace que celui qui vient d'être proposé par M. Bastian. En Angleterre, une loi semblable non-seulement n'a jamais été adoptée, mais elle n'a même jamais été proposée. Et vous voyez, Messieurs, qu'en Angleterre la presse a acquis un degré d'importance que la presse française n'a jamais pu atteindre. »

1. M. Ménabréa établit, dans sa réplique, qu'il n'avait jamais varié sur les questions de principes; mais que dans la question présente, qui était toute d'opportunité, son sentiment était que les excès de la presse, qui avaient dû être tolérés en 1848, pouvaient et devaien être enfin réprimés.

intérêts religieux. Il désire voir la religion respectée et aimée de tous, il déplore les excès auxquels la presse a pu se porter contre elle, mais il ne voit pas ce qu'on peut faire pour les prévenir. La loi actuelle sur la presse est, en ce qui regarde la religion, celle de toutes les lois connues qui établit les pénalités les plus sévères. Elle a conservé les dispositions du code pénal, édicté longtemps avant la Constitution, à une époque où le gouvernement ne pouvait certes être accusé de tiédeur religieuse. Si elle n'a pu empêcher les abus dont on se plaint, c'est une preuve que jamais des lois répressives ne supprimeront entièrement les abus de la liberté de la presse.

J'avoue avoir été étonné des inquiétudes de M. Pernigotti à l'endroit des effets de la liberté sur la religion. Je trouve qu'il a été injuste envers la religion elle-même, dont les fondements sont assez solides pour résister à de bien autres attaques que celles de notre presse. Laissons de côté les arguments théologiques, et considérons ce qui s'est passé dans les pays voisins à cet égard.

Si M. Pernigotti compare la France actuelle à la France d'avant 1789, il constatera ceci : au dernier siècle, la France n'avait jamais joui et ne jouissait pas de la liberté de la presse; les offenses à la religion y étaient rigoureusement punies de châtiments pécuniaires et même personnels, puisqu'on allait jusqu'à couper la langue aux blasphémateurs; avec tout cela, la religion avait disparu presque entièrement du sol français : tandis que de 1789 à 1852, période où la presse a toujours été plus ou moins libre, et toujours très-hostile à la religion, le sentiment religieux a incontestablement grandi.

L'exemple des autres nations européennes achève de prouver que le sentiment religieux est plus fort là où la liberté de la presse est mieux assurée en matière religieuse. Il suffit de noter ici un fait qui ne doit offusquer personne, c'est que la libre Angleterre est de beaucoup la plus religieuse des nations; dans le même temps où nous cherchons à diminuer le nombre des fêtes et à adoucir l'obligation d'observer celles qui ne peuvent être supprimées, l'Angleterre tend sans cesse à rendre plus rigoureuse la loi du dimanche, et il se fait chaque année des propositions dans ce sens, appuyées par bon nombre de membres du Parlement.

Mais bornons-nous à la religion catholique : je crois que nulle part ses ministres n'ont autant d'influence sur les populations que dans les pays où règne une pleine liberté, et où d'autres religions l'attaquent journellement par la presse et par la parole. Il en est ainsi en Irlande, en Belgique et dans quelques cantons suisses. J'ai habité pendant plusieurs années le canton de Genève, et je puis assurer qu'en dépit des journaux qui s'y escriment contre le catholicisme, le clergé catholique y est beaucoup plus influent qu'il ne l'était chez nous avant la liberté de la presse.

Je conclus, non pas qu'il faut renoncer à empêcher les attaques contre la religion, mais qu'on exagère beaucoup lorsqu'on dit que ces attaques la mettent en péril; je crois, au contraire, qu'elles auront pour résultat d'amener les ministres du culte à réformer quelques abus chez eux, et de rendre meilleures leurs mœurs et leur conduite. (Très-bien.) Elles feront ainsi à la religion plus de bien que de mal.

Tout ceci suffira, je pense, à indiquer pourquoi le ministère n'a point jugé convenable de proposer une réforme de la loi sur la presse en ce qui concerne l'intérieur du pays. Il ne s'est point dissimulé pourtant les défauts de la loi existante quant à l'institution du jury.

De tous les systèmes de jurys en vigueur sur les deux continents, le nôtre, aux yeux du ministère, est le pire. Nous avons donc beaucoup pensé à le modifier entièrement. Mais en nous rendant compte des difficultés, des discussions sans fin que cette réforme devait soulever, de la nécessité de bien peser toutes les considérations diverses, nous avons pensé que cet important objet ne pouvait être traité incidemment et à l'occasion d'une loi partielle. Cette réforme, qui doit être l'un des éléments les plus décisifs de notre libre régime, ne doit pas être préjugée et compromise par une mesure secondaire[1].

Le ministère a donc remis à d'autres temps la réforme de la loi sur la presse en ce qui regarde les affaires intérieures, et il s'est borné à proposer des mesures pour la répression des abus relatifs aux affaires de l'extérieur. Je ne serai pas moins franc sur ce point que sur celui dont je viens de m'occuper. (Écoutez!)

Le ministère a reconnu que la presse est un bienfait dans la politique intérieure, mais il n'a pas une aussi bonne opinion d'elle quand elle traite à sa fantaisie les affaires étrangères. La presse, à mon sens, peut faire

1. La législation sur le jury a été complétement réformée par la loi présentée à la signature royale le 13 novembre 1859 par le ministre garde des sceaux, M. Rattazzi.

beaucoup de mal quand elle tranche les questions du dehors.

En premier lieu, le public ne peut pas corriger aisément les jugements qu'on lui suggère sur des événements lointains; il n'a pas d'observations personnelles à opposer aux appréciations qu'on lui insinue. Ensuite, sur ce terrain des affaires extérieures, la presse, dans son zèle, nuit le plus souvent à ceux qu'elle voudrait servir. Quand nos journaux attaquent un gouvernement étranger pour défendre un peuple qu'ils croient opprimé, ils n'apportent ni soulagement ni consolation aux victimes, qu'on empêchera de les lire; la seule chose à laquelle ils puissent aboutir, c'est à irriter ces prétendus oppresseurs et à les rendre moins cléments encore. Enfin le journaliste, l'écrivain qui attaque le pouvoir, les hommes politiques de son pays, fait acte de courage en ce qu'il affronte des personnalités plus ou moins puissantes; mais attaquer, à l'abri de tout péril, un souverain étranger qui ne peut rien contre son agresseur, ce n'est pas également honorable. (Murmures.)

Ces excès ont d'ailleurs de graves conséquences dans les rapports internationaux. Je ne dis pas qu'il en résulte souvent des ruptures; mais on ne dira pas que j'exagère quand je constate que du moins les insultes prodiguées par la presse contre des souverains étrangers disposent fort mal ceux-ci envers les pays d'où elles partent.

Nous n'avons pas avec nos voisins des rapports diplomatiques seulement, mais aussi une infinité de rapports privés. Un grand nombre de nos compatriotes se trouvent dans les pays qui nous avoisinent; il y en a cinquante ou soixante mille en France, qui ont besoin à tout moment de la protection du gouvernement français. Si la presse arrive à indisposer ce gouvernement contre nous, ne pensez-vous pas que nous aurons beaucoup plus de peine à intervenir, comme nous sommes appelés chaque jour à le faire, pour la sauvegarde des intérêts de nos nationaux? Croyez-vous que notre ambassadeur pourra facilement remplir son mandat, quand, se rendant chez un ministre pour protéger un compatriote, il verra la *Maga* et le *Fischietto* sur les tables du cabinet? Vous direz que je fais des suppositions : eh bien! j'affirme que l'inconvénient que je vous signale nous a précisément nui plus d'une fois.

Ainsi, dans des circonstances même ordinaires, la presse, en s'égarant sur les choses du dehors, peut embarrasser sérieusement le gouvernement. Dans des circonstances exceptionnelles, ces embarras peuvent devenir extrêmes. De graves événements ont allumé chez nos voisins des passions ardentes; si nous alimentons ces passions, nous ne manquerons pas d'être à Paris les objets d'une appréhension d'abord, puis d'une hostilité qui pourrait nous devenir funeste.

L'honorable Rattazzi a dit : — Nous pouvons imprimer ce que nous voulons; rien, dans les lois internationales, ne nous interdit d'user et d'abuser de notre liberté intérieure; notre droit sur ce point est absolu. — Je ne le conteste pas; ce raisonnement serait excellent à développer devant un tribunal d'arbitres, tel que les amis de la paix voudraient en voir instituer un en Europe; mais les questions politiques se résolvent d'ordinaire par des moyens qui n'ont rien à faire avec le droit, et les puissances européennes auraient peu d'égard aux bonnes raisons du député d'Alexandrie.

Convaincu de ces inconvénients des abus de la presse dans l'état actuel des affaires extérieures, le ministère, renvoyant à d'autres temps une réforme plus complète, vous propose d'attribuer aux tribunaux ordinaires la connaissance des délits de presse relatifs à la politique étrangère.

Le jury, formé comme il l'est aujourd'hui chez nous, sans choix préalable sur la masse des électeurs, a toute chance d'être composé d'individus d'une instruction insuffisante, qui sauront lire et écrire, mais qui ne seront pas assez éclairés pour porter un jugement sur les matières si délicates de la politique étrangère. Le sens commun peut suffire à l'appréciation d'un fait qui s'est passé dans le pays; il peut être admis à exprimer l'opinion publique; mais comment lui demander l'appréciation des effets que peut avoir sur les affaires du pays un délit de presse contre des étrangers? Étant donné la formation actuelle du jury, il est donc indispensable de retirer à celui-ci la connaissance de ces sortes de délits pour la reporter aux tribunaux ordinaires, si l'on veut, et je crois que nous le voulons tous, que ces abus soient réprimés.

Je pense avoir assez expliqué les motifs qui ont déterminé le ministère, pour que la Chambre puisse porter un jugement sur nos intentions ou, du moins, se décider à les prendre en considération sérieuse. Avant de terminer, je dois répondre encore à quelques objections principales.

Presque tous les orateurs ont opposé au projet de loi une sorte de question préjudicielle soulevée par l'honorable Tecchio. Ils l'ont représenté comme un acte de déférence excessive envers les exigences de l'étranger. Le président du conseil a suffisamment répondu à cette allégation en affirmant que la proposition qui vous est soumise part de l'initiative du cabinet et n'a été suggérée par aucune puissance étrangère. Si les puissances auxquelles on semble avoir fait allusion eussent eu à donner leur avis, elles n'eussent point proposé un projet semblable; cela est si vrai, que lorsque la présentation de cette loi fut connue au dehors, elle fut approuvée par les hommes des États regardés comme les plus libéraux de l'Europe. Je puis dire sans indiscrétion que nous avons eu l'assentiment de l'homme d'État dont la retraite a été déplorée par quiconque est attaché à la cause libérale[1]. (Sensation.)

Mais M. Rattazzi est allé plus loin; il nous a reproché, au nom de la dignité du pays, d'avoir accordé aux puissances ce qu'elles ne nous accordent pas, d'avoir négligé de demander la réciprocité en fait de répression des attaques de la presse. Ce reproche serait juste si les injures que nous voulons réprimer ici avaient coutume de s'adresser à la Belgique, à l'Angleterre, au Brésil; mais franchement, ce n'est pas de quoi il s'agit. Or, à l'égard des pays que nous avons tous présents à l'esprit en ce moment, nous n'aurions aucune peine, si nous nous en souciions, à obtenir cette réciprocité; l'Autri-

1. Lord Palmerston venait de quitter le pouvoir.

che, par exemple, nous l'accorderait immédiatement. Reste à savoir si la chose serait très-heureuse pour la dignité nationale.

Le projet du ministère doit donc être justifié de ces critiques qu'en font quelques députés qui, tout en reconnaissant qu'il n'est pas de nature à troubler profondément notre système politique, appréhendent pourtant que ce ne soit un premier pas en arrière, un acheminement à d'autres mesures plus rétrogrades; tendances qu'ils n'imputent pas au gouvernement, mais qu'ils craignent de voir développées dans la suite par d'autres hommes politiques. Si le ministère avait cru qu'une loi beaucoup plus répressive fût nécessaire, et s'il n'avait été arrêté que par la prévision d'un échec devant la Chambre, il n'aurait rien proposé du tout pour le moment, afin de laisser croître et devenir plus vif le besoin de mesures plus sévères. Au contraire, c'est justement parce qu'il veut éloigner cette éventualité fâcheuse qu'il a pris l'initiative d'une réforme modérée, et incontestablement utile selon lui.

On craint que ce ne soit là un précédent périlleux, qui puisse un jour être exploité par d'autres que nous, — car on veut bien ne pas contester la bonne foi, — c'est-à-dire par les réactionnaires. Cette crainte me touche peu. Elle se fonde sur un raisonnement identique à celui qu'ont fait pendant si longtemps les conservateurs opposés aux réformes : « cette réforme peut être bonne en elle-même, mais qui sait où elle nous mènera? » C'est ainsi qu'à force de prudence on arrive aux révolutions; c'est également ainsi que dans le sens inverse on perpétue un péril de réaction de peur d'établir un mauvais précédent en réprimant un excès. Les répressions comme les réformes faites à temps éloignent les révolutions et les contre-révolutions.

On prétend que le Statut, que les principes constitutionnels sont violés par cette restriction des abus de la presse. Je défie qu'on me dise en quoi. La liberté, base du Statut, reste entière. Quelqu'un s'est servi d'une phrase générale : *on viole les principes.* A parler franchement, Messieurs, les grandes phrases et les grandes maximes ont souvent perdu les États. Je respecte les grands principes, je ne les violerai jamais; dans leur application, pourtant, il faudra bien prendre conseil du temps et des circonstances. Combien de fois l'Angleterre, dont le respect est si grand pour les principes de liberté individuelle, n'a-t-elle pas suspendu l'*habeas corpus?* Je respecte, j'aime la liberté de la presse; mais je n'hésite pas à déclarer que, dans des circonstances données, je croirais nécessaire de la suspendre partiellement; en cas de guerre civile ou à la veille d'une guerre avec l'étranger, par exemple. Le salut du pays devrait prévaloir alors sur les grands principes.

J'ai deux mots à dire enfin en réponse à un reproche que nous font nos amis politiques. Vous perdrez, nous dit-on, toute popularité (il nous en reste peu à perdre, mais il paraît que ce peu, nous sommes encore menacés de le perdre), et vous discréditerez le gouvernement, en qui les populations commencent à avoir confiance. — Je ne crois pas que ce soit bien juger la situation. A la nouvelle de ce projet, une certaine inquiétude, il est vrai, s'est produite dans le pays; mais il me paraît que depuis ce premier moment, en comparant ce que nous faisons à ce qui se fait chaque jour en Europe, le pays a pu se rassurer sur notre compte. Les moins clairvoyants ont eu lieu de s'apercevoir que si le ministère avait eu la moindre intention hostile à la liberté, il aurait fait tout autre chose que de présenter ce projet. Si pourtant ces appréhensions durent encore, quelques semaines suffiront à les dissiper, à effacer jusqu'à la trace de cette discussion. Les intérêts en lutte dans le monde aujourd'hui sont si grands, que la question qui nous occupe n'est rien auprès et ne mérite guère nos préoccupations.

Quant à nos personnes, nous ne sommes pas de ceux qui s'honorent de l'impopularité, quoique nous sachions la subir; nous ne dédaignons point cette popularité vraie qui ne repose pas sur l'émotion d'un moment, qui ne s'obtient pas en flattant les partis passionnés, mais dont le fondement est dans le jugement de l'opinion générale, et l'origine dans l'ensemble tout entier d'une carrière politique; cette popularité, nous en faisons grand cas. Mais ce n'est point le projet dont je parle qui peut la mettre en question. Notre vie politique est assez longue déjà pour qu'on puisse nous juger sur des éléments moins restreints, et les événements, d'ailleurs, mettront en lumière, nous en sommes sûrs, le sens vrai de notre conduite et le caractère de nos vues.

Si cette attente nous trompait, si l'opinion nous condamnait sans retour, nous saurions faire le sacrifice de ces chances de popularité qui n'ont jamais eu grande influence sur nos actions, quoi qu'on en ait voulu dire.

Nous attendons avec confiance votre suffrage; s'il est favorable, l'avenir dissipera les derniers nuages qui pourraient être restés dans vos esprits; si vous nous êtes contraires, nous quitterons cette place en faisant des vœux ardents pour que votre détermination ne soit pas funeste, je ne dis pas aux principes conservateurs, qui ne sont point menacés, mais à ces principes d'indépendance et de liberté que personne ne défend avec plus d'ardeur et de sincérité que nous. (Marques d'approbation et conversations générales.)

VI

SUR LE MARIAGE CIVIL.

Depuis le discours précédent, bien des choses s'étaient passées lorsque la question du mariage civil fut mise sur le tapis. Soit que le ministre Cavour, par son alliance avec le centre gauche, eût rompu de sa propre autorité un équilibre de forces que le président du conseil, M. d'Azeglio, tenait à maintenir dans la Chambre, soit que ce défi si hardiment porté à la réaction encouragée par les événements du dehors eût provoqué une revanche momentanée des conservateurs purs, le ministère avait dû se reconstituer le 22 mai 1852. Le comte de Cavour avait été remplacé par M. Cibrario dans la gestion des portefeuilles du commerce et des finances; M. d'Azeglio était resté à sa place, ainsi que le général Lamarmora, ministre de la guerre, M. Paleocapa, ministre des travaux publics, et M. Pernati, ministre de l'intérieur; M. Boncompagni avait remplacé M. Galvagno au ministère de grâce et de justice, et avait été chargé de l'intérim du ministère de l'instruction publique, confié auparavant à M. Farini. Le comte de Cavour employa ses loisirs à un voyage où il alla voir de ses yeux ce qu'étaient devenus les hommes et les choses en Europe depuis le coup d'État du 2 décembre[1].

1. Voici quelques fragments de lettres écrites à cette époque par le comte de Cavour à son ami M. Castelli :

« Bruxelles, 7 juillet 1852.

« ... M. Thiers a raison. Il y a de certains vents qui s'élèvent tout à coup dans l'atmosphère politique et auxquels on ne saurait résister. Ces vents, grâce au ciel, ne sont pas éternels, ils perdent bientôt de leur persistance; mais il y a un moment où ils brisent tout ce qu'ils trouvent sur leur passage. Je ne sais si ce moment est venu pour le Piémont. Peut-être l'éviterons-nous, si nous savons être en même temps prudents et habiles. »

« Londres, 13 juillet 1852.

« J'ai reçu votre bonne lettre du 7, et les détails que vous me donnez sur notre politique intérieure ne sont pas rassurants. J'espère toutefois que vos plus sinistres prédictions ne se réaliseront pas. La loyauté du Roi et le bon sens du pays nous sauveront. Quant à moi, je suis prêt à faire mon possible pour empêcher que notre barque constitutionnelle ne chavire, bien décidé à avoir patience et à supporter toute espèce de contrariétés. M. Thiers m'a dit en me quittant : « Si, après vous avoir fait « manger des couleuvres à déjeuner, on vous en ressert à dîner, ne vous « dégoûtez pas. » M. Thiers parle par expérience. S'il avait avalé quelques couleuvres de plus, la France peut-être ne serait pas réduite à l'état où elle se trouve.

« Tâchez de prêcher la patience à nos amis. Soyez certain que pour le moment c'est la politique la plus habile.

« Je ne puis pas hâter mon retour. En ce moment, ma présence serait un embarras en Piémont. . . . .

« Je vous ai annoncé de Bruxelles la chute du cabinet Frère-Rogier. Ma prédiction s'est bientôt réalisée. Cette chute est fâcheuse pour nous, car elle augmente l'audace des cléricaux.

« Je ne puis pas encore vous entretenir du résultat final des élections anglaises. Ce qu'on en connaît cependant suffit pour qu'on puisse prédire que lord Derby n'aura pas la majorité. Toutefois, malgré l'avis contraire de quelques libéraux, je ne crois pas que son parti sorte affaibli de l'arène électorale. Le pays ayant prononcé un verdict définitif sur la question du *free trade*, le parti conservateur sera débarrassé du bagage protectioniste qui l'empêchait de marcher, et il aura des allures beaucoup plus dégagées. Je doute en conséquence qu'un ministère puisse se

Le 4 novembre 1852, il fut nommé président du Conseil et ministre des finances, de l'agriculture et du commerce. Ses collègues furent le général Dabormida aux affaires étran-

constituer solidement, s'il lui est décidément hostile. L'Angleterre est éminemment conservatrice. Lord Palmerston l'a dit d'une manière charmante aux électeurs de Tiverton, et je crois qu'il a tellement raison que, sans la question du *free trade*, qui n'est pas soutenable pour tout homme de bon sens, lord Derby aurait eu la majorité. »

« Londres, 17 juillet 1852.

« Dans ma dernière lettre je vous disais que le ministère avait remporté plusieurs victoires : depuis lors, ces victoires se sont multipliées, et maintenant il est certain que, quand même il n'obtiendrait pas la majorité, ce qui est encore probable, il serait assez fort pour que l'opposition ne pût songer à le renverser dès le début de la prochaine session. L'existence du gouvernement de lord Derby dépend maintenant des mesures qu'il proposera. Si, comme tout porte à le croire, il abandonne la question de la protection et s'il présente des projets de loi pour des réformes secondaires, telles que les *sanitary reforms*, etc., il pourra marcher. Il faut donc se résigner et calculer parmi les choses probables le maintien de lord Derby au pouvoir. M. Thiers avait raison lorsqu'il me disait que, lorsque le vent de l'opinion souffle dans une certaine direction avec une grande force, on en ressent les effets là même où l'on se croyait le mieux à l'abri. Quoi qu'il en soit, il ne faut pas perdre courage. Les torys ne nous sont pas hostiles; au contraire, notre antipapisme nous rend chers à leurs yeux. Le ministre des affaires étrangères m'a parlé de la manière la plus explicite et la plus aimable. Certes, il ne faut pas s'exagérer l'appui que nous obtiendrons d'eux dans le cas d'une lutte matérielle; mais les whigs feraient-ils davantage? C'est ce qui est fort douteux pour moi. La présence des torys au pouvoir n'a qu'un seul véritable inconvénient dans le moment actuel : c'est d'exercer une influence morale très-fâcheuse en décourageant chez nous le parti libéral, et en donnant de l'audace au parti rétrograde.

« Je resterai à Londres encore une quinzaine de jours; je partirai ensuite pour l'Écosse que je ne connais pas encore et où j'aurai l'occasion de voir lord John Russell. Continuez, je vous prie, à m'adresser vos lettres à Londres. »

« Londres, 31 juillet 1852.

« ... Je ne quitterai définitivement cette ville que jeudi prochain. Je me suis tout à coup rappelé que j'avais été ministre de la marine, et gères, M. Ponza di San Martino à l'intérieur, le général Lamarmora à la guerre, M. Paleocapa aux travaux publics, M. Cibrario à l'instruction publique, et au ministère de grâce et de justice M. Boncompagni, remplacé le 27 octobre 1853 par M. Rattazzi, le chef du centre gauche. Peu de temps après, le projet de loi sur le mariage civil venait donner une couleur marquée à la nouvelle administration.

La question traitée dans le discours suivant est une de celles qui peuvent le mieux faire comprendre la véritable nature du mouvement italien. Le gouvernement, qui a bravé et combattu la puissance autrichienne, qui a annexé les Romagnes, les Marches et l'Ombrie, n'a pu encore introduire dans sa législation le principe du mariage civil. Quelques mots suffiront à expliquer ce fait singulier.

que, par conséquent, je ne pouvais venir en Angleterre sans visiter les établissements maritimes de ce pays. J'ai employé en conséquence quelques jours à voir Woolwich, Portsmouth et Gosport. Je n'en suis pas plus marin pour cela; mais au moins, lorsqu'on me parlera d'un grand arsenal, je saurai ce que cela veut dire. »

« Paris, 4 septembre 1852.

« Je ne vous ferai pas un récit détaillé de mon séjour à Paris. Mon temps a été si occupé, j'ai déjà vu tant de monde, qu'il me faudrait un volume pour vous raconter ce que j'ai vu et entendu. Je me bornerai à vous dire que je suis convaincu de la stabilité du gouvernement actuel. Napoléon est maître de la situation : il le sera longtemps encore s'il ne se laisse pas emporter trop loin par le torrent réactionnaire. Si, tout en gardant le pouvoir, il sait flatter les instincts démocratiques des masses par des mesures populaires, il conservera une force irrésistible. Ce qui pourrait lui nuire plus que tout autre chose, c'est l'esprit ultramontain qui se développe dans le clergé et qu'il paraît caresser. Le peuple français se passera de liberté pendant quelque temps, mais si l'on veut le forcer à aller à la messe, il résistera. Pour mon compte, je ne pense pas que Napoléon continue à céder, comme il le fait maintenant, devant les prétentions du clergé. Suivant les traces de son oncle, après s'être concilié les catholiques par des actes qui rappellent le concordat, il ne tardera pas à publier des *articles organiques* pour arrêter les empiétements de la cour de Rome. »

Lorsque Charles-Albert promulgua le Statut, il proclama, dans l'article 1er, la religion catholique religion d'État. Tant que vécut ce prince pieux, aucune discussion ne s'éleva sur la manière d'interpréter et d'appliquer cette déclaration. Mais après sa mort, lorsque, par suite de la défaite de Novare, toute l'activité de la population et du gouvernement dut se reporter sur la politique intérieure, deux opinions se formèrent dans le Parlement et dans le pays. D'après les uns, on devait s'en tenir rigoureusement au texte de l'art. 1er du Statut, et ne faire aucune réforme dans l'ordre ecclésiastique, ou n'en faire qu'avec le consentement du saint-siége et au moyen d'un concordat. D'après les autres, au contraire, on devait appliquer la déclaration de principes sur la liberté individuelle contenue dans le Statut, séparer nettement l'Église de l'État, et donner au Piémont la liberté de conscience et celle des cultes avec toutes leurs conséquences. Bientôt la majorité de la Chambre des députés se déclara énergiquement pour le second parti, tandis que la minorité, où se distinguaient MM. Balbo et Ménabréa, ainsi que la grande majorité de la Chambre haute, regardaient un accord avec le saint-siége comme la condition *sine qua non* de toute réforme. Le pouvoir exécutif, après avoir balancé, de 1849 à 1852, entre ces deux opinions, après avoir épuisé tous les moyens de conciliation avec la cour de Rome, finit par se ranger, ainsi que devait le faire un ministère responsable, à l'avis de la Chambre élective. Cependant, et malgré les efforts réunis de la Couronne et des représentants de la nation, l'opposition du Sénat, où siégeaient les évêques et les hauts fonctionnaires du régime qui avait précédé le Statut, empêcha l'adoption des lois dont la France, la Belgique et d'autres pays catholiques jouissent depuis tant d'années.

L'on ne peut qu'admirer la modération dont fit preuve dans ces circonstances le parti libéral ; on ne peut être assez sévère pour la conduite de la cour de Rome et du clergé. Au lieu de faire des concessions, de renoncer à des priviléges surannés, d'accepter une transaction par laquelle le clergé, tout en se soumettant à l'égalité des droits et des devoirs, aurait gardé pourtant une position incomparablement meilleure que celle qui lui est faite en France, la cour de Rome préféra traiter les libéraux modérés et catholiques qui siégeaient au ministère à Turin, comme elle eût traité les membres d'un comité de salut public. Rien ne fut épargné de ce qui pouvait empêcher le gouvernement de remplir sa tâche. Une grande partie du haut clergé, en faisant ouvertement cause commune avec l'Autriche, s'aliéna entièrement les populations; des scènes déplorables s'ensuivirent. Les censures ecclésiastiques furent lancées contre les ministres et les membres du Parlement. L'État dut recourir à son tour aux vieilles armes employées au moyen âge contre la puissance ecclésiastique : des déclarations d'abus furent prononcées par le conseil d'État, des évêques furent exilés. Cette lutte, qui ne discontinua pas un instant, et pendant laquelle le plus grand nombre des conservateurs piémontais se rangea peu à peu du côté du libéralisme, devait aboutir à l'occupation des Romagnes, des Marches et de l'Ombrie. Cependant, chose digne d'être remarquée, le clergé a gardé ses immenses richesses; quelques ordres réguliers seulement ont été supprimés, et cette suppression n'a fait qu'accroître les dépenses que l'Église occasionne à l'État ; enfin l'Italie réclame encore, après tout ce qui s'est passé, une loi qui ôte aux curés les registres de l'état civil et qui rende à la loi civile l'institution du mariage, qui lui appartient.

Séance du Sénat du 16 décembre 1852.

Messieurs les sénateurs,

Tant de personnages éminents ont combattu ce projet, tant de considérations ont été développées dans le sens contraire, que j'éprouve quelque hésitation en en prenant la défense. Toutefois le discours de mon honorable ami le ministre de grâce et de justice[1] facilite ma tâche.

Des raisons de trois ordres différents ont été exposées contre le projet : raisons théologiques et canoniques, raisons historiques, raisons politiques et morales.

Je ne m'arrête pas au côté théologique de la question. Tout à fait étranger à la science canonique, qui n'a jamais été l'objet de mes études, je ne serais pas un adversaire suffisant pour les orateurs de tant de science et de lumières qui m'ont précédé. Je ne dis qu'une chose sur ce sujet, c'est que je ne puis comprendre que l'on représente comme contraire aux dogmes sacrés de l'Église une institution adoptée par la majorité des peuples catholiques. Si le mariage civil, si la séparation du contrat et du sacrement est contraire au dogme, comment l'Église la supporte-t-elle en France, en Hollande, en Belgique, en Angleterre, et dans l'autre hémisphère presque tout entier? Je sais qu'un membre de cette auguste assemblée, en reconnaissant que le mariage civil n'est pas contraire

1. M. Boncompagni.

au dogme, a dit qu'il appartient à la discipline de l'Église, et qu'il peut par conséquent être établi légitimement, *catholiquement* dans certains pays, tandis que dans d'autres on ne peut le proclamer sans s'exposer au schisme. Voilà en vérité une doctrine que je ne saurais comprendre. Pascal, dans ses *Pensées*, disait, à propos de la politique, qu'il ne pouvait entendre comment ce qui était une vérité d'un côté des Pyrénées pouvait être une erreur de l'autre; cela pourtant peut s'expliquer jusqu'à un certain point pour les choses de la politique; mais pour celles de la religion, est-ce possible? Les rapports de l'homme avec Dieu, qui sont essentiellement indépendants du temps et de l'espace, peuvent-ils changer selon qu'on passe une montagne ou qu'on traverse un fleuve? Ce qui serait légitime dans la vallée de Fenestrelle, où le concile de Trente n'a jamais été promulgué, serait-il illicite dans la plaine du Piémont? Sur ce point, en vérité, ma conscience est tranquille.

Quant aux considérations morales et politiques, chacun en a pu faire une ample moisson dans la discussion qui vient d'avoir lieu. L'honorable organe de la minorité de la commission est parti du paradis terrestre et a touché, avec une grande érudition, à la législation de tous les peuples jusqu'à nos jours. Je n'ai ni assez de temps ni assez de savoir pour suivre pas à pas sa démonstration; qu'il me permette cependant de m'étonner que, pour démontrer la nécessité de l'union du sacrement et du contrat dans le mariage, il ait été chercher des exemples dans l'Égypte et la Grèce antique, et chez le peuple hébreu. Le mariage, si je ne me trompe, avait chez tous ces peuples un caractère beaucoup moins religieux que celui que nous lui reconnaissons, car la polygamie y était plus ou moins répandue. L'antiquité de telle ou telle institution n'est d'ailleurs pas toujours un excellent argument en sa faveur, autrement il n'y aurait pas d'institution plus respectable que l'esclavage, qui existait chez les nations qu'on nous a citées, et qui y était doctrinalement approuvé par les philosophes dont le nom est souvent revenu dans les discours de mes honorables adversaires.

Mais laissons là l'antiquité. Plusieurs honorables sénateurs, entre autres le maréchal de Latour, ont regardé la corruption croissante des mœurs comme un effet du mariage civil. Les horreurs de la révolution, l'échafaud où est tombée la tête de Louis XVI, nous ont été présentés comme les conséquences du mariage civil. C'est s'abuser beaucoup; l'exemple de la France est précisément celui qui peut le mieux prouver combien une législation qui admet le mariage civil peut produire d'heureux effets.

La France a traversé plusieurs révolutions depuis celle de 1793; les dernières ont été bien différentes de la première. L'histoire de la révolution de 1848 fait assez paraître le changement qui s'est opéré dans le caractère de ce peuple. Je n'admire certes pas la révolution de 1848 : aucun mouvement, à mon avis, n'a jamais été plus funeste, plus déplorable; aucun ne m'a plus tristement affecté; mais je ne suis pas injuste, et je reconnais, à l'honneur de la France, qu'après la première secousse la nation s'est montrée bien supérieure à ce qu'elle avait été en 1793. Et c'est sur ces moments où tout frein manque, où l'instinct seul agit, qu'il faut juger du tempérament d'un peuple, et non pas sur les périodes normales où l'action du pouvoir s'exerce avec plénitude. Oui, la France de 1848 s'est montrée infiniment plus civilisée, plus morale, plus humaine, plus religieuse que la France de 1793; mais comment donc, puisqu'on veut faire intervenir la révolution française dans cette question, comment avait été élevée, formée, la France de 1793?

Cette génération était née dans une société où il n'existait pas de trace du mariage civil; où le pouvoir séculier se faisait le soutien du pouvoir ecclésiastique; où les lois de l'Église avaient des sanctions dans les lois civiles. Voilà la société qui avait formé la France de 1793; voilà la coupable.

Au contraire, la génération qui, en 1848, se montra si remplie d'humanité et de religion, sortait d'une société où le pouvoir civil avait été soigneusement distingué du pouvoir ecclésiastique. Tous les hommes qui ont pris part à ces événements étaient nés sous le régime du mariage civil.

Veut-on parler des mœurs des populations, plutôt que de leur sens politique? Je demande si de bonne foi l'on croit que la France d'aujourd'hui soit plus corrompue que ne l'était celle de Louis XV. Prendra-t-on pour exemple, au lieu du siècle de Louis XV, qu'on peut regarder comme ayant été gâté par les philosophes, le XVIIe siècle? Je suivrai de bonne grâce mes adversaires à la cour de Louis XIV. Préfère-t-on parler de ce qui s'est passé dans notre pays? Des auteurs très-sérieux nous instruisent là-dessus; et pour en citer un moins grave, mais qui est considéré comme un narrateur fidèle, qu'on lise, sur les mœurs de la société piémontaise au XVIIe siècle, les mémoires du comte de Grammont; ce n'est point une lecture ennuyeuse; on y voit que le Turin du XVIIe siècle ne valait certes pas mieux que celui d'aujourd'hui.

Quelques orateurs ont dit que le mariage civil est une institution toute moderne : ils ont oublié que cette institution existe depuis longtemps chez des peuples qui n'ont pas, il est vrai, l'avantage de professer en majorité la religion catholique, mais dont la moralité ne peut être mise en doute; chez le peuple écossais, par exemple. Le contrat civil du mariage était admis en Écosse cinquante ans avant les réformes de 1503; et, même, il n'y a été entouré jusqu'à ces derniers temps d'aucune des formes destinées, dans des législations moins anciennes, à le rendre plus parfait et plus sûr. L'Écosse est-elle pour cela un pays de déréglement ou d'irréligion? Il suffit d'avoir visité quelques villes d'Écosse pour s'assurer qu'il en est tout autrement. J'ai eu la bonne fortune, tout récemment, d'y passer quinze jours, et de visiter la plus grande partie de cette contrée; je n'y ai pas vu de ville où, dans ces dernières années, on n'ait pas construit quelque nouveau temple. La législation y reconnaît le mariage civil, elle est fort imparfaite d'ailleurs, et elle n'a pourtant nui ni à la religion, ni aux mœurs.

La Belgique jouit du mariage civil. L'honorable maréchal[1] prétend que cette institution lui a été imposée par

1. Le maréchal de Latour.

la force; cela signifierait quelque chose si la Belgique fût restée soumise à la domination française, ou qu'elle eût eu une dynastie hostile au catholicisme; mais chacun sait que la révolution de 1830 a été l'œuvre surtout du parti catholique; que ce parti fut en majorité dans le congrès élu après la révolution pour délibérer sur la destinée du pays; que les membres du gouvernement étaient alors les Mérode et les autres chefs, aujourd'hui encore reconnus, du parti catholique. Ce parti fit de nombreuses réformes en faveur du catholicisme; il assura l'indépendance de l'Église, lui donna la liberté et une sorte de monopole dans l'enseignement; il la confirma dans la possession de ses biens et lui constitua une dotation très-considérable; mais il ne pensa jamais à changer la législation relativement au mariage, et ni ce parti, ni l'Église, ni un seul des ecclésiastiques qui siégèrent dans le congrès belge ne prit la parole contre le mariage civil.

L'honorable maréchal et le général Alberto Lamarmora ont dit que nous verrons probablement bientôt la loi actuelle sur le mariage abolie en France; je n'en crois absolument rien. J'ai passé, il y a peu de temps, quelques jours en France; j'y ai vu des hommes qui avaient modifié leurs opinions libérales, mais aucun de ceux qui peuvent exercer quelque influence sur le gouvernement ne m'a paru disposé à revenir à l'ancienne législation sur le mariage; et s'ils faisaient un reproche à mon honorable ami le garde des sceaux, c'était non point de n'avoir pas proposé une loi assez catholique, mais de n'avoir pas proposé la loi française. D'ailleurs ce qui se passe en France ne fait pas supposer que le clergé y soit contraire à la loi du mariage civil. L'auteur de cette loi, en effet, c'est le grand empereur dont le nom eût été immortalisé rien que par le code Napoléon, s'il ne l'eût été encore par de merveilleuses victoires. Si la législation qu'il a donnée à la France était contraire, je ne dis pas au dogme, mais aux tendances des catholiques, comment le clergé français aurait-il témoigné récemment tant de sympathies, tant de dévouement à l'héritier de son nom?

Rien ne subsiste donc des raisons qu'on a tirées de l'histoire pour combattre le projet. Reste la question morale et politique. Quelques-uns des honorables adversaires de cette loi la repoussent, parce qu'elle doit avoir, selon eux, pour effet d'attiédir dans les populations le sentiment religieux, le respect que nous voulons tous voir rendre au culte de nos ancêtres. Ils veulent que du moins la loi civile sanctionne les prescriptions de la loi ecclésiastique en matière matrimoniale. Ici, Messieurs, la question grandit beaucoup : il ne s'agit plus du mariage seul, mais d'un système entier de législation; il s'agit de savoir ce qui doit être le plus avantageux pour l'Église, de la liberté absolue ou de la protection du pouvoir civil. Si nous adoptions sur ce point le principe que je viens d'indiquer, et que recommande le vénérable archevêque de Verceil, nous nous trouverions tout simplement ramenés à la législation du moyen âge. Si l'intérêt de la religion veut que ses prescriptions soient sanctionnées par le pouvoir civil en ce qui touche au mariage, pourquoi ne pas demander qu'une sanction pénale soit aussi attribuée à ses autres préceptes en ce qu'ils ont de relatif aux actes extérieurs de l'homme? On raisonne ainsi : — l'autorité civile commande le respect de l'Église, elle peut donc commander le respect de la loi de l'Église sur le mariage. — Des assimilations de ce genre mèneraient loin. Et puis, si le gouvernement fait respecter l'Église, c'est que les citoyens qui font partie de l'Église ont le droit de n'être pas troublés dans les cérémonies religieuses par ceux qui n'en reconnaissent pas la sainteté; car il n'y aurait plus de liberté, si une catégorie de citoyens pouvait violer le droit d'une autre. Mais c'est à un point de vue plus haut qu'il faut se placer pour juger entre ceux qui veulent que le pouvoir civil se fasse l'exécuteur des lois de l'Église et ceux qui veulent que l'Église, dans son propre intérêt, soit laissée à son entière liberté.

Regardez l'Europe : dans quelle situation était le catholicisme au commencement du siècle, dans quelle situation est-il aujourd'hui? Le progrès religieux est immense. Il y a progrès religieux en Angleterre, en Hollande, en Belgique, dans une grande partie de l'Allemagne, en France; le seul pays où il n'y en ait pas, je le dis avec regret, c'est l'Italie. Et s'il y a eu progrès dans les idées religieuses en Angleterre, en Hollande, en Belgique, en Allemagne et en France, c'est que dans tous ces pays le catholicisme est plus ou moins séparé du pouvoir civil, et que le principe de la liberté de conscience y est plus ou moins appliqué. J'invoque à l'appui de mon opinion une autorité qui ne sera suspecte à aucun des préopinants, à aucun des amis les plus tendres de la cour de Rome; j'invoque le témoignage d'un écrivain qui a professé des doctrines que je n'admets certes pas, mais qui a montré un talent élevé et une grande éloquence : le comte de Montalembert. Je l'appelle à mon aide avec d'autant moins de scrupules qu'il m'a adressé de dures et sévères paroles. Dans un livre qu'il a récemment publié sous ce titre : *Des intérêts catholiques au* XIXe *siècle*, le comte de Montalembert démontre que le catholicisme est en progrès de nos jours par rapport aux deux siècles derniers, et que ce progrès se fait voir partout où la liberté règne. Quelles que soient sur tout le reste les opinions de cet écrivain, nous préférons son autorité, qui est celle d'un homme de cœur et de courage, à celle de tels membres obscurs de la Société de Saint-Vincent de Paul (hilarité prolongée) qui ne visent qu'à nous ramener aux heureux temps du moyen âge.

Quelques honorables sénateurs ont condamné la loi non pas comme injuste, mais comme inopportune en présence de l'état d'agitation où la question religieuse a mis les esprits. Si, en retirant cette loi, le ministère avait le pouvoir de faire cesser l'agitation, il aurait le courage peut-être de renvoyer à des temps moins difficiles une réforme qu'il considère pourtant comme extrêmement désirable. Mais nous savons tous, Messieurs, que la nation attend cette réforme, que ses vœux se fondent sur des considérations de la première importance, qu'elle veut, disons-le franchement, voir cesser un état de choses qui l'humilie. Personne ici ne saurait me contredire lorsque j'affirme que notre législation sur le mariage est la plus défectueuse qui soit en Europe ; eh bien, la nation le sait, et sa juste susceptibilité en est offensée. Après s'être montrée si mûre, si apte aux progrès civils, politiques, économiques, elle ne voit qu'avec répugnance au milieu de sa législation, et dans l'une des parties les plus essentielles, un absurde débris du moyen âge, une institution dont se sont débarrassées depuis longtemps les nations les moins avancées, Naples, par exemple. Cette réforme est réclamée par les intérêts, bien plus, par la dignité et par l'amour-propre national; le pays n'y renoncera pas facilement; le vote de la chambre élective, les manifestations des conseils communaux sont là pour le prouver.

C'est en votant cette loi que vous calmerez les esprits, tenus depuis longtemps en suspens à ce sujet. Loin de mettre obstacle ainsi à un accord avec la cour de Rome, comme on l'a prétendu, vous aurez pris le seul moyen de rendre cet accord possible. La nation demande des réformes dans les rapports de l'Église et de l'État: parmi ces réformes, il en est qui peuvent être l'ouvrage du pouvoir civil seul, il en est d'autres qui ne peuvent s'accomplir sans le concours de l'autorité ecclésiastique. Or je dis avec sincérité, je dis avec douleur que vous ne pourrez obtenir ce concours, en tant qu'il est permis de l'espérer, que lorsque vous aurez accompli les réformes qui dépendent uniquement du pouvoir civil. Jusque-là, le pays n'étant point satisfait dans ses justes désirs en ce qui appartient purement à l'autorité de l'État, sera mal disposé à reconnaître dans toute son étendue cette part d'autorité que nous sommes les premiers à vouloir attribuer à l'Église.

Et ici, Messieurs, je parlerai sans détour. Dans l'opposition extrêmement vive qui s'est élevée contre ce projet, toutes les armes employées n'ont pas été légales, ni même loyales. Derrière un grand nombre de personnes que j'honore infiniment, se sont mis en ligne les hommes les plus actifs d'un parti extrême qui essaye, par des menées obscures, par des machinations coupables, d'attenter à nos lois constitutionnelles, qu'il regarde comme la source de ces réformes si détestées. Une telle conduite a indigné le pays; l'irritation est profonde, et comme un excès en appelle naturellement un autre, voici qu'un mouvement très-prononcé d'opinion réclame l'*incamération* des biens ecclésiastiques. Ce mouvement, le fait me semble incontestable, a été une suite de la guerre déloyale et factieuse que certains membres exaltés du parti clérical ont faite au mariage civil. Je le répète, Messieurs, il est certain pour moi que tant que nous n'aurons pas mené à bonne fin les réformes que réclament les temps nouveaux et les institutions nouvelles, toujours une partie notable des citoyens sera portée à des tendances exagérées.

Je répète, d'ailleurs, et sans avoir besoin de développer ce second aperçu, que quant aux réformes pour lesquelles le concours de Rome nous est indispensable, nous n'en viendrons pas à bout tant que nous n'aurons pas su accomplir celles qui ne dépendent que de nous.

VII

SUR L'ALLIANCE AVEC LES PUISSANCES OCCIDENTALES CONTRE LA RUSSIE.

On a dit avec justesse que l'alliance du Piémont avec les puissances occidentales pour la guerre de Crimée était l'un des exemples, rares de nos jours, d'une politique prévoyante et qui sait où elle va. Ajoutons que c'est aussi un exemple de ce que peut le génie d'un homme sur l'opinion. Il faut avoir habité Turin en 1855 pour savoir avec quel étonnement mêlé d'incrédulité l'on apprit que le Piémont allait se mêler à la guerre de Crimée et envoyer 15,000 hommes contre la Russie. C'était six années à peine après le désastre de Novare : l'équilibre entre les dépenses et les recettes n'avait pas été atteint; le pays était agité par les intrigues cléricales et révolutionnaires; la cour de Rome venait de publier les pièces diplomatiques échangées avec la Sardaigne dans des négociations qui n'avaient abouti qu'à une rupture; l'Autriche avait séquestré les biens des émigrés lombards devenus sujets du Roi de Sardaigne; de tous côtés l'on se récriait contre les violences de la presse piémontaise; de tous les cabinets d'Europe les conseils de prudence pleuvaient sur le ministère piémontais. Il fallait un certain courage, en de telles circonstances, pour parler d'envoyer près de moitié de l'armée active sur le rivage lointain où les forces de la France et de l'Angleterre combattaient depuis plusieurs mois sans avoir obtenu aucun succès décisif. Au sein même du cabinet l'hésitation fut grande; le général Dabormida, ministre des affaires étrangères, donna sa démission. Le comte de Cavour, dont la résolution paraissait prise et le plan arrêté, prit pour la première fois le portefeuille de l'extérieur, tout en conservant la présidence du conseil et le portefeuille des finances; M. Rattazzi dut se charger de deux ministères, celui de l'intérieur et celui de la justice.

Lorsque, au mois de novembre 1854, l'Angleterre fit à la Sardaigne les premières ouvertures pour l'engager à prendre une part active au traité du 10 avril 1854, — dont elle avait, d'accord avec la France, donné communication à tous les États, — toutes les considérations qui servent communément de base à la politique conseillaient au cabinet de Turin de se borner à une simple adhésion. C'est ce qu'avaient fait tous les États secondaires : la Belgique s'était retranchée dans sa neutralité, le roi de Naples avait déclaré que des obligations antérieures lui défendaient d'armer contre la Russie. La tentation était grande de suivre ces exemples, ou de temporiser comme la Prusse jusqu'au dernier jour, pour échapper à la responsabilité d'une décision. Mais le Piémont constitutionnel était un nouveau venu sur la scène européenne; son activité libérale, au milieu de la somnolence qui avait succédé dans les autres États à la crise de 1848, avait attiré l'attention sur lui; il avait besoin de faire ses preuves, de se relever de ses dernières défaites, et de le faire d'autant plus promptement que l'Italie ne pouvait plus espérer qu'en lui, et souffrait depuis trop longtemps pour être patiente. Le comte de Cavour le sentit; son tempérament d'ailleurs ne le portait guère aux tergiversations. Depuis qu'il était entré aux affaires, il s'était proposé un grand but : unir plus étroitement le Piémont aux deux puissances qui, malgré des apparences contraires et de nombreuses défaillances, représentent au fond la cause libérale en Europe; et se servir de leur aide pour déjouer les menées envahissantes de l'Autriche et contrecarrer sa politique en Italie. Une occasion se présentait de rendre service à ces deux puissances, de les engager moralement dans la partie qu'il jouait; il en profita avec empressement. Il devina qu'on était arrivé à l'un de ces instants décisifs où l'obole du pauvre vaut autant qu'en d'autres circonstances le don fastueux du riche; il comprit qu'un hasard providentiel offrait enfin à l'Italie ce point d'appui grâce auquel, à l'aide d'un levier médiocre mais laborieusement utilisé, l'on peut remuer un monde. Puis, pour tout dire, le plaisir de tirer parti des embarras de l'Autriche avait pour l'esprit allègre et délié du comte de Cavour une séduction à laquelle il n'essayait pas de résister. Évidemment, malgré l'air d'habileté et d'importance que prenait sa diplomatie, l'Autriche se trouvait en présence de deux impossibilités. Sauvée en 1848 par le czar Nicolas, elle ne pouvait, malgré tout le courage dont elle avait fait preuve dans ce genre, pousser l'ingratitude jusqu'à combattre ouvertement contre lui. Elle ne pouvait pas davantage faire cause commune avec la Russie et renoncer à ses propres vues sur l'Orient. Le résultat à peu près infaillible de cette situation était qu'elle devait mécontenter tout le monde et tomber dans l'isolement. Le comte de Cavour eut le mérite de s'en apercevoir des premiers; il fit plus, il soutint que, même dans le cas où l'Autriche prendrait parti pour les puissances occidentales, il valait mieux pour le Piémont faire la guerre à côté des trois puissances réunies que de s'effacer dans une stérile neutralité. Quelque service en effet que l'Autriche pût rendre à la France et à l'Angleterre, il était tout à fait impossible qu'elle s'en fît payer aux dépens du Piémont, si celui-ci, agissant de son côté dans la mesure de ses forces, ne lui cédait pas en bon vouloir. Si, au contraire, l'Autriche se rangeait du côté de la Russie, la guerre de Crimée se transformait en une guerre des nationalités opprimées; l'alliance du Piémont avec les puissances d'Occident était le commencement de la résurrection de l'Italie.

Ce fut par une active et infatigable propagande de ces idées, par des conversations de toutes les heures avec les hommes marquants des différents partis, que le comte de Cavour réussit à gagner à ses vues un assez grand nombre de journalistes, de députés, de sénateurs. Son intimité avec sir James Hudson, les rapports qu'il entretenait avec plusieurs hommes d'État français et anglais lui donnèrent bientôt l'autorité morale nécessaire pour la direction des affaires extérieures, dont il s'occupait ostensiblement pour la première fois. Néanmoins, dans le cours des négociations qui précédèrent l'accession formelle, il rencontra des écueils de plus d'un genre.

La première idée de l'Angleterre avait été de prendre à ses gages un certain nombre de soldats piémontais et de les envoyer en Crimée à ses frais, pour renforcer le corps commandé par lord Raglan, lequel avait été cruellement éprouvé par les maladies et par le manque d'objets de première nécessité. Le comte de Cavour, par l'entremise du gouvernement français, fit substituer à ce plan inacceptable celui d'une alliance où le Piémont entrerait de pair avec les deux puissantes nations, avec les mêmes droits et en courant les mêmes chances; et l'aide financière de l'Angleterre fut agréée à titre non pas de subside, mais d'emprunt pur et simple. On vit bientôt que le comte de Cavour avait bien interprété les sentiments du pays, car lorsque la signature du traité d'alliance fut connue, le bruit s'étant répandu qu'un subside avait été reçu, il s'éleva dans l'armée une répulsion très-vive; les officiers supérieurs écrivaient que s'il en était ainsi, les soldats ne partiraient que la tête basse et le cœur froissé; la rumeur ayant été démentie, les demandes pour prendre part à l'expédition affluèrent aussitôt et en grand nombre.

Il fut donc convenu que la reine de la Grande-Bretagne, en considération de l'engagement pris par la Sardaigne d'envoyer 15,000 hommes en Crimée, et de maintenir constamment son corps d'expédition à ce chiffre, proposerait au Parlement de prêter au gouvernement sarde un million de livres st. à 4 %, dont 3 d'intérêts et 1 d'amortissement. Un second million de livres st. devait être prêté au Piémont si la guerre durait plus d'une année.

En dehors de ces stipulations, le comte de Cavour aurait désiré poser dans des articles secrets quelques conditions qui raffermissent la situation du Piémont vis-à-vis de l'Autriche. Pour donner une satisfaction au sentiment national, il aurait voulu voir la France et l'Angleterre employer leur influence pour la levée du séquestre mis par l'Autriche sur les biens des émigrés italiens. Mais le cabinet de Vienne, ayant eu vent des négociations engagées au sujet de la guerre d'Orient entre la Sardaigne et les puissances occidentales, se montra plus roide que jamais à l'endroit des séquestres, afin de contrarier autant qu'il était en lui la conclusion de l'alliance. Le comte de Cavour flaira le danger, et cessa immédiatement d'insister sur les engagements écrits qu'il avait d'abord demandés pour l'affaire des séquestres à sir J. Hudson et au duc de Guiche. Le protocole d'accession et les deux conventions (militaire et financière) furent signés le 26 janvier 1855.

Avant même que ces stipulations fussent soumises au Parlement, une certaine opposition se prononça contre elles dans le pays. Vingt députés présentèrent au gouvernement une pétition des commerçants génois contre le traité, qui anéantirait, disait-on, le commerce florissant de Gênes avec Odessa. Le parti exalté répandit parmi les sous-officiers et les soldats une protestation où il était dit : « Aucun gouver-
« nement n'a le droit de disposer de citoyens, de soldats ita-
« liens pour une guerre antinationale, dans laquelle l'Autriche
« est entrée par le traité du 2 décembre, dont les annexes lui
« assurent le maintien de sa prépondérance en Italie... Sou-
« levons-nous ; jurons de ne combattre que pour l'unité de
« l'Italie, et pour les peuples qui aspirent à revendiquer

« leur nationalité. » Malgré ces manœuvres, la population resta tranquille; quant à la discipline de l'armée, elle eût défié de bien autres assauts.

Le traité fut présenté à la Chambre le jour même de sa signature. La discussion commença aussitôt dans les bureaux. Le député Lanza (plus tard ministre des finances et de l'instruction publique), nommé rapporteur, présenta des conclusions favorables au projet, dans la séance du vendredi 2 février; la discussion publique commença le lendemain. Vingt-six orateurs étaient inscrits. Des explications furent demandées d'abord sur les causes de la crise ministérielle. Le comte de Cavour répondit que le général Dabormida avait donné sa démission parce qu'il avait tenu à ce que la France et l'Angleterre prissent l'engagement de faire lever le séquestre mis sur les biens des émigrés lombards; mais que du reste il était d'accord avec ses anciens collègues sur la convenance du traité. Sur le fond de la question, la gauche soutint que la Sardaigne n'avait aucun profit à entrer dans le « concert » européen, du moment où l'Autriche en était le principal exécutant (*principale concertatore è l'Austria,* disait M. Brofferio); que tout rapprochement même indirect avec l'Autriche serait funeste à l'Italie; que le Piémont mettait en danger, par cette alliance, sinon son territoire, au moins ses institutions, le libéralisme de la France et même de l'Angleterre ayant peu brillé depuis 1848 dans la politique de l'Europe. Mais le général Durando, dans un discours qui fit la plus grande sensation, démontra que la neutralité était dangereuse, impossible à garder, contraire à la politique dynastique de la maison de Savoie et aux intérêts de l'Italie; il parla des changements que la guerre devait amener dans le système des alliances, des éventualités qui pouvaient surgir, du profit que l'Italie pouvait en tirer, de la nécessité de racheter l'échec de Novare; et il finit éloquemment par ces mots : « Si vous vous renfer-« mez dans une lâche neutralité, si vous refusez votre main

« à l'Europe qui vous la demande, vous vivrez peut-être... « mais vos enfants et les fils de vos enfants mourront sans « honneur, oubliés au pied des Alpes, et ils enseveliront « avec eux les espérances de l'Italie ! »

M. de Revel parla contre le traité; son avis était que l'on devait attendre, et en tout cas accepter les subsides de l'Angleterre. Le pacte d'alliance fut défendu par M. Ménabréa, qui critiqua néanmoins dans leurs détails les conventions militaire et financière, et par M. Farini, qui expliqua que la guerre de Crimée détruisait l'essence même des traités de 1815, en empêchant le renouvellement de la sainte-alliance. Se séparant de l'extrême gauche dont ils faisaient partie, un Lombard, M. Correnti, et un petit nombre de ses amis, séduits par la largeur des vues du comte de Cavour, donnèrent leur approbation au traité. Le discours de M. Correnti fut très-remarqué; le public se dit que la politique du comte de Cavour était bien profondément italienne, puisque un émigré connu par ses opinions presque radicales votait avec le ministère à cette occasion. Le traité fut enfin approuvé dans la séance du 10 février, à la majorité de 101 voix contre 60.

Au Sénat, MM. Ricci, Sclopis, Colli, Doria, Latour, Cataldi, Castagneto et Musio parlèrent contre le traité, qui fut défendu par les sénateurs Roberto d'Azeglio, Giacinto Collegno, Sauli et Defornari, et par les ministres. La loi fut approuvée par 63 voix contre 27.

Le général La Marmora partit aussitôt pour Paris, afin de prendre avec le gouvernement français les dispositions nécessaires, et dans les premiers jours d'avril le corps d'expédition piémontais débarquait à Balaclava. Cordialement reçus par les Français et les Anglais, nos soldats furent appréciés, l'histoire nous oblige à le dire, pour leur tenue excellente, pour leur système infaillible d'approvisionnement, et pour la constance avec laquelle ils endurèrent la fatigue et les rigueurs du climat. Les premières épreuves furent cruelles :

arrivés pendant les premiers travaux du siége de Sébastopol, ils n'eurent d'abord à lutter que contre le choléra. Les bulletins étaient reçus en Piémont avec anxiété, et avec une certaine impatience d'entendre annoncer que le feu s'était ouvert pour les nôtres. Vint enfin le jour désiré ; le corps sarde avait vaincu à Traktyr. Le peuple piémontais, essentiellement militaire, cessait de souffrir dans son amour-propre comme il avait fait depuis Novare, et cette satisfaction virile fut partagée par toutes les populations de l'Italie. Une souscription pour élever un monument à l'armée sarde s'ouvrit à Milan, au moment même où l'empereur d'Autriche visitait cette ville pour la dernière fois; quelques mois à peine séparent le jour où ce monument fut inauguré à Turin de la date de la bataille de Magenta.

1

PRÉSENTATION DU PROJET DE LOI CONCERNANT LE TRAITÉ D'ALLIANCE ENTRE LA SARDAIGNE L'ANGLETERRE ET LA FRANCE, LA CONVENTION MILITAIRE AVEC LES MÊMES PUISSANCES, ET LA CONVENTION SUPPLÉMENTAIRE AVEC L'ANGLETERRE POUR UN EMPRUNT.

Séance de la Chambre des députés du 26 janvier 1855.

Messieurs,

La guerre d'Orient, en mettant en conflit sur le champ de la politique des intérêts nouveaux, a rendu indispensables des alliances nouvelles.

Le cours des anciennes traditions diplomatiques a été

tout d'un coup interrompu ; en présence de circonstances inattendues, en présence d'un avenir dont une prudence suprême peut seule écarter les dangers, chaque gouvernement a dû se sentir obligé de s'attacher à un système qui lui permît de faire face à des éventualités exceptionnelles.

L'Angleterre et la France ont donné les premières le généreux exemple du plus complet oubli de leurs rivalités séculaires; elles sont descendues ensemble dans la lice pour la défense de la justice et du droit commun des nations.

Les autres gouvernements, tous attentifs à la marche rapide des événements, se disposent à y prendre part selon les nécessités ou les convenances de leur politique.

Dans un état de choses si grave, et au milieu des préparatifs universels, le gouvernement du Roi aurait manqué à son devoir s'il n'eût pas examiné, lui aussi, quel était le meilleur parti à prendre pour le bien du Roi et de l'État, et si, une fois son plan arrêté, il ne l'eût pas résolûment mis à exécution.

Il y avait l'un de ces deux partis à prendre :

La neutralité, c'est-à-dire l'isolement;

L'alliance avec les puissances occidentales.

La neutralité, quelquefois possible aux puissances de premier ordre, l'est bien rarement aux puissances secondaires, à moins qu'elles ne soient placées dans des conditions politiques et géographiques toutes spéciales. L'histoire rappelle peu de neutralités heureuses. Le résultat le moins fâcheux en est de faire de l'État neutre le point de mire des défiances et des ressentiments des parties belligérantes. Le Piémont, que le grand cœur de ses rois a accoutumé à une politique résolue, a eu souvent à se louer de ses alliances, jamais de la neutralité.

Si le Piémont est arrivé à compter en Europe beaucoup plus que ne semblerait le comporter son étendue limitée, c'est qu'aux jours du péril commun il a su toujours affronter la destinée commune; c'est aussi que, dans les temps de tranquillité, les princes de Savoie ont eu la rare sagesse de mettre par degrés les lois civiles et politiques en rapport avec les nouvelles aspirations et les besoins nouveaux, conséquences naturelles des conquêtes incessantes de la civilisation.

Le Piémont a pu, il est vrai, être momentanément en proie à la fureur des événements, mais quand il est tombé, il s'est relevé; jamais il n'a été dédaigné ou laissé à l'écart, jamais le lien qui l'unissait à ses rois ne s'est rompu, et il a toujours trouvé son salut dans la confiance et l'estime qu'il avait su inspirer.

C'est un nouveau témoignage de cette confiance et de cette estime que la proposition d'alliance faite au gouvernement de Sa Majesté par ceux de la reine Victoria et de l'empereur des Français.

Les exemples historiques, la prévision de l'avenir, les nobles traditions de la maison de Savoie, tout contribuait à dissuader le ministère d'une politique timide, paresseuse; tout nous poussait vers les chemins suivis jadis par nos pères, qui savaient bien que la sagesse véritable consiste à rechercher l'honneur des sacrifices et des dangers encourus pour la justice, afin de partager ensuite la renommée et les bénéfices que donne la victoire.

Sur l'ordre du Roi, nous avons formellement accédé au traité du 10 avril 1854, et nous avons formé deux conventions pour régler le concours que la Sardaigne prêtera dans la guerre d'Orient.

Fruit de cette vraie prudence qui s'inspire de sentiments de hardiesse et de générosité, ce traité, nous en avons la confiance, sera bien mieux reçu de vous que si une prudence timorée et à courte vue en eût dicté les dispositions. Représentants d'un peuple dont le cœur n'a fait qu'un avec celui de ses princes toutes les fois qu'il s'est agi de les suivre sur le chemin des sacrifices et de l'honneur, vous ne pouvez pas avoir une pensée autre que celle de ce peuple.

La croix de Savoie, comme celle de Gênes, connaît le chemin de l'Orient. Toutes deux ont brillé victorieuses sur ces rivages qu'elles vont revoir ensemble aujourd'hui. Notre drapeau national, mêlé aux glorieux étendards de l'Angleterre et de la France, saura se montrer digne d'une si haute compagnie, et sera béni de ce Dieu qui depuis huit siècles protége la dynastie de Savoie.

2

Séance de la Chambre des députés du 6 février 1855.

Messieurs,

Mon dessein était d'attendre que la liste des orateurs inscrits contre le traité fût près de s'épuiser, avant de demander la parole, afin de n'être pas forcé d'abuser de votre bienveillance en parlant deux fois; cependant, les attaques contre le traité ont été telles, les insinuations contre la politique ministérielle d'une telle nature, les interpellations et les demandes si nombreuses, que je croirais manquer à mes devoirs si je tardais davantage à défendre la politique du ministère et à repousser les accusations dont elle a été l'objet.

Pour que la Chambre puisse porter sur cette politique un jugement fondé, je ferai d'abord une brève et succincte relation des négociations, je vous exposerai ensuite les motifs qui ont engagé le ministère à accéder au traité, enfin j'examinerai les objections des opposants.

Peu après qu'il eut été conclu, le traité du 10 avril fut officiellement communiqué, par les représentants des puissances qui l'avaient signé, au gouvernement du Roi; la communication n'en fut accompagnée d'aucune invitation à adhérer à cet acte; ce ne fut qu'un procédé de courtoisie tel qu'on en use entre cours amies, et qui entretiennent de bonnes relations. Dans cette circonstance, le gouvernement manifesta son entière sympathie pour la cause que les puissances occidentales entreprenaient de soutenir; il exprima les vœux qu'il formait pour le triomphe de leurs armes, mais il s'abstint de prononcer une seule parole qui pût être interprétée comme un désir d'entrer dans l'alliance; il garda une attitude réservée et digne, comme il convient à une puissance telle que la nôtre, quand elle a affaire aux premières puissances du monde. Après cette communication officielle, plusieurs mois s'écoulèrent sans que notre gouvernement reçût aucune ouverture de la part des puissances occidentales : il a été parlé, il est vrai, dans diverses occasions de la possibilité de notre entrée dans l'alliance, mais il ne s'est produit aucun acte officiel, ni officieux, qui y eût trait.

Vers la fin du mois de novembre, l'ordre fut expédié de Londres au ministre d'Angleterre d'interpeller le gouvernement en voie officieuse, je dirai presque amicale, —car les lettres émanaient non-seulement des ministres, mais de personnes qui se déclaraient et qui étaient des amis de notre pays, et, qu'il me soit permis de le dire, des amis des ministres de la reine,— le ministre d'Angleterre, dis-je, reçut l'ordre d'interpeller notre gouvernement sur les dispositions qu'il pourrait avoir à entrer dans l'alliance, ou à fournir un corps de troupes au gouvernement anglais. Une circonstance que je ne sais pas bien m'expliquer, fit que les lettres qui contenaient ces invitations se perdirent en route, et, au lieu d'arriver directement, allèrent à Marseille, de là dans le sud de l'Italie, et n'arrivèrent à Turin que vers le 10 ou 12 décembre. En même temps les ministres de France et d'Angleterre recevaient des dépêches officielles, écrites longtemps après ces premières lettres officieuses, et qui leur ordonnaient de demander formellement au gouvernement du Roi son accession au traité d'alliance.

A ces invitations, officieuses et officielles, reçues presque au même instant, le gouvernement répondit qu'il n'accepterait jamais aucune proposition qui eût pour objet de faire mettre à la disposition du gouvernement anglais un corps quelconque de troupes, mais qu'il était disposé à traiter d'une accession à l'acte du 10 avril.

Sur ces déclarations, des négociations furent ouvertes pour un acte d'adhésion au traité; cet acte entraînait naturellement deux conventions, l'une militaire et l'autre financière, déterminant le mode et les conséquences de notre accession.

Me bornant maintenant au rôle de narrateur, je ne parlerai pas de la partie militaire ni de la partie financière de nos accords; je dirai seulement que, dans les premières ouvertures qui m'ont été faites et dans tout le cours des négociations, il n'a pas été dit une phrase, un mot, une syllabe qui aient pu donner à croire que les puissances se soient déterminées d'après les motifs indiqués hier par le comte de Revel dans son discours[1]; je puis assurer la Chambre que, loin de paraître vouloir exercer sur nous une pression, les puissances n'ont pas cessé de nous adresser les protestations les plus affectueuses et les plus amicales. L'honorable comte de Revel a supposé que l'acte par lequel le ministère dont il faisait partie vers la fin de 1851 s'est séparé de lui et de ses amis politiques, que cet acte, dis-je, a été l'occasion de suspicions et de défiances de la part des cabinets européens, et spécialement des puissances occidentales : mais j'ai eu, depuis cette rupture, beaucoup de relations of-

1. M. de Revel avait dit que, dans son opinion, l'Angleterre et la France, voyant la Sardaigne persévérer dans une politique qui avait deux fois allumé une guerre contre l'Autriche, n'avaient pas voulu, en portant leurs forces sur l'Orient, laisser cette cause de complications en arrière, et avaient exigé en quelque sorte que la Sardaigne entrât dans l'alliance.

ficielles et particulières avec les personnages politiques les plus éminents des pays dont on parle, et je n'ai jamais rien aperçu qui pût me faire imaginer rien de semblable. La Chambre peut être assurée que tels ne sont point les motifs qui ont engagé les puissances occidentales à nous inviter à entrer dans la ligue. Je pourrais citer, pour l'en convaincre, les paroles prononcées par le ministre de France et par celui d'Angleterre; mais on m'objecterait que ce sont là des phrases diplomatiques et officielles sans grande autorité à ce point de vue. En voici, en tout cas, une preuve incontestable : c'est une lettre que lord Clarendon, ministre des affaires étrangères, écrivait le 31 janvier dernier au ministre d'Angleterre à Turin, dans le moment même où lord Derby ayant été appelé au pouvoir par la reine, il se préparait à rentrer dans la vie privée; l'illustre homme d'État que j'ai nommé écrivait alors à sir Hudson une lettre dont je suis autorisé à lire le passage suivant :

« Mon cher monsieur, je me rappellerai toujours avec plaisir que le dernier acte de mon ministère a été d'apposer ma signature aux ratifications de notre traité avec la Sardaigne, traité que je crois essentiellement avantageux aux deux pays : au nôtre, dont un beau corps de troupes accroîtra les forces; à la Sardaigne, en la plaçant plus haut dans l'échelle des nations et en l'élevant à la position à laquelle le souverain, le Parlement et le peuple de ce pays ont acquis un juste droit.

« Vous pouvez assurer le comte de Cavour » — je suis fâché d'entrer en scène, mais cela est indispensable (hilarité) — « que le traité est populaire ici dans toutes les grandes villes, je dirai presque dans les villages mêmes; populaire, à un point dont il pourrait à peine se faire une idée chez ce peuple qui, en général, ne s'intéresse guère aux affaires des pays étrangers. Il existe en effet, dans toute l'Angleterre » — je lis ces paroles de lord Clarendon en surmontant le sentiment que j'éprouve, mais il s'agit de la nation — « tant d'admiration pour la sagesse et le courage dont la Sardaigne a fait preuve dans des circonstances difficiles, tant de sympathie pour les heureux efforts faits pour établir une liberté raisonnable, que toute mesure qui tend à lier plus étroitement les deux pays est accueillie ici avec un sentiment voisin de l'enthousiasme. » (Sensation.)

Ce document suffit, je crois, pour éloigner absolument l'idée que l'Angleterre et la France aient prétendu exercer sur nous une pression et nous forcer à accéder au traité d'alliance. Voilà tout ce que j'ai à dire sur les négociations. Je vais maintenant vous faire connaître, Messieurs, les motifs qui ont engagé le gouvernement à formuler son accession.

Avant tout, Messieurs, le gouvernement a dû considérer en quel sens la guerre d'Orient pouvait influer réellement sur l'état de nos affaires, et si vraiment nos intérêts matériels et politiques nous conseillaient d'y prendre part. Une chose est incontestable : si cette guerre a une issue heureuse pour la Russie, si le résultat en doit être l'entrée des armées du czar à Constantinople, la Russie acquerra une prédominance absolue dans la Méditerranée, une prépondérance irrésistible en Europe. Eh bien, Messieurs, l'une et l'autre de ces conséquences ne pourraient qu'être fatales aux intérêts du Piémont, de l'Italie.

La Russie, maîtresse de Constantinople, le serait aussi de la Méditerranée[1]. La mer Noire deviendrait un lac russe; tombée au pouvoir d'une nation qui compte 70 millions d'habitants, elle deviendrait sous peu le plus grand arsenal maritime du monde et constituerait à la Russie une position si forte, que toutes les autres puissances réunies ne pourraient peut-être la tenir en échec. La mer Noire devenue russe par la fermeture du Bosphore, dont les clefs seraient dans les mains du czar, deviendrait, pour ainsi dire, une rade de Sébastopol agrandie dans de gigantesques proportions.

On dira : peu nous importe que la Russie ou telle autre puissance règne sur la Méditerranée : celle-ci n'appartient pas à l'Italie, à la Sardaigne, elle est au pouvoir de l'Angleterre et de la France; au lieu de deux maîtres, la Méditerranée en aura trois. De tels sentiments ne sauraient être accueillis par la Chambre; ils équivaudraient à l'abandon de nos aspirations vers l'avenir, et ce serait nous résigner aux malheurs dont l'Italie a été affligée par les guerres continentales, malheurs éloquemment rappelés par notre grand lyrique moderne[2], qui a dit,

1. Le comte de Cavour disait à ce sujet au Sénat : « Dans le nombre des bâtiments qui abordent chaque année à Constantinople ou dans les ports de la mer Noire, les bâtiments sardes tiennent le troisième rang parmi ceux de toutes les nations de l'Europe. Nous avons beaucoup plus d'intérêts engagés dans la navigation de la mer Noire que n'en a toute autre puissance; nous en avons certainement plus que l'Angleterre, et immensément plus que la France. »

2. Manzoni.

en parlant des étrangers qui se disputaient l'Italie indifférente au triomphe de ses nouveaux conquérants :

> Il nuovo signore s'aggiunge all' antico,
> L'un popolo e l'altro sul collo ci sta.

Si la Russie devenait maîtresse de la mer Noire, ces vers pourraient certainement s'appliquer à nous. Mais nos intérêts moraux plus encore que nos intérêts matériels seraient compromis si la Russie acquérait la prépondérance dans les conseils européens. Mon opinion est que notre pays, nos institutions, notre nationalité courraient alors le plus grand danger. L'histoire des quarante dernières années nous montre la Russie employant toute son influence pour l'anéantissement des tendances libérales, pour la répression de toute tentative libératrice d'un peuple. Vous savez quelle a été son action dans les congrès européens, depuis celui d'Aix-la-Chapelle jusqu'à celui de Vérone; vous savez quelle funeste influence elle a exercée sur la monarchie populaire de Louis-Philippe, et combien elle a mis d'obstacles à l'émancipation de la Belgique. Je ne crois pas me tromper en disant que si plusieurs princes allemands n'ont pas tenu la parole qu'ils avaient donnée en 1815, si les vues libérales de plusieurs autres ont été contrariées, si les tendances du grand peuple germanique à faire prévaloir le principe de nationalité n'ont pu aboutir, c'est à cause de l'action que la Russie a toujours exercée sur l'Allemagne.

Et notez, Messieurs, une chose très-remarquable : cette action ne provient pas du caractère personnel des souverains qu'a eus la Russie; peu de princes ont montré des sentiments plus nobles, plus généreux que le dernier empereur et celui qui règne aujourd'hui. Tout le monde sait qu'Alexandre était animé de sentiments délicats et élevés, qu'il s'était fait le défenseur des principes de liberté. C'est grâce en grande partie à Alexandre que Louis XVIII n'a pas suivi les conseils des quelques émigrés qui voulaient ramener la France au despotisme; c'est à Alexandre que la Suisse a dû d'être constituée; c'est Alexandre qui fit en sorte que certains princes allemands accordassent à leurs sujets des institutions libérales. Cependant, de retour en Russie, Alexandre, convaincu de l'impossibilité absolue d'appliquer les principes de liberté à son propre peuple, fut amené en peu de temps à combattre au dehors ces mêmes principes dont il s'était fait jusque-là le propagateur. Comme Alexandre, Nicolas reçut de la nature une âme bien douée, et c'est avec justice que tous ceux qui ont récemment visité la Russie dans un esprit d'observation impartiale, ont dit qu'ils n'y avaient rien trouvé qui fût plus digne d'éloges que l'empereur lui-même. Malgré ses heureuses dispositions, Nicolas a été fatalement amené à faire une guerre terrible à la liberté, non-seulement chez lui, mais dans toute l'Europe; cette nécessité funeste a conduit ce prince, d'un cœur si haut pourtant, à refuser un témoignage de sympathie, une parole de consolation au prince magnanime dont il avait été l'hôte et l'ami, et qui finissait héroïquement ses jours sur le lointain rivage d'Oporto; cette même nécessité l'a conduit à oublier l'amitié qu'il avait contractée avec le loyal et généreux fils de Charles-Albert, et cela uniquement parce que notre souverain, fidèle à des engagements sacrés, a sauvegardé nos libertés publiques.

Oui, la prépondérance du czar dans les conseils de l'Europe serait fatale à nos institutions, à notre nationalité. Qu'on ne m'oppose pas le souvenir des relations amicales de la maison de Savoie avec la maison des Romanof, les services rendus à nos princes par l'empereur Paul vers la fin du XVIIIe siècle, et par l'empereur Alexandre dans les congrès de Paris et de Vienne. Les idées par lesquelles notre cour était alors dominée n'étaient point contraires à celles de la cour de Russie, bien que, grâce au ciel, elles ne fussent pas identiques. C'était le temps où nous étions représentés à Pétersbourg par le fameux Joseph de Maistre, l'auteur du livre *du Pape* et l'apologiste de l'inquisition ; il était bien naturel qu'il existât entre les deux cours une vive sympathie. Mais aujourd'hui, Messieurs, qu'une glorieuse transformation a fait de la maison de Savoie un ferme appui de la liberté, cette sympathie n'est plus, et, j'en suis convaincu, le triomphe de la Russie mettrait en péril nos institutions, notre nationalité et notre dynastie peut-être.

D'après ces considérations, Messieurs, il est évident que nous avons d'immenses intérêts engagés dans la guerre d'Orient. Voyons maintenant comment la question de notre participation à la guerre doit être envisagée au point de vue pratique.

Nous n'avions que l'un de ces deux partis à prendre : accéder au traité ou rester neutres. Pour apprécier s'il convenait d'accéder, il parut naturel d'envisager les conséquences d'un refus d'accession. En recourant donc à ce procédé qu'en mathématiques on appelle démonstration par l'absurde, nous vîmes bientôt que le système de la neutralité ne valait rien, et que l'accession au traité du 10 avril serait au contraire fort avantageuse.

Pour qu'une nation de second ordre puisse rester neutre sans danger, quand les puissances de premier ordre s'engagent dans une grande guerre, il faut absolument, à mon avis, que cette neutralité ne tourne au désavantage ni à l'avantage d'aucune des parties belligérantes. Quand la neutralité n'exerce aucune influence sur la marche d'une guerre, elle peut n'avoir pas de suites fâcheuses; ainsi dans une guerre entre des puissances européennes, les États d'Amérique, si leur neutralité ne cause aucun dommage à l'un ni à l'autre des belligérants, peuvent sans inconvénient rester neutres; en Europe même, quelques pays, grâce à leur situation topographique ou politique, la Belgique, la Hollande, le Portugal, par exemple, peuvent, à mon avis, garder une stricte neutralité dans la guerre actuelle sans qu'il en résulte aucune difficulté. Mais nous n'étions pas, Messieurs, dans des conditions analogues à celles-là; nous ne pouvions rester neutres sans entraver indirectement, et d'une manière tout à fait indépendante de notre volonté, les opérations des puissances occidentales, et sans faire les affaires de la Russie. Cela est si vrai, que tous les députés qui ont parlé ici en faveur de la neutralité ont montré des sentiments favorables à la Russie. Ils ont dit : « Restez neutres, mais armés; restez neutres, non pas pour ne pas faire la guerre, mais pour la faire au moment opportun, pour profiter de telle éventualité qui peut se présenter de la bien faire non pas contre l'empereur de Russie, mais contre ses ennemis. » Ce raisonnement est parfaitement logique. Si, en effet, nous n'acceptons pas l'alliance des puissances occidentales, nous devons rester neutres et armés en attendant les événements; cette attitude, gênante pour les opérations de la France et de l'Angleterre, et par conséquent avantageuse pour la Russie, nous fera perdre nécessairement la sympathie des puissances occidentales.

On a beau dire : « Qu'importe que les puissances occidentales soient indisposées contre nous, si nous sommes dans notre droit, si rien dans notre conduite, aux termes du droit des gens, ne peut nous être reproché? » — Tout cela, Messieurs, serait fort bon si les questions politiques, si les destins des peuples étaient toujours décidés conformément au droit; mais que ce soit un bien ou un mal, les choses ne vont point ainsi, et nous savons trop bien que la diplomatie, dans la conduite des affaires internationales grandes et petites, ne se règle pas toujours sur la stricte justice[1].

La république de Venise avait certes le droit de rester

1. « Pourquoi, disait dans une séance du Sénat le maréchal de Latour, sommes-nous la seule puissance de second ordre qui ait accédé au traité? » — Le comte de Cavour répondait : « Parce que nulle autre n'est aussi réellement engagée dans la question, sauf peut-être la Suède, qui, exposée aux premiers coups du colosse, juge apparemment prudent de s'abstenir. D'ailleurs notre initiative, extrêmement avantageuse aux alliés, est le principal mérite de notre accession; et je déclare, au risque d'être taxé de légèreté, que si Naples, la Bavière, la Hollande nous eussent prévenus, je n'aurais accédé au traité qu'à contre-cœur. »

neutre entre la France et l'Autriche à la fin du siècle passé; elle ne violait aucun principe à l'égard de l'une ni de l'autre puissance; sa neutralité pourtant finit par les indisposer toutes deux, et elles prononcèrent contre cette malheureuse république la fatale, l'inique condamnation de Campo-Formio, dont la réparation n'a jamais été obtenue. (Très-bien.)

Je viens de vous parler des conséquences de la neutralité à l'égard des gouvernements d'Occident; elle aurait de plus, à mes yeux, l'inconvénient de nous faire perdre les sympathies du grand parti libéral européen, qui s'est résolûment déclaré en faveur de la guerre en Allemagne, en Angleterre et en France.

Les sentiments de l'Allemagne se montrent assez dans tous les journaux qui ont conservé la liberté de la parole, dans les discussions mémorables du Parlement prussien, où les hommes restés fidèles aux idées de 1848 et de 1849 ont chaudement soutenu le parti de la guerre.

Il en est de même en France, où tous les journaux libéraux appuient le gouvernement dans cette question, et où toutes les classes de la société se sont empressées de lui apporter les fonds nécessaires pour la guerre : fait significatif, car un déboursé d'argent est un indice plus concluant qu'une simple dépense de paroles.

En Angleterre, les discussions du Parlement, les polémiques de la presse témoignent que les partis y sont à peu près unanimes en faveur de la guerre. L'honorable Brofferio m'a opposé les paroles prononcées dans un meeting de Manchester par un homme dont je m'honore d'être l'ami, et que je reconnais comme un maître en matière économique; mais l'exemple de Richard Cobden est une exception qui ne détruit pas la règle. Ce qui s'est passé à cette occasion est la meilleure preuve que la guerre est extrêmement populaire en Angleterre, même dans les grands centres industriels qui en doivent souffrir le plus. Dans cette réunion, convoquée par M. Cobden lui-même pour défendre les opinions pacifiques qu'il avait émises au Parlement, opinions qu'il savait contraires à celles de ses électeurs, M. Cobden ne put d'abord se faire écouter, tant était grande l'irritation populaire contre lui; et s'il obtint à la fin quelque attention, ce fut grâce aux efforts de quelques-uns des partisans de la guerre, ceux-ci ayant représenté aux assistants qu'ils devaient écouter un homme qui avait rendu tant de services à la cause de la liberté, et qui était l'un des citoyens les plus distingués de la ville même de Manchester. La proposition de M. Cobden finit par être repoussée à une immense majorité.

Puisque je suis sur ce sujet, je citerai encore un fait qui concerne un autre de mes amis. Il y a quelques semaines, Mary-le-Bone, le quartier peut-être le plus peuplé de Londres, resté jusqu'ici comme une sorte de citadelle du radicalisme, eut à envoyer à la Chambre un nouveau représentant. Deux candidats s'offraient aux électeurs : l'un appartient au radicalisme extrême, l'autre, lord Evelington, dont je m'honore d'être l'ami, est un libéral modéré. Le radical n'était pas contraire à la guerre, il n'était que tiède; lord Evelington au contraire la patronait avec chaleur. Ce dernier, quoique lord, quoique non radical, fut élu à une majorité extraordinaire. Il m'écrivait, il y a peu de jours, que dans son *call*, c'est-à-dire dans cette visite que font en Angleterre les candidats à leurs électeurs, il avait trouvé que la question de la guerre absorbait toutes les questions politiques, et que toutes y étaient subordonnées.

Ainsi, dans toute l'Europe le parti libéral approuve vivement la guerre. Si, contre tous nos intérêts, nous avions refusé d'y prendre part, après y avoir été invités, nous aurions vu baisser aussitôt la considération que les hommes éclairés ont pour le Piémont; ce serait un grand malheur, car si le Piémont occupe en Europe plus de place qu'il ne lui en appartiendrait en raison de son territoire si étroit, il le doit à l'opinion publique qui lui est favorable, et la perte de cet appui de l'opinion pourrait être pour nous, dans l'avenir, la cause de tristes événements.

Je ne pense pas, Messieurs, que cette puissance de l'opinion publique puisse être contestée, surtout par les orateurs qui siégent à gauche dans cette Chambre : car ce serait méconnaître l'un des progrès les plus signalés de notre siècle, l'une des plus grandes conquêtes de la civilisation, et ce serait d'ailleurs nier un fait évident. Qui donc pourrait contester l'influence de l'opinion sur les affaires politiques, en voyant que non-seulement les gouvernements qui proclament et qui laissent pratiquer la liberté, tiennent compte de cette souveraine du monde, mais que les souverains qui affectaient de dédaigner la publicité, en appellent eux-mêmes à ce tribunal, comme il est arrivé naguère à l'empereur de Russie dans ses proclamations, dans ses notifications, comme il est arrivé au souvèrain pontife lorsqu'il a exposé à l'Europe ses dissidences avec la cour de Sardaigne. (Hilarité. — Marques d'approbation.)

Puisque la neutralité doit avoir de si fâcheuses conséquences, l'alliance est inévitable. Dès lors, je pourrais me dispenser de considérer les inconvénients qui peuvent en naître; car un fait nécessaire étant donné, la raison veut que les hommes d'État ne s'occupent de ses inconvénients que pour les atténuer. Je traiterai cependant ce côté de la question; j'examinerai les conséquences financières, économiques, militaires et politiques du traité, et j'espère vous démontrer que si notre détermination n'est exempte ni de dangers, ni d'inconvénients, il n'y en a pas autant qu'on l'a voulu faire croire.

La question financière est certainement très-sérieuse; plus qu'un autre je suis obligé de reconnaître que notre situation n'est pas des plus riantes; après vous avoir tant de fois demandé de nouveaux impôts, de nouveaux emprunts, je ne viens pas aujourd'hui vous représenter l'état de nos finances comme magnifique; je ne le juge pourtant pas tel qu'il doive jeter l'effroi dans nos esprits et nous détourner de nouveaux sacrifices pécuniaires, pourvu que ces sacrifices nous soient commandés par l'honneur, par de hauts intérêts et par une bonne politique.

La situation n'est point normale, puisque le budget de 1855 présente un arriéré, — qui toutefois n'excède pas en réalité deux millions. Cet arriéré n'existerait pas si de fatales conditions économiques ne nous avaient forcé l'an passé à réduire, à supprimer, pour mieux dire, quelques années avant le moment opportun, l'impôt sur les céréales qui rendait trois millions, et à réduire de quelques cent mille livres les gabelles. Nous avons essuyé une série de cruels désastres, nous avons vu quelques-unes de nos sources de production frappées de la manière la plus terrible, nous avons vu notre commerce, nos entreprises arrêtées par la guerre, par les complications politiques : tout cela a diminué nos ressources; mais les résultats constatés, loin de m'inspirer des défiances de l'avenir, me donnent au contraire la confiance la plus entière, malgré tant de circonstances défavorables; la perception indirecte, qui, jusqu'à un certain point, indique le progrès de la richesse, n'a pas diminué, et sur plusieurs articles elle présente, pour l'année qui vient de finir, une notable augmentation. Il est évident que, lorsque ces fléaux exceptionnels auront cessé de sévir, nos impôts indirects augmenteront rapidement et rétabliront un parfait équilibre dans le budget, même en tenant compte des fonds destinés à l'extinction de la dette.

Les objections économiques élevées contre le traité ne me paraissent pas plus solides. Une pétition de Génois dit que la guerre va compromettre le commerce national et exposer des propriétés d'une valeur immense qui appartiennent à nos nationaux et se trouvent sur le sol russe. Je ne vois pas ce que la guerre avec la Russie peut encore faire à notre commerce. La Chambre sait que, peu après la déclaration de guerre, la Russie a défendu l'exportation des céréales et anéanti ainsi notre commerce principal avec les ports russes; bien plus, les puissances alliées viennent de déclarer en état de blocus tous les ports de la mer Noire et de la mer d'Azof. Je ne comprends plus, par conséquent, quelle espèce de commerce nos négociants peuvent faire avec la Russie, ni comment la déclaration de guerre pourrait entraver leurs opérations.

Il nous est dit que les négociants génois possèdent des quantités considérables de grains dans les ports russes. Je ne veux pas le contester; pourtant, des informations prises auprès de personnes dignes de foi et qui connaissent bien la place de Gênes, ne disent pas précisément que ces entrepôts de grains soient considérables; quoi qu'il en soit, la guerre ne serait une menace pour ces marchandises que si l'empereur Nicolas pouvait confisquer ou séquestrer les propriétés de nos négociants; mais l'empereur de Russie a déclaré, dès le commencement de la guerre, qu'il respecterait les biens et la personne des sujets des puissances belligérantes, et l'intérêt même de la Russie veut que la guerre soit faite avec les plus grands égards pour la propriété privée, puisque, dans le cas contraire, il ne serait pas difficile aux alliés de bombarder et de brûler Odessa ou toute autre ville de la mer Noire. Je crois donc qu'il faut beaucoup rabattre des craintes qu'on manifeste à l'endroit de cette guerre, et que la pétition des négociants de Gênes les a singulièrement exagérées. Et de fait, je vois que les capitaines de vaisseaux marchands de

Gênes ont depuis longtemps déclaré de leur chef la guerre à la Russie, puisque le plus grand nombre a nolisé ses navires aux puissances d'Occident qui font la guerre, et se trouve depuis plusieurs mois dans les ports de la mer Noire. (Hilarité.)

Je ne m'étendrai pas sur la question militaire, elle sera traitée par mon honorable collègue le ministre de la guerre. Je me restreindrai à repousser une objection fondée sur la mauvaise réussite des commencements de l'expédition à Sébastopol et sur les désastres arrivés à l'armée anglaise. L'expédition de Sébastopol n'a pas eu le succès que s'en promettaient ses auteurs; mais, c'est au moins mon avis, le fait provient d'une erreur de cabinet plus que d'une erreur militaire. Les résultats de la guerre que la Russie a faite pendant plusieurs mois contre les Turcs lui ayant été fort défavorables, le public européen avait conçu une idée très-dédaigneuse des forces de la Russie, et s'était persuadé qu'on la battrait facilement; on avait exagéré sa puissance, une réaction naturelle faisait exagérer sa faiblesse. L'expédition de Sébastopol fut donc commencée avec des moyens qui n'étaient pas proportionnés à la grandeur de l'entreprise; de là le peu de valeur des premiers résultats.

Quant aux désastres de l'armée anglaise, je crois que ce ne peut pas être un motif de douter de l'issue finale de l'entreprise, de douter que l'Angleterre puisse et veuille faire des efforts égaux ou supérieurs à ceux de ses alliés. Dans toutes les guerres où l'Angleterre est entrée, elle a eu le dessous dans les commencements; elle a commencé toujours avec des moyens inférieurs à ses ressources réelles; mais les désastres, les défaites, loin d'abattre sa confiance, n'ont jamais manqué de l'encourager à de nouveaux efforts, à des sacrifices nouveaux; et pendant que ses adversaires, après quelques succès, sentaient se lasser leur courage et diminuer leurs forces, elle, à mesure que la guerre se prolongeait, gagnait en vigueur et en moyens d'attaque. Il en a été ainsi, Messieurs, dans la grande guerre de la Révolution française; en 1792 et 1793, les Anglais n'éprouvaient que des revers; leurs forces étaient minimes à côté de celles de leurs alliés, mais ces alliés se lassèrent; eux, au contraire, se fortifièrent en se battant et en vinrent au point que, si je ne me trompe, en 1814 ils avaient quatre cent mille hommes à leur solde.

La même chose leur est plusieurs fois arrivée dans les Indes. Presque toutes les entreprises tentées dans ce pays par les Anglais ont d'abord tourné à mal ; ce n'est jamais qu'après une bonne défaite, un désastre sérieux que la Compagnie des Indes a employé des moyens suffisants pour réussir. Vous vous rappelez tous l'expédition du Caboul, en 1839, qui eut pour résultat l'entière destruction d'un corps d'armée anglais : de quatorze à quinze mille hommes, il ne resta, je crois, que quelques officiers. Après cette catastrophe sans exemple, beaucoup de gens annonçaient la ruine de la puissance anglaise dans les Indes et croyaient sa dernière heure sonnée. Cette prédiction ne fut point accomplie; l'année suivante, les Anglais retournèrent à Caboul avec des forces doubles et réussirent. Ce qui est arrivé le siècle dernier dans la guerrre de la Révolution, ce qui est arrivé de nos jours dans le Caboul, arrivera, j'en suis sûr, en Crimée. Nous trouverons sur le champ de bataille nos alliés plus forts et plus puissants qu'ils n'ont jamais été.

Je crois aussi qu'on a fort exagéré les effets du climat et des conditions que présente le théâtre de la guerre. Les souffrances de l'armée anglaise doivent être attribuées à certains vices inhérents à son administration et à son organisation. A côté des Anglais, nous voyons en effet l'armée française, qui a certes donné des preuves égales de courage et d'ardeur, subir des pertes infiniment moindres à cause de son organisation meilleure et sa meilleure administration. Nous sommes donc sûrs de trouver en Crimée l'armée française dans un état excellent et de voir avant peu descendre sur ces rivages une armée anglaise plus forte et mieux organisée.

Relativement aux conventions militaires, je sais qu'on blâme non le chiffre de quinze mille hommes assigné au corps d'expédition, mais la stipulation que ce corps sera maintenu à quinze mille hommes. Cependant, si nous voulons que notre présence en Crimée ait quelque signification, si nous entendons que les troupes piémontaises fassent honneur à leur pays, il faut bien les maintenir à un chiffre convenable. En vérité, je puis le dire à la Chambre, notre ministre de la guerre insistait beaucoup plus vivement que ne faisaient les puissances sur le mot *maintenir*; il disait qu'aucun général jaloux de sa réputation ne voudrait prendre le commandement du corps d'expédition, s'il n'était certain que les vides causés par la guerre et les maladies seraient remplis à certains intervalles; j'estime que le ministre de la guerre avait grandement raison.

J'arrive à la partie politique du traité, la plus importante peut-être, et certainement la plus délicate à traiter pour moi, d'autant plus que je suis un peu fatigué, ayant déjà longuement abusé de l'attention de la Chambre. (Repos de dix minutes.)

Messieurs, le traité, au dire de quelques orateurs, doit avoir les conséquences politiques les plus fatales, tant à l'extérieur qu'à l'intérieur. L'honorable Brofferio vous a dit que, quant à la politique intérieure, il implique un changement de conduite, une renonciation aux principes qu'a toujours soutenus le ministère et l'inauguration d'un système nouveau; il a ajouté qu'il ne comprenait pas pourquoi ce malheureux traité, s'il devait être signé, ne l'était pas par l'honorable Revel et ceux de ses amis qui siégent à la droite.

Mais tous les journaux dont la couleur se rapproche des opinions du comte de Revel ont attaqué le traité avec des invectives plus violentes encore que les journaux, le dirai-je, de la démagogie... (Oh! oh!)

Oui, Messieurs, l'*Écho du Mont-Blanc* a été plus violent à cet égard que la *Maga*.

Laissons la presse. Dans le sein de cette Chambre — et je ne crois pas manquer aux convenances en rappelant ce qui s'est passé dans les bureaux — presque tous les amis politiques du comte de Revel ont parlé et voté contre le traité, et l'ont fait ouvertement, avec cette loyauté et ce courage qui les distinguent. L'honorable député Brofferio voit donc si son opinion est fondée, si le traité fait les affaires du parti auquel il a fait allusion.

Et puis, en quoi le traité d'alliance avec la France et l'Angleterre est-il contraire aux principes politiques des hommes qui siégent sur ce banc? En quoi est-il contraire au système suivi par le ministère? Est-ce d'hier que nous avons proclamé nos sympathies pour les puissances occidentales, la France et l'Angleterre? Mais je rappellerai à la Chambre et, en particulier, à l'honorable Brofferio, qui ne peut l'avoir oublié, qu'en toute circonstance, et comme ministre, et comme député, et comme journaliste, je me suis toujours montré l'ami de l'alliance anglaise et française, et surtout chaud partisan des idées anglaises, à ce point qu'on m'a plusieurs fois traité d'anglomane. Lorsque, dans les premiers jours de notre liberté, je luttais contre le député Brofferio dans l'arène de la presse, après avoir battu en brèche de toute façon mes principes, il eut la belle idée, un matin, d'appeler le journal où j'écrivais *Milord Risorgimento*. (Hilarité.) Et aujourd'hui, après avoir montré tant de sympathies pour les idées que ces deux nations représentent, ne nous sera-t-il pas permis de vous conseiller de contracter une alliance avec elles? Nous aurions été dans un grand embarras si des circonstances funestes les avaient placées dans deux camps opposés; mais puisque, pour la première fois, nous voyons s'accomplir un fait qui domine toute l'histoire moderne, l'alliance franco-anglaise, notre décision ne peut être douteuse.

On affirme que l'Autriche est aussi l'alliée de ces deux puissances. Et quand cela serait? Si l'Autriche, inaugurant une politique nouvelle, se tournait, elle aussi, contre le colosse du Nord, devrions-nous rester dans l'inaction et servir ainsi, par un caprice, les intérêts du plus grand ennemi de la civilisation? Non, certainement. S'il arrivait jamais que les événements vinssent à rapprocher notre drapeau de celui de l'Autriche, je dirais que c'est l'Autriche qui a changé de principes et non pas nous.

Mais peut-être ceux qui craignent que ce traité n'amène des modifications dans la marche politique de notre pays pensent-ils qu'à cette occasion il y a eu des sollicitations, des conseils, des exhortations, une pression enfin de la part des puissances étrangères. J'ai répondu déjà à cette supposition; s'il est nécessaire, je répéterai encore et solennellement que nous sommes entrés dans l'alliance avec tous nos principes, avec tous nos sentiments, sans renier aucun de nos actes passés et en tenant notre bannière haute et déployée. (Bravos de la Chambre et des tribunes.) Notre conduite est telle que le système représentatif, que les idées sagement libérales n'ont rien à craindre; nous croyons, au contraire, avoir donné une plus grande force au régime constitutionnel, aux tendances libérales, dont nous sommes et dont nous serons toujours les partisans; nous croyons les avoir servies en les faisant admettre avec nous dans le concert des premières puissances de l'Europe, en faisant reconnaître leur place dans le système européen. Nous rendons ainsi plus solides les fondements de l'édifice constitutionnel que, depuis sept ans, nous construisons avec lenteur; nous consacrons par un nouveau baptême le drapeau tricolore qui flotte sur cet édifice, et, en le dotant ainsi d'une gloire de plus, nous lui donnons la force de résister également aux tempêtes révolutionnaires et aux efforts de la réaction. (Très-bien!)

Je me suis trop étendu peut-être sur le reproche d'inconséquence que m'a adressé le député Brofferio ; mais de tous les reproches que l'on peut faire à un homme politique, il n'en est pas de plus grave à mes yeux que celui d'avoir abandonné les principes qu'il a professés pendant toute sa vie, d'avoir démenti sa carrière tout entière. Rien ne peut nuire à la marche du système constitutionnel plus que la mobilité et l'instabilité des hommes politiques, parce que l'instabilité et la mobilité dans les principes ont pour effet de substituer la politique des intrigues et des intérêts particuliers à la grande politique des droits et des intérêts généraux.

Et puisque je suis amené sur ce terrain, je suis obligé de prier la Chambre de me permettre une digression; j'ai à repousser une autre accusation d'inconséquence qui m'a été faite d'une manière bien inattendue par le député Revel. (Marques de vive attention.) Le comte de Revel a jugé opportun, pour faire connaître ses opinions sur le traité, de faire une revue rétrospective des événements, ou, pour mieux dire, de la part qu'il a prise aux événements, depuis 1848 jusqu'à nos jours. Je ne l'imiterai pas; des discussions sur ces faits, qui appartiennent à l'histoire, ne peuvent que soulever des ressentiments et susciter des discordes. Mais l'honorable comte a rappelé un acte auquel j'ai pris la plus grande part, l'acte par lequel le ministère présidé par Massimo d'Azeglio s'est séparé de l'honorable comte de Revel et de quelques-uns de ses amis, pour faire alliance avec une autre partie de la Chambre. L'honorable député donne à entendre que cet acte a eu des suites fatales qui nous ont rendus l'objet de la défiance de toute l'Europe, et qu'il a été la véritable origine de la nécessité où nous nous sommes trouvés aujourd'hui d'entrer dans l'alliance.

En dépouillant ces paroles de tout artifice oratoire, j'y trouve que si le traité est nécessaire, c'est parce que mon honorable ami, le ministre Rattazzi, siége dans le cabinet. (Revel fait un signe d'assentiment. — Mouvement.) Je le déclare hautement, Messieurs, je le déclare sans vouloir offenser qui que ce soit, sans vouloir le moins du monde diminuer l'estime très-grande qui est due aux membres de la droite de cette Chambre, il n'est pas d'acte de ma vie politique, malheureusement déjà trop longue, que je me rappelle avec plus de satisfaction que celui qui est si vivement blâmé par le député Revel. Je puis, Messieurs, être dans l'illusion, mais j'ai la ferme conviction que cet acte a eu pour effet de maintenir notre gouvernement dans cette voie de liberté progressive et régulière qu'il suit depuis l'avénement au trône du roi Victor-Emmanuel.

Tant qu'a duré en France le régime républicain, tant que les destinées de ce pays sont restées incertaines, tant qu'on put croire que le spectre de la Révolution surgirait à l'échéance critique de 1852, j'ai été persuadé que le parti réactionnaire, chez nous, ne tenterait rien contre nos institutions; mais lorsque, à la suite de l'événement du 2 décembre 1852, l'ordre ne courut plus de danger en France, lorsque tout épouvantail eut disparu, je compris que si d'un côté nous n'avions plus à craindre la faction révolutionnaire, de l'autre, le parti réactionnaire ou, si l'on veut, le parti qui voulait arrêter le développement progressif et régulier des principes du Statut, devenait désormais dangereux; et je conclus de là, Messieurs, à l'opportunité, à la nécessité indispensable de constituer un grand parti libéral en appelant à en faire partie tous les hommes qui, différant d'opinions sur les questions secondaires, étaient d'accord sur les questions premières de progrès et de liberté. Je pense — je me sens forcé de le dire — avoir ainsi rendu un service au pays, en élevant contre la réaction une barrière qu'elle ne devait plus franchir. (Approbation.) Voilà, Messieurs, la raison de l'acte qu'a censuré avec tant d'amertume l'honorable député Revel.

Revenons au traité pour quelques instants encore.

Notre entrée dans l'alliance est-elle nuisible ou avantageuse à l'Italie? Voilà le point à résoudre, la question à laquelle il faut répondre. Eh bien, je dis que le traité sera très-utile à l'Italie. Nous sommes entrés dans l'alliance en maintenant nos sympathies au dehors comme nous maintenions nos principes à l'intérieur. Nous n'avons donc pas caché notre haut intérêt pour l'avenir de l'Italie et le très-vif désir que nous avons toujours nourri de voir un jour son sort amélioré. Mais comment, me dira-t-on, ce traité pourra-t-il servir la cause de l'Italie? Je réponds qu'il la servira de la seule manière qui soit possible dans la situation où se trouve actuellement l'Europe. L'expérience des dernières années, l'expérience des siècles a démontré — à mon avis au moins — combien peu ont valu à l'Italie les conjurations, les complots, les révolutions, les mouvements désordonnés. Loin d'améliorer sa condition, ils ont été l'un des plus grands maux qui aient affligé cette belle partie de l'Europe; et cela, Messieurs, non-seulement à cause du grand nombre de malheurs individuels qui en sont résultés, mais aussi parce qu'ils ont servi de prétexte à des rigueurs plus grandes, et surtout parce que ces complots continuels, ces insurrections répétées, ces désordres ont eu pour effet de diminuer l'estime, la sympathie que les autres peuples d'Europe pouvaient avoir envers l'Italie.

Maintenant, Messieurs, je crois que la condition principale de l'amélioration du sort de l'Italie, celle qui passe avant toutes les autres, est de relever sa renommée, de faire que toutes les nations du monde, que les gouvernements, que les peuples rendent justice à ses qualités. Pour cela, deux choses sont nécessaires : il nous faut d'abord prouver à l'Europe que l'Italie a assez de sagesse civile pour se gouverner librement, qu'elle est en situation de se donner la forme de gouvernement la plus parfaite. Il faut en second lieu établir que la valeur militaire est en Italie ce qu'elle y était du temps de nos aïeux.

Voici sept ans que vous faites beaucoup pour l'Italie; vous avez montré à l'Europe que les Italiens savent se gouverner avec sagesse, prudence, loyauté; vous devez faire davantage encore : notre pays doit prouver de nouveau que ses enfants savent combattre avec valeur sur les champs de bataille. Croyez, Messieurs, que la gloire que nos soldats sauront rapporter des rivages de l'Orient fera plus pour l'avenir de l'Italie que n'ont fait toutes les déclamations du monde.

J'ai la confiance, Messieurs, de vous avoir convaincus que le cabinet, en concluant ce traité, n'a été animé que d'un sincère amour de la patrie, et que les hommes qui le composent ont été bien inspirés par cette grande cause de la liberté qu'ils ont toujours servie et qu'ils serviront toujours comme ministres et comme citoyens. (Vives marques d'approbation.)

3

DISCUSSION SUR LES DEUX CONVENTIONS ADDITIONNELLES AU TRAITÉ D'ALLIANCE AVEC L'ANGLETERRE ET LA FRANCE.

Séance du Sénat du 2 mars 1855.

Je dois rectifier un fait avancé par l'honorable maréchal. Il a dit que le seul motif qui avait empêché le rétablissement des bonnes relations de la Sardaigne avec la Russie était que nous avions gardé à notre service quelques Polonais révoltés contre le czar.

Le sénateur de Latour (en français). C'est M. de Launay, ministre des affaires étrangères, qui me l'a dit. Il voulait renouer nos relations avec la Russie. M. de Launay s'était adressé au grand-duc Michel qu'il avait connu particulièrement en Savoie. Quand il parla de renouer les relations, le grand-duc Michel répondit que la principale difficulté venait de la présence des Polonais dans nos États. Je n'en sais pas davantage.

Cavour. Quoi qu'il en soit, voici ce qui résulte des actes diplomatiques :

Quand le Roi monta sur le trône, l'ordre fut donné à notre ministre en Prusse, le comte de Rossi, de faire des ouvertures auprès du ministre russe à cette cour, pour savoir si la cour de Russie accepterait la communication de l'avénement au trône. La première réponse fut que la Russie étant unie par des traités d'alliance à l'Autriche, et le Piémont ayant déclaré la guerre à celle-ci, la Russie ne pourrait renouer des relations avec la Sardaigne tant que le traité de paix ne serait pas signé. La réponse officielle était donc différente de celle que reçut le général de Launay.

Il ne fut pas fait d'autres instances jusqu'à la signature définitive du traité de Milan. Alors une nouvelle démarche eut lieu, et cette fois, comme le motif ou plutôt le prétexte tiré de la guerre ne pouvait plus servir, on nous répondit, ainsi que l'a indiqué l'honorable maréchal, que la Russie ne renouerait pas ses rapports avec la Sardaigne tant que celle-ci aurait des Polonais à son service. Le gouvernement ne considéra pas la question sous le même aspect que fait l'honorable maréchal ; il ne crut pas pouvoir céder à une injonction qui avait quelque chose de blessant pour notre dignité, ni repousser de nos rangs des militaires que nous avions accueillis avec empressement à l'heure du danger. Voilà pourquoi nous n'avons pas insisté. Toutefois, il arriva que la plus grande partie de ces Polonais, pour diverses causes, obtinrent leur retraite, de sorte que le nombre s'en trouva réduit à deux ou trois, placés dans des conditions tout à fait subalternes. Alors, sans que l'initiative vînt de nous, sur certaines insinuations faites au gouvernement par d'anciens diplomates russes très-influents par leur position, le gouvernement du Roi, assuré des intentions favorables de la cour de Russie, fit adresser un office par le chevalier de Revel au ministre de Russie à Vienne, qui fit personnellement ce qu'il put pour favoriser les négociations. Néanmoins, quelque temps après, ce ministre déclara au chevalier de Revel que la cour de Russie ne croyait pas pouvoir renouer ses relations avec la Sardaigne, non plus à cause des Polonais, mais parce que notre marche politique (il faisait évidemment allusion à nos institutions constitutionnelles) ne plaisait pas à l'empereur.

VIII

SUR LA SUPPRESSION DE QUELQUES COMMUNAUTÉS ET ÉTABLISSEMENTS RELIGIEUX.

Les esprits les moins disposés au découragement avaient eu le temps et l'occasion, depuis nos premières négociations avec le pape à Gaëte, de renoncer au vain espoir d'un accord avec la cour de Rome. Tous les ménagements gardés envers elle n'avaient abouti qu'à nous faire suspecter de faiblesse, et qu'à l'affermir dans ses prétentions. Que l'Église n'eût perdu en Piémont que son vieux droit de juridiction sur les procès qui intéressaient ses membres, qu'elle restât maîtresse des registres de l'État civil, que le mariage civil eût été rejeté, que le clergé de Piémont eût enfin bien plus de priviléges que celui de France, si enthousiaste cependant pour l'Empire, — ce n'était rien encore pour Rome; il lui fallait tout ce que lui accorda plus tard le concordat autrichien. Les catholiques, en Piémont, ceux du moins qui n'avaient pas de parti pris en politique, ne s'émouvaient point du conflit engagé entre l'État et l'Église : la cour de Rome nous avait assez prouvé, dans les débats qu'elle avait eus avec nous au dernier siècle sur certains fiefs et certaines compétences judiciaires, qu'elle savait appliquer la formule *non possumus* à des intérêts purement matériels; son attitude dans les négociations que le Piémont continuait avec un zèle si infructueux n'en était qu'une preuve nouvelle. Certains reproches amers adressés par le comte della Margarita au ministère à cause de l'autorisation donnée par celui-ci pour l'ouverture de temples protestants, n'avaient point eu d'écho. Le pays se demandait même, et l'un des députés influents de la gauche, M. Depretis, le demanda un jour à la Chambre, pourquoi l'on ne procédait pas de quelque manière aux réformes ecclésiastiques, si nécessaires, si urgentes. Le comte de Cavour avait répondu : « Nous sommes obligés d'éviter les réformes qui, excellentes en elles-mêmes, soulèvent des oppositions ardentes dans la minorité des populations, précisément afin que la nation soit unanime si une occasion se présente de racheter nos destinées par un effort énergique. »

Mais, d'un autre côté, les vœux de la partie libérale du pays ne pouvaient être négligés. C'était un grand malheur, le comte de Cavour le disait un jour, que les réformes ecclésiastiques inaugurées par le comte Siccardi en 1850 eussent été arrêtées au premier pas. Les accusations de duplicité et de scepticisme, proférées par les partis impatients, se croisaient sur la tête des ministres; à tout propos on les interpellait : « Quels sont vos principes? croyez-vous à la justice des réformes? si vous y croyez, qu'attendez-vous encore? si vous n'y croyez pas, pourquoi les promettez-vous? » On rappelait fort à propos au comte de Cavour ce qu'il avait dit un jour au sujet de l'abolition du *for* : « C'est toujours chose grave que de toucher aux objets qui ont quelque rapport avec la religion, mais c'est aussi toujours un parti très-sage que de ne pas traîner en longueur dans les réformes de cette espèce. » Le rejet de la loi sur le mariage civil par le Sénat avait-il donc condamné le royaume à s'en tenir à la législation existante sur tous les points de la question ecclésiastique? En fait, le besoin d'améliorations dans ce genre devenait toujours plus pressant. Peut-être enfin la perspective de la guerre d'Orient où nous étions en train de nous engager, et qui pouvait nous mener bien loin, exigeait-elle que le ministère dessinât plus nettement aux yeux du reste de l'Italie sa politique à l'égard de Rome; car l'Italie commençait à comprendre ce que le comte de Cavour s'étonnait que César Balbo et ses amis n'eussent pas compris, l'identité de la cause de Rome avec celle de l'Autriche dans la Péninsule.

Quoi qu'il en soit, les auteurs du projet de loi sur les couvents et les corporations religieuses avaient affaire à des prétentions très-opposées. Le parti ultra-catholique criait au sacrilége et ne voulait pas qu'on touchât le moins du monde aux revenus des moines; un grand nombre de libéraux réclamaient la suppression complète des associations religieuses, et la confiscation de leurs biens au profit de l'État.

Le comte de Cavour ne se fût pas résigné sans peine à la suppression de certains ordres qu'il regardait comme utiles; en outre, cette suppression, pour les ordres qu'il fallait qu'elle atteignît, ne devait consister, selon lui, que dans la privation de la personnalité civile conférée jusqu'alors par la loi à ces associations. Quant à la confiscation ou *incamération* des biens de l'Église, il la repoussait de toutes ses forces; à ses yeux, le clergé avait besoin d'être relié par des points de contact aussi nombreux que possible avec la société civile, et la propriété foncière était un moyen puissant de rattacher le prêtre aux institutions et aux intérêts de la patrie.—D'autre part, l'on ne pouvait sans injustice continuer à inscrire au budget une somme annuelle d'un million environ à titre de subsides aux paroisses pauvres; c'était faire contribuer par l'impôt les cultes dissidents, qui ne possèdent aucune propriété, à l'entretien de l'Église catholique dont les ministres disposent pour la plupart de grandes richesses. Sans aller donc jusqu'à la confiscation de ces richesses, l'on pouvait donner une satisfaction aux prétentions légitimes du parti libéral, en appelant l'Église à subvenir elle-même à ses propres dépenses. On atténuerait de la sorte les inconvénients et le scandale produits en Piémont par une répartition trop inégale des biens de l'Église d'une paroisse ou d'un évêché à l'autre : à côté de tel curé qui vivait d'un subside de 5 ou 600 francs alloué par l'État, tel autre avait une paroisse d'un revenu de 20 ou 30,000 francs; et tandis que l'évêché de Bobbio ne possédait qu'une modeste rente de 7 à 8,000 francs, les revenus des diocèses de Turin, de Verceil, de Novare se comptaient par centaines de mille livres. Le ministère, sans entreprendre de réduire tous ces revenus à une mesure proportionnelle, résolut d'accroître la dotation des paroisses les plus pauvres tout en dégrevant le trésor de la somme consacrée annuellement à cet objet, et de commencer la réforme monastique. Voici les dispositions principales auxquelles il s'arrêta :

« Les établissements religieux qui ne sont pas voués à la prédication, à l'éducation ou à l'assistance des malades, sont supprimés, dans ce sens qu'ils cessent d'avoir une personnalité civile. Il en est de même des chapitres des églises collégiales, excepté ceux qui desservent une paroisse, ou qui sont institués dans les villes dont la population dépasse vingt mille habitants. Sont aussi supprimés les bénéfices simples auxquels n'est attaché aucun service religieux.

« Les biens possédés par ces couvents, chapitres ou bénéfices sont affectés à la dotation d'une institution particulière, qui reçoit le nom de caisse ecclésiastique. Celle-ci est administrée par le directeur de la dette publique, sous le contrôle d'un conseil composé d'un nombre égal de sénateurs et de députés.

« La caisse ecclésiastique a la pleine administration des biens des communautés et des bénéfices supprimés, et paye à chacun de leurs membres ou titulaires des pensions dont le maximum est fixé à 500 francs. Elle peut concentrer dans un seul couvent les membres du même ordre qui résidaient dans des maisons différentes. En cas de mort, de sécularisation ou d'émigration à l'étranger de l'un des membres des couvents supprimés, le total des pensions accordées aux autres membres est augmenté du tiers de la pension dont jouissait le religieux qui a laissé sa place vide. Les maisons où seront concentrés les membres des ordres supprimés ne pourront en réunir moins de six; quand les religieux d'un même ordre seront réduits à un nombre inférieur, ils pourront vivre hors du cloître et jouir d'une pension dont le maximum est de 800 fr.

« Les revenus de la caisse ecclésiastique doivent servir en outre : 1° à payer aux curés des paroisses pauvres les dotations qui leur étaient antérieurement fournies par le budget de l'État; 2° au payement des sommes allouées au clergé de l'île de Sardaigne par suite de l'abolition des dîmes; 3° à l'amélioration du sort des curés dont le revenu net n'atteint pas 1,000 francs.

« Des taxes assez élevées sont perçues pour le même objet, au profit de la caisse ecclésiastique, sur les biens de main-morte appartenant aux abbayes, bénéfices, séminaires, évêchés et archevêchés, ainsi qu'aux maisons des corporations religieuses non supprimées. Enfin la commission de surveillance nommée par les deux Chambres doit prendre les mesures nécessaires pour la conservation des monuments, tableaux et autres objets d'art qui se trouvent dans les couvents supprimés. »

L'on voit que le gouvernement sarde ne se proposait pas d'attribuer aux finances de l'État la propriété ou la jouissance des biens de l'Église, mais simplement de pourvoir à une distribution plus équitable de ces biens. Il préparait l'extinction graduelle, mais complète des ordres inutiles ou nuisibles, tout en laissant les membres de ces ordres finir leur vie dans l'état embrassé par eux. Enfin, en mettant en vente peu à peu, par l'entremise de la caisse ecclésiastique, les immeubles de ces mêmes ordres, il rendait à la circulation et à l'exploitation des valeurs jusque-là peu productives, et il offrait à l'État, aux provinces, aux communes, à des prix estimés convenablement et payables à longs termes, des édifices dont il était besoin partout pour des hôpitaux, des casernes, des colléges. — Cette loi, maintenant appliquée à toute l'Italie, n'a pas donné, au point de vue financier, les résultats qu'on en espérait. L'État a dû, à plusieurs reprises, demander au Parlement la faculté d'accorder des subventions à la caisse ecclésiastique. Les effets indirects en ont été meilleurs; la diminution de la main-morte a sensiblement amélioré l'économie publique. Politiquement, elle n'a pas satisfait le parti libéral, et le parti clérical n'y a perdu aucun de ses moyens d'action.

Un incident grave se produisit au Sénat dans la discussion du projet. M. de Calabiano, évêque de Casal, offrit au gouvernement, au nom de l'épiscopat du royaume, et en conformité d'un *beneplacitum* du saint-siége, la somme de près d'un million inscrite au budget de l'année pour les frais du culte, charge que le ministère voulait porter au passif de la future caisse ecclésiastique. Le but de cette offre était d'empêcher l'adoption du projet, en lui ôtant sa raison d'être financière, et par là même de provoquer un changement de cabinet. La séance fut levée sur cet incident.

Le lendemain le comte de Cavour, en ayant délibéré avec ses collègues, déclara que la proposition de l'évêque de Casal témoignait d'un esprit de conciliation; que, toutefois, si elle devait n'être qu'une concession unique et isolée, elle ne pourrait réaliser le vœu commun de l'épiscopat et du gouvernement, celui de mettre fin à l'agitation soulevée par la question ecclésiastique; mais qu'elle pouvait être prise en considération comme acheminement à des négociations nouvelles avec Rome, et qu'enfin, pour laisser à ces négociations toutes leurs chances de succès, le ministère, qui avait été jusque-là en discussion, en lutte même avec la cour de Rome, avait jugé utile de donner sa démission. — Le Roi, sur l'avis du comte de Cavour, invita le baron Manno, puis le général Durando, à recomposer le cabinet : aucune combinaison n'aboutit. Turin s'était ému : la devise prise par l'Université dans une sorte de démonstration : « La loi n'est pas à vendre, » faisait fortune. Le comte de Cavour dut retirer sa démission.

Comme on lui reprochait de n'avoir rien dit, dans sa réponse à M. de Calabiana, de la question de principe, et d'avoir laissé croire qu'il faisait bon marché de la réforme des couvents, il répondit :

« L'on ne doit pas conclure de la réserve que j'ai gardée dans ma réponse à la déclaration de Mgr Calabiana, que le ministère n'ait eu en vue, en tout ceci, que la question financière. En déclarant au Sénat que le cabinet ne croyait pas pouvoir accepter l'offre de l'épiscopat, je me suis abstenu, comme j'en étais convenu avec mes collègues, de porter aucun jugement sur cette offre ; bien que ma conviction fût que, dans la forme qu'on lui donnait, elle ne pouvait qu'être repoussée et par les membres du cabinet, et par la presque totalité de la magistrature, et par l'immense majorité des hommes politiques du pays, je me suis soigneusement abstenu de l'apprécier, ne voulant pas, par des paroles intempestives, rendre plus difficile un accord éventuel entre les évêques et les ministres qui nous auraient remplacés.

« Mais cette réserve ne saurait être regardée comme un signe d'adhésion au sens réel de l'offre ; j'ai même déclaré que la proposition des évêques, supposé qu'elle fût acceptée (bien entendu après avoir été présentée sous une forme plus acceptable), ne pouvait être envisagée que comme le prélude de nouvelles négociations avec Rome pour un arrangement. Un arrangement sur quoi ? Évidemment sur les grandes questions qui divisent le pays, sur la réforme des ordres monastiques, regardée constamment par le ministère comme un point principal. »

La loi fut adoptée à une majorité considérable par la Chambre, et à une majorité moindre par le Sénat.

1

Séance de la Chambre des députés du 17 février 1855.

... « Cette loi, Messieurs, ne doit pas seulement atténuer directement le passif du budget; elle doit produire des effets beaucoup plus étendus sur notre régime économique. D'autres orateurs ont suffisamment parlé des immenses inconvénients de l'immobilisation absolue d'une grande partie de la richesse du pays par les *main-mortes*, et de l'utilité qu'il y aurait à la faire rentrer dans la circulation. Le projet doit encore avoir des résultats économiques d'un autre ordre.

Ici, je me place avec quelque hésitation sur un terrain un peu difficile : je suis amené à rechercher quelle influence exercent dans l'État certains ordres religieux. Tous, à mon avis, correspondaient, dans leur origine, à un besoin social, besoin qui était la raison d'être de leur existence. Je ne m'érige donc pas, on le voit, en adversaire absolu de ces institutions. Mais comme elles sont restées immobiles dans leurs règles à mesure que la société se développait, elles ont cessé, lorsque tout s'est trouvé changé autour d'elles, de correspondre aux intentions de leurs fondateurs, elles se sont mises en opposition directe avec ces intentions, et en conséquence, au lieu d'être utiles à la société comme elles l'étaient dans leurs commencements, elles lui causent un véritable préjudice, elles constituent un obstacle réel au progrès.

Ici je me vois contraint d'appuyer mon assertion sur l'exemple de quelques ordres religieux, et d'abord de celui qui a exercé la plus grande influence au moyen âge, l'ordre de Saint-Benoît.

Après les invasions des Barbares, le pouvoir étant tombé aux mains d'hommes qui ne faisaient point de cas des sciences, des arts, de l'industrie, de l'agriculture, il est hors de doute que les asiles sacrés où pouvaient se retirer les derniers dépositaires de la civilisation romaine et se livrer, sous la protection de la croix, à l'étude des arts et des sciences, il est hors de doute, dis-je, que ces refuges étaient des institutions précieuses pour la religion comme pour la société civile.

Mais aujourd'hui, Messieurs, les arts, les sciences et l'industrie ne sont plus persécutés par les gouvernements ; ils en sont protégés au contraire, et n'ont plus besoin d'asiles cloîtrés, d'abris inaccessibles. Il convient d'observer d'ailleurs que si, dans les établissements religieux, il se trouve quelques personnalités intellectuelles d'une valeur remarquable, elles ne contribuent plus au progrès des sciences et des arts, et que, bien plus, l'esprit réactionnaire et le culte des traditions antiques, qui règnent dans ces asiles, sont directement contraires au progrès général des intelligences. Je le répète donc, les établissements religieux, qui, dans le principe, rendaient des services au monde intellectuel, lui sont maintenant ou inutiles ou nuisibles.

Il en est de même pour tout ce qui regarde l'agriculture et l'industrie. L'industrie, certes, est redevable aux ordres religieux de la conservation d'un grand nombre de traditions de l'antiquité, et c'est à l'ombre du clocher, à l'ombre du cloître que des arts utiles ont été heureusement conservés dans les temps de la barbarie. Mais l'industrie s'est avec raison éloignée des cloîtres, parce que les circonstances qui déterminaient les moines à s'y adonner n'existent plus maintenant. Je crois qu'en se livrant à ce genre de travaux, les moines feraient aujourd'hui plus de mal que de bien. L'industrie des confitures (hilarité) est la seule, il me semble, que l'on cultive encore dans quelques communautés de femmes. La vie qu'on mène dans les couvents, en général, est absolument et purement contemplative et ascétique, et par là même étrangère aux arts et aux travaux matériels, qui appartiennent à un ordre d'idées tout opposé.

Il en est encore de même à l'égard de l'agriculture. Au temps où la propriété n'était pas respectée, quand les seigneurs prétendaient à une domination stérile sur toutes les terres qu'ils pouvaient atteindre de leurs armes, alors l'autorité morale des couvents fut heureusement employée à la protection de vastes domaines qui purent ainsi être défrichés avec liberté et sûreté. Aujourd'hui, Messieurs, il est visible que l'habitude claustrale de s'abstenir de tout travail, habitude contraire au développement de l'agriculture, a remplacé chez les moines l'activité d'autrefois; et si l'on recherche, dans notre pays même, quelles sont les provinces où il y a le plus de terres incultes, on verra que ce sont celles où il y a le plus d'établissements monastiques, la Sardaigne, entre autres.

Mais j'arrive à l'examen d'une question plus délicate, celle des ordres mendiants, dont les précédents orateurs ont tant parlé.

Il est indubitable qu'au moyen âge, vers la fin de l'invasion des Barbares, alors que la force et la violence étaient les maîtresses absolues du monde, alors que l'immense majorité des classes ouvrières était encore réduite sinon à l'état de servitude personnelle, au moins à celui de servitude territoriale, alors qu'on ne pouvait prétendre à être respecté que si l'on endossait la cuirasse ou si l'on portait l'épée, — alors, Messieurs, une institution religieuse qui avait pour but d'ennoblir la pauvreté, de donner un caractère de sainteté aux actes de la vie les plus dédaignés et les plus humbles, une telle institution fut un bienfait sans égal pour la société, et spécialement pour les classes les plus nombreuses. Je le crois donc, et je le déclare hautement, les ordres mendiants ont contribué, et pour beaucoup, à ce mouvement lent, très-lent si l'on veut, mais progressif de l'émancipation des classes populaires, qui s'est manifesté depuis l'an mil jusqu'à nos jours; et nous devons historiquement une grande reconnaissance à ces ordres religieux et aux éminents esprits qui eurent la haute pensée de les instituer.

Mais les choses, Messieurs, sont entièrement changées; de nos jours, les droits de tous les citoyens sont reconnus par la loi, l'égalité civile est écrite dans presque tous les codes de l'Europe; la condition du peuple, sans être arrivée à la perfection, s'est de beaucoup améliorée, relativement à ce qu'elle était au moyen âge; il en résulte que l'action des ordres mendiants n'est plus celle qui leur a été assignée lors de leur institution.

En effet, nous devons croire et espérer que cette émancipation, que cette amélioration progressive du sort des classes pauvres n'a pas atteint ses dernières limites; nous devons croire et espérer qu'avec le temps la situation intellectuelle et matérielle des classes les plus nombreuses continuera de devenir meilleure; or, quelles sont, dans l'état actuel de la société, les conditions nécessaires à la régularité, à la continuité de ce progrès?

J'en compte deux. La première est que le travail devienne plus productif; c'est une condition absolue de l'amélioration générale, car il est clair que si vous n'arrivez pas à produire davantage avec les mêmes forces, vous ne pourrez pas améliorer d'une manière profonde et durable la situation de la généralité. Aucune société particulière ne peut prospérer, ne peut vivre dans l'État, si elle ne contribue à favoriser, à développer le travail. La seconde condition consiste dans la plus grande diffusion possible d'une véritable et solide instruction parmi les masses. Voilà ce qu'il faut pour que le progrès qui se manifeste dans les sociétés depuis le moyen âge continue après nous.

Voyons donc quelle action exercent les ordres mendiants sur ces deux ressorts du progrès social. Ajoutent-ils quelque chose à la production? contribuent-ils ainsi à l'amélioration du sort des classes pauvres? Certes, non; ils ont fait divorce avec le travail, qui est devenu le fondement des sociétés actuelles; ils tendent même à donner un caractère sacré aux habitudes les plus contraires au travail. Si la tâche des gouvernements éclairés est de faire honorer le travail, de le faire regarder comme un devoir universel, comment ne pas trouver nuisibles des institutions qui identifient l'idée de sainteté à celle d'oisiveté?

Les ordres mendiants répandent-ils du moins l'instruction élémentaire? Pas le moins du monde; et même leur attachement tenace aux vieilles théories, leur amour pour des doctrines qui substituent aux plus pures inspirations chrétiennes des légendes beaucoup moins respectables, ne peuvent que nuire gravement à l'éducation intellectuelle du peuple.

Il n'est rien de plus incontestable que la décadence actuelle des ordres mendiants. Dans leur origine, à une époque où la conquête, la guerre régnaient sur le monde, leurs fondateurs, ayant pour but de faire vivre d'aumônes de saints personnages et de réhabiliter par leur exemple la pauvreté, ne leur avaient pas laissé posséder de biens. Comme on ne pouvait pas songer alors à empêcher la mendicité, il n'y avait pas d'inconvénient à ce qu'elle fût pratiquée par des moines comme par d'autres individus. Aujourd'hui, Messieurs, tout le monde s'accorde à reconnaître la nécessité de faire disparaître cette plaie de nos sociétés laborieuses. Mais comment pourrez-vous arrêter et condamner le pauvre qui se livre à la mendicité, pendant que, tout à côté, vous favorisez, vous comblez de priviléges des établissements qui tiennent cette déplorable pratique en grand honneur? Si vous voulez que les lois soient obéies, soyez conséquent, n'exaltez pas d'une main ce que vous réprimez de l'autre[1].

Ce ne sont point là des théories, ce sont des vérités confirmées par les faits les plus concluants. Comparez, par exemple, l'Espagne et le royaume de Naples, pays où les moines subsistent, avec l'Angleterre, la Prusse et la France : il y a, depuis trois siècles, arrêt complet dans le développement économique des premiers, et au contraire progrès et progrès très-rapide chez les autres[2]. Si l'on objecte les différences de climat, de race, je citerai des pays dont les conditions sont égales de tout

1. Le comte de Cavour disait à ce propos au Sénat :

« La nécessité nous presse de pousser toutes les forces du pays dans les voies du progrès économique; avec les charges que nous avons, si nous négligeons la moindre de nos ressources, nous sommes coupables. Les institutions qui s'opposent à ce progrès pourraient être tolérées ailleurs; ici, les choses étant ce qu'elles sont, c'est impossible. Il faut accoutumer les populations au travail, et par conséquent supprimer la mendicité; et, pour la supprimer, il ne suffit pas de l'enregistrer comme un délit dans le code pénal, il faut que le peuple s'habitue à la regarder comme honteuse. Comment la conscience populaire s'éclairerait-elle sur ce point, lorsque tant d'établissements regardés comme très-respectables, et qui doivent être respectés tant qu'ils existent, ont la mendicité pour raison d'être? »

2. « Comparez, disait dans un autre discours le comte de Cavour, l'état économique, la condition civile des divers États de l'Europe, vous verrez que les résultats qu'ils ont atteints sont en raison inverse des moines qu'ils entretiennent. Voyez ce qu'ont fait les moines de l'opulent héritage de Charles-Quint. Tous les trésors de l'Amérique, tout l'or tiré des mines les plus riches qui aient jamais été connues, n'ont pas suffi à compenser le mal que les habitudes introduites par les moines ont fait à l'Espagne. Il faut en dire autant de Naples; autant et davantage peut-être du Portugal. Pour ne pas aller si loin, considérez les États qui nous entourent : comparez la situation économique du royaume lombard-vénitien, qui a été débarrassé des moines il y a longtemps, à celle des États du pape, et jugez des effets que peuvent produire des institutions semblables. »

point, et dans lesquels vous trouverez les mêmes contrastes ; par exemple, les différents cantons de la Suisse, les différentes villes rhénanes. J'en appelle à tous ceux d'entre vous qui ont voyagé dans l'Helvétie et sur les bords du Rhin ; chacun aura observé une différence de prospérité très-visible entre tel canton et tel autre, entre cette ville et celle-là. Si vous voulez rechercher les causes de cette différence, vous reconnaîtrez qu'elle provient généralement de ce que dans telle localité les ordres religieux ont été conservés depuis le moyen âge, et que dans telle autre ils ont été supprimés il y a plusieurs siècles. Cela est si exactement vrai, que la situation économique de ces pays peut, à mon avis, se déterminer par la formule mathématique suivante, laquelle, je l'espère, ne sera contestée par aucun des hommes spéciaux qui siégent dans cette Chambre : la prospérité économique des cantons Suisses et des villes du bassin du Rhin est en raison inverse de la quantité de moines qui s'y sont maintenus.

Je passe à un autre ordre d'idées. L'honorable Genina soutient, contrairement aux conclusions que je crois pouvoir tirer de ces raisonnements, qu'en tout cas ces ordres sont utiles à la société religieuse dont ils constituent l'un des éléments, et que nous devons par cela seul les conserver, puisque nous devons protéger la société religieuse[1].

1. « Voilà, s'écriait le comte de Cavour un jour qu'on lui faisait la même objection, voilà un argument dangereux pour la religion, et c'est mal la servir que d'affirmer que ses intérêts sont contraires à ceux de la société civile. »

Mais d'abord il faudrait prouver que ces ordres sont utiles à la société religieuse, ce que bien des faits démentent. Pour me borner à un exemple, la province de nos États où les moines sont en plus petit nombre, c'est la Savoie. Eh bien, je crois pouvoir affirmer, sans être contredit par les députés de cette province, que la Savoie est peut-être la partie de l'État où le clergé exerce le plus d'influence, où la religion a le plus d'empire... (Approbation.)

Une voix a gauche. Et peut-être un peu trop. (Oui, oui !)

Le Président du Conseil. Je ne dis ni trop ni peu, je dis qu'en Savoie le clergé a plus d'influence que dans les autres provinces de l'État, où il y a plus de moines.

Je suis donc en droit de penser que les ordres religieux que nous voulons supprimer, ne sont pas d'une grande utilité à la société religieuse, et qu'au contraire ils font tort à la légitime influence que la religion doit exercer[1].

On a tort, Messieurs, de nous accuser, à propos de

1. Il disait dans une autre occasion :

« Un grand fait s'est produit en Europe dans ces dernières années, un fait dont se sont réjouis tous ceux qui ont à cœur les intérêts de la religion. Dans plusieurs parties de l'Europe il s'est manifesté une vaste réaction, un retour général des esprits vers les doctrines religieuses. Mais où donc ce changement des classes éclairées s'est-il fait remarquer? Est-ce dans les pays où pullulent les ordres religieux? Non. En Espagne, dans les États romains, jamais la rupture n'a été plus complète entre les idées religieuses et celles qui sont l'âme de la société civile; c'est dans la savante Allemagne, dans la Belgique libérale, en France, en Angleterre, là enfin où ces débris du moyen âge ont été déblayés, que cette réaction s'est fait sentir. »

cette loi, d'être inconséquents avec les idées que nous professions quand nous siégions à la droite de cette Assemblée. La Chambre se rappellera qu'en 1850, alors que la discussion du budget démontra si clairement la nécessité absolue de pourvoir au besoin des finances, soit par de nouvelles charges, soit par des moyens extraordinaires, l'on s'imagina dans le pays que l'on pourrait remédier à la gêne du trésor par l'*incamération* des biens ecclésiastiques; cette idée fut acceptée avec empressement non-seulement par la presse, mais aussi par des corps qui ont une grande importance politique, par les conseils municipaux de plusieurs villes considérables et par un assez grand nombre de conseils provinciaux. Ce fut sous cette impression que s'ouvrit la session de 1851. Quelques jours auparavant, j'avais eu l'honneur d'être appelé à faire partie du ministère présidé par Massimo d'Azeglio, dont l'honorable comte de Revel vient de faire à juste titre l'éloge. Eh bien, dans la première séance de la Chambre à laquelle j'aie assisté comme ministre du Roi, quelqu'un mit sur le tapis, je ne me rappelle plus à quel propos, la théorie de l'*incamération;* sur l'invitation expresse de mes collègues, je me levai pour répondre, et je déclarai résolûment que le ministère était contraire à un tel système; mais aussitôt j'ajoutai que le ministère estimait devoir s'occuper de rendre plus équitable la distribution des revenus ecclésiastiques, qu'il croyait que cette réforme devait se faire à tout prix, autant que possible après un accord avec la cour de Rome, et par l'État tout seul si cet accord faisait défaut. Personne ne réclama contre mes paroles. La loi actuelle n'est que l'accomplissement de cette promesse, le résultat de cet engagement.

On a voulu aussi mettre en contradiction le ministre des finances qui a proposé cette loi, avec l'ancien député qui s'opposa, en 1848, à la suppression des ordres religieux demandée par le député Brofferio. Lors même qu'il serait vrai, Messieurs, qu'en 1848 j'eusse plaidé la cause des ordres religieux, tandis qu'en 1854 je viens vous en proposer la réforme, j'aurais du moins le mérite de marcher dans un sens contraire à celui où ont marché tant d'hommes politiques, car, en 1848, les idées de réforme des ordres religieux avaient beaucoup plus de vogue qu'elles n'en ont aujourd'hui. Mais cette contradiction, Messieurs, n'existe pas.

Il s'agissait en 1848, si je ne me trompe, de l'emprunt forcé et de l'emprunt à la banque de Gênes, au moyen desquels on avait obtenu 60 millions. L'honorable Brofferio vint à s'écrier : « A quoi bon les emprunts? A quoi bon le cours forcé des billets de banque ? Prenez les biens des corporations religieuses, réformez la circonscription des diocèses, vous aurez tous les fonds qu'il vous faut. » Je combattis sa proposition, ne croyant pas, alors comme aujourd'hui, qu'une réforme absolue, radicale, complète des ordres religieux fût d'une bonne politique. Je la combattis particulièrement au point de vue financier, parce qu'il était évident que la vente des biens des couvents, à cette époque, ne rendrait pas le dixième de ce qu'on en attendait.

On nous traite de révolutionnaires. Voulez-vous un exemple d'une mesure bien réellement révolutionnaire, celle-là, exécutée chez nous, et il y a peu d'années? C'est l'expulsion des jésuites et des sœurs du Sacré-Cœur, dans l'hiver de 1848. Si je la rappelle, ce n'est point pour en faire un reproche aux hommes honorables qui étaient alors au pouvoir, car je comprends, malgré mon aversion pour les actes révolutionnaires, qu'il survient quelquefois des circonstances où ils deviennent une douloureuse nécessité. Mais enfin la mesure avait en soi un caractère absolument révolutionnaire; elle fut appliquée sans aucun égard pour les personnes; les jésuites et les sœurs du Sacré-Cœur furent chassés de leurs maisons, sans qu'on pourvût en rien à leurs besoins; et ils le furent non pas légalement, mais par *motu proprio*, sous l'impression des tumultes de la rue; non point par des hommes portés aux réformes, mais par des personnages très-modérés qui avaient toujours, et à juste titre, été considérés comme favorables aux ordres religieux. Quelle différence entre cette mesure et celle qui vous est maintenant proposée! Je prie l'honorable comte Della Margarita et ses honorables amis d'y prendre bien garde; les foudres qu'ils lancent contre le ministère ne peuvent arriver jusqu'à nous qu'après avoir frappé d'abord, et bien plus cruellement, l'honorable comte de Revel[1]. (Bien! Hilarité.)

1. En juillet 1848, le comte de Cavour avait proposé d'excepter les jésuites polonais de la mesure qui expulsait la compagnie de Jésus du royaume, par la raison que ces religieux, entrés dans l'ordre malgré la défense et les pénalités portées par l'empereur de Russie, n'avaient plus de patrie. « Si quelqu'un, disait-il, est excusable d'être jésuite, ce sont ces quelques Polonais, venus au monde dans un pays sans liberté, où il

Il me reste maintenant, Messieurs, à parler de la question d'opportunité. (Écoutez, écoutez.) L'opportunité peut se considérer sous trois aspects : par rapport à la cour de Rome, par rapport à l'état général de l'Europe et, enfin, par rapport à la situation intérieure de notre pays.

Ce projet de loi serait inopportun, en ce qui concerne la cour de Rome, s'il existait quelque probabilité, dans un avenir prochain, d'un rapprochement entre elle et nous; car je n'hésite pas à répéter ce que j'ai dit souvent : il serait désirable que la réforme que nous proposons fût le résultat d'un accord avec Rome. La minorité mal disposée pour ce projet recevrait ainsi une satisfaction, et c'est évidemment un principe très-salutaire aux gouvernements constitutionnels de tenir compte non-seulement de la majorité, mais aussi, autant que possible, des minorités.

Mais qui donc peut encore se flatter de l'espoir que Rome se décide à s'entendre avec nous sur cet objet? A Dieu ne plaise que je veuille mettre en doute les sentiments de conciliation du vénérable pontife; je suis sûr que si le pape pouvait suivre l'impulsion de son cœur, s'il ne rencontrait pas des obstacles à peu près insurmontables dans la situation où il se trouve, il en viendrait aisément à cet accord si désiré. Mais les obstacles existent; ils proviennent de l'esprit qui domine mainte-

n'existe aucun moyen de s'éclairer sur la différence qui sépare la religion catholique de l'esprit jésuitique, et où, persécutés de même que les autres prêtres, les jésuites se confondent avec eux. » La Chambre repoussa cette proposition.

nant la cour de Rome, du parti qui, en Europe, se constitue le champion exclusif des intérêts catholiques.

Il est certain que les événements de 1848 et de 1849 ont amené une réaction de la part de la cour de Rome, et porté toute l'influence, tout le pouvoir du côté des moins avancés, des moins conciliants de ses membres. Ce n'est là, du reste, qu'un détail du vaste et déplorable plan de campagne adopté dans toute l'Europe par le parti soi-disant catholique, qui aspire à exploiter selon ses vues, par une sorte de monopole, les intérêts religieux. Partout en Europe, dans ces dernières années, ce parti a pris une attitude agressive et belliqueuse que je crois absolument contraire au véritable esprit de la religion. Remarquez les catholiques d'Angleterre : après avoir obtenu la pleine égalité des droits, leurs chefs, au lieu de chercher à se concilier l'opinion publique et à vivre en bonne harmonie au moins avec le parti libéral qui les avait toujours aidés, ont affiché, au contraire, des prétentions excessives, soulevé de nouveau contre eux l'opinion publique et mis en danger ces lois qu'ils avaient employé tant d'années à conquérir. Les mêmes faits se sont passés en Hollande, où les exigences déraisonnables du parti ultra-catholique furent cause de la chute d'un ministère libéral qui lui avait toujours été favorable, et ramenèrent au pouvoir les ultra-protestants. Il en a été à peu près de même dans presque toute l'Allemagne. Mais où la levée de boucliers a pris la physionomie la plus caractéristique, c'est en France; là le parti ultra-catholique, dans son zèle pour la réaction, ne connaît pas de mesure. Si vous avez suivi les discussions des journaux catholiques de France, vous aurez vu qu'ils ne se contentent pas de faire la guerre aux philosophes du XVIIIe siècle (guerre qui peut être approuvée jusqu'à un certain point), qu'ils s'attaquent aux lumières les plus éclatantes de l'Église gallicane au XVIIe siècle; vous aurez vu, chose extraordinaire, certains écrivains ultra-catholiques combattre également et Voltaire et Bossuet, condamner en même temps l'Encyclopédie et les quatre propositions de 1682. Voilà l'esprit funeste qui s'est emparé de la partie la plus active, la plus ardente du parti catholique. Eh bien, ce parti (il est douloureux de le dire) est très-influent en cour de Rome; et son influence ne peut que s'accroître encore, car il s'est posé en défenseur ardent des intérêts et des vues de cette cour, il n'a pas manqué par là de lui être agréable, et il en est écouté en raison même de l'exagération de ses doctrines.

Enfin, pour dire tout haut ma pensée, j'estime qu'en ce qui nous concerne présentement, ce n'est pas seulement le parti ultra-catholique des autres contrées de l'Europe qui travaille à envenimer et à aggraver nos dissentiments avec la cour de Rome, c'est encore le parti ultra-catholique de l'intérieur; les mauvaises dispositions de la cour de Rome dans nos négociations, sa promptitude à recourir à des moyens que je me permets de trouver extrêmes, lui ont été en grande partie suggérées par les hommes de notre pays qui professent les doctrines catholiques exagérées.

Or, Messieurs, on ne peut pas espérer que cet état des opinions en Europe se modifie de sitôt. Les choses changeront, à coup sûr, car tout mouvement excessif atteint bientôt sa limite et occasionne un retour en sens inverse; je ne redoute nullement ces fureurs de l'ultra-catholicisme (hilarité); je suis très-sûr que dans quelques années le courant s'arrêtera et se détournera nécessairement vers des idées beaucoup plus sages; mais cette salutaire réaction ne saurait être regardée comme prochaine; quelques années doivent s'écouler encore avant qu'elle se produise; la parabole n'est pas entièrement décrite, elle n'est pas arrivée à son point culminant. (Hilarité.) S'il nous fallait attendre un revirement dans les dispositions de ce parti, je craindrais que nos réformes ne se trouvassent renvoyées à une époque beaucoup plus éloignée que le pays ne l'entend. C'est pourquoi je ne crois pas que l'on puisse qualifier d'inopportune, par rapport à la cour de Rome, la mesure que nous proposons.

Examinons maintenant la situation politique de l'Europe : elle est de nature à fortifier nos résolutions. Les tendances mêmes du parti ultra-catholique prédisposent en effet la plupart des hommes d'État de l'Europe en faveur de quiconque cherche à soutenir avec fermeté et modération le principe de l'indépendance du pouvoir civil. Je pense que les exagérations dont je vous ai parlé sont précisément une des causes de l'intérêt qu'inspire généralement en Europe la lutte que nous soutenons; j'en vois chaque jour la preuve dans les feuilles, dans les livres qui nous viennent de France, d'Angleterre, de Belgique et d'une partie de l'Allemagne.

Mais lors même qu'il serait vrai, ce que je conteste

absolument, que nos réformes ne soient pas bien vues des cabinets, cette considération ne saurait nous arrêter. Les gouvernements étrangers ont bien d'autres soucis, bien d'autres préoccupations que ces questions de couvents (on rit); ils ont des affaires trop graves sur les bras pour donner beaucoup de temps à l'observation de nos petites discussions intérieures. A ce point de vue encore, rien ne peut faire taxer le projet d'inopportunité.

Mais ce qu'il faut surtout considérer, c'est notre situation intérieure. Je ne méconnais pas ce qu'il peut y avoir de fondé dans l'opinion émise par l'honorable député Genina, appuyée avec beaucoup de chaleur par l'honorable Ghiglini : ce n'est pas, disent-ils, un moment à choisir pour soulever des questions irritantes, que celui où le pays va prendre part à une grande guerre, où il entre dans une phase mal déterminée jusqu'ici, mais, à coup sûr, très-critique. — Cette observation aurait à mes yeux un grand poids si la question religieuse avait été pour la première fois posée par ce projet, si le pays avait joui jusqu'ici de la tranquillité la plus absolue, si un parti n'avait pas déclaré, au nom de la religion, une guerre acharnée au gouvernement, aux institutions nationales. Mais il y a des années que la lutte est engagée, il y a des années que le parti catholique extrême nous bat en brèche de toutes ses forces : les membres de cette Chambre se souviennent des polémiques des journaux cléricaux et, dans un genre plus sérieux, des soulèvements de la vallée d'Aoste. Le projet de loi sur les couvents a le petit inconvénient de rendre un peu plus acerbe le ton des polémiques; mais il n'accroît pas de beaucoup les rangs de nos adversaires.

D'ailleurs, pour obtenir cette paix que d'honorables députés invoquent avec des appels à la concorde qui me touchent profondément, il n'aurait pas suffi de retirer cette loi, il aurait fallu refaire en arrière tout le chemin que nous avons fait depuis 1848, et consentir à des concessions qui, à mon avis, répugnent d'une manière absolue à l'esprit de nos institutions. (Bien.)

Nous repoussons, dans tous les cas, le reproche qu'on nous a fait d'avoir, par cette loi, troublé l'union et suscité la division des esprits. Cette loi n'eût-elle pas été présentée par le ministère, la tranquillité n'en serait pas plus grande; la partie nombreuse de la population qui réclame depuis si longtemps cette réforme, qui la réclame par tous les moyens légaux que lui fournissent nos institutions, et qui ne s'en est jamais rapportée à nos promesses sur ce point, aurait continué de s'agiter, et à bon droit. Qu'en serait-il résulté? Vous auriez eu l'agitation cléricale comme par le passé et, par surcroît, l'agitation libérale. Beau moyen de ramener et de maintenir la calme dans le pays! (Bien, bravo!)

Messieurs, le seul moyen de pacifier les esprits, c'est d'accomplir la réforme proposée, parce qu'on ne réussira pas autrement à en finir avec cette question. Ceux mêmes qui voient tout en rose ne peuvent supposer que, le ministère une fois renversé, et un autre cabinet venant à retirer la loi, la question cesserait du même coup de préoccuper le pays. Tant qu'on inscrira au budget de l'État un million de francs pour le clergé, tant que la population saura que les revenus ecclésiastiques dépassent quinze millions, tant que vous conserverez intacte toute une armée de plus de dix-huit mille moines, n'espérez pas que les esprits se tiennent tranquilles. La grande majorité du pays insistera toujours pour que l'on raye du budget la somme allouée au clergé et que l'on réforme les corporations religieuses. Faites la réforme, le calme reviendra. Et pourquoi? Par une raison très-simple : c'est que l'expérience démontre que les effets d'une réforme de ce genre sont tout autres que ne les représentent ses adversaires, qu'ils sont sans inconvénients réels pour le clergé lui-même, et qu'au lieu d'être contraires aux intérêts de la religion, ils leur sont profitables. Faites la réforme, et vous aurez la paix.

Nous pouvons, jusqu'à un certain point, former des conjectures d'après notre passé. Quand nous discutions la loi sur l'abolition du *for* ecclésiastique, on vous peignait sous les couleurs les plus sinistres les effets qu'elle produirait; il semblait qu'on allât être contraint d'envoyer partout des carabiniers pour arracher les prêtres de leurs tribunaux et les traîner devant les nôtres, que les portes des églises couraient le risque d'être enfoncées; les tableaux qu'on faisait de ce qui allait se passer étaient épouvantables. Eh bien, Messieurs, de bonne foi, cette loi a-t-elle donc fait tant de mal à la religion, à ses ministres? Bien au contraire, ils y ont gagné; car chacun sait que, depuis ce temps, les ministres de l'autel, placés sous la garantie de la législation commune, ont joui de plus de crédit dans les transactions civiles et ont vu s'améliorer leur condition personnelle. Il en sera de même dans le cas présent. Après cette réforme, vous verrez le clergé plus influent, la religion plus respectée, et tous les hommes de bonne foi finiront par convenir, sinon ouvertement, en secret du moins, qu'au bout du compte c'était une bonne chose. (Bien.)

On a beaucoup cité l'Angleterre dans cette discussion : je lui emprunterai, à mon tour, un exemple. Au commencement de ce siècle, Guillaume Pitt parvint à effectuer l'œuvre de l'union législative de l'Irlande avec la Grande-Bretagne ; cet acte, qui fut accompli par des moyens que je ne veux pas justifier, souleva les haines, les ressentiments de toute la population catholique d'Irlande. Guillaume Pitt, animé d'un véritable sentiment de justice, inspiré des vues politiques les plus droites, crut devoir apaiser cette irritation en accordant aux Irlandais l'émancipation tant désirée; il la proposa au Parlement; mais, malgré l'autorité que lui donnaient les services publics par lui rendus, il ne put triompher des obstacles qu'elle rencontra auprès des grands pouvoirs de l'État. Ne pouvant donc tenir parole à l'Irlande, ne pouvant compenser par le bienfait de l'émancipation le préjudice fait aux catholiques, il renonça au pouvoir. Ses successeurs, moins habiles, ne purent gouverner que grâce à la guerre. Pitt, par patriotisme, ne leur fit pas d'opposition, et la réforme catholique resta ensevelie pour bien des années. Mais personne n'ignore quelles furent les suites de cette immense erreur politique ! Trente années de dissensions civiles, trente années de mauvaise administration, de misères souffertes, de sang versé, auraient probablement été prévenues si le Parlement anglais n'eût eu la faiblesse de sacrifier une grande réforme à des considérations trompeuses tirées de l'état de guerre où l'on se trouvait. (Bien.)

Je crois, Messieurs, vous avoir démontré que la loi que nous vous proposons est utile sous le rapport financier, plus utile encore sous le rapport économique, qu'elle n'est pas condamnée par la saine politique, et enfin qu'elle est opportune de tout point. Toutefois, il est un point de vue sous lequel la loi, je l'avoue, est peut-être inopportune, c'est celui des intérêts particuliers du ministère.

Incontestablement, Messieurs, la présentation de ce projet a attiré sur quelques ministres les colères les plus vives, les animosités les plus violentes; elle leur a fait perdre des amitiés chères et appréciées et a pu, jusqu'à un certain point, accroître les forces de leurs adversaires politiques. Tout cela pouvait être prévu, et (permettez que je vous le dise) nous l'avions prévu avant de vous soumettre cette loi; mais nous n'avons pas cru qu'il nous fût permis de nous mettre à couvert en différant un acte que nous regardons comme urgent et nécessaire; et, malgré la perte de nos amis, malgré le nombre croissant de nos ennemis, malgré les haines qui s'exaltent, nous ne regrettons pas la résolution que nous avons prise, et nous nous enorgueillirons toujours d'avoir sacrifié des considérations privées à l'accomplissement de ce que nous avons regardé et que nous regarderons encore comme un devoir sacré et rigoureux. (Vives marques d'approbation.)

2

Séance de la Chambre des députés du 23 février 1855.

..... S'il est des ordres religieux que nous jugeons nécessaires de réformer, il en est d'autres pour lesquels le moment ne nous semble pas venu de le faire. Nous vous avons manifesté l'intention de conserver quelques ordres qui se consacrent à la prédication, à l'instruction et à l'exercice de la charité.

Quant aux ordres de prédicateurs, mon honorable collègue du ministère de grâce et justice ne vous a pas caché que nous n'en voyons pas bien nettement l'utilité et que, s'il n'était indispensable de les laisser subsister pour obtenir plus facilement la suppression des ordres mendiants, nous serions assez disposés à les envelopper dans la mesure actuelle; mais quant aux ordres qui se vouent à l'instruction et à la charité, nous jugeons nécessaire d'éviter de les soumettre à une réforme radicale, ou même à une réforme trop étendue; outre les considérations financières, bien des considérations morales, économiques et sociales réclament cette exception.

Je n'ai aucune envie de faire l'éloge de l'éducation donnée par les corporations religieuses. Si j'avais des enfants, je proteste formellement que je ne les enverrais pas dans des établissements dirigés par des moines; mais je suis persuadé que, dans l'état où se trouve chez nous l'instruction publique, il y aurait de grands inconvénients à supprimer immédiatement les corporations religieuses qui s'y adonnent. Je sais que ma manière de voir sur ce sujet excite une médiocre sympathie sur plusieurs bancs de cette Chambre; mais j'ai toujours eu l'habitude de dire franchement ce que je pense, et je crois devoir exprimer encore une fois la conviction où je suis que, dans nos conditions actuelles, l'existence d'établissements religieux pour l'éducation peut être très-avantageuse.

En premier lieu, Messieurs, si vous supprimez ces établissements, un grand nombre de pères de famille qui, à tort ou à raison, ne partagent pas mes idées sur le mérite de ces institutions, enverraient probablement leurs enfants dans des maisons d'éducation situées à l'étranger, à peu de distance de nos frontières, et dirigées par des religieux d'un esprit bien moins large, bien plus rétrograde encore. C'est une probabilité dont il me semble qu'on doit tenir compte.

En second lieu, il en coûte peu de s'écrier : fondez de nouveaux établissements d'éducation! Mais, pour cela, ce n'est pas assez de la bonne volonté des municipes, des provinces, du gouvernement, ce n'est pas assez même du bon vouloir des pères de famille à envoyer leurs enfants dans ces colléges; il faut encore un ensemble d'éléments qui ne se rencontrent pas aisément, et je crois ne pas m'écarter de la vérité, ne pas manquer à ce qui est dû à ces municipes si dignes d'éloges, à ces provinces si méritantes, à ce grand nombre de personnes qui ont aidé à fonder des maisons d'éducation, en affirmant que jusqu'ici ces institutions ont, pour la plupart, laissé beaucoup à désirer. J'entends souvent, au conseil des ministres, mon collègue de l'instruction publique déplorer des faits fâcheux signalés dans tel ou tel collége ; j'entends tous les jours des plaintes sur le manque d'hommes capables dans tel ou tel établissement ; j'entends tous les jours des représentations sur la nécessité de remplacer tels ou tels professeurs et d'user de mesures sévères. Il n'y a rien là de surprenant, car il est clair qu'on n'improvise pas un corps enseignant et que ce n'est pas en quelques mois, ni même en quelques années qu'on peut tirer du néant une armée de directeurs, d'administrateurs et de professeurs.

Or, si nous avons rencontré tant de difficultés dans les créations récentes d'établissements d'instruction publique, qu'arriverait-il si la suppression des maisons religieuses d'éducation rendait nécessaire la fondation immédiate d'un grand nombre d'autres établissements de ce genre? Nous courrions le danger, nous serions même certains de manquer des bases indispensables au succès, et le résultat serait encore moindre que celui qu'obtiennent les maisons religieuses actuelles; il arriverait naturellement alors que l'opinion, contraire aujourd'hui aux maisons religieuses, serait amenée, par la comparaison, à les regretter, et qu'elle condamnerait, non pas la précipitation avec laquelle on aurait procédé, mais bien l'enseignement laïque en lui-même, ce qui serait extrêmement regrettable.

D'ailleurs, Messieurs, pour que l'éducation et l'instruction se développent avec rapidité et succès dans notre pays, je crois qu'il est bon qu'il existe à la fois des colléges laïques et des colléges ecclésiastiques; il s'engagera entre eux une émulation salutaire, et les uns et les autres chercheront à l'envi à gagner la confiance des pères de famille, soit en donnant un plus grand développement à l'étude des sciences et des lettres, soit en cherchant à rendre les enfants plus moraux et meilleurs. Je suis d'avis qu'en cela, comme en tant d'autres branches de l'activité humaine, la concurrence est un élément indispensable de prospérité. Cela peut se démontrer par des faits historiques. Dans les pays où l'on n'a admis qu'un seul genre d'établissements d'éducation, où l'on a organisé tous les colléges sur un modèle uniforme, on a obtenu de mauvais résultats : on a créé en quelque sorte une corporation laïque enseignante qui avait à peu près tous les inconvénients des corporations religieuses et qui, peut-être, n'en offrait pas tous les avantages. Il est donc de l'intérêt de l'enseignement laïque et du progrès civil (c'est une opinion profondément enracinée chez moi par dix années d'études et de méditations) que l'enseignement laïque ait pour concurrent l'enseignement religieux; je crois que l'expérience le prouvera. Craint-on que les colléges laïques ne puissent pas lutter contre l'enseignement religieux? Mais du moment où la commune, la province et le gouvernement favorisent l'enseignement laïque en lui fournissant des bâtiments, en lui accordant des subsides, et même, dans certains endroits, en concourant aux dépenses d'entretien, comment imaginer qu'il soit impuissant à soutenir la concurrence? Faites en sorte que l'enseignement laïque soit bien moral, bien organisé, et soyez certains qu'il l'emportera sur celui des corporations religieuses.

Je crois donc qu'il est bon de conserver nos maisons d'éducation religieuse, en les soumettant, bien entendu, aux règles établies par la loi pour toutes les maisons d'éducation. Tant que le principe de liberté absolue ne pourra pas être appliqué, tant que nous ne serons pas arrivés à un tel degré de civilisation que l'enseignement puisse être livré, sans restriction, à lui-même, je pense que la surveillance exercée par l'État sur l'enseignement laïque doit aussi s'étendre aux maisons religieuses.

Une des choses qui m'étonnent, c'est de voir s'élever des bancs de la gauche des protestations contre l'existence des congrégations vouées exclusivement à la charité.

L'honorable Valerio, si je ne me trompe, interpellant le ministère, s'est écrié : — Quelles suggestions, quelles pressions extérieures vous ont fait insérer dans le premier article de la loi une exception relative aux sœurs de charité et à celles de Saint-Joseph ? — Ma réponse, je l'espère, le satisfera. Non-seulement je puis affirmer que le ministère, et en particulier le ministre qui parle en ce moment, n'a point cédé à une pression étrangère, mais je déclare formellement qu'aucune pression, qu'elle vînt du parlement ou du dehors, ne saurait me déterminer à signer une loi qui supprimerait les ordres de charité. Je quitterais dix fois le ministère plutôt que de me rendre solidaire d'un acte qui, à mon avis, ferait un tort immense à notre pays aux yeux de l'Europe civilisée.

Oui, Messieurs, la suppression des sœurs de charité serait la plus grande des erreurs ; je regarde cette institution comme une de celles qui honorent le plus la religion, le catholicisme, la civilisation elle-même. J'ai vécu plusieurs années dans des pays protestants, j'ai eu des relations avec les hommes les plus libéraux de la religion réformée, je les ai entendus plusieurs fois envier hautement au catholicisme l'institution des sœurs de charité.

VALERIO. Qu'ils l'imitent.

LE MINISTRE DES AFFAIRES ÉTRANGÈRES. Je le répète donc, Messieurs, quoique je désire voir l'esprit de réforme pénétrer dans les institutions monastiques, quoique je sois persuadé que les besoins de l'époque et l'intérêt de la civilisation réclament la suppression de certains ordres, j'y renoncerais plutôt que de porter une main sacrilége sur l'institution des sœurs de charité.

Il serait peu convenable, en fait de charité, de faire des comparaisons, d'apprécier l'utilité plus ou moins grande des personnes qui s'y vouent. J'invoque seulement, en faveur de l'efficacité particulière de l'œuvre des sœurs de charité dans les hôpitaux, le témoignage des Anglais. Tous, whigs, tories, radicaux, rendent justice aux immenses services que les sœurs de charité ont rendus dans les hôpitaux militaires en Orient; tous (lisez leurs journaux), tous proclament l'immense supériorité des hôpitaux dirigés par les sœurs de charité sur ceux qu'a dirigés, avec beaucoup plus de dépenses, l'administration anglaise. Il me semble, en outre, Messieurs, que les respectables sœurs exercent la charité comme on doit l'exercer dans notre siècle. Elles la pratiquent d'une manière tout autre que ne font les ordres mendiants; elles ne font pas, à leur porte, ces distributions sans discernement dont a parlé avec beaucoup de justesse l'honorable Robecchi; elles accomplissent le devoir de la visite des indigents, elles n'encouragent pas l'oisiveté, elles visent à faire sortir peu à peu les pauvres de la misère.

Je ne puis non plus partager l'opinion du député Valerio sur la manière dont les sœurs de charité pratiquent l'enseignement populaire. J'ai eu l'occasion de m'occuper (bien avant que l'on parlât ici de constitution et de réformes) des établissements d'éducation populaire. Ces établissements furent fondés par une société dont faisait partie l'honorable député Valerio ainsi que moi. Je m'en souviens, moi aussi je fis mon possible pour empêcher que l'on nous imposât les sœurs de charité; je n'avais alors aucun penchant pour elles. Néanmoins, comme l'on en fit une condition absolue de l'approbation de notre société, nous fûmes obligés de nous y soumettre. L'expérience m'a démontré que si l'on avait eu tort de nous contraindre d'autorité à admettre ces sœurs, nous avions eu tort aussi de les considérer comme nuisibles.

Je crains peu, Messieurs, l'influence politique que peuvent exercer les sœurs de charité et les autres ordres qui se vouent à l'instruction populaire. En vérité, j'ai eu beaucoup de rapports avec les sœurs de charité, et je n'ai jamais vu qu'elles s'occupassent de politique; je ne me suis jamais aperçu qu'elles eussent des tendances vers un parti plutôt que vers l'autre; elles mènent une vie trop active, elles se consacrent trop exclusivement aux œuvres de bienfaisance pour prendre quelque intérêt à la politique. Ce n'est pas cet ordre, Messieurs, qui pourra exercer quelque influence sur nos affaires, tant que nous aurons des institutions libres, que nous serons en possession de la liberté de la parole, de la liberté de la presse.

Si, au siècle dernier, alors que la liberté n'était qu'un mot, alors que les ordres religieux étaient bien plus nombreux, bien plus riches, bien plus influents qu'ils ne le sont aujourd'hui, l'esprit de civilisation et de progrès a pu venir à bout de renverser l'ancien édifice social, comment pourrions-nous, aujourd'hui que nous avons pour nous toutes les forces de la pensée librement exprimée, comment pourrions-nous craindre l'influence de congrégations qui, à plusieurs égards, ont une utilité incontestable? Pour moi, je suis tranquille là-dessus. Il pourra bien arriver que, dans ces écoles, les jeunes gens contractent des dispositions peu conformes à l'esprit de liberté; mais l'atmosphère dont ils se trouveront environnés en sortant dissipera promptement ces traces de cléricalisme.

Je vois qu'il existe en Amérique un grand nombre d'écoles dirigées par des religieux. Dans l'Amérique du Nord, par exemple, le chiffre des établissements de ce genre, tant pour les hommes que pour les femmes, surpasse de beaucoup, proportion gardée de la population, celui de nos établissements d'éducation religieuse. Il ne paraît pourtant pas que l'esprit libéral des Américains en ait été modifié.

En vous expliquant les raisons qui déterminent le ministère à repousser l'amendement du député Robecchi[1], je

1. M. Robecchi avait proposé de n'excepter de la suppression que les ordres ou corporations « voués à l'assistance des malades, indépendants de l'étranger, et astreints seulement à des vœux annuels. »

vous ai indiqué, par là même, quels sont les ordres que nous jugeons nécessaire de conserver, par égard pour les besoins actuels des populations, sans altérer néanmoins la portée de la loi.

Du reste, les ordres enseignants et les ordres qui exercent la charité ne comptent pas parmi les plus riches. S'il en eût été autrement, nous aurions essayé, sans en demander la suppression, de chercher une autre combinaison pour atteindre notre but financier. Mais, dans l'état des choses, la Chambre concevra que je ne m'écarte point des principes que j'ai exposés dans la discussion générale, en déclarant ici que l'adoption de l'amendement Robecchi serait regardée par le ministère comme un rejet de la loi entière. (Mouvements en sens divers.)

3

Séance du Sénat du 25 avril 1855.

Messieurs les sénateurs, les divers orateurs qui sont venus combattre le projet de loi avec une chaleur, pour ne pas dire une passion inaccoutumée, l'ont condamné comme contraire à la religion et au droit de propriété, comme conduisant à l'application des doctrines socialistes et communistes, comme violant des pactes formellement sanctionnés entre l'État et l'Église, et finalement comme odieux, révolutionnaire et ruineux.

Je n'essayerai pas de combattre une à une toutes ces graves accusations. Et d'abord ce n'était pas et ce n'est pas mon intention de disculper le projet d'être contraire au catholicisme. De même, après les éloquentes paroles prononcées ici par les éminents jurisconsultes qui ont appuyé ce projet de loi, toute autre considération du même ordre serait superflue.

Toutefois, je dois malgré moi m'arrêter un instant à la proposition étrange émise par le sénateur Brignole Sales, dont la voix vient de se faire entendre pour la première fois dans cette enceinte. Le préopinant a dit qu'il lui suffisait, pour condamner le projet, du jugement qu'en a porté le souverain pontife. Il a déclaré que toute discussion lui paraissait inutile après une telle décision, regardée par lui comme sans appel.

En vérité, Messieurs, je crois que l'honorable sénateur n'a pas attaché à ses paroles le sens littéral qu'elles ont, car s'il en était autrement, je ne saurais comprendre comment il pourrait concilier son opinion avec le serment qu'il a prêté au Statut.

En effet, le souverain pontife ne s'est pas borné à condamner le projet de loi dont nous nous occupons; en prononçant son *monitorio*, et dans d'autres circonstances, il a condamné plusieurs principes qui font partie intégrante et intangible du Statut fondamental. La cour romaine a condamné la liberté de la presse, et la liberté de la presse est proclamée et sanctionnée dans le Statut; le souverain pontife a condamné toute liberté d'enseignement, et nos lois organiques la contiennent en germe. Je veux donc croire que l'honorable préopinant a donné à ses paroles un sens qui nous échappe et qu'il a découvert le moyen de concilier cette manière de voir avec son serment; mais je tiens cette conciliation pour très-difficile, et je ne m'étonne pas qu'il ait mis sept ans de réflexions silencieuses à la chercher. (Très-bien.)

Je passe, Messieurs, à l'accusation de violation du droit de propriété. J'avais l'intention de mettre sous vos yeux la différence qui existe entre les diverses sortes de propriétés, mais ce sujet a été épuisé par l'honorable sénateur Gioja. Je me bornerai donc à de très-courtes réflexions.

Que la propriété soit le fondement de la société, c'est une vérité incontestable; d'abord parce que le droit de propriété peut être considéré comme un droit naturel, et surtout parce que l'exercice de ce droit est une condition indispensable du progrès, de l'existence même de la société civile.

Mais, comme on nous l'a fait observer, de ce que le droit de propriété est sacré, il ne s'ensuit pas que ce droit doive être sans limites. Nous voyons même qu'au fur et à mesure que la société civile progresse, le droit de propriété se trouve mieux défini et plus limité. A d'autres époques, on a reconnu au propriétaire le droit non-seulement de disposer de ses propres avoirs durant sa vie et de les transmettre par des actes de dernière volonté, mais encore d'en entraver, d'en restreindre l'usage pour des siècles, en en soumettant la jouissance à certaines conditions déterminées. Une telle extension donnée au droit de propriété était absolument contraire aux intérêts économiques et sociaux; il n'y a pas, en effet, de vérité mieux établie en économie que la nécessité, pour le progrès social d'un peuple, de la libre disposition de la propriété; aussi, dans toutes les sociétés avancées, dans toutes les législations modernes, ces extensions du droit de propriété ont été d'abord limitées, puis abolies, et je crois pouvoir dire qu'une des conditions absolues du droit de propriété, c'est que ce droit ne puisse s'étendre indéfiniment au delà des limites du tombeau.

Ces mêmes principes, Messieurs, qui ont fait abolir les priviléges excessifs attachés jadis à la propriété, doivent être appliqués aux priviléges attachés jusqu'ici aux possessions des corps moraux.

Permettez-moi de vous rappeler quelle différence il y a entre la propriété attribuée aux corps moraux tels que les corporations religieuses, et la propriété collective qui appartient à la société dans son ensemble.

Il existe, au sein de la société, un ensemble de personnes qui ont le droit de disposer absolument de la propriété elle-même; non-seulement chacun des membres qui le composent peut disposer à son gré de la fraction de propriété qui lui appartient, mais l'ensemble des propriétaires peut faire ce que bon lui semble de la totalité de l'avoir social; d'où il suit que la propriété de cet avoir n'est point immobilisée. Mais chez les corps moraux, l'état des choses est bien différent; la propriété, chez eux, n'implique pas le droit de chacun de leurs membres à disposer même d'une partie de l'avoir commun; si donc la propriété attribuée à ces corps était intangible, il en résulterait qu'elle serait absolument immobilisée de toute façon, au préjudice évident de la société tout entière. Une telle absurdité, je me hâte de le déclarer, n'a jamais été soutenue par mes honorables adversaires ; ils ont reconnu qu'on pouvait disposer de cette propriété avec le consentement de l'Église. J'ai donc le droit de dire qu'il n'y a plus ici une question de propriété, mais seulement une question canonique, celle de savoir si, pour disposer des biens des corporations religieuses, le concours du souverain pontife est absolument nécessaire. Comme je ne veux pas traiter la question religieuse, je me rapporte aux démonstrations qui ont déjà été données; il me suffit d'avoir écarté l'accusation de violation du droit de propriété.

Mais on lui en adresse une autre beaucoup plus grave; on prétend qu'en voulant frapper d'une imposition graduelle les biens des corps moraux, nous introduisons dans la législation le fatal principe de l'impôt progressif, système qui pourrait entraîner les plus funestes conséquences, s'il venait à être appliqué peu à peu, à la légère, sans qu'on prît grand souci de ses suites possibles; système qui pourrait développer parmi nous les germes des doctrines connues sous le nom de socialisme et de communisme.

En vérité, si ce projet de loi contenait un principe, quelque éloigné qu'il pût être, d'où l'on pût conclure à l'application de ces funestes doctrines, à la théorie de l'impôt progressif, je serais le premier à le combattre, et ce ne serait pas la première fois que j'aurais parlé dans ce sens. Mais vous pouvez vous convaincre, Messieurs, qu'il n'en est pas ainsi : premièrement, en examinant la nature des possessions qui doivent être frappées par l'impôt proposé; en second lieu, en observant que les seuls arguments solides que l'on puisse invoquer contre l'impôt progressif viennent à l'appui du projet ministériel.

Les biens d'institution religieuse ne sont pas de vraies propriétés; le bénéficier ne peut pas disposer de ces biens comme ferait un propriétaire, il ne le peut pas même comme un usufruitier, car celui-ci est le maître sans condition du revenu de l'usufruit, tandis que le bénéficier ne peut s'approprier le revenu du bénéfice qu'en s'obligeant à remplir certaines conditions. Ce n'est pas là une vraie propriété, ce n'est qu'une compensation allouée pour certains services rendus à l'Église et à l'État. Je ne puis considérer autrement le bénéfice, et je me fonde en cela sur la nature même des choses, comme aussi sur la volonté présumée des fondateurs; car il serait absurde de supposer que celui qui lègue ses biens à telle église, à tel bénéfice, ait en vue de favoriser un individu de préférence à un autre, et non pas plutôt d'assurer aux ministres de l'Église les moyens de remplir convenablement leur ministère.

Donc, en regardant le revenu des bénéfices comme une compensation pour les services rendus par les ministres du culte, je crois que, d'après les changements produits par le temps, d'après les exigences du service même de l'Église, l'on peut et l'on doit varier dans certaines limites la distribution de ce revenu. Mes honorables adversaires eux-mêmes sont en ceci d'accord avec moi, car ils reconnaissent presque tous qu'il y a quelques réformes à opérer, et qu'il est certainement possible d'améliorer la répartition des revenus ecclésiastiques; ils disent seulement que nous ne devons le faire qu'avec le concours du chef suprême de l'Église.

Cela étant, il est clair qu'en modifiant dans des limites modérées la répartition actuelle des revenus ecclésiastiques, on ne violera pas plus le droit de propriété qu'on ne l'a fait lorsque, postérieurement à la promulgation du Statut, on changea l'échelle des appointements de nos magistrats; personne n'accusa le gouvernement, le parlement, de violer la propriété, de méconnaître les droits acquis, lorsque, en présence des besoins suprêmes de l'État, on diminua, et de beaucoup, les traitements alloués à cette vénérable et savante magistrature. De même, ici, l'on ne peut pas dire qu'on viole les droits acquis, que la société manque aux promesses faites aux personnes qui se sont consacrées dans leur jeunesse au sacerdoce; je croirais en effet commettre une immense injustice si je supposais qu'on n'entre dans le sacerdoce que dans l'espérance d'occuper plus tard une stalle au chapitre de San-Gaudenzio de Novare, ou de jouir des opulents revenus de la *Mense* de Turin.

Je suis donc fondé à affirmer que, vu la nature des possessions que cette loi doit frapper, il ne peut être question d'un empiétement de l'impôt progressif sur le droit de propriété; mais je vais le démontrer encore d'une manière plus directe, et je suis obligé, à ce propos, de demander au Sénat la permission d'exposer quelques considérations économiques.

Quelques études que j'aie faites sur la question si difficile de l'impôt progressif, je n'ai jamais trouvé contre lui qu'une seule raison solide; cette raison se fonde sur les effets de cet impôt, non pas à l'égard des individus qu'il frapperait, mais à l'égard de la société considérée dans son ensemble, et spécialement à l'égard des classes qu'on aurait en vue de favoriser en l'établissant. Je déclare nettement qu'il est difficile de démontrer l'injustice absolue de l'impôt progressif; mais en se portant sur le terrain économique, on peut démontrer mathématiquement et logiquement que les effets en sont funestes.

Voici le raisonnement qui renverse, à mon avis, tout l'édifice de l'impôt progressif.

Il est une vérité que personne ne conteste, c'est que la société ne saurait, je ne dis pas prospérer, mais se soutenir si chaque année un grand nombre d'individus ne créaient dans son sein de nouveaux capitaux, c'est-à-dire n'économisaient sur leurs propres ressources; d'un côté, en effet, le progrès matériel n'est réalisable que par la formation de nouveaux capitaux; de l'autre, il existe malheureusement partout des individus qui, frappés par des revers ou contractant des vices, détruisent par là des capitaux, et si d'autres ne reformaient ces mêmes capitaux, la société, au bout d'un certain temps, menacerait ruine.

Et cette création incessante de capitaux, nécessaire à la classe des propriétaires et des capitalistes, l'est bien plus encore à la classe la plus nombreuse, à la classe ouvrière; car, il faut toujours le redire, le salaire est en raison du nombre d'ouvriers et de la quantité des capitaux affectés à faire travailler les ouvriers; si donc vous faites croître les capitaux plus rapidement que ne s'accroît le nombre des ouvriers, vous élevez les salaires, vous améliorez la condition de cette classe. Ainsi, l'accroissement des capitaux est le plus grand service qui puisse être rendu à la classe ouvrière.

Or, Messieurs, l'effet principal de l'impôt progressif est d'arrêter le mouvement de formation du capital. Cet impôt augmente le sacrifice, la privation de celui qui fait des épargnes; il jette de la défaveur sur celui qui accroît sa propre richesse; il tend à faire pénétrer dans la société l'idée que le riche est en quelque sorte un être nuisible qu'il faut surtaxer, et par conséquent il détourne des sacrifices nécessaires pour l'épargne, qui fait la richesse. Il doit amener par là, au lieu de progrès, une décroissance prompte et rapide des ressources sociales, et il menace encore plus la classe souffrante dont le sort ne peut s'améliorer que par l'accroissement des capitaux, que les classes aisées qu'il frapperait directement.

Mais ces graves inconvénients de l'impôt progressif appliqué à la propriété individuelle, croyez-vous qu'ils se produiront lorsqu'il sera appliqué aux biens des corps moraux? Certainement non; et je crois que, là-dessus, la majeure partie de mes adversaires sera de mon avis. Personne ne fait des vœux pour l'accroissement des biens de main-morte, personne du moins n'a eu le courage de manifester un tel désir. Si donc l'impôt en question doit avoir sur les propriétés de main-morte des conséquences identiques à celles qu'il aurait certainement à l'égard des propriétés privées, c'est-à-dire s'il empêche ces propriétés de s'accroître, je crois que tout le monde s'en consolera, y compris les membres de la minorité du bureau central. (On rit.)

Je passe au reproche que nous a adressé plus particulièrement le vénérable archevêque de Chambéry, de violer la foi jurée.

Il a dit qu'en faisant disparaître du budget la somme de neuf cent et quelques mille francs qui y figurait jusqu'ici à titre de suppléments de *congrues* accordés aux curés, nous romprions des engagements solennellement contractés; il a ajouté que cette allocation constitue une véritable dette, qu'elle est la conséquence d'une obligation formelle dont il a cherché l'origine dans le concordat de 1801 et dans les pactes de 1828, le gouvernement du roi Charles-Félix s'étant obligé en 1828 à donner annuellement aux curés, à titre de suppléments, une certaine somme déterminée.

Ici, pour répondre d'une manière satisfaisante, il faut recourir aux principes du droit civil; je vais le faire, quoique ces principes ne me soient pas très-familiers.

Il ne peut exister de contrat là où il n'existe pas des deux parts une concession réelle, un véritable sacrifice. Or je dis que dans le concordat de 1828 le saint-siége n'a donné aucun correspectif de ce qui lui était concédé.

Ce n'est pas que je désapprouve les dispositions prises alors par le gouvernement en vue de pourvoir à la dotation des curés insuffisamment rétribués; ne croyant pas avoir à sa portée d'autres ressources, il faisait bien, en somme, de pourvoir comme il savait le faire aux besoins de ces prêtres; mais je nie que la mesure qu'il adopta puisse être regardée comme un engagement absolu envers la cour de Rome, puisque celle-ci, je le répète, ne donnait rien en échange.

En effet, Messieurs, quel est l'équivalent que le saint-siége a fait figurer dans ces accords? C'est la faculté accordée au gouvernement de continuer, pour un temps indéterminé, pour toujours si vous voulez, à lever des impôts sur les biens de l'Église. Je demande si c'est là un équivalent sérieux? L'Église était bien libre d'accorder ou de refuser son assentiment à l'impôt; mais ce que je n'hésite pas à affirmer, c'est qu'il n'était pas au pouvoir du prince de se dépouiller du droit de taxer les biens de l'Église; le prince eût-il voulu aliéner cette partie du pouvoir royal, notre magistrature aurait déclaré nulle l'aliénation. Je répète donc que le contrat de 1828, où, d'une part, il n'y a pas eu de concession véritable, est nul pour l'autre part.

L'argument le plus grave est tiré du concordat de 1801. Là, il est vrai, il y eut échange réciproque de concessions, par conséquent, contrat. Mais il faut ici que j'exprime à l'honorable sénateur Billiet ma surprise de le voir invoquer un titre pareil. Du moment, en effet, où il admet que le concordat de 1801, signé par la France, ne peut être modifié par la Sardaigne, du moment où il pense que cet acte a été placé sous l'égide des puissances qui ont signé le traité de Vienne, qu'il me permette d'observer que dès lors le concordat doit pouvoir être invoqué, non-seulement par le clergé pour le maintien de ses droits, mais encore par les laïques pour la revendication des leurs. Si le gouvernement du Roi, qui a succédé au gouvernement français, ne peut s'écarter du concordat de 1801 sans violer des engagements pris à l'égard de la Savoie, il me semble que les populations laïques de la Savoie ont par là même le droit d'invoquer ce même concordat en tant qu'il leur est favorable.

Mais toutes les fois que le concordat de 1801 a été modifié par le gouvernement dans un sens favorable au clergé, le clergé a applaudi; aujourd'hui qu'on propose une modification bien modérée dans un autre sens, le clergé proteste au nom de principes qu'il ne songeait pas à rappeler hier. Ce n'est pas logique.

Toutefois, pour prouver à l'honorable archevêque de Chambéry combien nous sommes loin d'être contraires à un arrangement raisonnable, je promets que, s'il réussit à persuader à ses collègues de l'épiscopat ainsi qu'au saint-siége qu'il serait avantageux pour la religion de rétablir dans nos États le concordat de 1801, non-seulement j'y consentirai pour ma part, mais je m'engagerai formellement à proposer de maintenir, dans le prochain budget, les allocations au clergé de Savoie, et de les élever même à la proportion qu'elles ont atteinte en France.

Il ne me reste plus qu'à examiner le dernier reproche fait à ce projet : on l'a traité de révolutionnaire. Mais quand est-ce qu'une mesure a un caractère révolutionnaire? Quand elle détruit tout un ordre d'institutions, sans distinguer celles qui sont utiles de celles qui ne le sont pas; quand elle ne tient pas compte des droits acquis et des intérêts individuels; quand elle sacrifie des intérêts considérables à des maximes absolues, ou encore quand elle paraît comme arrachée au pouvoir par les exigences violentes des partis. La loi en question a-t-elle un seul de ces caractères? Les temps sont tranquilles; rien ne trouble les abords de l'enceinte parlementaire; désirée vivement par le pays, destinée à prévenir des désordres que rend possibles l'impatience publique, cette réforme n'a pourtant donné lieu à aucune manifestation illégale; tout permet au Sénat de la juger sans prévention, — ce qu'il ne pourrait pas faire, j'en conviens, si l'émeute grondait dans la rue, car les meilleures mesures sont comme entachées d'un vice originel quand elles ont l'air de concessions forcées faites à la foule ameutée.

L'honorable archevêque de Chambéry, le maréchal de Latour, le sénateur Brignole-Sales et, je crois, le sénateur de Maugny ont, tour à tour, évoqué le spectre de 1793; ils ont dit que les réformes de 1789 ont été proposées par des hommes relativement modérés, mais qu'à ceux-ci ont bientôt succédé les hommes sans principes et sans frein qui ont fait la Terreur.

Messieurs, je fais le plus grand cas des leçons de l'histoire; mais je crois qu'en cette circonstance les honorables préopinants ont commis une erreur de date. En 1789, l'ère des réformes régulières et modérées était passée, et l'on inaugurait celle des réformes violentes et révolutionnaires; l'Assemblée constituante ne délibérait pas au sein d'un peuple tranquille, en présence d'un pouvoir qui attendît avec confiance les déterminations des représentants du peuple; elle délibérait au milieu d'un peuple déjà en révolution. La plupart des lois votées par cette illustre Assemblée l'ont été après les désordres du 14 juillet, après la prise de la Bastille, après les scènes déplorables d'octobre à Versailles.

C'étaient des temps difficiles pour réformer la société

par des moyens pacifiques, légaux, réguliers. On y serait parvenu si Louis XVI, prince d'un caractère excellent, mais malheureusement trop faible, avait su, au commencement de son règne, suivre l'impulsion de son cœur et continuer à écouter les sages conseils des hommes qu'il avait d'abord appelés aux affaires; oui, la révolution aurait été probablement évitée, la France n'aurait pas eu à déplorer les horreurs de 93, si Turgot et Malesherbes n'eussent été abandonnés par leur souverain. Quand ces deux hommes étaient au pouvoir, la société n'était pas ébranlée dans ses fondements, l'esprit révolutionnaire ne s'était pas déchaîné sur elle; on pouvait encore, sans la bouleverser de fond en comble, apporter des remèdes efficaces aux immenses abus qui l'accablaient. Mais ces hommes sagaces et vertueux furent repoussés avant d'avoir pu effectuer les réformes qui pouvaient tout sauver. Leurs successeurs s'obstinèrent à empêcher toute amélioration sociale, à maintenir en tout, dans la société civile comme dans la société ecclésiastique, les abus du moyen âge, légués à la France par le despotisme de Louis XIV et de Louis XV; il s'ensuivit les faits que vous avez rappelés.

Il faut donc, Messieurs, attribuer la responsabilité des malheurs de 1793, non pas aux illustres et infortunés politiques de 1789, aux membres de la grande Assemblée qui a proclamé ces principes de liberté qu'il n'est plus possible d'effacer du code des nations, — mais bien aux hommes qui s'opposèrent à toute réforme dès le commencement du règne de Louis XVI, à ces prélats orgueilleux, à ces courtisans qui accusaient Turgot et

Malesherbes, comme on nous en accuse maintenant, d'être des novateurs, des révolutionnaires.

Je ne récuse pas non plus l'exemple de l'empereur Joseph II, que l'honorable sénateur Brignole a si durement jugé. Je ne me ferai pas, avec l'honorable sénateur Mameli, l'apologiste de ce prince; j'admets que plusieurs de ses actes méritent un blâme sévère; mais je reconnais aussi que Joseph II et, avant lui, Marie-Thérèse, surent opérer dans toutes les branches de l'administration civile et ecclésiastique d'importantes réformes, lesquelles contentèrent de légitimes désirs et préservèrent, pour plusieurs années, la monarchie autrichienne de tout péril. Je désapprouve, je me hâte de le dire, toute cette partie des lois de Joseph II qui tend à enchaîner si étroitement la liberté de l'Église; ami de la liberté, je la veux aussi pour l'Église; mais je ne m'émeus point des louanges qu'on se plaît à accorder à la nouvelle législation ecclésiastique mise en vigueur en Autriche. Jusqu'ici, cette législation a beaucoup moins de réalité dans les faits que sur le papier; du reste, je suis bien convaincu que notre clergé perdrait infiniment à être soumis au régime actuellement établi au delà du Tessin.

Messieurs, un dernier mot, et je finis.

Quelques sénateurs ont fait entrevoir que cette loi exciterait de l'agitation dans le pays. Mais, d'abord, j'ai trop de confiance dans le bon sens, dans le patriotisme de l'épiscopat et du clergé national pour croire que certaines menaces faites à la légère puissent être mises par lui à exécution. Si pourtant cela arrivait et que l'agitation dépassât certaines limites, le Sénat devrait se souvenir que ce n'est pas la première fois que des luttes fatales se sont engagées entre le principe libéral, le principe du progrès, et le principe de réaction revêtu du manteau religieux. Au XVIIe siècle, en Angleterre, le parti réactionnaire, dirigé par les jésuites, déclara une guerre acharnée aux idées de liberté, de progrès; le résultat fut la catastrophe où se perdit la dynastie des Stuarts. A une époque récente, après la Restauration, en France, un prince éclairé et prudent avait réussi à renouer la chaîne des temps, à rétablir l'harmonie et la paix entre l'ancienne société et la nouvelle; mais son successeur s'étant livré tout entier à un seul parti qui, sous le prétexte de favoriser les intérêts de la religion, combattait toute tendance au progrès et à la liberté, il s'engagea une lutte qui finit par la chute du vieux trône des Bourbons.

J'espère, Messieurs, qu'instruit par l'histoire, notre vénérable clergé ne voudra pas suivre les exemples que je viens de rappeler; dans tous les cas, la sagesse des grands pouvoirs de l'État saurait prévenir les conséquences d'une telle conduite.

4

SUITE DE LA MÊME DISCUSSION.

Séance du Sénat du 9 mai 1855.

... Ce n'est pas la religion seule qui a été invoquée contre le projet, c'est la liberté elle-même. On a dit que cette loi prive de sa liberté toute une classe de citoyens; qu'elle accomplit un grand acte de centralisation; qu'elle a le despotisme pour fin, sous des apparences libérales.

Il a été répondu à cela que le gouvernement n'entend, par la présente loi, lier ou gêner en rien la liberté des citoyens; qu'il ne prétend en aucune façon défendre qu'on s'associe pour vivre sous telles ou telles règles religieuses; qu'il ne veut aucunement frapper d'une pénalité les personnes qui voudront pratiquer les maximes de la vie monacale. Tout en reconnaissant l'inutilité, le caractère nuisible des ordres qui ont survécu au moyen âge, le gouvernement croit qu'une fois qu'on leur aura ôté la personnalité civile, ils ne pourront plus exercer une influence morale ni prendre un développement dont l'État ait à s'inquiéter. Associés, les membres de ces ordres nuisent directement à la société; il en est autrement s'ils sont isolés. Leur action fâcheuse, telle que j'ai dû la décrire au Sénat, a sa source dans l'ensemble de leurs institutions, dans l'esprit commun qui les dirige, dans l'extension qu'ils ont acquise. Je repousserais sans hésitation le projet si j'y voyais quelque atteinte à la liberté des citoyens...

Une autre crainte encore a été manifestée; c'est que cette loi, en sanctionnant le principe de la liberté d'association, ne fasse surgir des congrégations religieuses en beaucoup plus grand nombre que nous n'en avons aujourd'hui; comme exemples, on nous a cité la Belgique et la France. Je réponds que nous sommes contraires non à toutes les congrégations religieuses, mais à celles qui ne répondent plus à l'esprit et aux besoins de notre temps, à celles qui, établies à d'autres époques, ont rempli l'office voulu par leurs fondateurs et se trouvent aujourd'hui en opposition directe avec l'état de la société soit civile, soit religieuse. S'il est des besoins, dans la société actuelle, qui réclament la formation de confréries religieuses, si celles-ci se constituent spontanément et librement, loin d'y voir un mal, nous l'envisagerons comme un véritable progrès. Si la loi en question doit faire qu'au lieu de capucins et de mineurs-observants, nous ayons de nouvelles congrégations de sœurs de charité, de sœurs de Saint-Joseph, nous croirons avoir accompli l'œuvre la plus sainte qui fût en notre pouvoir.

Je n'ignore pas que la liberté, en fait de sociétés religieuses, peut faire naître des abus; on est allé, à cet égard, en Belgique et en France, au delà des bornes de la raison; mais je n'en suis ni étonné ni effrayé. A une révolution terrible contre les idées religieuses succède une réaction religieuse qui peut excéder les limites du raisonnable; mais je suis certain que la liberté elle-même tempérera les effets excessifs de cette réaction, et qu'avec le temps, bientôt peut-être, celles d'entre les congrégations religieuses qui sont les filles de la liberté rentreront dans des voies où elles seront utiles à la société civile.

5

SUITE DE LA MÊME DISCUSSION.

Séance du Sénat du 22 mai 1855.

Je ne puis laisser passer sans réponse — ou, pour mieux dire, sans une protestation solennelle — ce que vient de dire l'honorable maréchal de Latour. Il a assuré que les masses s'opposaient de tout leur pouvoir à l'adoption de cette loi. En vérité, je trouve étrange que le représentant de l'opinion ultra-conservatrice dans cette enceinte fasse appel au pouvoir des masses. Déjà une autre fois, au commencement de cette session, en invitant le ministère à proposer l'abolition de la loi sur le libre échange, il m'a menacé de la fureur populaire. Je répondis que, fidèle aux principes que j'avais toujours professés et que le Sénat avait consacrés, je m'inquiétais peu de la colère des masses, et que je saurais au besoin lui résister. Je répète cette déclaration aujourd'hui. Je sais bien qu'il y a une partie de la population qui est opposée à cette loi; je dirai plus, je sais qu'on cherche à soulever la population contre cette loi, par des moyens légaux et extra-légaux... (Applaudissement des tribunes.)

Le sénateur DE LATOUR. Tenez, la voilà la pression des masses!

CAVOUR. Je n'ai pas interrompu l'honorable maréchal, je le prie donc de me laisser continuer. Ces excitations n'empêchent pas le gouvernement et n'empêcheront pas le Parlement d'accomplir une réforme qu'ils croient hautement utile aux intérêts du pays. L'agitation présente n'est d'ailleurs que factice, on ne l'a organisée que pour entraver la votation de la loi, et je suis très-assuré que, la loi une fois votée par le Parlement et sanctionnée par le roi, toute agitation disparaîtra à l'instant. (Très-bien!)

J'ai à faire une seconde protestation, plus énergique encore. L'honorable maréchal a dit que cette loi pourrait avoir des suites funestes pour nos relations avec l'extérieur, les puissances européennes devant, selon lui, juger sévèrement notre conduite dans cette circonstance. Les puissances suivront ou ne suivront pas les conseils de l'honorable maréchal; elles seront dans leur plein droit tant qu'elles désapprouveront notre conduite sans dépasser la limite de la simple désapprobation. Mais l'orateur est allé plus loin; il a dit que notre politique pourrait provoquer une intervention légitime des puissances étrangères, au nom de la religion catholique. Contre une telle doctrine je proteste de toutes mes forces, et je déclare — la majorité des adversaires mêmes de la loi sera d'accord avec moi là-dessus — je déclare que l'honorable maréchal a commis une hérésie politique en avançant que les puissances étrangères ont le droit d'intervenir, au nom de la religion, dans des questions tout intérieures. (Vifs applaudissements.) Comme ministre des affaires étrangères, je repousse absolument une maxime attentatoire aux droits et à la dignité du pays.

..... L'honorable maréchal cite la guerre d'Orient, allumée par une question religieuse; l'exemple ne pouvait pas être plus mal choisi. Pourquoi la guerre se fait-elle? Parce que la Russie, sous prétexte de religion, a voulu se mêler des affaires intérieures de la Turquie, parce qu'elle a voulu intervenir au nom de la religion grecque comme l'honorable maréchal pense qu'on pourrait intervenir chez nous au nom de la religion catholique. Toute l'Europe civilisée, les puissances qui sont restées neutres jusqu'ici aussi bien que les puissances belligérantes, se sont élevées contre une telle prétention, qui serait mortelle pour la liberté et l'indépendance des peuples, et qui doit être stigmatisée par l'immense majorité de cette noble et illustre assemblée. (Bien.)

IX

SUR LE CONGRÈS DE PARIS.

En apprenant que la prise de Sébastopol était le dernier acte du drame de Crimée, les Italiens éprouvèrent une déception générale. L'affranchissement de l'Italie, comme celui de la Pologne, tombait de nouveau dans le domaine de ces rêves que la révolution seule prétendait être capable de réaliser, et il nous fallait renoncer pour cette fois à voir les traités de 1815 modifiés dans leurs dispositions essentielles.

La politique hardie de la Sardaigne, l'honneur que ses soldats venaient de se faire à Traktir, les sympathies que l'Europe manifestait pour elle, avaient, sans nul doute, fortement influé sur les déterminations prises par le cabinet de Vienne dans les derniers temps de la guerre. Cessant enfin de temporiser, le gouvernement autrichien se posa soudainement en médiateur armé, et contraignit la Russie à accepter des propositions de paix présentées, pour ainsi dire, sur la pointe des baïonnettes. Cette attitude allait donner à l'Autriche une grande influence dans les négociations, et rendait extrêmement difficile la position de la Sardaigne.

Celle-ci n'avait pris aucune part aux conférences préliminaires de Vienne; le choix de la capitale où allaient s'ouvrir les conférences définitives était chose très-importante, surtout pour elle. L'Angleterre ne se souciant pas de réunir à

Londres les représentants des puissances intéressées, l'on tomba d'accord sur Paris.

Il restait à voir quelle serait la part des représentants d'une puissance de deuxième ordre au milieu de cette pentarchie qui, depuis 1815, avait donné une forme oligarchique au gouvernement de l'Europe. M. Massimo d'Azeglio, qui venait d'accompagner avec le comte de Cavour le roi Victor-Emmanuel dans sa visite aux souverains de France et d'Angleterre, avait été d'abord désigné pour représenter le Piémont au congrès de Paris. Cependant, soit qu'il craignît de ne pas obtenir pour la Sardaigne un rang convenable parmi les puissances représentées, soit, comme il est plutôt à supposer, qu'il crût devoir laisser au président du conseil la haute tâche de prendre part aux conférences, M. Massimo d'Azeglio resta à Turin, et le comte de Cavour partit pour Paris. A son arrivée, d'accord avec notre ministre à Paris, M. de Villamarina, il eut pour premier soin d'établir nettement sa position : l'on décida, dans une des premières conférences, que les représentants de la Sardaigne siégeraient au congrès à des titres égaux à ceux des autres puissances, et l'on s'en remit à leur prudence quant à la part qu'ils prendraient à la discussion des questions qui ne toucheraient ni directement ni indirectement aux intérêts de la Sardaigne. Ce premier résultat était dû à l'appui loyal de la France et de l'Angleterre. En réponse à des objections du comte Buol, lord Clarendon avait déclaré que la distinction entre les grandes et les petites puissances n'était point de mise dans un congrès où il s'agissait avant tout d'une paix à conclure entre les États belligérants.

Ce serait empiéter sur l'histoire que d'expliquer la part prise par le comte de Cavour à la discussion des différentes questions qui furent traitées au congrès de Paris. On se bornera donc ici à soulever discrètement un coin du voile qui couvre les négociations purement officieuses auxquelles donna lieu la question italienne.

Disons tout d'abord que la manière franche et dégagée du comte de Cavour, sa conversation spirituelle, son ton à la fois hardi et conciliant, rendirent ses rapports faciles avec les plénipotentiaires de l'Angleterre, de la Russie, de la Prusse et de la Turquie, ainsi qu'avec d'autres hauts personnages. Il eut même avec le nonce des causeries tout à fait amicales. Nous lisons dans une de ses lettres datées de Paris : « J'ai eu une longue conversation avec le nonce sur nos différends avec le saint-siége. Il a fait appel à mes principes libéraux en faveur de la cause des moines! Je lui ai répondu par des théories du droit canon. Cela vous prouvera que nous avons déraisonné tous les deux. » Les relations des plénipotentiaires sardes avec ceux de l'Autriche étaient naturellement plus réservées : cependant elles furent toujours telles que la convenance pouvait l'exiger. Avec les Russes, et particulièrement avec le comte Orloff, le comte de Cavour se trouva tout de suite dans les meilleurs termes. Comme l'envoyé russe exprimait le regret que la différence de religion eût empêché un mariage entre le duc de Gênes et une princesse de la famille impériale de Russie, le comte de Cavour lui répondit que cela était d'autant plus regrettable, que, si ce mariage se fût conclu, la Russie apparemment n'aurait pas refusé de reconnaître l'avénement de Victor-Emmanuel au trône de Sardaigne. Là-dessus, le comte Orloff donna à entendre que ç'avait été pour se rendre agréable à l'Autriche que la Russie s'était montrée si peu aimable pour la Sardaigne depuis 1848, et qu'elle n'avait pas lieu d'être très-satisfaite des conséquences qui s'en étaient suivies. Mais nous ne devons pas céder à la tentation de reproduire toutes les anecdotes racontées dans la spirituelle correspondance du comte de Cavour pendant son séjour à Paris.

Indiquons seulement en peu de mots les efforts qu'il fit pour améliorer la situation de l'Italie. Dès le mois de janvier 1856 il avait adressé à l'empereur un mémoire sur la situation de la péninsule : après y avoir résumé avec une éloquente rapidité les maux de l'Italie, le comte de Cavour, reconnaissant qu'il était impossible pour le moment de procéder à des remaniements territoriaux, concluait ainsi : « L'empereur peut rendre d'immenses services à l'Italie pour laquelle il a déjà tant fait : 1° en amenant l'Autriche à rendre justice au Piémont et à tenir les engagements qu'elle a contractés avec lui ; 2° en obtenant d'elle un adoucissement au régime qui pèse sur la Lombardie et la Vénétie ; 3° en forçant le roi de Naples à ne plus scandaliser l'Europe civilisée par une conduite contraire à tous les principes de la justice et de l'équité ; 4° enfin en rétablissant l'équilibre en Italie tel qu'il a été établi par les traités de Vienne, c'est-à-dire en rendant possible le retrait des troupes autrichiennes des Légations et de la Romagne, soit en plaçant ces provinces sous un prince séculier, soit en leur procurant les bienfaits d'une administration laïque et indépendante. »

Pour bien comprendre ces propositions, il faut se rappeler que l'Italie était tombée peu à peu dans une situation dix fois pire qu'elle n'aurait dû l'être d'après le texte même des traités de 1815. Depuis de longues années l'Autriche occupait militairement les Légations, et ses généraux y exerçaient avec toute la rudesse du régime militaire les droits judiciaires et administratifs qui appartiennent à l'essence même de tout gouvernement. Ferrare et Plaisance avaient été fortifiées par elle contre l'esprit des traités, et, de la sorte, ses forces dominaient de tout côté la ligne du Pô jusqu'à la mer Adriatique, devenue à peu près un lac autrichien. Des traités secrets avaient presque réduit les duchés de Parme et de Modène à l'état de provinces autrichiennes, et l'influence du cabinet de Vienne à Florence et à Naples était prépondérante au point que ces deux gouvernements n'auraient pu revenir à des institutions libérales, quand même ils l'eussent voulu.

La France et l'Angleterre reconnaissaient que cet état de choses était contraire au droit public établi. L'Angleterre surtout était disposée à exiger l'évacuation des Romagnes par les troupes autrichiennes. Comme il était à prévoir qu'aussitôt après le départ de celles-ci les populations des Romagnes s'insurgeraient en masse contre les autorités pontificales, le comte de Cavour imagina pour les Légations un projet de séparation administrative des autres États du saint-siége. Le pape aurait conservé dans les Légations la haute souveraineté : mais il en aurait confié l'administration à un vicaire nommé soit à vie, soit pour dix ans, qui aurait rétabli dans ces provinces le régime dont elles avaient joui avant 1815 lorsqu'elles faisaient partie intégrante du royaume d'Italie. La garnison française, installée à Rome depuis 1849, se serait retirée en même temps que les Autrichiens, et les Français se seraient bornés à occuper provisoirement Bologne jusqu'à ce que le nouveau régime y eût été complétement assis. Ce projet fut vivement approuvé par l'Angleterre. Le gouvernement français se borna à le prendre en considération. Mais les rapports plus intimes qui se formèrent entre l'empereur et le saint-siége, après la naissance du prince impérial, dont le pape fut le parrain, mirent obstacle à l'acceptation des idées de M. de Cavour.

D'autres combinaisons furent proposées par lui, d'après lesquelles les maisons de Parme et de Modène auraient trouvé dans le bassin du Danube des compensations pour la perte de leurs États en Italie. Mais ces combinaisons n'eurent pas l'appui de l'Angleterre, et rencontrèrent chez les autres puissances des difficultés insurmontables.

Il fallait cependant empêcher à tout prix que la question italienne ne restât ensevelie dans l'oubli. Le comte de Cavour n'eut pas de peine à faire sentir que la réunion d'un congrès européen dans lequel le nom de l'Italie ne serait pas même prononcé, aurait pour l'Autriche la valeur d'une sanction légale donnée à ses usurpations; que le parti révolutionnaire, fortifié par l'insuccès de toutes les tentatives régulières et conformes au droit des gens, gagnerait en influence sur les populations italiennes, et que M. Mazzini finirait par devenir auprès d'elles le représentant du sentiment national. A défaut d'autres améliorations dans le reste de l'Italie, et en présence de « l'impossibilité d'une réforme complète du gouvernement pontifical, qui réponde aux besoins du temps et aux vœux raisonnables des populations, » on pouvait parer aux premiers dangers en séparant administrativement des États pontificaux les provinces les plus agitées et les plus malheureuses. « Sans se flatter que cette combinaison pût durer éternellement, » on pouvait pacifier ainsi les populations et assurer aux puissances alliées une influence bienfaisante au cœur de la péninsule. Ces raisons, éloquemment exposées dans une note verbale du 27 mars, qui a été publiée dans le temps, décidèrent l'Empereur à consentir à ce que le comte Walewski appelât l'attention du congrès sur les affaires de l'Italie.

Ce fut dans la séance du 8 avril que cette discussion eut lieu. Le président du congrès fut chaleureusement appuyé par lord Clarendon. Malheureusement on parla en même temps, non-seulement de Naples et des Légations, mais aussi de la situation embarrassée de la Grèce et de quelques intempérances de la presse belge. Il en advint que les plénipotentiaires de l'Autriche purent se retrancher derrière le défaut d'instructions et de pouvoirs, et que les représentants de la Prusse et de la Russie se refusèrent à entrer dans une discussion où venaient s'entremêler d'autres intérêts qu'ils avaient fort à cœur.

Le comte de Cavour voulut au moins protester contre les fins de non-recevoir mises en avant par l'Autriche; il écrivit dans ce dessein la note décisive du 16 avril, qu'il est nécessaire de placer ici, tant elle jette de lumière sur les événements qui suivirent [1].

1. *Note adressée à lord Clarendon et au comte Walewski le 16 avril 1856.*

Les soussignés, plénipotentiaires de S. M. le roi de Sardaigne, pleins de confiance dans les sentiments de justice des gouvernements de France

Le comte de Cavour fut donc obligé de revenir de Paris *sans avoir dans sa poche,* ainsi qu'il l'écrivait à un ami, *le moindre petit duché.* La conclusion de la correspondance très-active qu'il avait eue pendant le congrès avec ses collègues de Turin, surtout avec M. Rattazzi, était que la guerre avec l'Autriche, et une guerre à mort, *the war to the knife,* était nécessaire. Un instant, en présence de la difficulté de rien obtenir de positif et d'immédiat, il avait cru qu'il se-

et d'Angleterre et dans l'amitié qu'ils professent pour le Piémont, n'ont cessé d'espérer, depuis l'ouverture des conférences, que le congrès de Paris ne se séparerait pas sans avoir pris en sérieuse considération l'état de l'Italie, et avisé aux moyens d'y porter remède en rétablissant l'équilibre politique, troublé par l'occupation d'une grande partie des provinces de la péninsule par des troupes étrangères.

Sûrs du concours de leurs alliés, ils répugnaient à croire qu'aucune des autres puissances, après avoir témoigné un intérêt si vif et si généreux pour le sort des chrétiens d'Orient appartenant aux races slave et grecque, refuserait de s'occuper des peuples de race latine, encore plus malheureux parce que, à raison du degré de civilisation avancée qu'ils ont atteint, ils sentent plus vivement les conséquences d'un mauvais gouvernement.

Cet espoir a été déçu. Malgré le bon vouloir de l'Angleterre et de la France, malgré leurs efforts bienveillants, la persistance de l'Autriche à exiger que les discussions du congrès demeurassent strictement circonscrites dans la sphère de questions qui avait été tracée avant sa réunion, est cause que cette assemblée, sur laquelle les yeux de toute l'Europe sont tournés, va se dissoudre, non-seulement sans qu'il ait été apporté le moindre adoucissement aux maux de l'Italie, mais sans avoir fait briller au delà des Alpes un éclair d'espérance dans l'avenir, propre à calmer les esprits et à leur faire supporter avec résignation le présent.

La position spéciale occupée par l'Autriche dans le sein du congrès rendait peut-être inévitable ce résultat déplorable. Les plénipotentiaires sardes sont forcés de le reconnaître. Aussi, sans adresser le moindre reproche à leurs alliés, ils croient de leur devoir d'appeler leur sérieuse attention sur la conséquence fâcheuse qu'il peut avoir pour l'Europe, pour l'Italie et spécialement pour la Sardaigne.

Il serait superflu de tracer ici un tableau exact de l'Italie. Ce qui se passe dans ces contrées depuis bien des années est trop notoire. Le système de compression et de réaction violente inauguré en 1848 et 1849, rait obligé de se retirer du ministère. « Je ne sais, écrivait-il le 17 mars à M. Castelli, si ma mission aboutira à quelque chose; mais, si cela arrive, ce ne sera pas faute de m'être remué dans tous les sens. Malgré cela, je n'en serai pas moins condamné par tous les partis. J'y suis résigné d'avance. Les fatigues du grand monde, auxquelles je suis condamné, m'ont admirablement prédisposé à goûter les douceurs de la vie champêtre. Ainsi je vous prie, mon cher

que justifiaient peut-être à son origine les troubles révolutionnaires qui venaient d'être comprimés, dure sans le moindre adoucissement; on peut même dire que, sauf quelques exceptions, il est pratiqué avec un redoublement de rigueur. Jamais les prisons et les bagnes n'ont été plus remplis de condamnés pour cause politique; jamais le nombre des proscrits n'a été plus considérable; jamais la police n'a été plus tracassière, ni l'état de siége plus durement appliqué. Ce qui se passe à Parme ne le prouve que trop.

De tels moyens de gouvernement doivent nécessairement maintenir les populations dans un état d'irritation constante et de fermentation révolutionnaire.

Tel est l'état de l'Italie depuis sept ans.

Toutefois, dans ces derniers temps, l'agitation populaire paraissait s'être calmée. Les Italiens, voyant un des princes nationaux coalisé avec les grandes puissances occidentales pour faire triompher les principes du droit et de la justice et améliorer le sort de leurs co-religionnaires en Orient, conçurent l'espoir que la paix ne se ferait pas sans qu'un soulagement fût apporté à leurs maux. Cet espoir les rendit calmes et résignés. Mais lorsqu'ils connaîtront le résultat négatif du congrès de Paris, lorsqu'ils sauront que l'Autriche, malgré les bons offices et l'intervention bienveillante de la France et de l'Angleterre, s'est refusée à toute discussion, qu'elle n'a pas même voulu se prêter à l'examen des moyens propres à porter remède à un si triste état de choses, il n'est pas douteux que l'irritation assoupie se réveillera parmi eux plus violente que jamais. Convaincus de n'avoir plus rien à attendre de la diplomatie et des efforts des puissances qui s'intéressent à leur sort, ils se re etteront avec l'ardeur méridionale dans les rangs du parti révolutionnaire et subversif, et l'Italie redeviendra un foyer ardent de conspirations et de désordres que l'on comprimera peut-être par un redoublement de rigueur, mais que la moindre commotion européenne fera éclater de la manière la plus violente. Un état de choses aussi fâcheux, s'il mérite de fixer l'attention des gouvernements de la France et de l'Anami, de ne pas vous inquiéter si à mon retour une entorse donnée par la Chambre me force à me retirer. Après cinq ans et demi de ministère et trois ans de journalisme, le repos ne peut qu'être le bien-venu. Je vois souvent Bixio, qui nous est resté bien attaché... » Bientôt cependant il reprit courage. Il écrivait à la même personne le 28 mars : « Les conférences touchent à leur terme. Sans..... elles seraient

gleterre, intéressés également au maintien de l'ordre et au développement régulier de la civilisation, doit naturellement occuper au plus haut degré le gouvernement du roi de Sardaigne. Le réveil des passions révolutionnaires dans toutes les contrées qui entourent le Piémont, par l'effet de causes de nature à exciter les plus vives sympathies populaires, l'expose à des dangers d'une excessive gravité qui peuvent compromettre cette politique ferme et modérée qui a eu de si heureux résultats à l'intérieur et lui a valu la sympathie et l'estime de l'Europe éclairée.

Mais ce n'est pas là le seul danger qui menace la Sardaigne. Un plus grand encore est la conséquence des moyens que l'Autriche emploie pour comprimer la fermentation révolutionnaire en Italie. Appelée par les souverains des petits États de l'Italie, impuissants à contenir le mécontentement de leurs sujets, cette puissance occupe militairement la plus grande partie de la vallée du Pô et de l'Italie centrale, et son influence se fait sentir d'une manière irrésistible sur les pays mêmes où elle n'a pas de soldats. Appuyées d'un côté à Ferrare et à Bologne, ses troupes s'étendent jusqu'à Ancône, le long de l'Adriatique, devenu en quelque sorte un lac autrichien; de l'autre, maîtresse de Plaisance que, contrairement à l'esprit sinon à la lettre des traités de Vienne, elle travaille à transformer en place de premier ordre, elle a garnison à Parme, et se dispose à déployer ses forces tout le long de la frontière sarde, du Pô au sommet des Apennins.

Ces occupations permanentes, par l'Autriche, de territoires qui ne lui appartiennent pas, la rendent la maîtresse absolue de presque toute l'Italie, détruisent l'équilibre établi par le traité de Vienne, et sont une menace continuelle pour le Piémont.

Cerné en quelque sorte de toute part par les Autrichiens, voyant se développer sur sa frontière orientale, complétement ouverte, les forces d'une puissance qu'il sait ne pas être animée de sentiments bienveillants à son égard, ce pays est tenu dans un état constant d'appréhension qui l'oblige à demeurer armé et à des mesures défensives excessivement onéreuses pour ses finances, obérées déjà par suite des événements de 1848 et 1849 et de la guerre à laquelle il vient de participer.

finies depuis longtemps. Nous ne gagnerons rien matériellement, mais nous aurons gagné une chose, c'est que la France et l'Angleterre auront reconnu : 1° que l'état actuel de l'Italie est intolérable; 2° qu'il n'y a que le Piémont qui puisse régénérer l'Italie. Ne voulant pas, pour le moment, faire la guerre à l'Autriche, on ne peut absolument opérer un remaniement territorial quelconque. L'empereur a mis en avant

Les faits que les soussignés viennent d'exposer suffisent pour faire apprécier les dangers de la position où le gouvernement du roi de Sardaigne se trouve placé.

Troublé à l'intérieur par l'action des passions révolutionnaires suscitées tout autour de lui par un système de compression violente et par l'occupation étrangère, menacé par l'extension de puissance de l'Autriche, il peut d'un moment à l'autre être forcé par une inévitable nécessité à adopter des mesures extrêmes dont il est impossible de calculer les conséquences.

Les soussignés ne doutent pas qu'un tel état de choses n'excite la sollicitude des gouvernements d'Angleterre et de France, non-seulement à cause de l'amitié sincère et de la sympathie réelle que ces puissances professent pour le souverain qui seul entre tous, dans le moment où le succès était le plus incertain, s'est déclaré ouvertement en leur faveur, mais surtout parce qu'il constitue un véritable danger pour l'Europe.

La Sardaigne est le seul État de l'Italie qui ait pu élever une barrière infranchissable à l'esprit révolutionnaire, et demeurer en même temps indépendant de l'Autriche : c'est le seul contre-poids à son influence envahissante.

Si la Sardaigne succombait épuisée de forces, abandonnée de ses alliés, si elle aussi était contrainte de subir la domination autrichienne, alors la conquête de l'Italie par cette puissance serait achevée; et l'Autriche, après avoir obtenu sans qu'il lui coûtât le moindre sacrifice l'immense bienfait de la liberté de la navigation du Danube et de la neutralisation de la mer Noire, acquerrait une influence prépondérante en Occident.

C'est ce que la France et l'Angleterre ne sauraient vouloir, c'est ce qu'elles ne permettront jamais.

Aussi les soussignés sont convaincus que les cabinets de Londres et de Paris, prenant en sérieuse considération l'état de l'Italie, aviseront, de concert avec la Sardaigne, aux moyens d'y porter un remède efficace.

Paris, ce 16 avril 1856.

C. Cavour. — De Villamarina.

trois ou quatre projets... ; mais aucun n'est praticable sans poser le *casus belli...* » — Et encore : « Je ne puis entrer ici dans beaucoup de détails, mais je vous assure que je n'ai pas à me plaindre de l'empereur. La France voulait la paix : il a dû la faire, et invoquer pour cela le concours de l'Autriche. Il ne pouvait donc pas traiter cette puissance en ennemie, et même, jusqu'à un certain point, il était obligé de la traiter en alliée. En cet état de choses, il ne pouvait pas employer les menaces dans la question italienne : les exhortations étaient seules possibles. Elles ont été faites ; elles n'ont abouti à rien. Le comte Buol a été inébranlable dans les grandes comme dans les petites choses. Cette ténacité, qui tourne au malheur de l'Italie pour le moment, lui sera avantageuse plus tard... »

A son départ pour Turin, le comte de Cavour laissait le comte Buol « épouvanté des manifestations de l'opinion en notre faveur ; » lord Clarendon et le comte Orloff avaient dit en propres termes que l'état de l'Italie était intolérable, et il n'y avait pas jusqu'aux plénipotentiaires prussiens qui n'eussent dit du mal de l'Autriche. La diplomatie avait échoué devant l'obstination de l'Autriche à poursuivre son système d'oppression et de violence en Italie ; mais il nous restait la ressource d'un effort suprême à main armée.

Le 7 mai, à la Chambre, le député Buffa adressa au président du Conseil des interpellations sur ce qu'il avait fait à Paris pour l'Italie. Il demanda des éclaircissements sur le traité de Paris, et particulièrement sur ce qui s'était passé dans la conférence du 8 avril. Il exprima l'espoir que les reproches adressés par le comte Walewski à la presse de Belgique n'avaient pas été étendus à la presse piémontaise ; enfin il témoigna le désir de connaître l'opinion du congrès sur les usurpations de l'Autriche, et particulièrement sur les fortifications de Plaisance. Après la réponse du comte de Cavour, que nous reproduisons, M. Buffa reprit la parole pour le remercier d'avoir défendu hautement la cause de l'Italie devant les grandes puissances, de n'avoir pas amoindri les questions et suivi une politique égoïste en insistant pour des compensations territoriales, et il finit en faisant ressortir le contraste que présentait l'agitation, l'état de trouble des provinces italiennes possédées ou occupées par l'Autriche, en regard de la prospérité et de la tranquillité dont jouissait le Piémont.

Les deux champions ordinaires des fractions extrêmes de la Chambre, M. Solaro della Margarita et M. Brofferio, furent naturellement d'un avis diamétralement opposé à celui de M. Buffa. Quoique s'inspirant de principes contraires, ils tombèrent d'accord pour déclarer que la guerre de Crimée avait été stérile, et que deux mille soldats et 80 millions avaient été sacrifiés en vain. Le comte de Cavour, ainsi qu'il en avait pris l'habitude, ne fit qu'une seule réponse aux deux chefs de la gauche et de la droite. Après un brillant discours de M. Mamiani qui fut vivement applaudi, et les observations présentées par MM. Sappa, Cadorna, Moja et Revel en faveur du ministère, la Chambre adopta à l'unanimité l'ordre du jour suivant : « La Chambre, après avoir entendu les explications du président du Conseil, approuve la politique nationale du gouvernement du Roi et la conduite des plénipotentiaires sardes au congrès de Paris, et en exprimant l'espoir que le gouvernement persévérera avec fermeté dans la même politique, passe à l'ordre du jour. »

I

Séance de la Chambre des députés du 6 mai 1856.

Messieurs, pour mieux répondre aux interpellations qui me sont faites et pour satisfaire à la juste impatience que la Chambre et le pays ressentent d'être renseignés sur ce qui s'est passé au congrès de Paris, je vous exposerai sommairement ce que les plénipotentiaires sardes ont fait dans cette circonstance.

La Chambre sentira que je ne puis entrer dans des détails bien minutieux, et qu'une certaine réserve m'est commandée soit par les convenances diplomatiques, soit par l'état de suspension où se trouvent encore plusieurs des questions traitées à Paris.

J'ai d'abord un mot à dire sur la position faite aux plénipotentiaires de la Sardaigne. Quand le gouvernement du Roi signa un traité d'alliance avec l'Angleterre et la France, il ne jugea pas à propos de faire établir d'une façon définitive et précise quelle place serait faite à la Sardaigne dans le congrès qui pourrait avoir à débattre les conditions de la paix; il se contenta de stipuler que la paix ne pourrait être faite sans le concours de la Sardaigne, et il réserva la question de sa situation particulière pour l'époque où l'on parlerait de paix ; il pensait en effet et il pense encore que pour les individus comme pour les nations, la considération et l'influence dépendent de la conduite qu'ils tiennent et de la renommée qu'ils se font, bien plutôt que de stipulations conventionnelles quelconques.

Cette attente ne fut trompée ni dans les camps, ni dans le congrès. Quoique notre général en chef n'ait point eu de rang assigné d'avance, vous savez, Messieurs, quelle influence a exercée, et quel nom s'est fait l'homme que nous devons regarder aujourd'hui comme une gloire nationale. (Bien!)

Longtemps avant le commencement des conférences, le gouvernement eut à s'occuper, en voie préparatoire, de la part que la Sardaigne aurait à prendre à ces négociations. S'il y eut d'abord quelque incertitude à cet égard, les doutes cessèrent quand nous représentâmes quelle fidélité, quelle énergie nous avions mises à tenir nos engagements; nous fûmes admis au congrès sans aucune réserve, et sans qu'aucune des puissances admises également s'y opposât d'une façon sérieuse.

La mission des plénipotentiaires sardes avait un double objet. Ils devaient d'abord concourir avec nos alliés à la conclusion de la paix avec la Russie, à la consolidation de l'empire ottoman; ils devaient, en second lieu, faire tous leurs efforts pour attirer l'attention de nos alliés et de l'Europe sur la situation de l'Italie, et chercher des soulagements aux maux qui affligent ce pays.

Sur le premier chef, leur tâche ne fut pas difficile; la cause de l'Occident, la cause de l'empire ottoman était fortement soutenue par les hommes d'État qui représentaient, au congrès, la France et l'Angleterre. D'ailleurs, l'esprit de conciliation et la loyauté déployés par les plénipotentiaires de la Russie aplanissaient les difficultés; je me plais à rendre justice à ces sentiments de la Russie, témoignés d'une façon toute particulière envers notre pays; et j'en tire un bon augure pour la reprise des anciennes relations, pour le renouvellement des liens d'amitié qui unissent depuis des siècles la maison de Savoie à celle des Romanoff.

Je ne crois pas qu'il soit difficile de prouver que le but de la guerre a été atteint. La simple lecture du traité vous convaincra que tout péril d'usurpation de la part de la Russie a été écarté. Je ne m'arrêterai pas non plus à vous démontrer que tout le possible a été fait pour les chrétiens du territoire ottoman, et qu'on a restauré cet empire autant que le permettait l'état des choses.

Sans exagérer les conséquences du traité, les avantages que nous en devons attendre, je me crois pourtant en droit d'affirmer que la neutralisation de la Mer Noire, et la libre navigation du Danube assurée jusque dans la partie de ce fleuve qui pénètre en Allemagne, exerceront une influence notable sur nos échanges.

Un autre résultat, — celui-ci avantageux pour le monde entier, mais surtout pour nous, — est la consécration d'un nouveau droit maritime sur les neutres, assurés désormais, en temps de guerre, contre les excès des puissances plus fortes qu'eux. C'est là une réforme précieuse pour les nations commerçantes dont les marines n'ont pas de quoi lutter avec les marines de premier ordre; c'est, de plus, grâce à l'adhésion de l'Angleterre, la suppression de l'une des principales causes de conflit entre les puissances qui sont à la tête de la civilisation.

Mais nous devons songer surtout aux avantages moraux que le traité, les conférences nous ont valus. Je tiens que ce n'est point chose médiocre pour nous d'avoir été appelés à prendre part à des négociations, à des résolutions d'un intérêt européen. C'est la première fois depuis longtemps, depuis le traité d'Utrecht peut-être, qu'une puissance de second ordre est appelée à concourir avec celles de premier ordre à débattre des questions européennes; c'est une dérogation importante aux maximes posées par le congrès de Vienne contre les petites puissances; c'est, en un mot, un fait dont profiteront toutes les nations qui se trouvent dans la même situation que nous, et dont il résulte pour notre pays un accroissement de considération que la sagesse du gouvernement et du peuple saura lui conserver.

Avant de passer aux affaires générales de l'Italie, je dois répondre aux explications qui m'ont été demandées sur les observations faites par le premier plénipotentiaire français touchant la presse belge.

Ce plénipotentiaire jugea à propos d'appeler l'attention du congrès sur les excès commis par la presse belge contre le gouvernement français et spécialement contre son chef. Le plénipotentiaire de la Grande-Bretagne prit la parole aussitôt après, et tout en faisant les plus amples réserves pour la liberté de la presse, qu'il déclara être l'un des points fondamentaux de la constitution anglaise, il n'hésita pas à blâmer hautement les excès en question. J'ai cru devoir m'associer à ces déclarations du ministre anglais; si les protocoles n'en font pas mention, c'est que les protocoles ne sont pas des procès-verbaux; mais on le voit dans le résumé du comte Walewski, où il est dit que plusieurs plénipotentiaires firent leurs réserves en faveur de la liberté de la presse. Ces plénipotentiaires sont ceux de l'Angleterre et de la Sardaigne. (Mouvement.)

Cette réserve m'a paru suffisante; je n'ai cru ni opportun ni utile de prononcer un discours sur la liberté de la presse au milieu du congrès de Paris; cela n'eût servi de rien à la presse, et eût pu nuire grandement à la cause de l'Italie, qui fixait en ce moment l'attention du congrès; quelques-uns des plénipotentiaires n'auraient même pas demandé mieux que de détourner cette attention de la question italienne vers la question de la presse.

Mais eussé-je pris la parole, je n'aurais rien dit de plus que ce qu'a dit le plénipotentiaire anglais, et sur plusieurs points j'aurais été d'accord avec le plénipotentiaire de la France. Ce dernier, en effet, n'attaqua pas le moins du monde la liberté de la presse, n'en dénonça point les excès relatifs à la politique intérieure, et ne dit mot des exagérations de tel ou tel journal; il se borna à faire remarquer au congrès l'existence de journaux dont le principal, sinon l'unique but, était non de s'occuper des affaires de la Belgique, mais de combattre le gouvernement français dans la personne de son chef, et de le combattre non point par des raisonnements, mais par l'injure et la calomnie; il observa ensuite que de bonnes relations pouvaient difficilement subsister entre deux pays quand il se passe dans l'un d'eux de tels abus.

Or, si j'avais eu à manifester une opinion sur ce point, je n'aurais pu que répéter ce que j'ai dit il y a cinq ans dans cette enceinte. J'ai dit, et j'aurais répété au congrès que si la liberté de la presse, poussée jusqu'à ses extrêmes limites, est à peu près sans inconvénient tant qu'il ne s'agit que des affaires intérieures d'un pays, elle ne peut avoir que beaucoup d'inconvénients et très-peu d'avantages par rapport aux affaires extérieures. Si donc un jeu du sort me transportait dans l'enceinte de la Chambre belge, tout en allant m'asseoir à la gauche, vu l'état actuel de ce pays, et tout près de mon ami Frère-Orban, je n'en dénoncerais pas moins à l'Assemblée ces faits regrettables, convaincu de rendre ainsi un très-grand service à la cause de la liberté.

J'aborde, Messieurs, la question italienne. (Vive attention).

Je vous ai dit que les plénipotentiaires de la Sardaigne avaient pour mission d'appeler l'attention de l'Europe sur la situation anormale et malheureuse de l'Italie, et de chercher à y apporter remède. Dans l'état de choses créé par la paix, nul de vous certainement n'a imaginé qu'il fût possible d'obtenir des circonscriptions territoriales meilleures. Peut-être, si la guerre se fût prolongée et par conséquent étendue davantage, le programme des puissances, en s'étendant aussi, aurait-il pu admettre des améliorations de ce genre; mais la diplomatie n'ayant plus, du moment où les épées rentrent aux fourreaux, qu'à régulariser les résultats de la guerre, il n'y avait, je le répète, rien à espérer de semblable. Les grandes solutions ne sont pas déterminées par la plume, Messieurs; la diplomatie est impuissante à changer l'état des nations; elle ne fait que sanctionner les faits accomplis et leur donner un caractère légal.

Toutefois, même au point de vue diplomatique et en partant des traités en vigueur, la question italienne pouvait être portée, sinon devant le congrès, du moins devant les puissances qui le composaient. L'état actuel de l'Italie, en effet, n'est pas conforme aux traités. Les principes établis dans le traité de Vienne et dans les traités qui l'ont suivi sont ouvertement violés; l'équilibre politique primitivement institué est rompu depuis longtemps. Les plénipotentiaires de la Sardaigne crurent devoir appeler l'attention de la France et de l'Angleterre sur cet état de choses et les inviter à le prendre en sérieuse considération.

Ils ne rencontrèrent pas d'obstacles sur ce terrain; aussitôt qu'ils eurent formulé leurs griefs, ils reçurent de nos alliés des témoignages d'une haute faveur et d'un intérêt sincère pour les affaires d'Italie; les représentants de la France et de l'Angleterre, reconnaissant la situation anormale où se trouve le pays par suite de l'occupation d'une grande partie de ses provinces par une puissance étrangère, manifestèrent le désir de voir cette occupation cesser et les choses revenir à un état régulier.

On nous faisait seulement cette objection : — En admettant que l'occupation de l'Italie centrale cesse, quelles seront les conséquences de l'évacuation, toutes choses demeurant ce qu'elles sont aujourd'hui? — Les plénipotentiaires de la Sardaigne répondirent que si des mesures préalables n'étaient prises, ces conséquences pourraient être des plus graves, des plus dangereuses, telles, enfin, qu'ils se garderaient de conseiller l'évacuation; mais ils ajoutèrent qu'à leurs yeux celle-ci deviendrait possible au moyen de précautions convenables.

Invités à formuler leur opinion sur ce chef, ils crurent devoir dresser non pas un *memorandum*, mais un mémoire destiné à être remis, sous forme de note verbale, à la France et à l'Angleterre [1].

L'accueil fait à cette note fut très-favorable. L'Angle-

1. C'est la note du 27 mars, citée plus haut.

terre adhéra complétement à ce qu'elle contenait. Quant à la France, guidée par des considérations particulières dont je parlerai dans un instant, elle reconnut la situation, admit la proposition en principe, mais crut devoir faire d'amples réserves sur l'application que nous en avions suggérée.

D'accord sur l'utilité immense qu'il y aurait à faire cesser l'occupation étrangère dans les provinces du centre de l'Italie, et sur la nécessité de faire précéder de mesures spéciales l'évacuation désirée, les gouvernements français et anglais décidèrent que la question serait soumise au congrès de Paris; et elle le fut, comme vous savez, dans la séance du 8 avril.

Le langage du plénipotentiaire de la France ne fut pas en tout semblable à celui du plénipotentiaire anglais; mais il est à cela une raison dont vous saurez sans doute tenir compte.

Pour le gouvernement français, le pape n'est pas seulement le chef temporel d'un État de trois millions d'habitants; il est encore le chef religieux de trente-trois millions de Français, ce qui impose à ce gouvernement des égards particuliers envers la cour de Rome. Il ne faut donc pas s'étonner de ses précautions à l'égard de la question romaine. Si l'on y prend bien garde, si l'on tient compte des contre-coups que peut avoir en France chaque mouvement fait à Rome, je crois qu'on ne ressentira pas en Italie une moins grande reconnaissance envers le gouvernement de la France qu'envers celui de l'Angleterre.

Pour l'Angleterre, la question était beaucoup plus

simple; les affaires de Rome n'ont rien pour elle que de politique; aussi le plénipotentiaire anglais les traita avec la liberté, la largeur que réclament des discussions d'une telle portée. Je dois même proclamer hautement ici que cet illustre homme d'État, que je suis fier de pouvoir nommer mon ami, montra tant de sympathie pour l'Italie, et un désir si grand d'alléger ses maux, qu'il mérita la reconnaissance non-seulement des plénipotentiaires et celle du Piémont, mais celle de toute l'Italie. (Approbation.)

Les plénipotentiaires de l'Autriche opposèrent à la France et à l'Angleterre une question préalable, une *fin de non-recevoir.* Ils dirent, — et avec raison, diplomatiquement parlant, — que leur gouvernement, n'ayant pas été prévenu que cette question serait traitée au congrès, ne leur avait donné ni instructions ni pouvoirs sur cet objet. Cependant, entraînés par l'importance de la question, ils entrèrent dans quelques détails et maintinrent avec grande énergie la doctrine de l'intervention. Ils soutinrent cette thèse, qu'un gouvernement peut intervenir dans les affaires intérieures d'un autre gouvernement quand celui-ci l'en requiert. La thèse ne fut pas admise par la France et fut hautement repoussée par l'Angleterre. Là se borna la discussion relative à l'intervention.

Nous ne pouvons pas dire que nous ayons obtenu des résultats positifs. Je tiens néanmoins pour très-important ce fait, que la France et l'Angleterre ont proclamé la nécessité de mettre un terme à l'occupation de l'Italie centrale, et que la France a manifesté l'intention de prendre toutes les mesures propres à atteindre ce but.

Il était difficile d'introduire les affaires d'Italie sur le terrain diplomatique, de soumettre aux délibérations du congrès des questions nouvelles; il sembla cependant à la Sardaigne, de même qu'à ses alliés, que l'on pouvait, à l'occasion de la pacification de l'Europe, adresser à quelques-uns des gouvernements de l'Italie des conseils de modération et de clémence. Je ne redirai pas les paroles prononcées dans ce sens avec une entière spontanéité par les premiers plénipotentiaires de la France et de l'Angleterre; qu'on sache seulement que leur langage, sympathique envers nos compatriotes, fut digne des applaudissements de tous les bons Italiens.

Si les plénipotentiaires des autres puissances ne voulurent pas s'associer à ces conseils, ce fut par des raisons de convenance; mais je crois pouvoir dire sans indiscrétion qu'aucun d'eux, officiellement ou officieusement, ne contesta la valeur des représentations de la France et de la Grande-Bretagne. Sur ce point encore, le congrès n'en est venu à aucun acte définitif; mais il est permis de prévoir que les conseils dont nous parlons, quoique n'ayant pas reçu la sanction d'un vote du congrès, ont acquis assez de valeur et d'autorité par l'adhésion de la France et de l'Angleterre pour pouvoir amener les résultats que nous nous en promettons.

L'honorable Buffa ayant spécialement insisté sur l'extension des fortifications de Plaisance et sur la menace qu'elle constitue contre le Piémont, j'ajouterai que les plénipotentiaires sardes en ont également fait un objet de réclamations et ont même communiqué aux représentants des puissances alliées un plan des travaux exécutés depuis quelques années par les Autrichiens hors de leurs frontières. L'augmentation des fortifications de Plaisance fait partie du système que suit l'Autriche pour étendre son influence en Italie, système dénoncé par les plénipotentiaires de la Sardaigne aux puissances alliées. L'honorable Buffa peut voir, dans la note[1] consignée aux puissances alliées avant notre départ de Paris, comment ce fait a été signalé et quelles protestations y ont été opposées par nous.

Tels sont, Messieurs, les résultats des négociations auxquelles nous avons pris part. Vous reconnaîtrez, je l'espère, qu'en ce qui concerne la question d'Orient, nous avons obtenu des avantages commerciaux considérables, et surtout un avantage moral de premier ordre par suite de la place élevée qui nous a été faite dans le concert européen. En ce qui regarde la question d'Italie, on n'est pas arrivé, il est vrai, à des résultats bien positifs; mais on a gagné, je crois, deux choses : en premier lieu, la situation malheureuse et irrégulière de l'Italie a été dénoncée à l'Europe non par des démagogues (on rit), par des révolutionnaires exaltés, des journalistes passionnés, mais par les représentants des premières puissances de l'Europe, par les hommes d'État qui gouvernent les plus grandes nations, par des personnages éminents, habitués à consulter la raison bien plutôt qu'à suivre les mouvements du cœur. En second lieu, ces mêmes puissances ont déclaré qu'il était de l'intérêt

1. Du 16 avril.

non-seulement de l'Italie, mais de l'Europe, d'apporter un remède quelconque aux maux de l'Italie. Je ne puis croire que les jugements émis, que les conseils donnés par des puissances telles que la France et l'Angleterre puissent demeurer longtemps stériles.

Il est vrai que si, d'une part, nous avons à nous applaudir de ce résultat, de l'autre, nous devons reconnaître qu'il n'est ni sans inconvénients ni sans périls. (Mouvement d'attention.) Il est certain, Messieurs, que nos négociations à Paris n'ont pas amélioré nos rapports avec l'Autriche. Nous sommes obligés d'avouer que les plénipotentiaires de la Sardaigne et ceux de l'Autriche, après avoir siégé deux mois côte à côte, se sont séparés — sans animosités personnelles, car je dois reconnaître ici les procédés généralement courtois et convenables du chef du cabinet autrichien, — mais pénétrés de la conviction intime que la politique des deux pays est plus loin que jamais de marcher d'accord (applaudissements), et que les principes proclamés dans l'un et l'autre État sont incompatibles. (Très-bien!)

Ceci est grave, Messieurs, il ne faut pas se le dissimuler; des difficultés peuvent surgir, des dangers nous menacer; mais cette situation est une conséquence inévitable de la politique loyale, libérale, décidée que le roi Victor-Emmanuel a inaugurée en montant sur le trône, de cette politique dont le gouvernement du Roi a toujours cherché à être l'interprète, et à laquelle vous n'avez pas cessé de prêter votre appui. (Approbation.) Je ne pense donc pas, Messieurs, qu'en considération de ces difficultés, de ces dangers, vous soyez d'avis que le gouvernement du Roi doive changer de politique.

Les vues qui nous ont guidés dans ces dernières années nous ont fait faire un grand pas; pour la première fois dans le cours de notre histoire, la question italienne a été portée et discutée devant un congrès européen, non pas, comme autrefois à Laybach et à Vérone, afin d'aggraver les maux de l'Italie et de lui river de nouvelles chaînes, mais dans l'intention hautement proclamée de chercher un remède à ses maux, et de faire connaître la sympathie des grandes nations envers elle.

Le congrès est fini; la cause de l'Italie est portée maintenant devant le tribunal de l'opinion publique, à laquelle, selon la parole mémorable de l'empereur des Français, appartient le jugement suprême, la victoire définitive.

Le procès pourra être long, les péripéties seront peut-être nombreuses; mais pleins de foi dans la justice de notre cause, nous en attendrons l'issue avec une entière confiance. (Applaudissements.)

2

ÉCLAIRCISSEMENT SUR LE PROTOCOLE DU 14 AVRIL TOUCHANT LE PRINCIPE DE L'INTERVENTION ÉTRANGÈRE.

Séance de la Chambre des députés du 6 mai 1856.

Ce fut le comte de Clarendon qui proposa au congrès d'émettre le vœu que, lorsque deux nations se trouveraient en dissidence sur quelque question susceptible d'entraîner une guerre, elles eussent à recourir à une troisième puissance, afin que la discussion pût être terminée en voie de conciliation par l'intervention pacifique de cette dernière. Désirant provoquer une déclaration favorable aux gouvernements de fait, et contraire aux interventions armées, j'adressai la parole à lord Clarendon, et le priai de déclarer s'il entendait comprendre dans sa proposition le cas où un gouvernement de fait serait menacé de l'intervention armée d'une puissance sur l'invitation du souverain prétendu légitime.

Lord Clarendon répondit affirmativement; il ajouta qu'il n'y avait pas de différence, aux yeux de l'Angleterre, en fait de questions de guerre, entre les diverses sortes de gouvernements, et il cita à ce propos l'exemple de la médiation offerte par l'Angleterre, en 1823, dans les contestations entre la France et l'Espagne.

Le comte Walewski appuya cette explication de lord Clarendon. Le comte Buol prit ensuite la parole, et sans s'abstenir, il est vrai, de quelques allusions peu flatteuses pour le Piémont, il se borna néanmoins à établir comme maxime générale, que lorsqu'une expédition est résolue et approuvée par les grandes puissances, les puissances de second ordre n'ont plus rien à dire, — ce qui est matériellement incontestable, par malheur.

Là-dessus, comme il était tard, ne voulant pas soulever des discussions oiseuses et viser à des triomphes oratoires au sein du congrès, et pensant beaucoup plus aux conséquences possibles des conférences qu'à l'effet de mes paroles sur le public, je m'adressai à lord Clarendon et au comte Walewski, assis tous deux en face de moi, et me rapportant aux explications qu'ils avaient données, je leur dis : « J'accepte le principe. » Cette réponse ne laissa de doute dans l'esprit d'aucun des plénipotentiaires.

Cependant le protocole, qui résumait très-brièvement les conférences, n'a pas indiqué cette circonstance ; il aurait été plus exact de dire : « Satisfait des explications de lord Clarendon et du comte Walewski, accepte. » Quoi qu'il en soit, lorsqu'il en fut donné lecture, c'était la dernière de nos réunions ; les plénipotentiaires allaient se séparer pour toujours ; je crus inutile de soulever un nouveau débat en demandant cette rectification, que le texte, lu attentivement, me paraît d'ailleurs rendre superflue.

Je crois avoir sujet de m'applaudir d'avoir fait cette observation en faveur des gouvernements de fait et contre les interventions armées. Ce qui m'aide à le penser, c'est que lord Clarendon me disait le lendemain : « Je vous remercie de la remarque que vous avez faite ; elle sera pour nous une raison de plus d'élever la voix chaque fois qu'un gouvernement voudra intervenir dans les affaires d'un autre. Cette observation est peut-être la meilleure qui ait été exposée au congrès. »

J'espère donc que la Chambre ne blâmera pas la conduite que j'ai tenue dans cette circonstance.

3

Séance de la Chambre des députés du 7 mai 1856.

J'ai quelques explications à donner à la Chambre touchant le sujet sur lequel M. Cadorna m'a interrogé.

Quelques journaux, comme il l'a dit, ont répandu le bruit de négociations nouvelles que nous serions prêts à rouvrir avec Rome, d'après des conseils venus de haut lieu. Il est vrai qu'à une date déjà un peu ancienne, le gouvernement du Roi fut invité à recommencer les tentatives précédentes pour un accord avec Rome; mais je dois ajouter que cette invitation n'emportait point le conseil de changer de politique, ni d'abandonner les principes par nous posés; au contraire, elle tendait à faire établir l'entente désirée sur des bases conformes à nos lois les plus récentes, puisqu'il était question de se rapprocher plus ou moins du concordat de 1801. (Mouvement.)

Ces conseils n'ont pas été renouvelés; je puis même affirmer à la Chambre que, m'étant trouvé dans ces derniers temps en rapport avec un grand nombre de personnages influents du monde politique en France, je n'en ai trouvé qu'un fort petit nombre qui nous conseillât de changer de politique, de nous rapprocher de la cour de Rome. L'immense majorité des hommes d'État de France et des autres pays applaudit ouvertement à nos principes.

Parmi les quelques personnes qui m'ont engagé à en venir à un accord, deux surtout insistèrent beaucoup. J'honore et j'estime hautement leur talent et leur caractère, mais leurs raisonnements n'ont pas su me persuader, quoiqu'il s'y trouve des arguments qui ne sont point sans valeur. Ils voulaient me convaincre que notre attitude envers la cour de Rome nuisait gravement à la cause constitutionnelle en Europe, en ce qu'elle indisposait contre le régime représentatif les catholiques les plus zélés et les plus éclairés. Je fis à ces deux personnes la même réponse, que je demande à la Chambre la permission de lui soumettre pour le cas où d'autres libéraux songeraient à renouveler des instances de ce genre.

Je leur dis donc que j'étais convaincu des heureux résultats que pourrait produire un accord conclu avec Rome sur des bases acceptables; que j'étais loin de repousser en principe des négociations nouvelles ; bien plus, que si j'avais le moindre espoir qu'elles pussent aboutir, je conseillerais au gouvernement de les reprendre sans délai. Néanmoins, ajoutai-je, pour qu'elles puissent réussir, il faut que les deux parties soient dans des dispositions favorables. Or je crois que ni la cour de Rome ni mon pays ne sont dans une situation morale telle qu'un accord se puisse fonder sur des bases acceptables.

En ce qui concerne la cour de Rome, comment supposer qu'au moment où elle vient de remporter une victoire solennelle[1] qui rétablit les rapports de l'Église avec l'État sur le pied où ils étaient au moyen âge, au moment où elle en profite pour tâcher d'introduire un régime

1. Le concordat autrichien.

semblable dans d'autres États italiens, comment supposer, comment espérer qu'on la trouvera disposée à des accords raisonnables? Le moment ne saurait être plus mal choisi pour de telles négociations. (Rires d'approbation.)

D'un autre côté, ajoutai-je avec une franchise égale,— car je crois la franchise toujours bonne, que l'entretien soit diplomatique ou familier, —l'opinion publique dans nos contrées n'est pas non plus dans des dispositions favorables. En effet, en demandant d'une part à la cour de Rome de renoncer à d'anciens priviléges, de consentir aux réformes nécessaires pour que les rapports de l'État avec l'Église soient mis en harmonie avec les principes fondamentaux de nos lois civiles, il faudrait d'autre part, à mon avis, faire à l'Église quelques concessions, lui accorder plus de latitude dans ses relations avec l'État, l'admettre enfin à la jouissance de la liberté. Eh bien! ces concessions, l'opinion publique n'est pas disposée à les faire (hilarité); et voulez-vous savoir pourquoi, disais-je toujours à mes interlocuteurs; voulez-vous le savoir? le voici. La situation des États romains est déplorable, — et je dois dire que ces messieurs ne le niaient pas (hilarité), car ils sont libéraux en même temps que catholiques; — cette situation inspire aux populations des sentiments peu favorables au souverain temporel de ces États, et ces sentiments à leur tour font tort à la personne de ce prince, qui est en même temps souverain-pontife.

Moja. La souveraineté temporelle doit cesser.

Cavour. Mais, répliquaient-ils, vous devez distinguer

en lui le caractère religieux du caractère politique. — Vous avez parfaitement raison, je les distingue en effet avec vous, avec tous les hommes instruits, avec les philosophes ; mais la multitude ne peut pas se pénétrer de cette distinction ; de là, contre le souverain, une irritation qui nuit à l'influence que devrait exercer le pontife ; de là un état de l'opinion bien autre qu'il ne faudrait pour que nous pussions en venir à un accord sérieux, car, répétai-je encore, nous devrions faire dans ce cas des concessions à l'Église.

Force nous est donc d'attendre, d'un côté, que le souvenir du concordat autrichien se soit affaibli (on rit), et de l'autre, que la situation des États romains se soit améliorée. (Rires et approbation.)

Je ne sais si ces raisons ont convaincu mes interlocuteurs; ce que je sais, c'est qu'elles ont coupé court à la discussion.

Je vous parlais tout à l'heure de l'approbation que bon nombre d'hommes d'État ont donnée à notre conduite envers Rome : je puis assurer que beaucoup d'entre eux, qui nous blâmaient jadis, sont aujourd'hui complétement de notre avis. Je vais vous en dire la raison. La raison n'en est pas dans notre mérite personnel, dans nos discours, nos mémoires, nos écrits, mais dans le concordat autrichien. (Bravo!) Le concordat autrichien a été la défense la plus éloquente de notre système. (On rit.)

Ceci m'amène à une conclusion qui pour un moment me rapprochera de l'honorable comte Solaro della Margarita (hilarité) ; c'est que si la conclusion de ce concordat me paraît fort regrettable au point de vue religieux, je me joins au comte Solaro della Margarita pour y applaudir vivement au point de vue politique. (Hilarité prolongée.)

4

EXPLICATION DONNÉE AU SÉNAT DU ROYAUME, DANS LA SÉANCE DU 10 MAI 1856, SUR LA NOTE VERBALE REMISE AUX MINISTRES DE FRANCE ET D'ANGLETERRE LE 27 MARS 1856.

Cette note n'avait d'autre but que d'indiquer les moyens de mettre un terme, et promptement, à l'occupation des États pontificaux par l'étranger. Les plénipotentiaires sardes, en la rédigeant, devaient donc songer non pas à ce qui est désirable, non pas à ce qui peut être le plus utile à l'Italie et à ces contrées en particulier, mais tout simplement à ce qu'il était possible d'obtenir, et à ce qui, une fois obtenu, pouvait entraîner la cessation de l'occupation étrangère dans les Légations.

Si l'on pose la question ainsi, je crois qu'on sera conduit à reconnaître que les moyens proposés dans cette note étaient les seuls réalisables. Considérés au point de vue absolu, ceux qu'indique mon honorable ami le sénateur Massimo d'Azeglio eussent certainement été préférables[1]; mais tout ce que j'ai vu à Paris m'a convaincu

1. « La séparation des Légations du reste des États de l'Église, avait dit le sénateur d'Azeglio, serait un bien pour les Légations; mais les

de l'impossibilité de viser actuellement à de semblables résultats.

Pourquoi donc proposer des moyens irréalisables? pourquoi s'attirer des réponses comme celle-ci peut-être : « Nous n'avons rien à vous objecter en théorie ; nous ne vous répondons qu'une chose, c'est que c'est impraticable » ? Ce qu'il faut éviter par-dessus toute chose en politique, si l'on veut réussir, c'est le reproche d'utopie. La réputation qui facilite le plus le succès des négociations, en politique et en diplomatie, c'est celle d'homme pratique. Aussi les plénipotentiaires sardes se sont-ils appliqués à chercher, parmi tous les moyens, les plus exempts de difficultés de toutes sortes, les plus propres à nous conduire à notre but, qui est la cessation de l'intervention étrangère ; et tout incomplets, tout sujets à critique que soient ces moyens, ils n'en rencontreront pas moins, malgré la réserve dont ils se couvrent, des obstacles énormes dans leur application.

autres provinces de ces États auraient le droit de se plaindre qu'en ne les admettant pas aux mêmes avantages, on eût constitué un privilége au profit des Romagnes au lieu de reconnaître partout le droit commun. Il faudrait donc que les autres possessions du pape fussent aussi admises à des réformes ; je ne sais si les choses pourraient marcher ainsi, mais ce serait le moins qu'on pût essayer. »

X

SUR LA SITUATION GÉNÉRALE DE L'ITALIE EN JANVIER 1857, SUR LES FORTIFICATIONS D'ALEXANDRIE, ET SUR LA TRANSLATION DE LA MARINE MILITAIRE A LA SPEZIA.

Nous réunissons dans une seule notice les faits relatifs aux trois discours principaux prononcés par M. de Cavour en 1857. Dans leur ensemble, en effet, ces discours caractérisent d'une manière bien marquée la période de vaste préparation qui a précédé le mouvement italien de 1859.

Le comte de Cavour était revenu du congrès de Paris avec une conviction dont il avait hardiment fait part à ses concitoyens. « La diplomatie, avait-il dit sans détour, est à elle seule impuissante à résoudre la question italienne. L'état de nos rapports avec l'Autriche ne s'est pas amélioré : au contraire, les deux gouvernements de Vienne et de Turin ont sur toute chose des vues si contraires, ils suivent une ligne de conduite si opposée, qu'un choc peut s'ensuivre d'un moment à l'autre. » Des déclarations aussi formelles n'avaient pas manqué de donner lieu à des critiques très-vives. On s'était étonné qu'un ministre des affaires étrangères, et le ministre d'un aussi petit État, osât braver de la sorte une puissance de premier ordre qui paraissait solidement appuyée en Europe, et qui avait pour elle des traités fondés sur tout un système d'équilibre général, le système de 1815. Tant de témérité semblait toucher à la folie. Le peuple italien pourtant avait dès lors une telle confiance dans le ministre piémontais, que dans toute la péninsule on donna à ses paroles une portée extraordinaire. On comprit instinctivement que si le comte de Cavour affirmait que la guerre était inévitable, c'est qu'il la croyait faisable de la part du Piémont, et qu'il se préparait à la faire. Dès ce moment commença la conspiration générale du peuple italien avec le grand ministre. Rien de visible, aucun avantage ostensible, matériel, n'était résulté du congrès de Paris pour une province quelconque de l'Italie; toutes cependant s'entendaient pour des démonstrations significatives en l'honneur de Victor-Emmanuel et des hommes qui s'étaient voués, comme le roi, à la cause commune; une épée fut offerte au commandant du corps d'expédition sarde en Crimée, une médaille fut frappée pour le représentant piémontais au congrès de Paris, et le comte de Cavour reçut des Toscans son buste avec cette inscription :

A QUEI CHE LA DIFESE A VISO APERTO[1]

Peu à peu il s'opéra autour du trône du roi de Sardaigne une fusion de toutes les nuances du parti national. Les émigrés qui de tous les côtés de l'Italie, depuis 1849, avaient afflué à Gênes et à Turin, y avaient provoqué un courant d'idées tout nouveau. L'idée de la grande patrie, de la mère commune, s'était dégagée des préjugés municipaux. Le parti national se rangeait sous la direction d'hommes conservateurs et libéraux, formés par l'expérience, c'est-à-dire par les malheurs publics; des hommes de sens, que

1. A celui qui la défendit le visage découvert.

le désespoir seul avait pu conduire à faire cause commune avec M. Mazzini, se séparèrent de lui sans fausse honte et sans embarras; l'exemple de Manin, que le comte de Cavour avait vu à Paris, fut suivi par la généralité des patriotes. Ainsi se préparait avec rapidité cette révolution qui excita à juste titre l'étonnement de l'Europe, et qui ne parut précipitée et hâtive qu'à ceux qui n'en avaient pas suivi le développement naturel et régulier à travers quarante années de sanglantes épreuves.

Quelque entraînant que fût ce mouvement, parti des régions supérieures de la société italienne, il restait une partie de la gauche parlementaire qui affectait de ne voir dans l'attitude du cabinet de Turin que de la présomption et de l'impuissance. M. Brofferio surtout avait pris à tâche de mettre au défi le président du Conseil dans des interpellations répétées sur notre politique étrangère, qui, à vrai dire, était à ce moment un peu embarrassée. Dans la séance du 15 janvier, il demanda de nouveau au comte de Cavour quels résultats avait produits sa politique extérieure. « Les promesses, disait-il, ont toujours été magnifiques; les faits nuls et sans valeur. L'alliance des faibles avec les forts tourne toujours au désavantage des premiers. Les huit mois écoulés depuis le congrès de Paris démontraient que ses prévisions étaient plus justes que celles du ministère. Quelle conduite celui-ci avait-il tenue dans les affaires de Naples? Pourquoi n'avait-il pas appuyé l'expédition de Bentivegna? Pourquoi n'avait-il pas envoyé une frégate dans les eaux de la Sicile du moment où un mouvement insurrectionnel y avait éclaté? » La situation extérieure, à ce moment, il faut l'avouer, n'était pas de celles dont la netteté défie toutes les critiques.

La France et l'Angleterre avaient rompu leurs relations diplomatiques avec Naples, en octobre 1856 : le Piémont, ne voulant pas prêter le flanc à des accusations d'ambition que déjà l'on commençait à lui lancer, ne s'était pas associé dans cette circonstance aux deux grandes puissances occidentales. De même, convaincu que des coups de main désordonnés ne pouvaient que rendre la situation plus mauvaise, le gouvernement sarde s'était abstenu d'appuyer le mouvement insurrectionnel suscité en Sicile par le malheureux baron Bentivegna au mois de novembre 1856.

Cette réserve, l'opposition la représentait comme une preuve d'indifférence et de déplorable inertie. Comme pour ajouter à nos embarras, le cabinet de Londres s'éloignait de nous et se rapprochait de l'Autriche, parce qu'il voyait de mauvais œil que la Sardaigne, fidèle au principe de nationalité, eût appuyé vivement l'union de la Moldavie et de la Valachie dans les conférences relatives à l'organisation des Principautés. Ainsi le système d'alliances sur lequel le comte de Cavour avait assis sa politique paraissait faire défaut du côté de l'Angleterre, en même temps que nous semblions, dans les affaires de Naples, répudier le rôle où notre destinée nous conviait.

Disons tout de suite que l'affaire de Bolgrad offrit au ministère italien l'occasion de reprendre une bonne position dans l'alliance occidentale. Il sut trouver une transaction entre les prétentions opposées de la Russie, soutenues cette fois par la France, et celles de la Turquie, appuyées par l'Angleterre. La délimitation de frontières qu'il proposa fut agréée par tout le monde, et ce succès diplomatique accrut, comme il arrive toujours, l'influence du ministère à l'intérieur.

Les interpellations de M. Brofferio n'eurent pour résultat qu'une lutte oratoire, où l'éloquence de M. Mamiani brilla de nouveau. Le marquis Pallavicini Trivulzio appuya le chef de la gauche. Cependant la Chambre des députés adopta à la presque unanimité l'ordre du jour pur et simple.

Peu de temps après son arrivée de Paris, M. de Cavour soumit à la signature royale un décret portant que la place d'Alexandrie serait munie de fortifications nouvelles destinées à en compléter le système de défense. Daniele Manin prit à

Paris l'initiative d'une souscription pour l'achat de cent canons à placer sur les nouveaux remparts. Après quelque délai, l'Empereur autorisa la souscription. Un comité fut également institué à Londres, ainsi que dans les villes principales de l'Italie. Le parti mazzinien, voyant que la direction du mouvement lui échappait de plus en plus, tenta d'opposer à la souscription pour les cent canons d'Alexandrie une autre souscription pour l'achat de dix mille fusils destinés à l'armement de l'insurrection en Italie ; il échoua. Au contraire, lorsque la question des fortifications d'Alexandrie fut mise à l'ordre du jour de la Chambre, l'argent pour les cent canons était déjà presque entièrement recueilli.

Quelle était l'intention du comte de Cavour lorsqu'il poussait avec tant de vigueur l'affaire des fortifications? Avait-il en vue une guerre offensive ou défensive? A notre avis, il voulait prévoir les deux cas. Nos relations avec l'Autriche étaient chaque jour plus tendues. A la mort de la reine Marie-Adélaïde, qui était, on le sait, de la maison d'Autriche, l'empereur François-Joseph n'avait pas même répondu à la notification que le roi lui avait faite du malheur qui le frappait. Ce procédé, dans un tel moment, fut vivement ressenti. Le cabinet de Turin y répondit par une détermination qui du moins n'affectait que le cérémonial : il s'abstint d'envoyer complimenter l'empereur d'Autriche à son voyage à Venise et à Milan. En même temps tous les égards étaient prodigués à l'impératrice-mère de Russie, qui était venue passer l'hiver à Nice. Les grands-ducs Michel et Constantin vinrent rendre visite à leur mère : ils s'arrêtèrent à Turin, où ils furent fêtés et accueillis par la population avec une cordialité intelligente; mais ils firent un détour pour éviter de passer soit à Vienne, soit à Milan, où se trouvait l'empereur d'Autriche. Blessé dans son amour-propre, le cabinet impérial laissa percer son mécontentement dans une note très-vive adressée le 10 février au comte de Cavour par l'intermédiaire du comte Paar, et contenant des plaintes sur les excès de la presse piémontaise. Dans sa réponse, le comte de Cavour maintint avec fermeté les droits du gouvernement italien. Une rupture était à prévoir : elle éclata en effet peu de jours après le vote de la Chambre sur la loi des fortifications d'Alexandrie. Le 16 mars, le comte de Paar annonça au comte de Cavour qu'il avait ordre de se retirer, si le gouvernement autrichien ne recevait aucune satisfaction des griefs qu'il avait exprimés. Le comte de Cavour répliqua en rappelant de Vienne le marquis Cantono, chargé d'affaires de Sardaigne.

Cette situation justifiait notre empressement à fortifier Alexandrie. Cependant l'opposition cléricale ne se trompait pas entièrement lorsqu'elle disait que cette mesure n'avait pas une portée exclusivement défensive. Il était évident en effet, surtout après la guerre de Crimée, que la France et l'Angleterre ne permettraient pas à l'Autriche d'envahir le Piémont; lord Palmerston l'avait formellement déclaré au Parlement anglais dans la séance du 14 juillet 1856 : « Si le Piémont était menacé, ce serait le devoir de la France et de l'Angleterre de l'aider de tout leur pouvoir. » Toutefois le Piémont, quelque petit qu'il fût, devait à sa dignité de ne pas se reposer du soin de sa défense sur l'aide de ses alliés. Le comte de Cavour savait qu'il n'est rien de permanent ni de systématique en politique. Des occasions pouvaient se présenter où le Piémont n'eût eu à compter que sur lui-même. En tout cas, il fallait pouvoir tenir un certain temps pour donner aux secours des puissances alliées le temps d'arriver : l'armée autrichienne avait si peu d'espace à franchir pour arriver au cœur du Piémont, qu'un coup de main pouvait trancher la question contre l'Italie si nos frontières restaient mal couvertes. Dans l'éventualité même d'une guerre offensive, un système de forteresses liées entre elles par des fleuves était indispensable pour fournir une base d'opérations à l'armée quand celle-ci franchirait le Tessin. Ces considérations furent justifiées par les événements de 1859. Sans l'appui que prêtèrent à la petite armée sarde les forteresses d'Alexandrie et de Casale, complétées par la tête de pont fortifiée de Valenza et reliées entre elles par un chemin de fer, nos troupes auraient pu être écrasées par le nombre avant que l'armée française eût eu le temps de franchir le mont Cenis ou de faire la traversée de Marseille à Gênes, la grande manœuvre qui précéda la bataille de Magenta n'aurait pas été possible, et l'Autriche n'aurait eu qu'à lancer toutes ses forces en avant avec rapidité pour aller dicter sa loi à Turin, ne fût-ce qu'un jour.

On peut saisir d'après ces indications sommaires la portée qu'avait la discussion du projet de fortifications. La loi qui allouait des fonds nécessaires fut combattue surtout par la droite et au point de vue du droit constitutionnel. On blâma le ministère d'avoir commencé avec vigueur l'exécution des travaux avant d'en avoir reçu l'autorisation du Parlement. Telle fut l'opinion émise par le comte de Revel, qui vota cependant en faveur du projet. M. Solaro della Margarita seul désapprouva la mesure dans son côté politique : il voulut y voir une provocation contre l'Autriche. Le comte de Cavour avait beau jeu pour lui répondre : puisque l'Autriche fortifiait Plaisance qui ne lui appartenait pas, le Piémont pouvait bien fortifier Alexandrie qui était à lui. Le général Lamarmora ajouta que le roi Charles-Albert avait conçu depuis longtemps le projet de relever les fortifications d'Alexandrie abattues par l'Autriche en 1815; mais que ce projet n'avait jamais été exécuté, par la faute de ses ministres. La loi fut enfin votée; quatorze voix seulement furent contraires; elles appartenaient à l'extrême droite.

La translation de la marine militaire de Gênes au golfe de la Spezia a une signification analogue à celle des fortifications d'Alexandrie. Si la circonscription actuelle du royaume eût été regardée comme définitive, l'imprudence aurait été grande d'établir l'arsenal de la marine à l'extrémité la plus éloignée du centre de l'État, sur un point exposé du côté de la terre aux attaques de l'Autriche; car ce n'était pas un mystère que l'Autriche, grâce à son entente avec les duchés de Parme et de Modène, avait par terre un libre accès de l'une à l'autre mer, et la ligne par laquelle il lui était facile de couper l'isthme péninsulaire rencontrait justement la Spezia à son extrémité. Il était donc évident que le comte de Cavour, tout en évitant de donner une forme trop accusée à sa politique, avait, dès son retour du congrès de Paris, des vues assez arrêtées sur l'avenir plus ou moins prochain de l'Italie centrale.

Le débat sur ce projet, à la Chambre, ne fit cependant qu'effleurer la politique étrangère; les intérêts divers de l'intérieur en firent surtout les frais. Les députés génois prétendaient que l'éloignement de la marine militaire serait la ruine de Gênes. Quelques incidents regrettables avaient causé un mécontentement passager dans cette ville : le Conseil communal avait refusé de se charger de sa part de l'impôt appelé *canone gabellario* (sorte de taxe sur le débit du vin, des viandes, des boissons, etc.); la dissolution du Conseil communal avait été prononcée, et un commissaire royal était chargé provisoirement de l'administration. Les deux organes des partis extrêmes, le *Cattolico* d'un côté, la *Maga* de l'autre, avaient mis à profit ces embarras pour semer l'agitation. Le projet concernant la Spezia était surtout représenté comme une perfidie d'un *parti turinais* qui voulait se débarrasser une bonne fois de la rivalité génoise et anéantir l'importance de la cité ligurienne.

C'était, néanmoins, dans l'intérêt même de Gênes que le gouvernement s'était occupé, dès 1850, de transférer ailleurs le centre de la marine militaire. Le nouvel essor pris par les États sardes après 1849 faisait qu'un seul port ne pouvait plus être en même temps le siége principal des forces navales, et le grand débouché commercial du royaume. D'un côté, il était indispensable de mettre la marine sarde en état de lutter sans désavantage avec la marine autrichienne;

et il fallait, en conséquence, procéder à la transformation des bâtiments à voiles en bateaux à vapeur, créer des dépôts de charbon, des ateliers pour les machines, des bassins pour les radoubements, etc. D'un autre côté, l'achèvement des voies ferrées les plus nécessaires à l'intérieur, les communications qu'on projetait d'ouvrir à travers les Alpes, et qui mettront un jour Gênes en rapport direct avec la Suisse et l'Allemagne, exigeaient que ce port fût agrandi, amélioré, pourvu de docks, de magasins et de tout ce qui peut rendre les opérations commerciales rapides, aisées et peu coûteuses. Il était impossible que cette double transformation, dans deux ordres de choses si différents, pût avoir le même port pour théâtre, sans que la marine marchande comme la marine militaire en souffrissent également; tandis que, séparées, l'une et l'autre pouvaient se développer à l'aise et répondre à ce que la nation attendait. Ces raisons, exposées par le ministre dans l'un des discours les plus habiles qu'il ait faits, l'emportèrent sur l'opposition des députés génois, toutefois après une discussion qui dura plusieurs jours.

Ici se place naturellement une observation que le comte de Cavour aimait à faire. Le mouvement d'expansion qui se manifestait en Piémont, dans ce coin de terre où s'était réfugiée la force vitale de l'Italie, était si peu le résultat de conspirations factices ou d'ambitions délibérées, qu'on le voyait se traduire dans l'ordre des faits les plus matériels. La puissante initiative d'un grand ministre ne suffit pas, à elle seule, à expliquer ce mouvement; ce qu'on peut dire, c'est qu'il dirigea merveilleusement des forces qui voulaient agir. Enfermé d'un côté par les Alpes, de l'autre par l'Autriche qui régnait en suzeraine sur les États italiens limitrophes, comprimé de la sorte entre les barrières naturelles les plus hautes et les barrières politiques les plus rigoureuses qui fussent en Europe, le Piémont entreprend de briser l'un et l'autre obstacle. Le percement des Alpes est étudié et commencé au nord et à l'ouest; sur quatre points le réseau des chemins de fer sardes est poussé, comme par un éloquent défi de la civilisation, jusqu'aux frontières de l'Autriche qui n'ose les continuer chez elle; et, comme Pierre le Grand portant sa capitale à l'extrémité la plus menacée de son empire, la petite Sardaigne jette à la Spezia, sur le point le plus avancé qu'elle possède dans la péninsule, les fondements d'un ouvrage maritime sans égal au monde, rêvé par Napoléon Ier. Nulle part peut-être la génération présente n'a vu des efforts plus démesurés tentés avec des ressources proportionnellement aussi faibles.

1

EN RÉPONSE AUX INTERPELLATIONS DES DÉPUTÉS PALLAVICINI ET BROFFERIO SUR L'ATTITUDE DU MINISTÈRE A L'ÉGARD DES AFFAIRES D'ITALIE.

Séance de la Chambre des députés du 15 janvier 1857.

Je commence par confesser franchement que, par des raisons faciles à comprendre, je n'ai jamais été si embarrassé de donner des explications à la Chambre. Le sujet sur lequel on m'interroge émeut les esprits dans le Parlement et dans le pays entier.

La question italienne n'excite pas moins de sollicitudes au banc des ministres que dans le reste de la Chambre; mais c'est justement parce que nous aimons l'Italie autant que peuvent l'aimer les honorables députés qui m'interpellent, que je me trouve dans une position délicate. Non pas que je croie qu'il est toujours inopportun de parler de l'Italie; mes actes, il me semble, ont prouvé le contraire; il y a, je le sais, des circonstances où l'expression des sentiments de la couronne, du gouvernement, du pays, peut être très-utile aux intérêts italiens; mais il en est d'autres où la manifestation de nos vues, loin de servir les populations dont nous avons si vivement à cœur les destinées, peut leur nuire, au contraire, gravement; et si ma parole hésite, c'est que certaines discussions, dans cette enceinte, certains discours ministériels pourraient aggraver les maux dont ces populations souffrent, les maux que nous voudrions soulager.

Cependant, après avoir justifié auprès de vous la réserve que je garde, je vais essayer de vous donner les explications qui peuvent se concilier avec la prudence sans aller contre le but que nous nous proposons tous. (Marques de vive attention.)

En résumé, le discours de l'honorable M. Brofferio, que je ne suivrai pas dans ses considérations sur l'ensemble de l'Europe, consiste, dans sa partie substantielle, à demander ce que les puissances étrangères ont fait pour la péninsule depuis le congrès de Paris; ce que le Piémont a fait de son côté; ce qu'il entend faire; enfin quelles conséquences, quels avantages nous pensons retirer de notre politique.

La question italienne a été discutée avec bienveillance au congrès de Paris; la situation douloureuse, anormale de la péninsule a été reconnue hautement par les puissances qui marchent en tête de la civilisation; il y a plus, le fait proclamé par la France et par l'Angleterre n'a été contesté par aucune autre puissance : car l'Autriche elle-même, dans les pièces diplomatiques qu'elle a jugé à propos de publier après le congrès, est convenue, avec des formes naturellement plus douces que celles qu'ont employées les autres puissances, que la situation de l'Italie n'était point heureuse et demandait des améliorations. Nous avons dit que c'est là un grand résultat; nous le maintenons.

Il ne s'est rien passé depuis le congrès de Paris qui nous engage à modifier les déclarations que nous avons faites alors. Les puissances occidentales ont cru devoir saisir l'occasion du congrès pour manifester solennellement leur opinion sur les affaires d'Italie; elles ont adressé à certains souverains le conseil d'améliorer la situation de leurs États; mais personne n'a pu, à moins de s'abandonner à une illusion étrange, imaginer que ces puissances appuieraient leurs conseils par la force. Je crois n'avoir essayé d'induire en erreur à ce sujet ni la Chambre, ni le pays, ni l'Italie.

Ç'aurait été chose incroyable, à dire vrai, qu'au moment où finissait une expédition qui avait coûté des sacrifices énormes, au moment où les puissances occidentales, par amour pour la paix, renonçaient aux avantages qu'elles eussent pu retirer d'une guerre plus prolongée, à ce moment-là même elles se missent à entreprendre une nouvelle campagne non moins importante, non moins coûteuse, pour reconstituer l'Italie par la force. Je le répète, pas un mot de moi ni de mes collègues n'a pu faire supposer que j'aie jamais eu une telle pensée; et si l'on se rappelle la fin du discours que je prononçai à cette époque, on reconnaîtra combien j'étais éloigné de l'avoir conçue ou de vouloir la faire concevoir à d'autres.

Nous ne pouvions espérer, — je dirai : nous ne pouvions croire, si le mot *espérer* sonne mal aux oreilles de M. Brofferio, — nous ne pouvions croire qu'une chose, c'est que les puissances qui avaient montré un vif intérêt pour l'Italie emploieraient les moyens diplomatiques pour améliorer son sort. C'est ce que la France et l'Angleterre ont fait; comment, et avec quel succès, il ne m'appartient pas de le dire, et je ne pense pas qu'il soit le cas d'en faire ici un objet de discussion. Les ouvertures faites par ces puissances ne sont pas au bout; le fussent-elles, la Chambre comprend avec quelle réserve j'en devrais parler.

Il est vrai que depuis le congrès il s'est passé un fait que je n'avais pas prévu et qui a peut-être rendu moins vive l'action de ces puissances. Le traité du 30 mars, qui semblait devoir être mis promptement à exécution, a suscité des difficultés imprévues, des dissentiments, des discussions, qui aujourd'hui n'existent plus que dans l'histoire, mais qui ont détourné quelque temps des affaires de l'Italie l'attention des puissances occidentales et surtout de l'Angleterre. A l'occasion de ces difficultés, un rapprochement s'est opéré entre l'Angleterre et l'Autriche à l'égard de la question débattue [1]; mais de ce rapprochement, qui porte sur une question spéciale, sur

1. L'affaire de Bolgrad et de l'île des Serpents, dont il a été question plus haut.

un incident isolé, vidé du reste par la dernière conférence, je ne pense pas qu'on puisse conclure à une alliance intime, à une identité de vues sur toutes les questions, et surtout sur celle d'Italie. Je n'ai aucun motif de croire que les hommes d'État anglais aient pris en soupçon notre pays; que lord Palmerston, lord Clarendon soient devenus les alliés à toute force de l'Autriche, les apologistes de sa politique, en ce qui regarde du moins les affaires de notre chère péninsule.

J'ai dit qu'après le congrès de Paris nous ne pouvions nous flatter que de voir la diplomatie chercher à améliorer la situation d'une partie de l'Italie. Le gouvernement eut alors à délibérer s'il devait prendre part à ces offices diplomatiques ou y rester étranger; il choisit le second de ces deux partis et crut devoir s'abstenir complétement, convaincu que, quelque modérées que fussent ses représentations, elles exciteraient des craintes injustes et de faux soupçons et contrarieraient en réalité les vues dans lesquelles nous les aurions faites.

Si notre diplomatie est restée en dehors des démarches de la France et de l'Angleterre, qu'avons-nous donc fait? Nous avons continué à marcher dans la voie que nous suivons depuis que nous sommes au pouvoir; nous avons parlé et agi de manière à prouver, autant que possible, au pays et à l'Europe, la sincérité de nos sentiments et la justesse de nos idées; nous avons tâché de montrer combien l'état de l'Italie est digne de la sympathie de l'Europe, combien les Italiens méritent et combien ils sont capables de se gouverner librement; nous nous sommes efforcés de témoigner par tous les moyens à quel point la dignité et l'indépendance de la nation nous sont chères. (Très-bien.)

L'honorable Brofferio, descendant aux détails, a rappelé les incidents de la Sicile et de Naples, et insisté, quant au premier, sur la conduite de notre consul à Messine. Je ne puis donner là-dessus des éclaircissements immédiats, mais il faut noter que notre consul à Messine est un sujet du roi de Naples; il résulte de sa correspondance que les actes qu'on lui reproche sont supposés ou au moins fort exagérés. Quant au consul de Palerme, qui est notre compatriote, il nous a tenus au courant des faits dans la mesure de ses moyens d'information, et il a mérité l'approbation du gouvernement.

M. Brofferio nous reproche de n'avoir pas envoyé une flotte en Sicile : mais les raisons mêmes par lesquelles il veut prouver que nous avons eu tort nous eussent décidés à ne pas envoyer de vaisseaux, si d'aventure nous eussions été en force pour une telle expédition. Nos paroles, notre politique ne tendent pas à exciter ou à appuyer en Italie des mouvements désordonnés, de vaines et folles tentatives de révolution. Nous entendons autrement la régénération de l'Italie. Nous avons toujours suivi une politique franche, loyale, pure de toute duplicité de langage, et tant que nous serons en paix avec les potentats du reste de l'Italie, nous n'emploierons point de moyens révolutionnaires, nous ne fomenterons ni désordres ni rébellions. Si nous nous étions proposé le but que désigne l'honorable Brofferio, si nous avions voulu envoyer une flotte pour soulever indirectement les populations, nous aurions auparavant déclaré la guerre et manifesté nos intentions. Je me vante donc, je le déclare, d'avoir fait ce qu'on me reproche.

C'est avec douleur que je répondrai à l'honorable Brofferio au sujet de Naples. Il a rappelé des événements douloureux ; il a parlé de poudrières, de vaisseaux qui ont sauté avec un grand nombre de victimes, etc. ; et il en a parlé de manière à laisser croire que ces actes sont l'œuvre du parti italien. Moi, je les répudie, ces actes, je les répudie hautement, dans l'intérêt même de l'Italie! (Très-bien.) Non, Messieurs, de tels faits ne sont point imputables au parti national italien, mais à l'action isolée de quelques infortunés, égarés par leurs illusions, et dignes seulement de pitié; ces faits doivent être stigmatisés par tous les hommes sages, par quiconque est jaloux surtout de l'honneur et des intérêts de l'Italie. (Très-bien.)

Mais, dira-t-on, vous n'avez obtenu jusqu'ici aucun résultat matériel; que prétendez-vous faire? Voulez-vous toujours marcher sans avancer? Quelles sont vos intentions? — Avant de répondre à cela, je veux faire un aveu à la Chambre. Je ne crois pas aux prophéties en politique; je me suis toujours soigneusement gardé d'en faire. Les souvenirs des temps modernes, ceux de la seconde moitié du dernier siècle surtout, nous apprennent que les plus grands événements peuvent arriver sans être prévus, et que l'histoire, comme on l'a dit, est une grande improvisatrice. Il me semblerait puéril et presque ridicule de faire des hypothèses sur l'avenir, pour déterminer la conduite que nous aurions à tenir dans telle ou telle circonstance.

Mais si la Chambre veut savoir quels principes nous suivrons dans tous les cas, quel sera le but de tous nos actes, je n'ai aucune difficulté à le dire bien haut.

Depuis le jour où le roi Victor-Emmanuel est monté sur le trône, son gouvernement a toujours eu la même politique; il a toujours visé au maintien et au développement des libertés constitutionnelles à l'intérieur; il a toujours eu en vue dans ses relations extérieures le plus grand bien de l'Italie. C'est principalement en vue de ce bien que nous avons conseillé la guerre d'Orient, et les maximes qui nous ont inspirés au congrès de Paris sont encore notre règle aujourd'hui et le seront dans l'avenir. Mais quel fruit en avons-nous recueilli, me dit-on? quel fruit a recueilli l'Italie? Je ne puis que répéter, à ce sujet, ce que j'ai dit précédemment : si la guerre d'Orient et le congrès de Paris n'ont pas produit de résultats matériels, immédiats, en faveur du Piémont et de l'Italie, il nous en est revenu, selon moi, un grand profit moral.

Et ici, Messieurs, il faut parler franchement, et ne flatter ni les individus, ni les peuples. Jadis, force nous est de le reconnaître, l'Italie était jugée fort sévèrement au delà des Alpes, dans les autres contrées de l'Europe. J'en appelle au témoignage de tous ceux de nos compatriotes (et il n'en manque pas dans cette enceinte) qui ont émigré par choix ou par nécessité. Je pourrais citer les appréciations injustes d'écrivains renommés chez les autres nations, d'écrivains très-libéraux, de ceux même qui montraient le plus d'affection pour notre patrie. Rappelez-vous les vers éloquents de lord Byron, les pages de Macaulay, vous aurez une idée du jugement que portaient sur nous les Anglais les plus avancés. Ils aimaient l'Italie, mais ils ne la considéraient guère que comme une belle infortunée, mariée à un tyran brutal; ils lui souhaitaient plus de bonheur conjugal, mais ne la croyaient pas capable de gouverner sa famille avec indépendance et liberté.

Eh bien, Messieurs, la politique suivie depuis neuf ans par le Piémont, et particulièrement notre expédition en Orient et la part que nous avons prise aux délibérations des puissances, ont grandement modifié cette impression européenne. Tous les journaux libéraux de France, d'Angleterre, d'Allemagne, en portent témoignage; les hommes qui ont parcouru dernièrement l'Europe, surtout ceux qui avaient déjà observé antérieurement les mêmes pays, vous diront qu'ils ont trouvé partout un changement profond dans l'opinion publique à notre endroit, et qu'après ce qu'on nous a vus faire, le nom d'Italien, de Sarde, est devenu à lui seul un titre à la sympathie et à l'estime de quiconque, au delà des Alpes, est un cœur généreux et une âme affranchie.

Est-il donc vrai que ce soit là peu de chose, Messieurs? Si je l'entendais dire à ces hommes qui ne croient qu'à la force brutale, qui, regrettant le moyen âge, n'ont foi qu'au pouvoir du fer ou du plomb, je conviendrais qu'en cela ils sont logiques : puisque ceux-là tiennent pour néant la puissance des idées et l'autorité de l'opinion publique, ils sont conséquents avec eux-mêmes quand ils nous raillent de donner tant d'importance au jugement que le monde porte sur nous. Mais que ce langage soit tenu par de chauds amis du progrès, par des hommes qui croient à la puissance de l'opinion universelle, c'est ce que je ne puis comprendre.

Je compte donc que les hommes à qui je fais allusion se convaincront de l'exactitude parfaite de ce que je leur affirme, et modifieront leurs appréciations trop sévères sur la politique du ministère ou plutôt du Parlement.

Si ces brèves explications ne décident pas l'honorable Brofferio à réformer le jugement qu'il a porté contre nous, au moins persuaderont-elles, je l'espère, à la Chambre que notre politique, que sa politique n'est pas absolument stérile; et que, par la guerre d'Orient et par le congrès de Paris, des semences ont été répandues que le temps et la sagesse de Italiens sauront faire germer. (Bien! au centre).

2

RÉPONSE A UNE INTERPELLATION DU DÉPUTÉ FARINI SUR LES NÉGOCIATIONS RELATIVES AUX PRINCIPAUTÉS DANUBIENNES.

Séance de la Chambre des députés du 15 janvier 1857.

Il fut décidé dans le premier congrès de Paris que l'on ne délibérerait sur le sort des principautés danubiennes qu'après que les vœux de ces populations auraient été manifestés par des assemblées composées de façon à représenter les intérêts de toutes les classes. Pour donner suite à cette décision, les puissances alliées invitèrent la

Porte à prendre ses mesures pour les élections, s'en remettant à elle quant aux bases du système électoral à suivre pour composer ces assemblées, ou, comme dit la Turquie, ces divans. La Porte présenta là-dessus son projet aux représentants des puissances alliées à Constantinople ; après de longues discussions, un projet définitif a été adopté, et j'ai la satisfaction de pouvoir annoncer à la Chambre que le système adopté par la Porte et par les alliés est fort large. Toutes les classes de la société seront représentées, même les paysans, dont le sort est si malheureux dans ces contrées. La réunion des comices électoraux qui doivent nommer ces divans n'aura lieu que lorsque les troupes autrichiennes auront évacué les Principautés, la plupart des représentants des puissances alliées ayant protesté d'avance contre toute élection qui aurait lieu dans les circonstances actuelles ; c'est-à-dire qu'elle n'aura lieu que dans quelques mois, car le dernier protocole touchant le mode d'exécution du traité de Paris a fixé au mois de mars l'évacuation des Principautés. L'occupation ne deviendra donc pas définitive, M. Farini peut se rassurer ; dans deux mois elle aura cessé.

Au bout de ces deux mois, les comices électoraux se réuniront et les divans seront interpellés. L'objet le plus important de leurs décisions sera la réunion des principautés, question grave et difficile.

Au congrès de Paris, la Sardaigne n'a pas hésité à se prononcer ouvertement pour l'union, qui doit améliorer l'état de ces populations dignes de tant de sympathie. Rien n'est définitivement arrêté ; une enquête a été ordonnée, les populations seront consultées, et leur vote aura une grande influence sur tous les plénipotentiaires.

L'honorable Farini peut être certain, du reste, que la Sardaigne, tenant compte des vœux légitimes des Roumains, fera tout son possible pour qu'ils soient satisfaits, et pour que le problème de leur reconstitution soit résolu conformément aux principes de progrès et de nationalité que nous sommes décidés à soutenir en Orient comme dans des contrées plus voisines.

3

SUR LE PROJET DE LOI POUR LES FORTIFICATIONS D'ALEXANDRIE.

Séance de la Chambre des députés du 14 mars 1857.

Si j'ai bien saisi les paroles de l'honorable Solaro della Margarita, il conclut de la manière suivante : « Les fortifications d'Alexandrie sont inutiles pour la défense du territoire; elles sont inutiles et même dangereuses si nous avons l'intention de prendre l'offensive, parce qu'elles constituent une provocation anticipée contre l'Autriche, une manifestation nouvelle d'hostilité contre cette puissance; enfin elles n'ont pas même l'avantage de satisfaire ce parti extrême par lequel le ministère se laisse parfois entraîner. »

Il ne m'appartient pas de discuter la question toute

militaire de l'utilité de la place d'Alexandrie pour la défense de l'État; c'est l'affaire de mon collègue de la guerre. Je remarque seulement que la nécessité de cette place pour notre défense est un principe traditionnel dans le gouvernement. Le roi Charles-Albert avait ordonné lui-même, et peut-être malgré ses ministres (On rit), qu'un projet fût élaboré pour la construction de fortifications nouvelles à Alexandrie; le ministre de la guerre m'est témoin que ce projet existe. Les ancêtres de notre souverain ont toujours été fidèles à la même pensée : ils se sont attachés à protéger nos frontières du côté de l'Autriche, et bien avant la révolution française les places de Valence, de Tortone, d'Alexandrie même, avaient été soigneusement fortifiées. Et après la Restauration, ne fîmes-nous pas des efforts persévérants pour relever ces boulevards renversés par l'Autriche? S'ils étaient si inutiles à notre défense, pourquoi l'Autriche, en 1814, mit-elle tant de soin à les faire raser? Peut-être par pur esprit de destruction? L'Autriche est trop conservatrice pour cela! (On rit.)

Pour moi, dès que j'ai été appelé à régir les finances, j'ai toujours été tourmenté, dirai-je presque, par le ministre de la guerre qui me demandait sans cesse de présenter une loi pour les fortifications d'Alexandrie[1]; et je me rappelle que l'une des deux dernières choses qu'il me dit avant de partir pour la Crimée fut celle-ci : « Rappelez-vous bien que si vous ne pensez pas aux fortifications d'Alexandrie, un beau jour je proteste publiquement et solennellement contre vous. » (Hilarité.)

. Il s'agit du général Alfonso Lamarmora.

Mais c'est moins au point de vue militaire qu'au point de vue politique que l'honorable Solaro a nié l'utilité de ces fortifications. « L'Autriche, a-t-il dit, ne veut pas vous attaquer; et d'ailleurs, si elle le voulait, elle pourrait marcher droit sur Turin sans s'occuper d'Alexandrie. » Je ne cherche pas quelles probabilités il y a que l'Autriche nous attaque; je pense qu'elle ne le fera ni aujourd'hui ni demain; mais on doit convenir que le devoir du gouvernement est de tenir compte de la possibilité d'une attaque; ce n'est point là, en effet, une éventualité chimérique. Il ne faut pas dire que la France empêchera toute rupture entre l'Autriche et nous, car il est arrivé bien fréquemment dans les derniers siècles que la France a été elle-même en guerre ouverte avec l'Autriche, et si le cas se présentait de nouveau, que nous fussions ou non les alliés de la France, la place d'Alexandrie nous serait infiniment utile.

Ce ne sera pas peu de chose d'avoir une place telle que peut l'être celle d'Alexandrie, capable de recevoir une armée, mise à couvert par de forts boulevards, et où pourraient être exercés à la hâte les corps nombreux que la patrie en danger verrait se lever pour sa défense; et je ne pense pas qu'une armée autrichienne osât s'avancer sur Turin pendant que la nôtre resterait en force entre Casal et Alexandrie. Je ne veux pas préjuger l'issue d'une lutte pareille; je ne nie pas que l'Autriche ne soit formidable; mais dans les guerres, le succès ne dépend pas seulement du nombre des combattants. Tout en admettant la possibilité de désastres nouveaux, nous pourrions du moins, appuyés sur Alexandrie, aller avec résolution au-devant du péril, certains de sauver l'honneur du pays, quoi qu'il pût arriver.

Les secours d'une puissance étrangère ne diminueraient pas pour nous l'importance de cette place, car notre devoir serait, dans ce cas, de compter avant tout sur nos propres efforts. (Très-bien!) Ce n'est qu'à la condition de faire tout ce qui est possible, de résister de toutes nos forces, que nous pourrons accepter sans humiliation l'aide étrangère; et pour résister sérieusement, il nous faut des fortifications à Alexandrie.

Je commettrais une imprudence si j'entreprenais de démontrer l'utilité de cet ouvrage pour le cas, peu probable si l'on veut, d'une attaque de notre part contre l'Autriche. J'ai seulement à dire que puisqu'on veut à toute force qu'il nous soit inutile pour l'attaque, il ne faut pas ajouter qu'il constitue une provocation contre l'Autriche. Si ces fortifications ne peuvent faciliter une attaque, elles n'annoncent pas que nous voulions attaquer. C'est, je crois, de la simple logique. (On rit.)

D'ailleurs, comment l'Autriche pourrait-elle nous accuser de provocation à ce propos, elle qui a dépensé de bien autres sommes depuis 1849 à fortifier Vérone, Goito, toute la ligne du Mincio?...

Voix diverses. Et Milan, et la forteresse du lac Majeur...

Cavour. Et Plaisance, chose bien plus digne de remarque! car c'est sur notre propre terrain que nous élevons des ouvrages, tandis que l'Autriche fortifie à Plaisance un terrain qui ne lui appartient pas!

Je l'ai dit au congrès de Paris, je puis donc le redire

ici : les fortifications de Plaisance sont une violation directe du traité de Vienne, qui a donné à l'Autriche le droit de tenir garnison à Plaisance, mais non de faire de cette ville une place de premier ordre. Les fortifications de Plaisance n'ont pas été élevées contre le duché de Parme, mais contre nous. Si donc il y a eu provocation, ce n'est pas de notre part.

4

TRANSLATION DE LA MARINE MILITAIRE DE GÊNES DANS LE GOLFE DE LA SPEZIA.

Séance de la Chambre des députés du 29 avril 1857.

Je crains d'avoir assumé hier une tâche supérieure à mes forces, en promettant de répondre aux orateurs qui ont combattu le présent projet de loi; car la mesure qui en est l'objet a été considérée sous tant de faces et de tant de manières diverses, contradictoires même, que je ne sais comment répondre à chacun avec ordre.

Les objections, je le répète, ont été contradictoires; hier et aujourd'hui, plusieurs membres de la droite ont cherché à prouver que ce projet n'est qu'une conséquence de la politique téméraire et aventureuse où nous nous sommes engagés, selon eux, au grand péril du pays; tandis que dans une séance précédente, un honorable député de Gênes a soutenu avec une violence insolite qu'au contraire nous n'avions été inspirés que par le désir antipatriotique de déprimer Gênes au profit de la capitale, — comme s'il s'agissait de fonder ce grand établissement militaire non pas sur une plage ligurienne, mais sur les rives du Pô, près de Turin!

J'examinerai d'abord les raisons qui nous ont été opposées au point de vue de la politique générale, puis la question de politique spéciale, et enfin le côté substantiel et pratique du projet; je laisse à mon collègue le ministre de la guerre le soin de traiter les questions militaires, stratégiques ou simplement techniques.

L'orateur qui me paraît s'être le plus éloigné de la question est l'honorable Francesco Pallavicini. Il a reproché au ministère, ou plutôt à moi seul, de suivre une ligne incertaine et douteuse, d'être révolutionnaire aujourd'hui et conservateur demain, de serrer la main le matin aux députés de l'extrême gauche et de donner le bras le soir à ceux de la droite. (On rit.) Il a trouvé enfin que tous mes actes, tous mes discours, depuis le congrès de Paris, ont été un tissu de contradictions.

Nos sentiments sont pourtant les mêmes qu'alors. Nous avons déclaré que notre politique était libérale, non pas révolutionnaire; que dans la question italienne, nous croyions de notre devoir de respecter les traités existants, mais que nous nous croyions également en droit, en devoir de faire, dans les limites de ces traités, tout ce qui pouvait légitimement être fait pour les intérêts de l'Italie. Notre politique, avons-nous ajouté, a rencontré une opposition décidée de la part de l'Autriche, et nous avons dû quitter Paris sans que nos différends avec cette puissance aient pu être accommodés. Ces faits, ces principes, nous n'avons rien fait qui les démente, et nous les proclamons aujourd'hui de nouveau.

L'honorable Pallavicini nous dit : « Un jour vous excitez les passions populaires au moyen de la souscription pour les cent canons d'Alexandrie ; un autre jour vous les comprimez en vous opposant à la souscription des dix mille fusils. »

Oui, Messieurs, nous avons approuvé ouvertement, nous avons aidé personnellement la souscription des cent canons, parce que nous avons vu là un acte vraiment national, un témoignage du patriotisme de nos populations, et de leur zèle pour la défense du pays ; mais nous nous sommes opposés énergiquement à la souscription des dix mille fusils, parce que nous y avons vu un acte révolutionnaire ; ces deux déterminations, nous les avons prises dans le même temps, et elles ne sont que des conséquences naturelles de notre politique.

Je ne sais comment on a pu présenter l'affaire des fortifications d'Alexandrie comme une machine montée exprès pour rallumer l'enthousiasme populaire. J'ai eu l'occasion déjà de faire savoir à la Chambre, et mon collègue de la guerre le lui a fait connaître aussi, que le projet a été étudié et mûri pendant plusieurs années ; le ministre de la guerre a longtemps insisté pour qu'il fût exécuté ; de retour de Crimée, ayant repris son portefeuille, il n'eut ni paix ni trêve jusqu'à ce que son collègue des finances se fût joint à lui pour obtenir le décret qui a sanctionné l'entreprise et alloué des fonds pour commencer les travaux.

Les notes diplomatiques émanées du cabinet, publiées

dans toute l'Europe, sont bien connues; il ne s'y trouve rien qui démente les principes par nous proclamés après le congrès. Il est bien entendu que les idées doivent revêtir diverses formes, que je ne puis pas écrire une note destinée à être communiquée à une puissance dans le style dont je me sers ici; mais le fond de notre langage est toujours le même.

L'honorable Pallavicini a dit encore que je n'avais pas eu, quant à la question religieuse, le courage d'agir en conformité des déclarations que j'avais faites sur l'opportunité d'accorder à l'Église des facilités plus larges, de supprimer quelques liens qui existent encore dans nos codes entre l'Église et l'État, et de régler les rapports de l'un avec l'autre selon l'esprit du Statut. Ces déclarations, je suis prêt à les répéter. Seulement, ce qu'il ne faut pas omettre, c'est que j'ai dit que ces concessions ne devront être faites à l'Église que quand nos différends avec elle seront arrangés, quand l'autorité ecclésiastique aura renoncé d'une manière absolue et définitive à se mêler des choses civiles et admis pleinement l'indépendance de l'État. Je n'ai pas mon discours d'alors sous les yeux, mais je suis sûr d'avoir dit cela. Si l'honorable Pallavicini veut employer son habileté à disposer l'Église à ces réformes si nécessaires, je lui promets de joindre ma faible voix à la sienne pour soutenir dans cette assemblée les concessions à accorder à l'Église dans un arrangement définitif. (Bien!)

L'honorable député a encore parlé incidemment d'un sujet assez scabreux (Rires), celui de l'état des mœurs dans cette ville. Je ne m'arrêterai pas sur ce terrain glissant;

je me permettrai seulement d'affirmer à la Chambre qu'ayant habité quelques-unes des grandes villes de l'Europe, j'ai pu constater qu'elles n'étaient pas supérieures à celle-ci en moralité; et je crois qu'en faisant appel à la bonne foi de l'honorable Pallavicini, et en lui rappelant le temps de notre jeunesse (Hilarité générale), je le ferais convenir qu'à Turin les mœurs ne sont pas plus relâchées qu'à Paris et à Londres.

Des considérations politiques ont été ensuite mises en avant par les honorables Solaro della Margarita et Costa de Beauregard pour combattre le projet. M. Costa, dans un discours remarquable, a dit que la crainte s'était répandue que certaine puissance ne nous poussât à cette entreprise pour en recueillir elle-même les fruits, et qu'un second Gilbraltar ne fût élevé par nos mains sur la côte de Ligurie. Je ne pense pas que jamais une idée pareille se soit présentée à l'esprit des hommes d'État anglais. Ils n'ont jamais eu à émettre un avis directement ni indirectement sur ce point; à en juger pourtant par l'impression qu'ont laissé voir les représentants de l'Angleterre à Turin quand la question de la Spezia a été mise sur le tapis, cette puissance verrait au contraire notre plan d'un œil peu favorable. Ce fut en 1850 que, pour la première fois, mon honorable ami le ministre de la guerre proposa à la Chambre la translation de notre marine militaire à la Spezia : lord Abercromby, ministre d'Angleterre à Turin, se montra fort contraire à cette idée; il ne pouvait pas en faire et n'en fit pas l'objet de réclamations, mais, dans ses conversations particulières, il ne manquait jamais d'en parler avec défaveur.

Comment d'ailleurs un péril semblable pourrait-il nous menacer? En supposant, ce qui me semble impossible dans l'état actuel de la civilisation, que l'Angleterre eût la pensée de s'emparer de la Spezia pour en faire un ouvrage militaire pareil à Gibraltar, croyez-vous que toutes les puissances ne s'y opposeraient pas? Sa présence à la Spezia ne menacerait pas seulement Gênes, mais aussi Toulon, situé à quelques heures de distance. Avant de s'y résigner, la France dépenserait son dernier écu. Il ne suffirait pas d'une guerre heureuse sur le Pô ou sur le Rhin, il faudrait une capitulation imposée à la France sous les murs de Paris pour que l'Angleterre pût réaliser un tel rêve. Il n'y a rien là que d'imaginaire.

Aucune puissance n'a manifesté d'opinion sur la question, ni en faveur ni en sens contraire. La seule qui ait eu à s'occuper de la Spezia avec nous, c'est l'Union américaine, qui a, comme vous le savez, à la Spezia un dépôt pour sa flotte...

Lamarmora (ministre de la guerre). Un refuge.

Cavour. Un refuge. A raison de nos bons rapports avec le gouvernement des États-Unis, nous avions mis à sa disposition un local dans le Lazaret; les projets actuels étant survenus, nous l'avertîmes que ce local n'était plus disponible; mais sur son désir, et après quelques négociations, le gouvernement put lui accorder deux emplacements qui paraissent convenables. Je ne crois pas qu'il y ait rien là qui puisse alarmer la susceptibilité d'aucun membre de cette Chambre.

Quant au député Solaro della Margarita, il dit que notre entreprise de la Spezia fait sourire avec complaisance l'Angleterre, la France et l'Autriche. J'en ai assez dit sur l'Angleterre. Pour la France, je ne crois pas qu'elle s'en préoccupe beaucoup; dans tous les cas, l'alliance qui l'unit à nous, l'intérêt qu'elle a à ce que le Piémont soit fort, sont pour elle des motifs de voir avec faveur le projet dont il s'agit. Si donc la France s'en réjouit, ce n'est point, quoi qu'en dise M. della Margarita, dans l'espoir que cette dépense nous affaiblisse, mais plutôt dans la conviction qu'elle sera avantageuse à notre marine; il est peu probable, en effet, que celle-ci se tourne contre la France, à qui, au contraire, elle sera en état de rendre des services à l'occasion.

J'ignore absolument ce qu'en pense, pour sa part, le cabinet de Vienne. Je ne sais si les raisonnements par lesquels on a essayé de prouver ici que cette œuvre obérerait nos finances auront produit à Vienne une bonne impression; mais je doute beaucoup qu'une création qui, dans tous les cas, ne peut que favoriser puissamment les progrès de notre marine militaire puisse être bien vue au delà du Tessin. Si pourtant l'honorable comte Buol, se faisant illusion, s'en félicitait, je ne m'affligerais point de sa joie; que le comte Buol soit content, c'est à merveille, et je n'y trouve rien à redire.

Il est temps que je m'occupe des objections faites au projet par rapport à la politique intérieure, à l'économie nationale et aux finances.

Quiconque a habité Gênes pendant quelque temps et s'y est occupé des affaires du commerce et de la marine a pu se convaincre de deux vérités : — l'insuffisance absolue de l'établissement militaire actuel pour les besoins d'une marine à vapeur; — le défaut, dans le port, de la plupart des commodités qu'offrent au commerce et à la navigation marchande les ports principaux de l'Europe. Le sentiment de ces deux graves inconvénients est ancien et profond chez moi, et lorsque, à mon entrée dans la vie politique, j'allais cherchant, sans être ministre, les moyens d'augmenter la richesse du pays, je mettais toujours cet objet en première ligne. Aussitôt entré au ministère que présidait Massimo d'Azeglio, en octobre 1850, trouvant mon collègue de la guerre pleinement d'accord avec moi sur ce point, je m'occupai immédiatement avec lui de la préparation d'un projet pour la translation de la marine militaire à la Spezia et pour la construction d'un dock commercial à Gênes, deux mesures que j'ai toujours regardées comme les seules qui puissent remédier au mal que fait à notre marine de guerre et à notre marine de commerce l'encombrement résultant de leur réunion dans le même port. Cette conviction, qui a persisté chez moi pendant ces sept années sans être affaiblie par des difficultés infinies, par des oppositions violentes et de toute sorte, cette conviction, fondée sur les plus hautes considérations politiques et économiques, a été, Messieurs, notre seule conseillère.

Il m'a donc été pénible de voir l'un des opposants réveiller des jalousies éteintes, des rancunes assoupies, et rallumer cet esprit de rivalités municipales qui a fait à la patrie plus de mal que le fer de l'étranger. Je ne veux pas entrer dans cet ordre d'idées; je ne veux pas, sous l'impression de la douleur que nous fait ressentir cet incident, prononcer des paroles qui pourraient être mal interprétées ailleurs. Notre devoir à tous est d'atténuer, de calmer autant que possible ces fâcheuses irritations. (Très-bien !)

Je me contenterai donc de faire brièvement l'historique du projet. La double proposition dont j'ai parlé tout à l'heure et que je fis jadis à la Chambre, d'accord avec le ministre de la guerre, ne fut pas bien accueillie par l'Assemblée. La commission qui représentait la Chambre, surprise par la nouveauté de cette idée, et préoccupée de notre grave situation financière, ne repoussa pas précisément le projet, mais invita le ministère à faire de nouvelles études et à réparer, en attendant, le port de Gênes, chose utile dans tous les cas, même dans l'éventualité de la construction de docks. Ces réparations devaient consister à draguer le port et à prolonger le môle.

Sans nous décourager de cette sorte de refus, le général Lamarmora et moi nous nous attachâmes à établir, par de nouvelles études, la nécessité de la double amélioration que nous demandions. Le ministère chercha alors des auxiliaires dans un lieu où il n'aurait dû, selon l'honorable Pareto, trouver que des adversaires : dans la municipalité et la Chambre de commerce de Gênes. Il invita ces corps à nommer une commission pour l'examen et la réforme du projet de docks tracé un peu à la hâte en 1849, et mit à leur disposition plusieurs ingénieurs éminents, entre autres l'ingénieur Maus, notre collègue le député Sauli, et, je crois, l'architecte Gardella. La municipalité se prêta à cet examen ; elle nomma une commission économique qui s'occupa, avec la commission technique, du projet de docks.

Mais ici le ministre (voyez sa perfidie!) ne se contenta pas d'avoir cherché à désarmer la municipalité de Gênes en l'associant moralement à l'entreprise, il voulut encore l'y associer matériellement; il lui fit comprendre que la construction d'un dock était une œuvre d'utilité publique, et qu'il serait fort convenable qu'au lieu d'une compagnie ce fût la ville elle-même qui s'en chargeât. Et comme la ville alléguait la difficulté de trouver les fonds nécessaires, le ministre, toujours par le même artifice malfaisant, lui offrit de proposer au Parlement que l'emprunt contracté par la ville de Gênes à cet effet fût garanti par l'État, ce qu'elle accepta entièrement. Peut-être son aveuglement était-il profond, mais enfin elle s'était mise à peu près d'accord avec le ministre des finances; il ne restait plus que des difficultés de détail.

Là-dessus, les circonstances me firent quitter le ministère; je ne sais pas bien ce qui s'est fait sous mon successeur, mais, à mon retour d'un voyage à l'étranger, j'ai eu la douleur d'apprendre que l'affaire des docks n'était pas conduite de manière à pouvoir aboutir. Ce n'est pas que le gouvernement fît à la ville de Gênes des conditions trop onéreuses, puisqu'il s'offrait à payer ce qui manquerait aux recettes perçues d'après le tarif convenu pour faire face aux intérêts de la dette et aux fonds d'extinction. La municipalité de Gênes eût été bien difficile si elle n'eût pas été satisfaite. L'embarras était venu d'une autre circonstance, c'est que dans le temps écoulé depuis mes premières négociations avec le syndic de Gênes, au printemps de 1852, jusqu'à l'automne de la même année, divers projets avaient été présentés en concurrence de celui de la commission technique, et la ville hésitait.

Sachant combien il est difficile à une municipalité de faire un choix entre des plans dont chacun intéresse une localité particulière, le ministère voulut que la décision fût prise d'après une autorité incontestable, et s'adressa à un ingénieur d'une réputation européenne, qui passe pour être sans rivaux dans son pays, où se sont accomplies les plus grandes œuvres de construction maritime connues. Cet ingénieur fut choisi pour son mérite éminent, et non pour les rapports qu'il pouvait avoir avec le gouvernement anglais; nous nous mîmes en relation avec lui sans nous servir des voies diplomatiques; je m'adressai à une personne de ma connaissance à Londres pour le faire prier de venir à Gênes, et je dois dire qu'il accepta non point en vue des honoraires qu'on lui offrait, lesquels n'étaient certes point suffisants pour compenser son absence d'Angleterre, mais à cause de la sympathie qu'il avait pour l'Italie.

L'ingénieur Randel vint donc, examina le port de Gênes, étudia attentivement les divers plans, se rendit à la Spezia, et porta un jugement formel sur les projets présentés et sur la meilleure manière de satisfaire les besoins du commerce et de la navigation à Gênes. S'il m'était resté quelque doute sur la nécessité de la construction des docks, la visite de l'ingénieur Randel l'aurait dissipé. A son retour de Gênes, il vint me voir, et me dit d'un air étonné : « Comment donc le port de Gênes est-il dans un pareil état? Ce n'est pas un port, c'est une rade! » Ces mots, dont je me souviens fort bien, me frappèrent douloureusement, car Gênes n'est pas seulement importante pour notre commerce, elle est une gloire nationale, et il ne peut nous être qu'infiniment pénible de la voir dans une situation peu digne de son ancienne renommée.

Revenu en Angleterre, M. Randel traça un plan dont il vous a été donné connaissance, et qui paraissait mériter l'approbation générale, eu égard à l'état de choses existant; le ministère s'occupa aussitôt de la formation d'une compagnie nationale composée de quelques-unes des principales maisons de banque de Gênes et de Turin. Déjà l'on préparait les statuts pour les présenter à la Chambre, quand la guerre d'Orient éclata. Il n'eût pas été prudent de transférer notre marine à la Spezia, ce qui est une opération énorme, à un moment où la guerre maritime pouvait s'étendre de l'Orient à l'Occident. Mais nous n'abandonnâmes point notre idée; à la paix, mon collègue le ministre Lamarmora, qui est pour le moins aussi tenace que moi, ayant repris le portefeuille de la guerre, me dit : Alexandrie et la Spezia! et je lui répondis : la Spezia et Alexandrie! (On rit.)

Nous avons fait pour Alexandrie ce que vous savez. Pour la Spezia, il était devenu opportun de modifier en quelques points le projet Randel; en premier lieu, parce que le chemin de fer avait été, dans l'intervalle, prolongé jusqu'à la place Caricamento, ce qu'on n'avait cru pouvoir faire d'abord : un système de plan incliné pour les déchargements avait ainsi remplacé le système de plan d'exhaussement en vue duquel M. Randel avait fait son travail. Une autre considération très-grave fit encore qu'on revint sur le premier projet : depuis que dans la navigation les navires d'un fort tonnage tendent à remplacer les petits navires jadis en usage[1], on ne peut plus faire aux bâtiments les réparations nécessaires sans le secours de bassins de radoubement ; vous pouvez réparer un bateau de 300 tonneaux en le couchant sur le flanc, vous ne le pouvez pas pour un navire de 800 ou de 1000 tonneaux, et c'est également impossible pour tous les bateaux à vapeur. Il n'existe pas d'établissement de ce genre à Gênes, et c'est un obstacle sérieux au développement de notre marine. Les principaux intéressés, entre autres l'association maritime de

1. Le 17 février 1851, au sujet de la taxe de navigation, le comte de Cavour avait dit :

« Le ministère n'a pas formulé son projet de taxe sur les bâtiments en raison constante du tonnage ; il diminue au contraire la proportion de la taxe à mesure de l'augmentation du tonnage. Je dois expliquer pourquoi.

« Si le commerce maritime de Gênes veut se maintenir à la hauteur qu'il a atteinte jadis, il faut qu'il cherche d'autres voies, qu'il s'éloigne, au moins en grande partie, de la Méditerranée pour chercher fortune dans les mers lointaines, sur les marchés qui lui sont ouverts en Amérique, dans les Indes, en Angleterre. Or, il est incontestable que notre marine ne pourrait soutenir sur ce nouveau théâtre la concurrence des grandes nations commerçantes, c'est-à-dire de l'Angleterre, des États-Unis, de la Hollande, sans modifier radicalement la nature de ses bâtiments, sans remplacer par de grands bâtiments les petits navires qui composent principalement notre marine marchande.

« Un bâtiment de 600 tonneaux n'exige pas un équipage double de celui d'un bâtiment de 300, et en exige un à peu près égal à celui d'un bâtiment de 1000. Aussi toutes les marines qui progressent remplacent leurs petits bâtiments par de grands. L'un des effets de la loi de navigation anglaise a été de faire accroître le tonnage moyen des bâtiments en construction dans le Royaume-Uni. C'est un changement de ce genre que le gouvernement a voulu aider en favorisant, dans une mesure équitable pourtant, les navires d'un fort tonnage. »

Gênes, ont plusieurs fois exprimé leur vif désir qu'en cas de translation de la marine militaire à la Spezia, une partie de l'espace occupé maintenant par la darse fût affectée à l'installation d'un établissement de réparation pour les grands bâtiments. Ce désir a été pris en sérieuse considération par le gouvernement. L'avenir de notre marine en dépend; car si pour toutes les réparations importantes nous sommes obligés d'envoyer nos bateaux à vapeur et nos bâtiments de fort tonnage à Marseille, à Naples, ou en Angleterre, il y a de quoi entraver tous nos progrès. Il fallut donc examiner à nouveau le projet Randel pour voir si nous ne pouvions pas avoir un dock et destiner en même temps une partie de l'emplacement de la darse à la construction d'un bassin de carénage pour la réparation des gros navires.

Un autre motif de différer fut enfin qu'une multitude de nouveaux plans avaient été proposés, soit pour un avant-port immense où devaient tenir toutes les flottes du monde, soit pour des magasins à élever sur les écueils de la partie occidentale du golfe, soit pour la transformation de toute cette partie en magasins et en dépôts francs. Il fallut bien examiner tout cela.

La commission a été nommée en juillet; nous pensions avoir bientôt sa relation, que cependant nous attendons encore. La longueur du travail explique ce retard. Nous avons donc le déplaisir de ne pouvoir présenter dans cette session le projet de docks; mais ce sera le premier présenté à la session prochaine. Dans notre pensée, le projet de translation de la marine militaire à la Spezia n'est point séparé du projet de construire à Gênes un dock et un bassin pour les grosses réparations.

Je ne saurais comprendre qu'on doutât de la sincérité de nos vues sur cette question, qu'on nous supposât l'intention de diminuer l'importance de Gênes. Depuis que nous siégeons ici, il ne s'est pas passé de session où nous n'ayons présenté des projets avantageux pour Gênes. On nous accuserait d'hostilités envers les intérêts génois, nous qui avons proposé la réduction des droits de navigation, la réforme des vieilles lois sanitaires, débris barbares des plus barbares époques! nous, les promoteurs de l'une des plus larges réformes douanières qui se soient faites en Europe! nous qui, en dépit de la gêne du Trésor, avons proposé la suppression entière de ces droits sur les céréales qui pesaient principalement, pour ne pas dire uniquement, sur les populations liguriennes! Sont-ce là des actes hostiles envers Gênes? Quoique nous n'ayons pu faire triompher jusqu'ici notre projet de translation à la Spezia, avons-nous négligé pour cela telles améliorations utiles au port de Gênes? N'avons-nous pas fait pour le curage du port dix fois plus que ne faisait la municipalité quand le port était sous son administration? Ne vous avons-nous pas proposé la coûteuse entreprise du prolongement du môle? On ne l'a prolongé que de 150 mètres au lieu de 300, il est vrai; mais pour aller à 300, il faut bien passer par 150. (On rit.) Jusqu'à 150, tout le monde est d'accord; l'ingénieur Randel est contraire à un prolongement ultérieur; si les inconvénients qu'il redoute ne se présentent d'aucune façon à 150 mètres, si les résultats du prolongement exécuté sont aussi heureux qu'on l'espère, nous continuerons. Il y a plus; nous avons tenté de suppléer en partie au défaut de docks par tous les palliatifs possibles; il ne s'est fait autre chose depuis plusieurs années que de construire et d'élargir des quais de déchargement, d'ouvrir des communications, etc.

J'espère que vous vous convaincrez, Messieurs, que le ministère n'a en vue, dans son projet, que le bien du commerce génois. On peut prétendre que nous sommes dans l'erreur, mais il n'est pas raisonnable de suspecter notre bonne foi; les Génois exempts de passions municipales doivent eux-mêmes la reconnaître. Je comprends leur regret de voir s'éloigner d'eux la marine militaire, car leurs traditions commerciales sont mêlées à de glorieux souvenirs de guerre; je loue, j'honore bien haut ce sentiment; mais je crois qu'il part ici d'une fausse idée des choses. La gloire militaire de la marine génoise n'est pas attachée aux vieilles murailles d'établissements qui ne répondent plus aux besoins actuels. La darse, œuvre très-remarquable pour le temps où elle fut créée, témoignage frappant du génie entreprenant des anciens Génois, est entièrement insuffisante pour les navires actuels; elle ne peut plus faire honneur à la ville de Gênes; au contraire, elle donne lieu à des rapprochements peu agréables entre l'ancien esprit génois et le nouveau. Non, Messieurs, les traditions des gloires génoises ne sont pas là : elles sont dans les braves marins que la Ligurie fournit à l'État et au commerce; partout où il y a un navire génois monté par un équipage ligurien, la vieille Gênes est vivante; et lorsque nous travaillons à rendre son commerce plus florissant, à rendre nos établissements militaires plus respectables, à marcher avec le temps ainsi qu'on savait le faire jadis, nous rendons un plus bel hommage aux traditions de l'illustre cité que ceux qui veulent restreindre et étouffer nos deux marines, commerciale et militaire, dans un cercle devenu trop étroit.

Malgré les passions excitées, malgré l'irritation présente, je suis sûr que lorsque les Génois verront surgir à quelques lieues un magnifique établissement militaire, et dans leur port un dock qui rivalisera avec les premiers de l'Europe, ils reconnaîtront que nous étions plus véritablement leurs amis que ceux qui nous taxaient de malveillance pour la Ligurie. (Marques d'adhésion.)

J'en viens à la question la plus ardue, celle des finances. L'exécution de ce plan nous coûtera beaucoup, et nous avons dépensé beaucoup déjà dans cette session et dans les précédentes. Je ne le nie pas. Moi-même, je suis parfois près de me troubler en passant en revue toutes les grandes œuvres que nous avons terminées ou commencées. En vérité, je ne vois pas qu'une nation ait jamais mis la main à des entreprises si nombreuses et si considérables. Quand je pense aux routes de l'île de Sardaigne, aux constructions de pénitenciers, à l'achèvement du cadastre, aux chemins de fer que nous jetons au travers des plus hautes montagnes de l'Europe, à la translation de notre matériel de guerre à la Spezia, à tout ce qui nous reste à faire ou à achever, je sens une certaine émotion.

Mais je me rassure, Messieurs, en pensant que la plupart de ces dépenses sont essentiellement reproductives, et que les finances finiront par en profiter directement et indirectement. Je suis rassuré aussi par l'expérience de ces dernières années, par l'accroissement évident de la richesse nationale.

On a dit dans cette Chambre que nous sommes, au contraire, moins riches qu'avant 1848. S'il en est ainsi, il faut renoncer immédiatement au projet actuel et à tous ceux qui sont en cours d'exécution; il faut suspendre les travaux du cadastre, des routes de la Sardaigne et du reste des États, bannir l'idée de percer ces Alpes qui nous enferment. Mais il n'est rien de moins exact que cette assertion.

D'abord, sans entrer dans les chiffres, on peut faire une épreuve vulgaire, et demander à tous les étrangers qui reviennent en Piémont après quelques années d'absence, si l'aspect du pays n'indique pas un grand accroissement de prospérité. Chaque jour nous recueillons des témoignages de ce genre, et le rédacteur de la *Bilancia* de Milan le confirmerait lui-même si on le faisait venir pour donner son avis. (Hilarité.)

Mais passons aux chiffres. Le député Ghiglini a dit : Sur 760 millions que vous avez dépensés cette année, il n'y en a que 160 dépensés d'une manière productive; le reste l'a été improductivement; d'où sont sortis ces millions? N'est-ce pas le capital national qui se dissipe peu à peu? — Ma réponse est bien simple : cet argent est sorti de l'épargne de la nation. Tous les ans nous dépensons improductivement un certain nombre de millions, — en admettant que les dépenses faites pour la défense du pays, pour l'instruction publique, pour les établissements qui intéressent la grandeur nationale, soient improductives. Ces millions, l'épargne des citoyens les fournit. La puissance de l'épargne est immense dans la société moderne ; la masse des économies se monte à des sommes impossibles à fixer, mais certainement énormes.

D'où vient l'argent consacré par les particuliers à des ateliers nouveaux, à des machines neuves, à des améliorations de tout genre? De l'épargne ; car dans une société bien constituée, le nombre de ceux qui économisent surpasse de beaucoup ceux qui dépensent au delà de leurs revenus. Comment expliquer, sinon par l'épargne, que dix milliards aient été dépensés en Angleterre pour la construction des chemins de fer? Et chez nous, d'où proviennent les constructions qui se font partout? — Ce ne sont pas là des capitaux nouveaux, dit M. Ghiglini, ce sont des sommes prêtées, puis retirées et employées en bâtisses. Mais ce n'est pas avec de l'argent seul, Messieurs, qu'on élève des maisons; c'est avec du travail et du capital. Chaque édifice construit est un nouveau capital créé, et partout où un nouveau capital est constitué, s'il ne vient pas de l'étranger, il est le résultat de l'épargne.

Les caisses d'épargne prouvent combien cet élément économique est considérable. On sait quel développement elles ont pris dans d'autres pays ; à Turin, la caisse d'épargne, réorganisée il y a peu d'années, a réuni déjà deux millions, je crois, et l'augmentation du capital de la caisse s'est accru l'année dernière de 4 à 500,000 fr. Il y aurait bien autre chose à dire de toutes les caisses de diverses natures qui offrent des intérêts plus élevés.

Je le répète : les nouvelles maisons construites, les nouveaux ouvrages exécutés, les établissements industriels et commerciaux récemment fondés sont autant de capitaux nouveaux, fruits de l'épargne de ces dernières années.

On nie que notre commerce ait augmenté; mais la production de la soie ouvrée a doublé depuis huit ans, quoique, dans cette période, deux ans de crise politique aient arrêté les affaires; est-ce peu de chose? Il est bien évident que la production de la soie grége ne peut avoir doublé, car il faut du temps pour que les mûriers croissent; mais la fabrication qui opère sur les soies et qui fournissait 366,000 kilos à l'exportation en 1844, et 478,000 en 1848, en a donné, l'an passé, 925,000. Ce n'est pas la quantité seule, c'est aussi la qualité qui est en progrès. Nos ateliers, nos moulins à soie luttent aujourd'hui avec les premiers de France et d'Angleterre; le plus grand nombre de nos fabriques travaillent sur des soies de la Chine et du Bengale, achetées sur le marché de Londres, et les renvoie ouvrées à Londres.

L'industrie du coton s'est aussi beaucoup développée. En 1844, il ne s'est introduit dans le pays que 28,000 quintaux de coton cardé; il en est entré 120,000 l'année dernière. Notre industrie cotonnière a donc presque quadruplé.

Celle des draps, qui avait été la plus violemment frappée par la réforme douanière, par les réductions de droits protecteurs, a résisté admirablement à cette épreuve. Elle n'a pas augmenté aussi fortement que les autres, parce que ce genre de production est plus difficile; cependant l'importation de la laine non ouvrée, qui se montait en moyenne, jusqu'en 1847, à moins de deux millions de kilos par an, atteint aujourd'hui 2,640,000 kilos.

Je ne m'attendais pas que ce sujet serait mis sur le tapis; je ne suis donc pas préparé à le traiter avec une précision suffisante; cependant, je puis encore dire qu'avant 1848 nous n'avions pas une fabrique de machines, tandis qu'aujourd'hui nous en avons qui défient la concurrence étrangère; je pourrais citer une usine génoise qui reçoit continuellement des commandes de l'étranger, surtout pour des machines hydrauliques.

Nos papeteries ne font pas de brillantes affaires, mais il en sera ainsi tant qu'elles voudront s'en tenir aux procédés employés par nos pères en l'an 1600.

Il n'y a pas, Messieurs, une branche un peu importante de notre commerce qui ne se soit développée depuis 1848. Le progrès a été non moins sensible dans l'agriculture. Les députés des provinces de la Lomelline, de Verceil, de Casal, de toutes les provinces de la vallée du Pô, peuvent témoigner des améliorations accomplies dans ces dernières années. Un fait donne la mesure de l'intelligence et de l'activité de nos agriculteurs : le guano n'était pas connu comme engrais il y a quinze ans; j'ai été, je crois, le premier à l'employer dans ce pays, et cela faisait beaucoup rire les autres agriculteurs mes voisins; mais peu à peu l'usage s'en est répandu, et l'an dernier il s'en est employé dans nos États de 7 à 8,000 tonnes; à 250 fr. la tonne, c'est près de trois millions dépensés pour ce seul objet par nos agriculteurs;

soyez certains que les hommes qui savent faire de ces sacrifices-là aiment le progrès et sont en état de l'aider.

Il est vrai qu'une malheureuse maladie a frappé la vigne dans quelques-unes de nos provinces dont le sort est digne du plus grand intérêt. Il faut reconnaître d'autre part que la vente des vins, par suite des mêmes circonstances, a enrichi les propriétaires de vignobles dans les provinces épargnées par le fléau. La perte des uns a été le bénéfice des autres, ce qui arrive quelquefois. La perte totale n'a pas été énorme; au lieu d'importer 22,000 hectolitres de vin, comme en 1844, nous en avons importé 250,000, mais l'exportation aux mêmes dates s'est accrue de 158,000 à 207,000. Les vins que nous importons sont d'ailleurs des vins d'Espagne peu coûteux, tandis que ceux que nous exportons sont beaucoup plus chers.

L'exportation des animaux de l'espèce bovine s'est élevée aux mêmes dates de 13,000 à 60,000 têtes de bétail; celle de l'huile et du riz présente des résultats semblables.

Mais, je le répète, le commerce intérieur s'est développé beaucoup plus encore que le commerce extérieur; nos manufactures visent moins à expédier au dehors qu'à fournir à la consommation intérieure, surtout celles de draps, de cotons, de peaux, et en général de tous les grands articles d'habillement. On commence à exporter du coton tissé. Si M. Ghiglini est au courant du mouvement commercial de son arrondissement, il a pu constater avec plaisir qu'il y a peu de jours, un chargement d'étoffes de coton de quelque importance a été expédié du port de Voltri en Guinée.

On veut, aussi que les chemins de fer n'aient abouti qu'à enrichir quelques spéculateurs. Les chemins de fer peuvent être regardés comme un nouveau capital créé, et aussi comme une source de revenus propres à être capitalisés à leur tour. Que les chemins de fer représentent un capital nouveau, c'est chose évidente : ils peuvent rapporter plus ou moins à ceux qui les ont établis, mais ils constituent toujours une richesse sociale nouvelle. Il ne faut pas les considérer du côté des actionnaires seulement, mais aussi du côté des intérêts du pays. On peut, selon moi, admettre que les chemins de fer donnent une économie de moitié sur le prix des transports; à cet avantage, il faut ajouter le temps épargné; d'après ces deux éléments, vous pouvez constater qu'il en coûte aujourd'hui pour aller à Gênes en troisième classe moins de la moitié de ce qu'il en coûtait pour s'y rendre autrefois à pied. Cela posé, je prie qu'on observe que le produit brut des chemins de fer du royaume a été, l'an dernier, de 16 millions; les transports opérés eussent coûté précédemment 32 millions; c'est au moins 16 millions de bénéfice. Cette année, le produit sera, selon toute apparence, de 19 millions. Ce sont des chiffres qu'on ne peut contester.

La vente du tabac s'est accrue de beaucoup; elle rapporte maintenant 18 millions; je n'examine pas si l'habitude de fumer est bonne ou mauvaise, élégante ou grossière, je la considère du côté financier seulement, et à ce point de vue je la trouve excellente. La grande dépense qui se fait dans ce genre indique, en somme, une augmentation de la richesse publique, car je n'admets point ce qui s'est dit un jour ici : que quand l'homme du peuple a faim, il serre sa ceinture et allume un cigare. Je crois que quand il a faim et qu'il a un sou à dépenser, il va acheter un morceau de pain.

Outre la recette du tabac, tous les autres impôts indirects rendent de plus en plus. Malgré les réductions et les abolitions, qui comportent en moyenne un abaissement de droits de 50 pour 100, les douanes ont augmenté de rapport, et les calculs basés sur cette augmentation prouvent que la consommation a doublé. Le rendement des postes augmente chaque année de 200,000 francs. Nos télégraphes rapportent plus que ceux de Belgique, quoique la Belgique en ait eu avant nous et qu'elle ait plus d'activité commerciale que nous. Si tous ces faits ne vous prouvent pas le progrès de l'activité industrielle du pays, il faut que vous soyez d'un scepticisme désolant en économie politique. (On rit.)

Cependant je me préoccupe vivement de la situation financière, et je ne viens vous proposer des dépenses nouvelles que lorsqu'elles sont exigées par un intérêt supérieur ou qu'elles sont productives. Or, je suis convaincu que le projet que je vous propose n'imposera pas une charge réelle à l'État.

Les ouvrages militaires actuellement projetés pour la Spezia ne coûteront pas plus de 15 millions, à répartir sur un certain nombre d'exercices. Comme compensation de ces 15 millions, nous avons d'abord les constructions militaires actuellement existantes à Gênes, et qui deviennent disponibles; puis l'avantage que trouveront le commerce et le pays en général à posséder les docks qui seront créés à Gênes après la translation projetée, et qui ne pourraient l'être si cette translation n'avait pas lieu. Les économies calculables que fera le commerce à raison de la rapidité plus grande des déchargements, de leur prix moindre, etc., pour un mouvement de 500,000 tonnes de marchandises, sera, d'après toutes les données, de près de quatre millions. Le gouvernement, qui importe lui-même chaque année beaucoup de charbon, de sel, de salpêtre, de tabac, d'objets de gréement, etc., fera des bénéfices sensibles. La facilité et l'économie plus grande des opérations dans le port de Gênes augmenteront le mouvement sur le chemin de fer qui y aboutit; car diminuer de 5 francs par tonne les frais de débarquement des marchandises, c'est la même chose que réduire de 50 kilomètres le trajet de ces marchandises sur la ligne de Gênes; de là une augmentation de la circulation qui sera très-profitable, surtout à l'État qui a créé et qui exploite cette ligne. De plus, Messieurs, cette épargne nette de 4 millions augmentera d'autant la richesse publique; ce sont 4 millions qui cessent d'être déboursés improductivement et qui sont employés d'une autre manière. Or, la richesse publique ne peut augmenter sans que les finances en profitent. Je défie le contribuable le plus sagace et le plus économe d'accroître son revenu sans qu'une partie proportionnelle de ce revenu aille dans les caisses du Trésor. (On rit.)

Faites la somme de tous ces profits : vous verrez que les millions dépensés à la Spezia rapporteront de belles compensations à l'État, et que cette entreprise est par conséquent une bonne opération financière. A part même les raisons de sûreté et de grandeur nationale, et les puissantes considérations militaires qui vous conseillent l'adoption de cette loi, vous devriez la voter par ce seul motif que le projet de la construction d'un dock à Gênes est étroitement lié à celui de la translation de la marine militaire à la Spezia.

XI

SUR LE PROJET DE LOI RELATIF AUX CONSPIRATIONS CONTRE LES SOUVERAINS ÉTRANGERS, A L'ASSASSINAT POLITIQUE ET A LA COMPOSITION DES JURYS POUR LES PROCÈS DE PRESSE.

L'attentat d'Orsini, qui ouvre si tristement l'année 1858, vient exercer une grande influence sur la politique intérieure et extérieure de divers États européens. En France, le général Espinasse est nommé ministre de l'intérieur et de la sûreté générale, de nouvelles lois de sûreté sont rendues aussitôt et exécutées avec rigueur, et le gouvernement adresse à l'Angleterre, à la Belgique, à la Suisse et à la Sardaigne des notes où sont réclamées des mesures propres à prévenir de nouveaux attentats. En Angleterre, l'affaire d'Orsini a pour conséquence indirecte le retour des tories au pouvoir. A Turin, l'on prit à la hâte les dispositions nécessaires pour empêcher qu'une évolution analogue n'eût lieu [1]. La situation intérieure du Piémont rendait cette crise particulièrement

1. Une lettre familière de M. de Cavour témoigne de l'impression qu'avaient produite sur lui les événements de janvier. En voici un fragment :

« Le temps qui court est plein de difficultés et de périls. Chaque jour dangereuse pour lui. Placés entre les appréhensions en ce moment excessives de la France, et la nécessité de ne pas froisser le sentiment national en portant des lois restrictives qui pouvaient paraître imposées par la pression étrangère, Victor-Emmanuel et son gouvernement surent maintenir avec fermeté la dignité du pays, tout en adoptant des mesures d'une convenance et d'une moralité rigoureuses.

Peu de jours après l'attentat, il se produisit en Piémont un incident de peu d'importance par lui-même, mais qui emprunta aux circonstances une valeur particulière : — l'acquittement par le jury d'un journal d'opinions extrêmes, *la Ragione,* mis en jugement pour un article contenant certains éloges de Félix Orsini. — Ce fait émut vivement l'opinion, fit sentir le besoin d'empêcher qu'on ne rendît l'Italie solidaire du crime du 14 janvier, et affermit encore les résolutions du ministère, qui venait justement de présenter à la Chambre un projet de loi pour la répression de délits qu'il n'était désormais que trop nécessaire de prévoir. D'après ce projet, la conspiration contre la vie d'un chef de gouvernement étranger était punie de la reclusion, et les listes de jurés pour les procès de presse devaient être non plus tirées au sort, mais composées par le syndic de la commune, assisté de deux conseillers provinciaux ou municipaux.

Malgré son penchant pour la liberté illimitée de la presse, le comte de Cavour ne s'était jamais dissimulé que, dans la situation où se trouvait l'Italie, la violence de quelques journaux et leurs excès dans la critique de certains gouver-

ceux-ci et celles-là augmentent. La fureur des sectes n'a plus de frein; leur perversité accroît les forces de la réaction, qui devient de jour en jour plus menaçante. Au milieu de ces dangers opposés, que feront les libéraux? S'ils se divisent, ils sont perdus, et la cause de la liberté et de l'indépendance de l'Italie tombe avec eux..... Nous resterons sur la brèche, imperturbables et résolus, mais nous tomberons certainement si tous nos amis ne se serrent pas autour de nous pour nous aider contre les assauts qui nous seront donnés de droite et de gauche..... »

nements étrangers pouvaient entraîner, à un moment donné, des inconvénients sérieux. Cependant, il avait hésité toujours à proposer des lois préventives, préférant user en secret de son ascendant personnel pour obtenir des journalistes libéraux plus de réserve, particulièrement à l'égard de la France. C'est ainsi qu'en 1856, au Congrès de Paris, sur les réclamations du comte Walewski contre la presse de Belgique, il appuya les observations de lord Clarendon en faveur de la liberté de ce mode de manifestation de la pensée : mais le même jour, écrivant de sa main une longue lettre à l'un de ses amis, il le pria de faire des démarches amicales auprès de quelques journalistes de Turin, et de faire appel à leur patriotisme pour la cessation d'attaques si imprévoyantes contre l'empereur Napoléon. « Qu'ils s'escriment plutôt, disait-il, contre le ministère et contre moi; je les en supplie. »

Mais l'attentat d'Orsini rendait nécessaires des mesures graves. Il fallait séparer absolument la cause italienne des théories effroyables qui louaient l'assassinat politique; il le fallait pour la justice, il le fallait pour l'Italie, dont l'honneur en pouvait souffrir, et qui avait, en réalité, les sympathies du souverain dont les jours venaient d'être menacés.

Orsini lui-même avait recommandé son pays à ces sympathies, lorsqu'il avait écrit sa lettre du 11 février, que le *Moniteur* publia, et dans laquelle, prêt à mourir, il implorait l'Empereur pour l'Italie. « Je ne demande pas, disait-il, que le sang français soit répandu pour les Italiens. Ce que l'Italie demande, c'est que la France n'intervienne pas contre elle et ne permette pas à l'Allemagne de soutenir l'Autriche dans les luttes qui vont s'engager bientôt peut-être... Je conjure Votre Majesté de rendre à ma patrie [1] l'indépendance qu'elle a perdue en 1849 par la faute des Français... » Mais surtout il avait senti quel mal pouvait faire à l'Italie l'exemple

1. La Romagne.

qu'il venait de donner, et sa seconde lettre à l'Empereur, du 11 mars, en témoignant de son courageux repentir, avait prémuni ses malheureux compatriotes contre les suggestions du désespoir qui l'avait égaré lui-même. En tête de cette lettre, publiée dans la *Gazette officielle* du royaume, le comte de Cavour avait fait insérer les lignes suivantes, écrites par lui-même : « Nous recevons d'une source sûre les derniers mots tracés par Félix Orsini. Il est consolant de voir que sur le bord de la tombe, adressant une pensée de confiance à l'auguste volonté qu'il reconnaît favorable à l'Italie, il rend hommage au principe moral qu'il a offensé, il condamne le crime détestable où l'a entraîné un amour de la patrie poussé jusqu'au délire, et il montre à la jeunesse italienne la voie à suivre pour rendre à l'Italie la place qui lui est due parmi les nations civilisées. »

Un extrait d'une circulaire adressée aux légations de Sardaigne à l'étranger, en date du 1er avril 1858, indique dans quel sens le gouvernement du Roi interprétait la situation amenée par l'attentat. Il n'est pas inutile de citer les passages suivants de cette pièce restée inédite :

« L'exécrable attentat d'Orsini sur la personne de l'empereur Napoléon est venu au commencement de cette année jeter dans la consternation la France et l'Europe. L'habileté avec laquelle le crime fut conçu et préparé, la manière dont il a été exécuté, le caractère et les précédents de l'homme qui dirigea le complot, tout concourait à produire la plus profonde impression dans les esprits. Malheureusement cette fois-ci encore les auteurs du complot étaient des Italiens. Le but évident, avoué, confirmé par les derniers écrits du coupable principal, c'était de parvenir par la mort de l'Empereur et le soulèvement de la France à l'insurrection de l'Italie.

« En vue de pareils faits, si souvent renouvelés, ayant tous un but final à peu près semblable, c'est-à-dire un changement dans les conditions actuelles de l'Italie, on se demande si au fond il n'existe pas dans les populations de certains États de la péninsule quelque cause profonde de mécontentement qu'il est dans l'intérêt de toute l'Europe de détruire. Cette cause existe réellement : c'est l'occupation étrangère ; c'est le mauvais gouvernement des États du Pape et du royaume de Naples ; c'est la prépondérance autrichienne en Italie.

« Le gouvernement du Roi a signalé ces maux à l'Europe dans une circonstance mémorable, au sein du congrès de Paris. Malheureusement les attentats de Paris, de Gênes, de Livourne, de Naples, de Sicile, de Sapri, sont venus confirmer trop tôt d'une manière solennelle les prévisions des plénipotentiaires sardes. Le gouvernement du Roi espère que les cabinets de l'Europe, dans un but d'ordre et de conservation, se décideront enfin à porter un remède efficace à un tel état de choses. Les légations de Sa Majesté devront de leur côté coopérer à ce résultat en tenant un langage conforme à ces vues du gouvernement du Roi.... »

Ici, le comte de Cavour rappelle l'article de *la Ragione* et explique les dispositions principales du projet sur le jury ; puis il résume sommairement la note du comte Walewski (analogue aux notes expédiées à la Suisse, à la Belgique et à l'Angleterre), et il indique en ces termes la réponse qu'il a faite :

« Je répondis verbalement au prince La Tour-d'Auvergne que le gouvernement du Roi était décidé à prendre toutes les mesures nécessaires pour empêcher que le Piémont ne devînt un foyer d'intrigues révolutionnaires ou de complots coupables contre les souverains et les gouvernements étrangers ; que la plus grande surveillance serait exercée sur les émigrés et que l'on agirait avec la plus grande vigueur envers ceux d'entre eux qui auraient abusé de l'hospitalité que la Sardaigne leur accorde depuis des années ; que quant à la presse, tout en étant décidés à ne pas sortir de la légalité, nous appliquerions les lois dans toute leur rigueur, en proposant aux Chambres de modifier la composition du jury, reconnue défectueuse, pour assurer une répression plus efficace des délits qui devaient, d'après notre législation, lui être déférés. »

Le projet de loi dont nous avons parlé plus haut, présenté par M. Deforesta, garde des sceaux, dans la séance du 17 février, fut mal accueilli dans les bureaux. L'opinion était inquiète, l'esprit de modération moins puissant qu'à l'ordinaire chez les députés comme dans le pays. Quelques mois auparavant, le 29 juin 1857, une insurrection mazzinienne avait avorté à Gênes ; un certain nombre d'individus avaient tenté de s'emparer de l'un des forts de la place ; arrêtés et désarmés aussitôt, ils avaient avoué que leur intention était de constituer à Gênes, ainsi qu'à Livourne, où un coup de main analogue avait également été essayé, des centres d'insurrection destinés à appuyer l'expédition malheureuse de Pisacane. Celui-ci, on le sait, après s'être emparé par surprise et en pleine mer du bateau *le Cagliari*, s'était jeté sur les côtes napolitaines, où il fut massacré avec ses camarades par la garde urbaine[1]. Exploitant habilement la triste impression que ces entreprises avaient produite en Piémont, le parti clérical avait réussi à obtenir un demi-succès dans les élections générales qui se firent dans l'automne de 1857 ; seulement il l'avait obtenu au moyen d'intrigues si peu déguisées et si illégales, que la Chambre, à peine réunie, ordonna aussitôt une enquête sur les élections. Par une réaction naturelle contre les menées cléricales, le parti libéral, durant la phase électorale, avait redoublé d'efforts, et, s'animant au jeu, s'était sensiblement rapproché

1. Les conjurés avaient signé, avant leur débarquement, une déclaration où se lisaient ces mots : « Si le pays ne répond pas à notre appel, nous saurons, sans le maudire, suivre les nobles phalanges des martyrs italiens et mourir en hommes forts. Qu'une autre nation dans le monde trouve de même des hommes qui s'immolent à sa liberté, et alors seulement elle pourra se dire l'égale de l'Italie, quoique l'Italie soit asservie encore. »

des hommes qui, sans être des républicains, passaient pour les plus avancés; ceux-ci étaient donc pour le moment plus influents qu'à l'ordinaire. Il en résulta que, sans repousser absolument le projet de loi Deforesta, les bureaux de la Chambre nommèrent pour l'examiner des commissaires dont cinq sur sept appartenaient à la gauche. Après avoir tenu plusieurs séances auxquelles les ministres assistèrent, après avoir demandé et obtenu la communication de quelques pièces diplomatiques, la commission nomma rapporteur M. Lorenzo Valerio et conclut au rejet de la loi. La minorité de la commission, composée de MM. Buffa et Miglietti, chercha vainement à faire adopter du moins un contre-projet.

La discussion publique s'ouvrit le 13 avril. M. Solaro della Margarita lut d'abord un discours contre le projet de loi. Par une manœuvre trop fréquente chez les partis, le parti dont M. Solaro était le chef repoussait une loi conforme au fond à ses idées, puisqu'elle mettait des restrictions à la liberté de la presse; il visait avant tout à renverser le ministère.

M. Mamiani fit ressortir la véritable portée politique du projet. Quelques mots de son discours doivent être cités ici : « Je ne suis ni ministre ni diplomate, et il m'est permis de dire des choses qui mourraient sur les lèvres du président du Conseil. Napoléon III a fait pour l'Italie, sinon tout ce qu'il pouvait, du moins plus que tout autre prince. Descendant d'une famille italienne, il ne peut méconnaître son origine. Et si je vous disais que je l'ai vu de mes yeux prendre les armes et combattre pour la cause nationale, en chantant des hymnes à la liberté et à l'indépendance de l'Italie? Lorsque la République française voulut la restauration du gouvernement papal, le président fit exécuter cette décision; mais lors du congrès de Paris, il fit remarquer la nécessité d'apporter un remède aux douleurs de l'Italie. Il est maintenant dans le moment le plus solennel de sa vie. Il a deux routes devant lui : il peut continuer à se soutenir par la répression, ou inaugurer un ordre de faits grandioses et d'entreprises généreuses qui prouvent que le maintien de son autorité est indispensable pour le bien des peuples opprimés. Je ne suis plus jeune, et je ne puis plus me bercer de grandes espérances ; mais je ne voudrais pas que ma conscience me fît un jour ce reproche : « La fortune voulait ouvrir à l'Italie « un chemin vers sa délivrance : ton vote et tes paroles ont « contribué à le fermer. »

M. Pareto fut d'avis que le ministère avait déjà trop cédé à la pression de la France par les rigueurs qu'il avait exercées contre les réfugiés; que la Chambre devait se garder de mesures si périlleuses pour l'indépendance et la dignité de la nation ; qu'on ne pouvait punir l'apologie de certains attentats sans se mettre dans l'obligation de proscrire les écrivains classiques, depuis Tacite jusqu'à Alfieri.

M. Farini approuva le projet de loi. Il excita l'hilarité de la Chambre lorsqu'il rappela que M. Solaro della Margarita, ancien ministre de Charles-Albert et champion respectable de l'absolutisme, avait dit lui-même dans son livre des *Avvedimenti politici* : « *Rex non injuste potest destrui, si potestate regia abutetur.* » Il en conclut que la théorie du régicide n'était point le monopole du parti avancé, mais qu'elle avait servi à tous les fanatismes. Il s'attacha ensuite à démontrer que le Piémont devait tout faire pour ne pas tomber dans l'isolement, et que la France serait sa meilleure alliée.

Après une courte réplique de M. Solaro della Margarita, qui répondit à M. Farini que le mot *destrui* ne correspond pas exactement au mot *occidi*, ce qui ne fit que redoubler la gaieté de la Chambre, M. Buffa établit que si à la vérité les lois restrictives doivent être rarement l'ouvrage du libéralisme, il convient cependant, lorsque les circonstances l'exigent, de ne pas laisser à la réaction des prétextes et des occasions de supprimer la liberté ; qu'en maintenant l'extraction des jurés au sort, on compromettait l'avenir de cette institution (elle n'était alors en usage en Piémont que pour les procès de presse); il ajouta que du moment où la loi contenait l'application d'un principe de droit reconnu par la conscience universelle, le risque de paraître céder au désir de l'étranger n'était pas une raison sérieuse pour la repousser; faisant enfin allusion à nos différends avec la cour de Naples sur l'affaire du *Cagliari,* il conclut que repousser la loi et renverser le ministère, ce n'était que répondre aux vœux de l'Autriche et du roi de Naples.

Après un discours d'opposition générale prononcé par M. Brofferio, M. Rattazzi défendit le projet au point de vue de la légalité. M. de Revel saisit l'occasion pour faire profession d'attachement au Statut, et déclara qu'il ne reconnaissait pas l'*Armonia* comme l'organe de son parti; il accepta le projet de loi, en ajoutant toutefois que le ministère avait eu le tort de contribuer à le rendre nécessaire, son système tendant à entretenir l'agitation révolutionnaire en Italie.

Vint le discours du comte de Cavour, après lequel le résultat de la discussion ne parut plus douteux. Cependant elle dura encore plusieurs jours. M. Brofferio défendit M. de Lamartine et M. Bastide de l'accusation de n'avoir pas voulu venir en aide à l'Italie en 1848. Le général Lamarmora raconta le voyage qu'il avait fait à Paris à cette époque pour demander au général Cavaignac un officier qui prît le commandement de l'armée sarde.

Le reste du débat et la discussion des articles n'offrirent aucune particularité nouvelle. L'ensemble de la loi fut voté le 29 avril par 110 voix contre 42.

Le 4 juin, le Sénat vota le projet de loi à la presque unanimité (50 contre 55). Le comte Sclopis avait été chargé du rapport par la commission.

1

Séance de la Chambre des députés du 16 avril 1858.

Messieurs, la commission appelée à examiner cette loi a conclu au rejet par des raisons politiques et légales.

En réfléchissant à la gravité des accusations qui pèsent sur le ministère au point de vue politique, je m'étonne que la question ait pu être encore examinée du côté de la légalité; car si les reproches faits sur le premier chef sont fondés, si cette loi est le résultat de la pression étrangère, la dignité et l'honneur du pays sont dès lors en jeu, et il est du devoir de la commission de rejeter le projet sans examen ultérieur. La meilleure des mesures, en effet, deviendrait mauvaise sous de tels auspices, et des lois imparfaites, émanées de la libre volonté du peuple, valent mieux que les lois les plus achevées que viendrait nous imposer une autre nation.

Oui, Messieurs, le premier bien d'un peuple est sa propre dignité; le premier devoir d'un gouvernement est de sauvegarder l'indépendance et l'honneur national; et le pays où ces précieux sentiments s'affaibliraient tomberait en décadence en dépit de toute la perfection de ses lois.

Pour ne s'être pas arrêté court à ce premier obstacle, il faut qu'on n'ait pas été bien sûr qu'il existait. Cependant l'accusation a été lancée par la commission au nom des bureaux de la Chambre, elle a été soutenue par l'honorable Solaro della Margarita et par des membres de la gauche. Il faut qu'elle soit relevée.

Ma tâche se borne, Messieurs, à la question politique. Quoique restreinte, elle est difficile et pénible pour moi; difficile, parce que la liberté que ma défense exige s'accorde peu avec la prudence que je dois garder comme représentant du pays devant les puissances; douloureuse, parce que j'ai à toucher à des plaies que j'eusse voulu laisser en repos.

Cependant mon honorable ami, le député Rattazzi, m'a puissamment aidé en renversant les objections juridiques élevées par la commission et en s'offrant généreusement à partager avec ses anciens collègues la responsabilité politique de cet acte [1]. Cette détermination m'a vivement touché, et le ministère y trouve une ample compensation aux déceptions dont est semée toute carrière politique.

Le comte de Revel a émis un programme bien différent, tout en affirmant que la droite de la Chambre se déclarait sans arrière-pensée amie des principes constitutionnels, ce dont je la félicite de tout mon cœur. Il convient que de mon côté, pour faire apprécier à la Chambre les motifs qui nous ont guidés, je passe en revue le système politique en vigueur dans le royaume depuis l'avénement du roi Victor-Emmanuel II.

Messieurs, après le désastre de Novare et la paix de Milan, deux chemins s'ouvraient devant nous. Nous pouvions, pliant sous le destin contraire, renoncer aux aspirations qui avaient dirigé Charles-Albert pendant ses dernières années de règne, nous renfermer à l'étroit

1. M. Rattazzi avait quitté le ministère le 15 janvier précédent.

dans nos frontières, fixer les yeux à nos pieds pour ne pas voir ce qui se passait au delà du Tessin et de la Magra, songer uniquement aux intérêts matériels et moraux du pays, recommencer enfin cette politique d'avant 1848, si bien décrite dans le *Memorandum* de M. della Margarita, politique d'une prudence irréprochable et qui ne s'occupait guère que de l'intérieur. Seulement, dans ce cas, je présume que nous aurions profité des expériences faites, que nous aurions renoncé à donner des subsides aux carlistes, à exciter le Sunderbund et à méditer des conquêtes au delà des Alpes pennines [1].

Au contraire, nous pouvions, en acceptant toute la rigueur des faits accomplis, conserver vivante la foi que nous avaient inspirée les grandes actions du roi Charles-Albert, et en déclarant notre ferme intention de respecter les traités, maintenir dans la sphère politique l'entreprise vaincue sur les champs de bataille.

Le premier parti offrait de grands avantages; on pouvait, en le suivant, alléger les conséquences des guerres funestes de 1848 et 1849 ; on pouvait restaurer plus vite les finances et épargner aux populations de nouvelles charges. Mais ce parti impliquait aussi une renonciation à toute idée d'avenir, l'abandon des nobles traditions de la maison de Savoie, la répudiation de l'héritage plein de douleurs et de gloire laissé par Charles-Albert. (Bien!) Son généreux fils ne pouvait hésiter. Il choisit l'autre. (Marques de très-vive approbation.) Et pour commencer, peu de jours après être monté sur le trône, il mit

1. L'une des vues du cabinet La Margarita avait pour objet la réunion du Valais au territoire sarde.

à la tête de son conseil un illustre Italien dont le nom était tout un programme libéral et national, Massimo d'Azeglio.

Le ministère d'Azeglio suivit donc le second des deux systèmes dont je viens de parler. Le but était, en premier lieu, de montrer à l'Europe que les Italiens pouvaient se gouverner eux-mêmes, que des libertés loyales et larges pouvaient se développer chez eux en accord avec ces grands principes d'ordre social qui étaient menacés alors sur plusieurs points de l'Europe. En second lieu, il fallait soutenir, sur le terrain de la diplomatie, les intérêts des autres parties de l'Italie.

Le ministère d'Azeglio tendit avec prudence, mais avec résolution, vers ce double but. Le premier fut bientôt atteint : avant de quitter le pouvoir, Massimo d'Azeglio eut la consolation de voir la loyauté et la franchise de son administration reconnues de tous les gouvernements d'Europe. Il avait rendu un grand service à l'État et acquis un grand titre à la reconnaissance publique.

Les ministres appelés à lui succéder ne changèrent pas cette politique, mais ils cherchèrent à l'appliquer avec plus d'extension et de vigueur; non pas que le caractère des personnes y fût pour quelque chose, mais les événements avaient marché et permettaient de développer plus énergiquement les principes posés. Nous avons donc tâché, pendant ces dernières années, de dissiper les dernières préventions qui existaient à l'égard de notre pays, et nous n'avons perdu aucune occasion de nous faire les interprètes et les défenseurs des autres populations de l'Italie.

Cette politique trouva dans la guerre d'Orient une de ces occasions; elle put s'y déployer à l'aise. Le traité d'alliance avec la France et l'Angleterre fut donc, jusqu'à un certain point, une conséquence de nos tendances nationales; car s'il est vrai, comme on vient de le dire ici, que le gouvernement ait pris part à cette guerre parce que c'était une guerre de justice, une guerre de civilisation, il est également vrai qu'il eut en vue d'accroître le renom de la Sardaigne et de lui donner de nouveaux droits à plaider dans les congrès européens la cause de l'Italie.

Nos espérances ne furent point trompées quant au crédit que la Sardaigne devait acquérir : cet accroissement de considération dont nous jouissons depuis la paix ne provient qu'en partie de notre diplomatie; la principale cause en est l'admirable conduite de nos soldats en Crimée. (Très-bien.)

Quant à la défense des droits de l'Italie, ce fut notre tâche au sein du congrès. Qu'il me soit permis de le redire après le discours de la couronne : c'était un grand fait que la cause italienne fût soutenue pour la première fois par une puissance italienne.

Le député Solaro della Margarita veut que les difficultés où nous nous sommes trouvés après l'attentat du 14 janvier proviennent précisément de l'attitude que nous avons prise au congrès. — Vous avez appelé, dit-il, sur l'Italie l'intervention étrangère; aujourd'hui l'on se mêle de vos affaires malgré vous. — C'est fort mal interpréter notre conduite à Paris. Loin d'admettre l'intervention, nous avons solennellement protesté contre elle.

La note que nous avons remise aux ministres de France et d'Angleterre n'est qu'une longue protestation contre l'occupation de l'Italie centrale par l'Autriche. — Et l'incident de Naples? dira-t-on; n'est-on pas intervenu dans les affaires intérieures de ce royaume? — Je réponds que nous avons été entièrement étrangers à ce qui s'est passé à Naples. Les deux grandes puissances occidentales ont cru que l'état intérieur du royaume de Naples était de nature à les obliger de rompre leurs relations diplomatiques avec ce gouvernement; c'est une détermination où nous n'avons eu aucune part. D'ailleurs ce n'est pas intervenir dans un pays et exercer une pression sur un gouvernement que de rappeler les représentants que l'on a auprès de lui.

Non, nous n'avons rien à regretter de ce que nous avons dit au congrès. Les événements, depuis lors, n'ont fait que venir à l'appui de nos paroles; ce que nous avons affirmé de la situation de l'Italie est, par malheur, aussi vrai en 1858 que ce l'était en 1856, et si j'avais à me présenter de nouveau devant cette illustre réunion, je n'aurais qu'à répéter mes avertissements, en ajoutant qu'ils ont déjà reçu des confirmations sanglantes.

On n'a pas manqué de revenir aussi sur cette remarque, que nous n'avons obtenu, à la suite de la guerre d'Orient, aucun résultat positif. Je redirai donc ce que j'ai dit souvent sur les résultats moraux de l'expédition et sur l'importance de la campagne diplomatique qui l'a suivie. Aujourd'hui, il n'existe peut-être pas un homme éclairé et impartial en Europe qui ne reconnaisse que la situation de l'Italie n'est pas tenable. Eh bien, Messieurs, si l'histoire moderne prouve quelque chose, elle prouve qu'il n'est pas une transformation politique considérable, pas une grande révolution qui puisse s'accomplir dans l'ordre matériel si elle n'a été préparée dans l'ordre moral, dans l'ordre des idées. (Marques nombreuses d'assentiment.) En opérant ce changement en notre faveur dans le monde des idées, nous avons fait plus que si nous eussions emporté plusieurs champs de bataille.

Je sais bien qu'on se plaît ici à nier que nous soyons plus hautement appréciés qu'auparavant; les journaux des partis extrêmes, je le sais aussi, se montrent déloyaux et se rendent coupables à ce point qu'ils entreprennent chaque jour de démontrer à l'Europe que nous sommes en pleine décadence morale, intellectuelle et matérielle. Mais leurs efforts n'ont pas de portée au delà de nos frontières. Observez un fait : ce qui se passe chez nous excite en Europe un intérêt sans cesse croissant. A l'exception de la presse ultra-réactionnaire et de la presse autrichienne, toutes les feuilles européennes sont bienveillantes et empressées pour ce qui nous touche. Nos compatriotes qui voyagent à l'étranger, se présentant sous le nom de piémontais ou de sardes, sont reçus partout avec cordialité. Le renom de notre patrie a passé l'Atlantique; les premiers citoyens de l'Athènes de l'Amérique du Nord, de Boston, nous ont envoyé un magnifique canon pour Alexandrie. On commence à nous connaître jusque dans l'extrême Orient. Vous auriez été émus comme je l'ai été, il y a quelques jours, si vous eussiez entendu de la bouche d'un digne officier de notre marine[1], proche parent de l'un des hommes qui nient le plus violemment dans cette Chambre les progrès que fait le pays (on rit), le récit de l'accueil qu'il a reçu dans les mers des Indes; vous auriez été émus en apprenant que sur les rives du Gange, dans l'empire des Birmans, l'on vante la loyauté de notre Roi et les vertus de notre peuple, et l'on fait des vœux pour la prospérité de notre nation. (Bravo!) Je demande à l'honorable Solaro della Margarita si, de bonne foi, pareille chose arrivait avant 1848. (On rit.)

Cette politique, j'en conviens, n'est pas sans péril. Il était impossible de rester fidèle aux aspirations du roi Charles-Albert, à la liberté, à l'Italie, sans exciter le ressentiment des puissances qui ont en Italie des intérêts opposés. Ce ressentiment ne doit ni nous étonner, ni exciter nos récriminations; des intérêts contraires ne peuvent manquer d'engendrer des dispositions peu cordiales. Je ne nie pas que cette situation ne mérite toute l'attention du gouvernement et du pays, d'autant plus que nos forces sont inférieures à celles des puissances auxquelles je fais allusion.

Comment donc nous prémunir contre le danger? Au moyen des alliances. Nous avons tâché de nous unir étroitement aux puissances occidentales, qui n'ont pas en Italie des intérêts contraires aux nôtres. Le système des alliances est la base de la politique suivie par Massimo d'Azeglio et par ses successeurs.

Ici, je trouve sur mon chemin l'honorable Brofferio

1. M. de Viry.

qui fait peu de cas des alliances, et qui dit que lorsqu'un peuple a la conscience de ses droits et le sentiment de son énergie, il doit peu s'occuper d'alliances, ou s'allier seulement aux gouvernements qui professent les mêmes principes politiques. C'est à merveille; mais ce qui tranche en fin de compte les questions, ce n'est pas un tribunal d'amphictyons devant qui l'on puisse plaider et lutter à armes égales, raisonnements contre raisonnements. Lorsqu'on a lancé bien des notes, des protocoles, des *memorandum*, c'est le tour des régiments et des flottes, et le sort des armes, aujourd'hui comme au temps du grand Frédéric, est favorable aux gros bataillons. Quand on n'en a pas d'assez gros, il faut tâcher de se ménager pour le besoin l'aide de ceux des amis, des alliés que l'on peut avoir.

Mais au moins alliez-vous avec des gouvernements qui aient les mêmes principes que vous, dit l'honorable Brofferio. Je respecte le sentiment élevé qui lui dicte ces paroles; mais nous pouvons fort bien, sans faire acte de faiblesse ni de lâcheté, nous allier à des nations qui ne sont pas gouvernées précisément comme nous. Les peuples les plus libres et les plus fiers n'ont pas dédaigné l'alliance de gouvernements fondés sur des principes différents des leurs, quand ils ont eu à accomplir de grandes entreprises d'indépendance. Les généreux fils de Guillaume Tell, quand ils se trouvèrent en face du puissant duc de Bourgogne, ne recherchèrent-ils pas l'alliance de Louis XI, qui professait, en politique, de bien autres maximes que les bourgmestres de Berne et de Zurich? Et plus tard, quand les Hollandais secouèrent la domination de Philippe II, n'eurent-ils pas recours à l'impérieuse reine Élisabeth? Au dernier siècle, les puritains de la Nouvelle-Angleterre, après avoir combattu bravement, pendant deux années, contre la mère-patrie, ne s'adressèrent-ils pas au roi le plus absolu de l'Europe de ce temps, à Louis XVI; et ne vit-on pas le doyen de la démocratie américaine, Franklin, se mêler dans les antichambres de Versailles à la foule des courtisans pour se rendre le roi propice? M. Brofferio et ses amis voudront-ils être plus vertueux, plus purs que Franklin? (Hilarité générale.)

Soit, dira M. Brofferio; mais puisqu'il s'agit de la France, attendons. — Je parle sans réticence: M. Brofferio peut supposer que, dans un avenir plus ou moins éloigné, le gouvernement soit changé en France. Je crois qu'en cela il se trompe grandement; je le crois et je l'espère, car malgré tout le respect que je professe pour la nation française, j'estime qu'elle est de toutes les nations du globe la moins faite pour un régime républicain. Cependant, je veux admettre pour un instant cette éventualité. Eh bien, je dis, Messieurs, que nous n'aurions rien à espérer d'une France républicaine. Et, à ce propos, qu'on me passe une petite dissertation historique.

Toute l'histoire montre que les républiques ont eu, toutes et toujours, une politique parfaitement égoïste. Relisez l'histoire des républiques grecques et romaine, vous ne trouverez pas une seule circonstance où elles aient été faire la guerre à l'étranger dans des vues de civilisation. La Grèce conquit l'Asie-Mineure, mais n'y fonda point la liberté. Rome promena ses aigles dans toute l'Europe, mais elle n'implanta nulle part les institutions du municipe romain; Rome détruisit des empires, des royaumes, des républiques, et ne fonda pas une république; elle renversa des tyrans, mais pour les remplacer par des proconsuls plus odieux que ces tyrans. (Bien.)

Au moyen âge, nos grandes républiques italiennes ont-elles jamais porté des efforts civilisateurs au delà des frontières italiennes? Venise, Gênes font des conquêtes au delà des mers; y établissent-elles la liberté? Venise prend Constantinople, mais c'est pour y mettre un empereur franc à la place d'un empereur grec; Venise devient reine de presque toutes les villes de l'Archipel, de la Morée, pays classique de la liberté; qu'y établit-elle? la domination de ses provéditeurs. Gênes ne fait pas autrement; Gênes répand dans l'Orient son commerce et son activité, mais non pas ses institutions libres; et cet égoïsme va si loin, que Gênes et Venise n'étendent pas même leurs institutions au delà de leurs murailles, et que les provinces italiennes qu'elles possèdent sont soumises à un régime paternel, mais absolu.

Les républiques modernes ont-elles été moins égoïstes? Non certes. Les États-Unis, lorsqu'ils eurent conquis leur indépendance, lorsqu'ils furent devenus assez forts pour lutter sur terre et sur mer contre l'Angleterre, accrue en puissance par la défaite de Napoléon, les États-Unis tendirent-ils une main amicale aux Américains du Sud en guerre contre l'Espagne? Non; ils gardèrent la plus stricte neutralité, et ce ne fut point par humanité, par horreur du sang, puisqu'ils surent bien faire la guerre aux Mexicains pour leur prendre des provinces.

Mais pourquoi chercher dans d'autres histoires que celle de la France des preuves de l'illusion qu'il y aurait à compter sur l'appui d'une république française? On a vu en France deux républiques en soixante ans : l'une guerrière et conquérante, l'autre pacifique; l'une et l'autre ont été plus qu'égoïstes envers l'Italie. La première république chassa, il est vrai, les Autrichiens d'Italie, mais ce fut pour faire marché avec l'Autriche elle-même des provinces conquises sur elle; et la France en faisant ainsi ne donnait pas une part de l'Italie pour sauver le tout, elle livrait Venise pour assurer ses propres conquêtes dans les Pays-Bas, sur les bords du Rhin et de la Schelde. (C'est vrai!)

Et la seconde république? Elle était dirigée dans les premiers jours par des hommes qui passent pour être les représentants les plus avancés de la révolution, par les Ledru-Rollin, les Bastide; que fit-elle? Elle nous refusa tout subside, non-seulement d'hommes, d'argent, d'armes, mais jusqu'à l'aide d'un général que nous avions eu le tort immense d'aller lui demander. (Vifs applaudissements.)

Plus tard, lorsque la forme de ce gouvernement eut quelque peu changé et fut devenue plus voisine du système monarchique, notre gouvernement dut recommencer la guerre avec l'Autriche et demanda de nouveau des secours au chef du gouvernement français; savez-vous quelle fut la réponse? Je vais vous le dire; je suis imprudent peut-être, mais il y a neuf ans que la chose s'est passée. Le chef de ce gouvernement était décidé à accéder à l'invitation que lui faisait le roi Charles-Albert de lui envoyer en Italie des secours matériels pour la guerre; qui l'empêcha de suivre cette disposition? Ce furent les chefs de l'Assemblée nationale, les ministres, parmi lesquels siégeaient quelques-uns des républicains d'aujourd'hui. Je puis le dire avec certitude, car j'ai eu le chagrin profond de m'entendre raconter le fait en détail par un orateur renommé qui eut le triste courage de se vanter devant moi d'avoir pris une part très-grande à la funeste résolution imposée en quelque sorte par le gouvernement à son propre chef.

Voilà la générosité des républiques!

Je crois avoir répondu à tout ce qu'a dit M. Brofferio. Des hommes qui vont beaucoup plus loin que lui parlent, — hors de cette Chambre à la vérité, — dans un autre ton; ils disent que notre seule alliée doit être la révolution. Insensés, de croire que la révolution, qui mettrait de nouveau en péril les grands principes de l'ordre social, pourrait être favorable à la cause de la liberté en Europe! Insensés, qui ne voient pas qu'elle aurait pour effet de détruire tout vestige de liberté sur le continent et de nous ramener au moyen âge! Insensés, mais insensés de bonne foi, qui nous font connaître que leurs aspirations sont plus révolutionnaires que patriotiques et qu'ils aiment la révolution plus que l'Italie!

J'ai dit que notre système repose sur les alliances. Je dois maintenant vous dire comment nous l'avons pratiqué.

Pour former une alliance, il faut, avant tout, inspirer de la confiance et de l'estime. C'est à quoi nous nous sommes appliqués. Il faut ensuite favoriser les intérêts communs, développer la bienveillance réciproque par une suite de services échangés et de bons procédés. C'est ce que nous avons eu en vue en concluant les traités de commerce, les conventions consulaires et relatives à la propriété littéraire, en ne perdant enfin aucune occasion de rendre nos rapports internationaux meilleurs et plus faciles.

Et nous n'avons pas eu grand'peine à y parvenir, car, je le dis avec satisfaction, nous avons trouvé les gouvernements d'Angleterre et de France fort bien disposés envers nous. Le système pourtant se déployait avec lenteur, quand la guerre d'Orient nous mit en situation de le consacrer avec éclat et de traduire les bienveillances réciproques en un traité formel qui y mit le sceau.

Le congrès de Paris nous permit en outre de contracter des rapports du même genre avec toutes les autres nations qui n'ont pas un intérêt contraire au nôtre dans les affaires d'Italie, et qui même ont intérêt à voir ces affaires s'améliorer. Nous avons donc fait tous nos efforts pour nouer de bonnes relations avec l'empire de Russie et le royaume de Prusse.

Je crois que nous avons réussi à l'égard de la Russie; nous pouvons nous flatter d'être avec elle dans d'excellents termes, et je ne crois pas que dans le passé les rapports entre les deux pays aient jamais été meilleurs. La Russie nous veut, je pense, tout autant de bien aujourd'hui qu'elle faisait au temps du ministère du comte della Margarita, alors qu'elle nous menaçait sinon d'une guerre, du moins d'une rupture de relations diplomatiques à propos de la couleur des *barbes* que la femme de l'envoyé russe devait porter aux bals de la cour. (Hilarité.)

Nous avons eu également un plein succès auprès de la Prusse, qui nous donne des preuves continuelles de sa sympathie.

Voilà comment nous avons entendu et pratiqué ce système. Du moment qu'on admet les alliances, il faut bien admettre aussi que nous écoutions les conseils de nos alliés quand ils sont dictés non point par un esprit de domination, mais par une sincère amitié. Je me hâte d'ajouter que ces condescendances ont des bornes qui ne doivent pas être franchies : non-seulement nous ne devons laisser porter atteinte ni à la dignité ni aux intérêts du pays, mais nous ne devons pas non plus nous laisser détourner des règles de conduite, fondées sur la justice, que nous nous sommes tracées.

Ces règles de conduite, nous les avons constamment suivies. Je me borne à citer deux exemples qui ont eu une grande publicité et qu'il n'y a, par conséquent, pas d'inconvénient à rappeler.

La Chambre sait combien nous sommes attachés à l'alliance anglaise; mais nous n'avons jamais balancé à nous séparer de l'Angleterre quand elle ne nous a pas semblé avoir complétement raison sur tel ou tel point. Après le congrès de Paris, l'Angleterre persistait à vouloir pousser les conséquences du traité de paix à l'extrême, plus loin qu'il ne nous paraissait raisonnable; et dans l'affaire spéciale, mais importante, de Bolgrad, elle insista auprès de nous pour nous décider à joindre notre action à la sienne. La question, examinée de près, nous parut ne pouvoir être résolue dans le sens indiqué par l'Angleterre que si l'on s'attachait très-littéralement au texte de l'article; l'esprit du traité était tout contraire. Nous refusâmes donc de nous joindre à elle, sans nous ranger entièrement pour cela du côté de la France et de la Russie. Notre façon particulière de voir la question fut adoptée, après quelques mois de discussion plus ou moins vive, par les deux parties.

C'est encore ainsi que, dans la question des Principautés danubiennes, nous nous sommes séparés de l'Angleterre, fidèles au devoir de ne point abandonner la cause des Roumains (très-bien!), et de continuer à faire prévaloir partout et autant que possible les principes posés par nous devant le congrès. De même, nous n'avons pu suivre l'Angleterre dans son rapprochement de l'Autriche.

Vous voyez, Messieurs, que nous savons concilier la déférence due à nos alliés avec le respect des grands principes sur lesquels se fonde notre politique.

J'arrive à l'examen des faits à la suite desquels le ministère a résolu de vous présenter le projet de loi actuel.

Les commencements de l'année courante ne semblaient pas devoir être sombres; les États occidentaux s'occupaient de réparer les désastres d'une crise économique et financière qui avait sévi avec une violence sans exemple dans les principales villes de l'Europe, lorsque arriva l'attentat du 14 janvier. L'événement émut au dernier point le gouvernement français et la France entière. Les circonstances qui l'ont accompagné justifient cette émotion. Les préparatifs de cet acte exécrable, les moyens employés et dirigés non-seulement contre le chef de l'État, mais contre une femme qui n'apparaît que dans des actes de bienfaisance et qui est aimée et respectée de tous, l'enchaînement qui reliait ce crime à d'autres de la même nature, expliquent l'émotion qu'en ressentit le gouvernement français; il était naturel qu'il s'adressât aux puissances étrangères pour prévenir le renouvellement de faits pareils. L'office par lequel il s'est adressé particulièrement à nous, le 23 janvier dernier, et dont la Chambre a connaissance, est plein d'ailleurs de témoignages d'amitié et de bienveillance envers nous.

Mon opinion pourtant est que, dans cette dépêche, les choses de notre pays ne sont pas jugées avec une parfaite justesse; en ce qui concerne par exemple les événements de Gênes du mois de juin dernier, cette pièce est en même temps trop sévère et peu conforme à la vérité; je n'hésite pas à l'affirmer nettement. Le gouvernement français me paraît s'être beaucoup exagéré les causes et les suites de cet incident, et en avoir gardé une préoccupation excessive.

Nous n'avons pas répondu officiellement à cette dépêche, c'est-à-dire que nous n'y avons pas répondu au moyen d'une autre dépêche adressée à notre ministre à Paris et destinée à être communiquée au ministre des affaires étrangères de France. — Les usages diplomatiques n'exigent pas strictement qu'il soit répondu officiellement et par écrit à une dépêche communiquée; une dépêche de ce genre n'est pas une note et ne contient pas des observations faites par un gouvernement à un autre par l'intermédiaire de son envoyé; on n'y attribue pas l'importance qu'a toujours une note, à laquelle il faut absolument répondre par une autre note; l'on peut répondre à une dépêche communiquée soit par une autre dépêche adressée au ministre accrédité près de la puissance qui a écrit, soit verbalement et à la personne de l'envoyé qui présente la dépêche, ou à celle du ministre des affaires étrangères de la puissance en question par l'intermédiaire de l'envoyé accrédité auprès d'elle. — Connaissant l'état de préoccupation légitime où se trouvait le gouvernement français, et ne voulant engager aucune espèce de contestation sur les faits, nous jugeâmes convenable de répondre verbalement; dans une réponse écrite, il eût fallu entrer dans des explications sur les événements de Gênes, ce qui eût pu avoir des inconvénients.

Nous avons donc répondu verbalement et en forme de communication confidentielle au gouvernement français, et notre langage a été digne de représentants d'un peuple noble et loyal. Nous avons dit que nous étions prêts à faire tout ce qui était en notre pouvoir pour empêcher le retour de tels actes; que nous étions disposés à appliquer dans toute leur rigueur les moyens légaux que nous possédons pour arrêter les conspirations qui viendraient à se former chez nous dans des desseins aussi détestables; nous exprimâmes l'opinion, alors réelle dans notre esprit, que les lois existantes nous suffisaient pour cela. Cette opinion, un fait postérieur vint la modifier.

Avant de toucher à ce fait, je dois noter que, dans le même temps où nous reconnaissions dans nos entretiens avec l'envoyé français la nécessité d'empêcher que le Piémont ne fût pris pour base d'opération par les conspirateurs, nous ne laissions pas de lui rappeler de nouveau l'état misérable du reste de l'Italie, de lui dire que si l'attentat n'était que trop l'ouvrage d'émigrés italiens, la surveillance de ces émigrés ne pouvait être qu'un palliatif bien faible pour un mal si grand; que le seul remède sûr serait de faire en sorte que ces émigrations n'allassent pas sans cesse en croissant. Nous avons tenu enfin le même langage qu'au congrès de Paris; je le déclare au comte della Margarita, afin qu'il sache bien que je suis un pécheur impénitent.

Oui; en même temps que nous cherchions quels moyens pouvaient empêcher le retour de semblables attentats, et si les lois existantes étaient suffisantes, en même temps nous appelions l'attention du gouvernement français et du gouvernement de Rome sur les suites de cette émigration des États de l'Église, qui nous met dans la nécessité de prendre chez nous des mesures extraordinaires contre un mal dont la source n'est certes pas en Piémont.

En effet, le 11 février, quatre semaines à peine après l'attentat, j'adressai à notre chargé d'affaires à Rome, le comte de la Minerve, une dépêche dont il avait l'ordre de laisser copie au cardinal Antonelli, et où j'indiquais les faits lamentables, les événements atroces qu'amenait le système rigoureux auquel il restait attaché. Je donnai aussi sans retard communication officielle de cette dépêche aux puissances amies. Il y était dit :

« Ce système d'expulsion que le gouvernement pontifical applique sur une large échelle, puisque sur notre territoire seulement le nombre des sujets de Sa Sainteté chassés de la sorte se monte à plusieurs centaines, ne peut qu'avoir les plus funestes conséquences. L'homme qu'on exile sur des soupçons ou pour une conduite peu régulière n'est pas toujours corrompu ou indissolublement lié aux sectes révolutionnaires. Laissé dans son pays, surveillé, puni au besoin, il peut s'amender ou du moins ne pas devenir très-dangereux. Jeté au contraire dans l'exil, irrité par des mesures illégales, contraint de vivre en dehors de la société honnête, et souvent privé de moyens de subsistance, il se met nécessairement en rapport avec les faiseurs de révolutions. Ceux-ci n'ont pas de peine à le circonvenir, à le séduire, à l'affilier à leurs sectes. C'est ainsi que l'homme de mœurs peu réglées devient un sectaire, et souvent un sectaire très-dangereux. On peut donc affirmer avec raison que le système adopté par le gouvernement pontifical a pour effet de fournir sans cesse de nouveaux soldats aux rangs révolutionnaires. Tant que ce système persistera, tous les efforts de tel et tel gouvernement pour dissoudre les sectes demeureront inutiles; car à mesure que les uns sont éloignés des centres dangereux où ils s'étaient laissé attirer, d'autres y sont en quelque sorte envoyés par leur propre gouvernement. C'est à cela que doit être attribuée la vitalité extraordinaire du parti mazzinien, et les mesures adoptées par le gouvernement de Sa Sainteté y contribuent en grande partie. » (Vive sensation.)

La Chambre voit qu'en reconnaissant franchement la nécessité de remédier à des maux très-graves, nous en indiquions avec courage l'origine véritable et nous conservions l'attitude prise au congrès.

Je continue mon récit. Tandis que nous songions aux moyens d'atteindre le but que nous nous proposions, un jury de Turin acquitta le journal la *Ragione*, dont un article avait semblé au ministère public une apologie de l'attentat du 14 janvier. Cet acquittement produisit une si grande impression dans le pays et à l'étranger, que nous nous décidâmes à soumettre à la signature de Sa Majesté et à l'approbation du Parlement un projet de loi pour la punition des conspirateurs, pour une détermination plus exacte du crime d'apologie du régicide et pour des changements dans la formation des listes semestrielles des juges du fait.

A parler sans détour, les considérations politiques furent notre principal mobile. J'entre ici dans la partie la plus délicate, la plus épineuse de mon discours, et je vous demande toute votre indulgence.

Après 1831, il se fonda, au dedans et au dehors de l'Italie, une secte qui, pleine d'ardeur patriotique, se proposa pour but l'indépendance nationale. Toute liberté manquant en Italie, la générosité de l'entreprise devait attirer dans ses rangs une grande partie de la courageuse jeunesse italienne. Cette société est celle de la *Jeune Italie*. Ses premières tentatives ayant mal réussi, elle perdit, dès avant 1848, une partie de ses adhérents, et quand vint l'ère des réformes, en 1847, une autre partie d'entre eux se réunit aux hommes qui croyaient pouvoir arriver à améliorer le sort de la nation par des moyens pacifiques. Cependant la société était nombreuse encore lorsque éclatèrent les guerres et les révolutions de 1848. Je ne veux point récriminer sur ce triste sujet; mais je puis exprimer une conviction profonde chez moi: c'est que l'opposition que cette société a faite au roi Charles-Albert n'a pas peu contribué à l'insuccès de nos armes. (Assentiment.)

Quoi qu'il en soit, après cette période éclatante et malheureuse, quand tous les gouvernements furent rétablis, quand la secte dut se réfugier à l'étranger, les hommes qui la formaient se trouvèrent aigris plus que jamais et déterminés aux plus sinistres entreprises. La secte en vint à modifier ses doctrines et à prêcher comme légitimes des moyens qui, avant 1848, faisaient horreur à ses membres eux-mêmes; elle déclara qu'il fallait changer les épées contre des poignards et remplacer la bataille par l'assassinat.

La première application de ces déplorables idées eut lieu à Milan le 6 février [1]. Passons sur ces actes funestes à la Lombardie et à l'Italie, qui ouvrirent du reste les yeux à beaucoup de gens et éclaircirent les rangs de la faction. Les hommes sensés et honnêtes s'éloignèrent

1. Le 6 février 1853, un mouvement mazzinien éclata à Milan; des hommes armés de poignards tuèrent des sentinelles et tâchèrent de s'emparer des canons de la grand' garde. L'Autriche accusa les émigrés lombards résidant en Piémont de complicité dans l'affaire, et mit le séquestre sur leurs biens.

du personnage qui les conduisait à de telles extrémités. Diminuée encore de nombre, la secte grandit alors de plus en plus en audace, et recourut à des moyens de plus en plus violents. De temps à autre l'on a pu apercevoir çà et là sa main dans des entreprises criminelles, et l'entendre prêcher explicitement la théorie de l'assassinat politique.

Ceci est un fait grave, Messieurs, un fait des plus désolants. Il est douloureux au delà de toute expression de voir une faction italienne professer et pratiquer de si horribles maximes. Je sais bien que toute la responsabilité ne doit pas retomber sur les malheureux qui se sont égarés à ce point; je sais, et je dis bien haut que les systèmes de gouvernement qui jettent tant d'hommes et depuis si longtemps dans les douleurs de l'exil, dans les angoisses de la misère, dans le regret amer de la patrie perdue, que ces systèmes de gouvernement, qui arrachent aux influences bienfaisantes de la famille des hommes doués de noblesse et de générosité de cœur, ont une grande part de responsabilité dans tout ce qui s'ensuit. Mais enfin il est déplorable qu'on puisse dire à l'étranger qu'il existe une secte en Italie qui professe l'assassinat politique.

Ce qui est plus douloureux encore, c'est que ces enseignements trouvent dans la Péninsule des milieux préparés à les recevoir. Les députés Farini et Mamiani vous l'ont dit avec éloquence, et bien mieux que je ne saurais le faire; ils vous ont dépeint l'état des Romagnes, le caractère passionné des habitants de ces provinces, le travail qui a été fait par les sectes sanguinaires pour égarer leur sens moral, l'aide puissante prêtée à ce travail par les excès mêmes de la réaction. Voilà d'infortunées populations que les sectes trouvent toutes prêtes à exécuter leurs desseins.

Ces deux faits sont d'une importance inexprimable et peuvent faire à la patrie un mal immense. Ils entravent l'œuvre que nous avions commencée, entachent la réputation de l'Italie, contrarient cette victoire morale que nous désirons si vivement remporter, et empêchent enfin que toute l'Europe ne reconnaisse la nécessité de réformer la situation de l'Italie.

Eh bien, Messieurs, en présence de tels faits, nous avons jugé qu'il était absolument nécessaire (avec chaleur), pour le bien de l'Italie, que dans le seul État libre de la Péninsule, la nation entière, représentée par son Parlement, protestât solennellement contre cette criminelle théorie. (Vive approbation dans toute la Chambre.)

Outre ce motif, un autre plus cruel encore nous a déterminés. Après l'attentat du 14 janvier, le gouvernement reçut avis de divers points de l'Europe que les sectaires étaient plus excités que jamais, et songeaient à étendre leurs tentatives jusqu'à un souverain qui nous intéresse de beaucoup plus près. (Sensation profonde.) Tant que ces nouvelles nous sont venues de pays qui avaient intérêt à nous pousser dans les voies préventives, nous avons hésité; il nous semblait impossible que de telles pensées pussent naître dans une âme italienne; mais quand le fait nous fut confirmé par un gouvernement très-favorable et très-hospitalier à nos émigrés, il fallut bien l'admettre. Qu'on ne dise pas que c'est moralement impossible. Comme l'a dit hier mon honorable ami le député Rattazzi, celui qui est une fois entré dans la voie du crime ne revient point en arrière quand le délire, quand l'intérêt le pousse en avant; et il n'est que trop dans l'intérêt de ceux qui veulent voir triompher en Italie la révolution, de ne pas avoir devant eux le roi Victor-Emmanuel, car seul il suffirait pour l'anéantir. (Très-bien!)

Aucune hésitation n'était possible. Fallait-il donc se borner à entourer notre bien-aimé souverain de précautions de police? N'employer que des moyens matériels pour sa sûreté eût été de notre part un acte d'incurie qui eût soulevé l'indignation du pays entier; et en voyant un ministère qui se dit libéral faire si peu de chose pour sauvegarder les jours du souverain, l'opinion eût pu se jeter dans une reaction profonde et irrésistible qui eût emporté tous les amis de la liberté. (Bien!)

Non, Messieurs, personne ne verra dans l'acte que nous proposons le résultat d'une pression étrangère; il n'y a eu d'autre pression que celle à laquelle cède tout homme honnête, la pression de notre conscience. (Très-bien!)

Mais pourquoi toucher, dira-t-on, à l'institution du jury? — Il y a longtemps que nous avons dit que le système de jurés établi par la loi de 1848 est mauvais. Nous aurions voulu même pouvoir le réformer entièrement dans cette occasion; mais l'urgence de la mesure que nous vous soumettons est telle, que nous n'avons pas voulu soulever à ce propos les longues discussions auxquelles donnerait lieu une réforme complète. Cette urgence vient précisément de ce que la répression des delits de presse, l'honorable Rattazzi vous l'a démontré hier pièces en main, est impossible dans tous les cas avec la composition actuelle des jurys. La magistrature entière le proclame. Aussitôt après l'acquittement de la *Ragione*, un magistrat dont on ne soupçonnera pas le libéralisme et les vertus civiles, le même qui, dans un temps où nos libertés étaient moins enracinées, eut le courage de requérir devant la cour d'appel la prison pour l'archevêque Franzoni[1], donna immédiatement sa démission, déclarant que sa conscience ne lui permettait pas de rester à la tête d'un ministère public prive des moyens de faire exécuter les lois.

Ni directement, ni indirectement, il n'a été question, avec une puissance étrangère quelconque, de réformer nos jurés. C'est une proposition qui vient de notre seule initiative. Nous la faisons, en premier lieu, parce que nous sommes très-chauds partisans du système des jurys, très-désireux d'en étendre la pratique, et parce que nous voyons que la mauvaise application qui en a été faite nuit à cette institution dans l'esprit de bien des hommes éclairés. Nous voulons cette réforme, en second lieu, parce qu'il faut que la loi, quelle qu'elle puisse être, soit exécutée; il est d'un déplorable exemple qu'une loi puisse être violée chaque jour impunément. L'existence de journaux ouvertement républicains, occupés de prê-

1. M. Persoglio, procureur général près la cour d'appel.

cher des révolutions au dehors et même au dedans de notre pays, est une indécence qu'il faut faire disparaître. (Bien.) Voilà pourquoi nous proposons cette réforme.

Les diverses fractions du parti libéral ont pu voir, par la discussion qui vient d'avoir lieu, qu'il y a dans cette question deux politiques en présence. La nature même des choses en fait une question de cabinet, car il s'agit, en somme, de décider si le ministère a failli ou non au premier de ses devoirs, s'il a sauvegardé la dignité nationale. Si votre vote nous est contraire, nous nous résignerons facilement à remettre à d'autres un pouvoir qui est peut-être depuis trop longtemps entre nos mains. Rentrés dans la vie privée, nous reconnaîtrons, en faisant notre examen de conscience, avoir commis bien des fautes; pour ne parler que de moi, puisqu'il s'agit d'un examen intérieur (on rit), je reconnaîtrai que dans la tâche difficile que je m'étais donnée, celle de doubler les ressources de l'État, je n'ai pas toujours choisi les moyens les plus convenables; que j'ai trop présumé des forces de mon pays, que je me suis laissé égarer par la foi immense que j'ai dans son avenir; que le talent n'a pas égalé chez moi le zèle et le dévouement; mais je réponds d'une chose, et ici je recommence à parler au nom de mes collègues, c'est que, quoi qu'il en soit de notre politique intérieure, notre conscience ne nous reproche pas d'avoir commis un seul acte, écrit une seule ligne, prononcé un seul mot qui ne nous ait été inspiré par un ardent amour pour la patrie, par un profond désir de l'enrichir et de la faire honorer, par l'invincible résolution de maintenir la dignité nationale, de préserver de toute tache, dans l'arène diplomatique comme sur les champs de bataille, le glorieux drapeau que notre généreux souverain nous a confié. (Longs applaudissements.)

XII

SUR UN EMPRUNT DE 40 MILLIONS.

Le discours qu'on va lire ne touche qu'indirectement aux questions politiques ; mais on y pourra trouver un aperçu de la façon dont le comte de Cavour traitait les affaires intérieures, les choses de l'administration : tous les discours où il les exposait en détail n'ayant pu trouver place ici, il a paru utile de le suivre dans la dernière revue rétrospective qu'il fit des progrès réalisés dans le royaume de Sardaigne, au moment où les destinées de l'Italie étaient près de s'accomplir. Sa méthode toute positive, toute pratique se dévoile particulièrement dans ces appréciations rapides et précises. Il s'était initié aux moindres détails relatifs aux hommes et aux choses, contrôlant les théories par l'observation exacte des faits. Les notions détaillées qu'il avait sur les besoins de chaque localité n'auraient pas été possibles à acquérir, s'il se fût agi d'un grand État; mais dans ce petit Piémont, que le comte de Cavour connaissait presque aussi bien que ses propres terres, le ministre avait fini par se trouver presque identifié avec le pays. On était surpris, en causant avec l'homme d'État déjà mêlé aux plus grandes affaires de l'Europe, de le voir souvent mieux informé de celles d'une petite ville de province que les hommes qui l'habitaient. Il y prenait même une sorte de plaisir malin quand il avait affaire aux députés de l'opposition. L'allocution suivante, débitée presque familièrement et parfois modifiée par besoin de répondre à un geste, à une interruption insaisissable pour les sténographes, fait comprendre ce qu'étaient les conversations particulières qu'il avait souvent avec les représentants, et d'où ceux-ci sortaient toujours saisis du charme de cet esprit si compréhensif.

Il serait superflu d'entrer dans de longs détails sur la situation financière du Piémont en 1858[1]. Il suffit de remarquer que la gestion des finances n'a pas été la partie la moins rude de la tâche que le comte de Cavour s'était imposée. « On me propose, disait-il en 1851, l'exemple de Sully : je crois que la mission d'un ministre des finances en Piémont, à ce moment, est bien plus difficile que n'était celle de Sully. La forme du gouvernement rendait alors les opérations plus faciles, et l'héritage qu'il a recueilli n'était peut-être pas si lourd que celui que j'ai dû accepter.»

Avant le Statut, le Piémont avait de fort bonnes finances. Il ne possédait ni réseaux de chemins de fer, ni écoles élémentaires en nombre suffisant ; il manquait de tout ce qui peut donner une impulsion vigoureuse à l'activité morale et industrielle d'un peuple; en revanche, il payait peu d'impôts : quelques millions dormaient dans les caisses de l'État;

1. Voici les chiffres totaux des budgets du Piémont de 1848 à 1858 :

ANNÉES.	ACTIF.	PASSIF.
1848......	157,663,488 fr.	178,336,268 fr.
1849......	164,090,271	216,515,255
1850......	241,624,521	189,174,472
1851......	181,242,442	162,856,295
1852......	108,677,465	143,599,235
1853......	155,556,399	153,631,057
1854......	146,801,887	192,248,315
1855......	128,995,228	141,374,532
1856......	132,527,838	139.433,726
1857......	135,967,321	143,726,868
1858......	144,982,521	148,747,552

s'ils s'en échappaient en partie, c'était pour aller secourir les carlistes en Espagne, ou le Sunderbund en Suisse. Les deux guerres de 1848 et de 1849, et l'indemnité qu'il fallut payer à l'Autriche commencèrent à faire une brèche au trésor ; les charges furent accrues par l'abaissement du tarif des douanes, par l'activité imprimée aux travaux publics, par les subsides accordés à chaque province pour les routes, et par la multiplication des dépenses dans presque toutes les branches du service public, en vue des besoins et des désirs du pays.

Augmenter la matière imposable par un élan donné au commerce et à l'industrie, telle fut, on l'a vu à propos des traités de commerce, l'idée première du comte de Cavour dès son entrée dans le cabinet. Par malheur, des secousses accidentelles vinrent troubler les progrès du mouvement, rapide et constant du reste, de la richesse publique. De 1849 à 1861, chaque année fut marquée par quelque crise commerciale ou financière, le plus souvent originaire du dehors, ou par quelque fléau naturel; le choléra, la maladie de la vigne, celle des vers à soie, visitèrent tour à tour l'Italie. Comme il arrive souvent, on faisait tomber sur le gouvernement la responsabilité des faits qui n'étaient que la conséquence de ces accidents, et les partis extrêmes tâchèrent plus d'une fois de faire servir à leurs vues les froissements passagers produits par les taxes nouvelles. On demandait ironiquement compte au président du conseil de ces *finances presque restaurées* qu'il avait promises dans un jour de confiance; on lui reprochait surtout les deux entreprises gigantesques du percement du Mont-Cenis et de la translation de la marine militaire à la Spezia.

Le comte de Cavour et ses collègues finirent par consentir à ce qu'on rayât du budget, pour les années 1858, 1859 et 1860, l'allocation fixée pour la construction du grand arsenal à la Spezia. Cette concession fit passer la loi sur l'emprunt de 40 millions, qui fut votée à une majorité de 107 voix contre 54. M. Lanza, ministre des finances, aida le comte de Cavour à défendre le projet. M. Depretis avait parlé d'accorder seulement au ministère la faculté de contracter un emprunt de 30 millions : l'amendement fut repoussé par le comte de Cavour, qui posa nettement la question ministérielle.

Au Sénat, le projet de loi sur l'emprunt fut voté presque sans discussion à la majorité de 41 voix contre 12, dans la séance du 22 juin 1858.

1

Séance de la Chambre des députés du 19 mai 1858.

... Il me paraît démontré que le déficit, à la clôture de l'exercice de 1859, ne pourra excéder 43 ou 44 millions; ce sera 3 millions de plus que le déficit des exercices précédents.

Est-ce là un état de choses désastreux? La France et la Belgique sont bien plus chargées : le découvert des exercices passés est en France de 700 ou 800 millions; en Belgique, de 28 ou 30 millions, si je ne me trompe.

Mais la nécessité de l'emprunt n'est pas contestée; ce qui est en question, c'est la situation réelle de l'État; c'est de savoir si nous sommes sur le bord de l'abîme, dans la condition, comme disait l'honorable Costa, des Égyptiens sous l'administration de l'hébreu Joseph (on rit); si nos finances sont perdues ainsi qu'on le prétend.

La droite a cherché à établir que notre système d'impôts rend les charges plus lourdes qu'elles ne seraient avec de meilleurs procédés de perception; que le régime libre échangiste où nous nous sommes jetés a augmenté les embarras du trésor; la conclusion a été qu'en considérant tout ensemble le chiffre de nos impôts, leur répartition, notre régime économique et le montant de notre dette, on était forcé de constater que nous en sommes à ce point où commence la décadence d'un peuple, alors que, sans qu'il y ait progrès dans la richesse publique, il y a augmentation du capital consommé.

S'il en était ainsi, Messieurs, la situation serait effrayante. Un premier pas vers la decadence, fût-il imperceptible, est un danger immense, car les vitesses croissent dans le monde économique comme dans le monde physique, en raison du carré des distances. Il convient donc d'examiner de près notre système d'impôts, notre régime économique, enfin la situation générale produite par ces deux éléments principaux.

Je n'entends point prendre une à une nos diverses branches d'impositions pour les comparer avec celles des autres pays et avec celles que nous avions avant 1848. Je rapporterai seulement nos impôts aux principes véritables d'économie publique et aux principes de justice proclamés par le Statut, afin de voir s'ils méritent les reproches qu'on leur adresse.

Il serait fort difficile de comparer notre système d'impositions avec les systèmes étrangers. J'ai entendu dire souvent que, lorsque le ministère a dû entreprendre l'œuvre fâcheuse de l'augmentation des impôts, la première chose à faire aurait été d'etablir quelques maximes générales sur lesquelles on aurait fondé le régime fiscal tout entier. Voilà une belle idée, Messieurs, et si, dans quelque pays au monde, il existait un système d'impôts fondé uniquement sur les principes absolus de l'économie politique, je vous assure que je serais allé l'étudier pour en proposer l'adoption. Mais ce pays, je ne le connais pas.

Nos impôts sont directs et indirects. Il en est de même, avec des applications variables, partout en Europe. Aux États-Unis, le système en vigueur ne se recommande guère par ses résultats administratifs et financiers : j'aime ce grand pays pour la liberté qui y règne, pour la plupart des institutions qui y prospèrent; mais il suffit de lire les journaux américains pour s'assurer que l'administration y est médiocre et que les finances y sont sujettes à des abus et à une corruption qui ne se rencontrent peut-être nulle part à un plus haut degré.

Improviser chez nous, dans une période critique, un régime d'impositions entièrement nouveau dans le monde, c'eût été une grave imprudence. Le ministère et la Chambre ont jugé qu'il valait mieux corriger quelques-uns des impôts anciens et en chercher de nouveaux qui eussent les moindres défauts possibles; car, on me permettra de le dire, il n'existe pas de bons impôts. Tous les genres d'impôts imaginables amènent inévitablement deux résultats : le premier est de grever tout ou partie des citoyens d'une charge quelconque; le second, de détourner une portion du produit national qui eût pu, au moins en partie, être employée productivement, et d'attribuer cette portion à l'État, qui l'emploiera économiquement parlant, d'une manière généralement improductive.

Il est, en conséquence, des conditions auxquelles on doit astreindre l'impôt, afin qu'il soit aussi acceptable que possible. D'abord, il faut que le sacrifice fait par le contribuable ne dépasse pas de beaucoup le bénéfice que l'État en retire, en d'autres termes, que les frais de perception ne soient pas excessifs. Ensuite, l'impôt ne doit pas frapper les instruments de production, ni, autant que possible, les matières premières. Enfin il doit être réparti proportionnellement aux ressources des citoyens, de manière à ne pas peser sur les uns au profit des autres.

Voyons si les impôts nouveaux proposés par nous et votés par le Parlement remplissent ces conditions. Nous avons établi, vous le savez, plusieurs nouvelles contributions directes : celle des bâtiments, la contribution personnelle et mobilière, et l'impôt sur les patentes. Je ne parle pas de l'impôt sur les voitures, qui est de peu d'importance.

On prétend que les frais de perception sont énormes. Mais l'impôt direct rapporte 27 millions à l'État, et 20 millions aux provinces et aux communes; en tout, 47 millions. Tout calculé, les frais de perception de l'impôt direct se montent à 1,550,000 fr.; c'est 3 1 2 pour cent. Je ne crois pas que la perception de l'impôt puisse être moins coûteuse.

Parmi les nouveaux impôts indirects, il s'en trouve qui sont compris dans les branches de l'enregistrement, du timbre; ce genre d'impôt rapporte en tout 25 millions, il coûte le 3 0 0 de cette somme. Les autres contributions indirectes sont affermées.

De plus, ces nouvelles taxes n'entravent aucunement la production. Évidemment, la contribution personnelle et mobilière, les impôts sur les patentes et sur les bâtiments ne sont pas des obstacles à la production. L'enregistrement, qui pèse sur les transactions, gêne par là même le développement de la richesse publique; pourtant, comme les transactions relatives à des immeubles ne s'opèrent que dans des cas exceptionnels, et n'ont que rarement pour but une spéculation, je ne crois pas que les effets de cette gêne soient bien graves. Cet impôt existe en France, en Belgique et en Angleterre, et n'y occasionne pas d'inconvénients sensibles; c'est, en tout cas, le seul des nouveaux impôts qui prête le flanc à un reproche de ce genre.

La troisième condition que doit remplir l'impôt, celle de ne pas favoriser une classe aux dépens d'une autre, est évidemment remplie par les nouvelles taxes, qui ne protégent aucun producteur, et dont le profit appartient entièrement à l'État. Quelques journaux qui visent à la popularité disent qu'elles sont injustes, qu'elles ne frappent que les pauvres. Voyons leurs résultats réels pour chacune des classes de la population. Pour le journalier, l'homme qui travaille de ses bras, je ne sais lequel de ces impôts pourrait l'atteindre, excepté peut-être l'impôt sur les bâtiments.

Une voix a gauche. Et la contribution personnelle?

Cavour. Pardonnez-moi, le simple journalier dans l'industrie ou dans l'agriculture ne la paye pas; ceux qui la payent sont ceux qui exercent une profession, qui ont un petit capital soit en outils, soit en habileté acquise par l'apprentissage, capital immatériel si l'on veut, mais dont l'économie sociale veut qu'on tienne compte.

L'impôt sur les bâtiments retombe souvent sur le locataire : c'est lorsque les logements font défaut; là où ils abondent au contraire par rapport au chiffre de la population, c'est le propriétaire qui en subit l'effet. Admettons que le locataire en supporte toujours la moitié : ce sera, pour un logement de 60 fr. par an, 2 fr. 25 de charge annuelle. Mais voyons ce que le journalier a gagné depuis 1848. Il paye, depuis lors, le sel 25 centimes de moins le kilo; sa famille et lui, quatre personnes en tout, en moyenne, consomment environ 32 kilos de sel par an; c'est une économie de 8 fr. Le grain payait des droits considérables qui s'élevaient encore, en 1848, à 3 fr. l'hectolitre; les habitants de la rivière de Gênes, qui consomment du blé étranger, ont gagné toute la différence qui résulte de l'abolition des droits; par l'influence nécessaire du marché de Gênes sur le marché d'Alexandrie, et de ce dernier sur celui de Turin, la diminution de prix doit avoir été en Piémont d'à peu près 1 fr. 50. Or, l'ouvrier, dans les campagnes, consomme de 4 à 5 hectolitres de blé par an; pour la famille entière, c'est 16; ce qui revient à une épargne annuelle de 24 fr., et de 48 fr. dans la Ligurie. Dites encore que l'ouvrier n'a rien gagné !

Mais l'ouvrier ne se nourrit pas seulement, il s'habille; il faut qu'il achète son habit de futaine, sa chemise de toile, son pantalon, sa chaussure. Eh bien, le Parlement a de beaucoup diminué les droits sur les étoffes de coton et de laine; il a eu le courage de supprimer entièrement le droit sur les cuirs, objet de première importance pour la classe ouvrière; l'avantage qu'en ressent l'ouvrier ne peut être chiffré exactement, mais il est notable. L'ouvrier consomme surtout, il est vrai, des marchandises indigènes ; mais la réduction des tarifs a fait baisser ces marchandises, comme vous pouvez vous en assurer à l'exposition du Valentin[1].

L'ouvrier consomme aussi, et dans une proportion qui croît sans cesse, des denrées coloniales ; il y a très-peu de familles, même chez les paysans, qui ne prennent de temps à autre du café : encore un profit que vaut à l'ouvrier la réduction des droits.

Les salaires, d'autre part, ont augmenté, ce qui accroît son aisance. Je suis agriculteur, je parle à tous les agriculteurs qui sont ici : c'est un fait que le prix de la main-d'œuvre a augmenté, dans les provinces de Verceil, de Casal, de la Lomelline, de 25, de 30 même pour 100. Ainsi, d'un côté, l'ouvrier gagne davantage, et de l'autre ce qu'il achète lui coûte moins.

Notre système n'est donc point injuste envers la classe la plus nombreuse.

Passons aux commerçants. Ils supportent certainement l'impôt des bâtiments, celui des patentes et l'impôt personnel et mobilier. Mais notre impôt sur les patentes est bien moins lourd que celui qui est établi en France, en Angleterre, et il ne dépasse certes pas celui qui règne en Belgique. Les commerçants profitent d'ailleurs comme tout le monde de la baisse de prix du sel, du grain et surtout des produits étrangers, et la facilité des commu-

1. Exposition industrielle pour tous les produits des États sardes.

nications, le déploiement de l'activité générale ont augmenté leurs bénéfices.

Les armateurs maritimes ne payaient, avant 1831, aucun impôt direct, tandis qu'ils acquittent aujourd'hui un droit de patente de 40 centimes par tonneau ; mais les taxes sur la navigation ont été diminuées en 1850 dans une proportion qui surpasse de beaucoup celle de la taxe des patentes ; de plus, les constructeurs de vaisseaux payent actuellement le fer et les autres métaux à leur usage 25 et 30 pour 100 de moins qu'avant la réforme douanière. Je ne crois pas qu'on puisse nier de bonne foi que leur situation ne soit meilleure qu'avant 1848.

Examinons la position des industriels. Ils supportent de plus qu'avant 1848 : l'impôt des bâtiments, étendu avec justice aux manufactures, lesquelles doivent payer l'impôt comme tous les autres immeubles ; l'impôt personnel et mobilier ; l'impôt enfin des patentes, qui ne s'élève qu'à 2 pour 100 du produit net. — En revanche, outre les avantages dont ils jouissent comme consommateurs, ils sont dégrevés, comme producteurs, de tous les droits qui pesaient sur les matières premières.

La classe agricole est celle qui se plaint le plus. Aussi je vois les députés des villes siéger presque tous du côté le plus libéral de cette Chambre, tandis que les députés des colléges agricoles siégent principalement à droite. (On rit.) Et cependant, en fait de contribution directe, le trésor n'exige rien de plus qu'avant 1848. Notre pays, où l'agriculture est si florissante, où les fermages des terres excèdent le double des fermages anglais, ne paye que dix millions d'impôt foncier ; cela ne peut pas être écrasant pour l'agriculture. Il y a les centimes additionnels; mais le gouvernement n'y est pour rien, souvent même il s'y oppose; ce qui occasionne ces suppléments de taxes, c'est l'immense quantité des travaux en exécution depuis 1848, le développement de l'instruction populaire, les dépenses de luxe, peut-être, auxquelles les communes se livrent, étant libres de le faire. Quand on veut la liberté, il faut en vouloir les conséquences : la liberté consiste, pour la commune, dans le droit d'user et d'abuser de ses ressources. Je défie qu'on me présente un système de liberté communale qui prévienne et empêche toute dépense excessive.

Les agriculteurs n'ont-ils pas profité de la réforme douanière? n'achètent-ils pas à meilleur marché le sel et les instruments de travail? L'abolition des droits sur le fer a fait disparaître l'usage des charrues de bois. Avant 1848, on ne savait à qui s'adresser pour avoir dans notre pays une machine agricole quelconque; aujourd'hui vous pouvez faire construire sous vos yeux des machines de toute sorte, et les machines à battre le riz et le blé, par exemple, fabriquées chez nous, sont aussi bonnes et moins coûteuses que celles d'Angleterre et de France. Pensez-vous que le prix des instruments de production soit indifférent à l'agriculture?

Nous avons fait une réforme qui a coûté beaucoup au trésor; nous avons aboli le droit de sortie des soies gréges. Sans doute, avec cela, nous n'avons pas perdu de vue l'industrie manufacturière, puisque notre plan a toujours été de faire du Piémont un immense atelier où seraient travaillées toutes les soies d'Italie; mais nous voulions donner à l'agriculture le moyen de vendre ses produits au dedans et au dehors sans avoir à souffrir d'une protection accordée au producteur national. Le but a été atteint, car la fabrication des soies filées a fait des progrès énormes, dont l'agriculture a grandement gagné.

Si l'ouvrier, le commerçant, l'industriel, ont profité de l'amélioration des communications de toute espèce, de la construction des chemins de fer, de l'achèvement des réseaux provinciaux et communaux, c'est l'agriculture qui en a retiré les plus grands avantages[1]. Quand vous

1. M. de Cavour disait à ce propos, le 16 mai 1853, dans une discussion à propos des routes du comté de Nice :

« ... Si le ministère se montre si bien disposé envers ces sortes de dépenses, c'est précisément parce que nos finances sont en défaut. Nous y serions moins empressés si nous étions dans une situation normale. Le seul moyen de rétablir l'équilibre dans nos finances est d'accroître les forces productives du pays. Nous ne parviendrons jamais à l'équilibre par de simples économies. Il faut que la recette publique augmente, par conséquent que de nouveaux impôts soient établis et que les anciens deviennent plus productifs : pour cela, il faut des dépenses nouvelles, des dépenses productives. C'est ainsi que nous consacrons 1 ou 2 millions à l'amélioration des ports pour gagner 400 ou 500,000 fr. par an, 1 million peut-être, au surcroît d'activité qui en résultera pour le commerce extérieur. Nous fournirons 10 millions pour le percement du Luckmanier, mais nous augmenterons ainsi d'un tiers, peut-être de la moitié, le commerce de Gênes, et nous rendrons plus productifs l'exercice des chemins de fer de l'État, les taxes de navigation, de douanes, les droits quelconques enfin que le commerce paye directement ou indirectement à l'État. Nous avons consenti à garantir un rapport de 4 1/2 % au chemin de fer de Savoie, mais de cette manière nous ferons dépenser 40 ou 50 millions en Savoie, où l'on manque de capitaux; nous nous mettrons en relations plus faciles avec la France et l'Angleterre; nos riz payeront 400,000 fr. de moins chaque année pour être rendus sur le marché de Lyon; nos soies, au lieu de mettre huit jours pour arriver à Paris, s'y trouveront transportées en vingt-quatre heures; les soies de la Lomdiminuez les frais de transport d'une marchandise, ce n'est pas le négociant qui y gagne surtout; les frais de transport ne sont que l'un des éléments sur lesquels il établit le prix de vente; il se les fait rembourser par l'acheteur. L'épargne des frais de transport profite pour la plus grande part au producteur lui-même. Or les produits agricoles sont de tous les produits ceux sur lesquels la réduction des frais de transport exerce la plus heureuse influence.

L'économie causée par cette réduction équivaut pour nos agriculteurs à l'impôt direct qu'ils payent à l'État. Il est évident que le prix des céréales est déterminé par leur valeur sur les marchés principaux; ainsi, les prix du riz à Verceil sont déterminés par les prix de Turin, puisque c'est à Turin que l'exportation pour la France se fournit de riz de Verceil. Eh bien, avant que le chemin de fer existât, le transport d'un quintal de riz de Verceil à Turin coûtait en moyenne 2 fr. 50; le chemin de fer le transporte aujourd'hui pour 75 c.; c'est une économie de 1 fr. 75, et si l'on veut que le propriétaire n'en retire pas tout l'avantage, ce sera au moins pour lui un bénéfice de 1 fr. 20 ou 1 fr. 25 par quintal. Or un hectare bien cultivé produit dix quintaux de riz blanc; le profit est donc pour le propriétaire d'environ 12 fr. par hectare. L'impôt foncier ne s'élève certainement pas à ce chiffre dans la province de Verceil, qui est pourtant l'une des plus fortement taxées de l'État.

bardie et de la Romagne, qui passent par le Saint-Gothard, passeront par le mont Cenis; et vingt ou trente mille voyageurs de plus par an traverseront le Piémont et iront s'embarquer à Gênes. »

Les grains et les vins des cantons opulents du Monferrat, qui sont consommés pour la plus grande part à Gênes, à Turin et à Milan, profitent davantage encore des routes tracées et des chemins de fer construits. L'honorable député qui a parlé au nom des agriculteurs de cette contrée doit être lui-même un agriculteur habile, et il recueille sans doute 31 hectolitres de vin par hectare. Les voies de communication actuelles entre Nice-de-Monferrat et Alexandrie lui font gagner au moins 1 fr. 50 par hectolitre; c'est 45 fr. par hectare. Je le prie de me dire s'il paye 45 fr. d'impôt foncier par hectare. (On rit.)

Je pourrais passer en revue toutes les provinces de l'État et vous montrer que chacune a gagné autant, sinon davantage. Il ne faut pas penser seulement aux 1,000 kilomètres de chemin de fer que nous venons de construire; il faut tenir compte aussi des travaux immenses exécutés par les divisions, les provinces et les communes. En huit années, de 1850 à la fin de 1857, les divisions administratives ont dépensé dans tout l'État 16 millions et demi en ouvrages extraordinaires, sans compter les dépenses ordinaires d'entretien. Ce n'est rien encore auprès de ce qu'ont fait les communes, tant seules qu'aidées par les provinces ou par l'État. Je me suis assuré qu'il n'y a pas de localité dans le royaume qui n'ait vu sa condition améliorée par le perfectionnement du réseau des routes. Si nous étions dans une académie, je demanderais s'il est quelqu'un ici qui croie et qui puisse déclarer que son collége électoral n'a pas gagné beaucoup sous ce rapport depuis 1848. Les nouvelles charges qui pèsent sur l'agriculture sont donc bien compensées par les avantages obtenus.

Dieu me garde de faire l'éloge de l'impôt! le ministère ne se vante point d'avoir atteint la perfection dans ce genre; il reconnaît, au contraire, que son système est susceptible de rectifications et d'amendements. Je déclare même, au nom du ministre des finances[1], que des études seront faites sur les moyens de faire disparaître les inconvénients que l'expérience a révélés; mais nous ne croyons pas possible l'application des remèdes radicaux proposés par les préopinants.

Ces remèdes se peuvent réduire à trois : la réforme de l'impôt foncier, l'impôt sur la rente, et l'*incamération* des biens ecclésiastiques sur une large échelle. Je dirai quelques mots sur chacun d'eux.

Il est grandement à désirer que l'impôt foncier soit réformé; et il ne peut l'être raisonnablement que d'une seule manière, au moyen d'un cadastre régulier et précis. Plusieurs orateurs ont proposé un cadastre provisoire : loin de repousser l'idée, nous avons demandé qu'on l'appuyât d'un plan tracé, d'un projet en forme. Deux députés, fort experts en cette matière, ont présenté un projet de cadastre provisoire, mais il eût fallu sept ou huit ans et une douzaine de millions pour l'exécuter; cela devenait un cadastre définitif. Pour nous, ne trouvant aucun moyen de réaliser cette idée de cadastre provisoire, nous attendons qu'on veuille bien nous en indiquer un.

Pour ce qui est de l'impôt sur le revenu, en principe je

1. M. Lanza.

n'y suis point contraire. Si j'avais à établir l'impôt dans une colonie, dans un pays qui n'en connaîtrait aucun, je commencerais par celui-là ; et si j'étais en Angleterre, je serais avec cette minorité du Parlement qui veut qu'on rende permanent l'impôt sur le revenu, qui aujourd'hui n'est que transitoire. L'an dernier, l'un de nos écrivains de talent fit un travail où cette sorte d'impôt était examinée avec faveur[1] ; le ministère accepta la dédicace de l'ouvrage et en permit l'impression dans la *Gazette officielle*. C'était montrer clairement que le ministère ne craignait point de discuter sur ce sujet. Je vais plus loin : le ministère a fait ce qu'il a pu, dans les limites de ses droits, pour que l'auteur entrât dans cette Chambre et nous aidât ; mais les électeurs ne l'ont pas trouvé assez radical. Si nous ne l'avons pas ici, ce n'est pas ma faute.

Mais entrons sérieusement dans le fond de la question. Voulez-vous un impôt supplémentaire sur le revenu, un impôt qui s'ajoute aux autres sans tenir compte des diverses catégories de contribuables qui payent déjà de véritables contributions sur leurs revenus ? Je ne le pense pas ; ce ne serait pas juste. Si vous taxez ainsi un propriétaire de terres, il vous dira : « Mais l'impôt foncier que je paye est déjà un impôt sur mon revenu. » Si c'est un propriétaire de maisons, il dira : « Mais alors supprimez l'impôt sur les bâtiments, qui est positivement une taxe de 7 fr. 50 pour 100 sur mon revenu net. » Si vous vous adressez au commerçant, il répondra pareillement que l'impôt des patentes est un impôt sur

1. M. Broglio, aujourd'hui député.

son revenu présumé. Enfin nous avons déclaré sans détour que l'impôt mobilier est une taxe de plus sur le revenu; et dans la répartition, en prenant pour base la gradation des loyers, comme il était naturel, nous avons suivi une série progressive, en vertu de cette considération que le loyer, qui est un indice du revenu, ne croît pas cependant dans la même proportion que le revenu. La contribution personnelle et mobilière devrait donc être abolie aussi bien que l'impôt foncier, que l'impôt des bâtiments et que celui des patentes, au moment même où l'impôt sur le revenu serait institué.

Ces quatre sortes d'impôts rendent 24 millions et sont la base des contributions locales, soit des centimes additionnels, ce qui revient à dire que, pour les suppléer, il faudra que l'impôt sur le revenu rende à peu près 45 millions. Or, je ne crois pas qu'un impôt quelconque sur le revenu puisse nous rapporter 45 millions, employât-on pour le faire rentrer, au lieu des procédés bénins dont nous nous servons, la prison et la guillotine.

Je ne parle pas de la difficulté immense d'établir cet impôt dans un pays où la propriété territoriale est si divisée. Quelle est la grande difficulté du cadastre? C'est la constatation du rendement. Le mesurage des terrains est facile; c'est l'appréciation du revenu qui est embarrassante. Supposons que vous arriviez à constater exactement ce revenu par les déclarations des propriétaires : vous chargerez le petit propriétaire plus que le grand, car le premier retire un produit relativement beaucoup plus considérable de la terre qu'il surveille et cultive lui-même. Ce sera frapper le pauvre et épargner le riche.

Cependant, si quelqu'un est en état de rediger un projet qui établisse non pas les détails, car c'est l'affaire du ministère, mais les bases générales d'un impôt sur le revenu, et si une commission parlementaire trouve ce projet praticable, je répète que je ne lui serai pas contraire[1].

J'arrive à la question des biens ecclésiastiques. L'envisager au point de vue politique, c'est bien s'éloigner un peu de l'emprunt; mais peut-être la Chambre, après cinq jours de discussions de chiffres, ne sera-t-elle pas fâchée de s'occuper un instant de philosophie politique. — Je regarde le silence de la Chambre comme un assentiment, et je poursuis mon dire. (Oui! oui!)

Économiquement, l'incamération peut être approuvée ou combattue, elle a des avantages et des inconvénients. Effectuée avec mesure, elle a pour utilité économique de diminuer la *main-morte*. Aussi la loi qui a institué la caisse ecclésiastique et qui a eu pour effet l'aliénation

1. J'ai pensé, disait en 1851 le comte de Cavour, que, faute de moyens pratiques d'établir l'impôt sur le revenu, on pouvait arriver au même résultat en taxant une à une toutes les sources du revenu. C'est le seul moyen d'éviter les fraudes, les abus qui n'ont pu être évités jusqu'ici de ce genre d'impôts. Il n'existe pas de branche de revenus que nous n'ayons cherché à atteindre; et nous nous sommes passés des déclarations des contribuables. Les déclarations sont une bien mauvaise méthode pour asseoir l'impôt tant que la société ne se sera pas profondément améliorée. Un fait qui s'est produit en Angleterre m'a vivement frappé : l'impôt sur le revenu a été établi par Peel en 1842, je crois; depuis lors, le produit de toutes les taxes a augmenté, la richesse publique s'est donc accrue; seule la taxe sur le revenu est toujours demeurée stationnaire, ce qui indique que l'art d'éluder la loi est sans cesse en progrès, puisqu'on ne peut supposer que cette taxe ne croisse pas en produit comme les autres, en raison de l'accroissement de la richesse. »

des biens des couvents, a-t-elle servi les intérêts matériels du pays. La vente de ces biens, pourvu qu'elle procède lentement, pendant une longue période d'années, et avec grande modération, ne peut occasionner, selon moi, aucun inconvénient sérieux. Néanmoins, il ne faut pas exagérer les mauvais effets de la main-morte; car si les couvents sont en général des propriétaires peu intelligents, l'administration du reste du clergé n'est pas toujours la plus mauvaise qu'on puisse rencontrer chez nous; il existe même, à ma connaissance, dans la province de Verceil par exemple, des domaines ecclésiastiques qui sont des modèles de bonne agriculture.

Je le dis nettement : si je suis contraire à l'incamération, c'est par des raisons de haute politique. Je suis convaincu qu'elle aurait pour effet direct, au bout d'un temps plus ou moins long, ou de rendre le clergé servile, ou de l'isoler entièrement des intérêts matériels de la société et de le livrer au seul esprit de caste.

En ce qui concerne notre pays, quand bien même le gouvernement salarierait le clergé en se réservant de le priver de subsides dans le cas d'opposition de sa part, je ne pense pas qu'on arrivât à obtenir de lui une soumission entière au pouvoir civil. J'estime trop haut les ecclésiastiques nos compatriotes pour les croire capables de sacrifier leur indépendance, de préférer leurs intérêts à leurs devoirs. Mais supposons qu'on y réussît : aurait-on rendu en cela un service à la société, à la liberté? Loin de là; vous leur auriez fait le plus grand mal; vous auriez créé le pire des despotismes, le despotisme administratif. J'ai le malheur ou la bonne fortune, comme il vous plaira, d'être ministre dans un pays où règne à un certain degré la centralisation, où le gouvernement a des moyens d'action assez nombreux: eh bien, je vous déclare que si vous ajoutez à ces moyens celui dont nous parlons, vous donnerez au gouvernement un pouvoir menaçant pour la liberté. Il est difficile que l'homme qui a certains pouvoirs dans ses mains ne se laisse pas entraîner à en abuser. Mettez le clergé dans la dépendance du pouvoir civil, vous aurez vicié nos institutions dans leur essence, vous aurez jeté les fondements d'un redoutable despotisme administratif et religieux. (Approbation.)

Parmi les États qui sont arrivés à un certain degré de civilisation, ceux où le gouvernement est le plus défectueux sont ceux où le pouvoir civil et le pouvoir religieux sont réunis dans les mêmes mains. Si le régime auquel sont soumis les États romains est si mauvais, cela ne vient pas d'une autre cause. Là, c'est le prêtre qui commande à l'employé civil; si, dans un sens inverse, l'on établissait chez nous la dépendance du prêtre à l'égard du fonctionnaire, les résultats seraient tout aussi mauvais et peut-être pires[1].

Mais ce ne serait pas, je le répète, le danger le plus inévitable, le plus menacant pour le pays. Le résultat de l'expropriation me paraît devoir être au contraire

1. « Autant il est déplorable, disait dans une autre circonstance le comte de Cavour, d'avoir un clergé qui soit en possession de richesses xcessives, comme l'était jadis le clergé espagnol, autant, d'un autre côté, il est contraire aux véritables intérêts de la liberté d'avoir un clergé semblable au clergé russe, et dont les membres se soient abaissés jusqu'à n'être plus que des fonctionnaires du gouvernement. »

l'exaltation de l'esprit de caste, l'isolement complet du clergé, sa rupture définitive avec la société civile, et le resserrement des liens qui attachent l'ecclésiastique à la hiérarchie où il est incorporé.

Je parle ici au point de vue purement humain, et je laisse entièrement de côté la théologie. Si l'organisation du clergé catholique a un défaut, c'est l'insuffisance des liens existants entre lui et la société civile. Séparé de sa famille, impuissant à s'en former une nouvelle, le prêtre est isolé, et amené par conséquent à concentrer ses affections sur la caste dont il est membre. Si les prêtres sont propriétaires, leurs biens les relient à la société au milieu de laquelle ils vivent; c'est un élément d'union qui tend à neutraliser les tendances que l'organisation ecclésiastique leur imprime; ôtez-leur ces biens, ils se souviendront plus rarement qu'ils sont citoyens.

Mon opinion est confirmée par celle de l'homme de notre temps qui a peut-être le plus profondément étudié le développement des sociétés démocratiques, M. de Tocqueville. Je lis dans son son dernier ouvrage, *l'Ancien régime et la Révolution :*

« J'ose penser, contrairement à une opinion bien générale et fort solidement établie, que les peuples qui ôtent au clergé catholique toute participation quelconque à la propriété foncière et transforment tous les revenus en salaires, ne servent que les intérêts du saint-siége et ceux des princes temporels, et se privent eux-mêmes d'un très-grand élément de liberté.

« Un homme qui, pour la meilleure partie de lui-même, est soumis à une autorité étrangère, et qui dans le pays qu'il habite ne peut avoir de famille, n'est pour ainsi dire retenu au sol que par un seul lien solide, la propriété foncière. Tranchez ce lien, il n'appartient plus en particulier à aucun lieu. Dans celui où le hasard l'a fait naître, il vit en étranger au milieu d'une société civile dont presque aucun des intérêts ne peut le toucher directement. Pour sa conscience il ne dépend que du pape; pour sa substance, que du prince. Sa seule patrie est l'Église. Dans chaque événement politique il n'aperçoit guère que ce qui sert à celle-ci ou lui peut nuire. Pourvu qu'elle soit libre et prospère, qu'importe le reste? Sa condition la plus naturelle en politique est l'indifférence. Excellent membre de la cité chrétienne, médiocre citoyen partout ailleurs.

« De pareils sentiments et de semblables idées, dans un corps qui est le directeur de l'enfance et le guide des mœurs, ne peuvent manquer d'énerver l'âme de la nation tout entière en ce qui touche à la vie publique. »

Chenal (en français). A ce titre l'Espagne a dû jouir d'une grande liberté.

Cavour. A ces profondes pensées, à ces éloquentes paroles l'honorable Chenal oppose une observation historique. Je le suivrai donc sur ce terrain.

L'incamération s'est accomplie sur une immense échelle dans quelques pays d'Europe. En France, avant la révolution, le clergé était, si je ne me trompe, aussi riche que celui d'Espagne; il fut totalement dépouillé, et aucun débris ne lui resta de ses anciennes possessions. Qu'arriva-t-il? Je respecte beaucoup le clergé francais d'aujourd'hui, et je reconnaîtrai, si M. Chenal y tient, qu'il est plus moral et plus zélé que celui d'autrefois; mais personne ne niera qu'il ne soit beaucoup moins national, beaucoup moins libéral que ne l'était le clergé de l'ancien régime. (Marques d'assentiment.) Celui-ci était animé d'un esprit d'indépendance à l'égard de Rome, d'attachement pour certaines maximes nationales ; il avait des instincts de liberté. Des membres illustres du clergé français ont encouragé jadis les études classiques, et même les études philosophiques. C'est tout autre chose aujourd'hui ; tous les faits démontrent que le clergé de France est infiniment plus ultramontain que notre clergé national.

Plusieurs voix au centre. C'est vrai !

Cavour. Nous avons vu en effet, Messieurs, les membres de l'épiscopat français répudier à l'envi non-seulement les principes de l'ancienne Église nationale, mais jusqu'à des pratiques tout extérieures qui ne touchaient aucunement à la foi. Le clergé français, non content de renier les maximes de Bossuet, les canons et les libertés de l'Église gallicane, s'est emporté jusqu'à abolir dans plusieurs grandes villes une liturgie à laquelle, dit-on (car je ne suis pas juge en ces matières), l'on était fort attaché. (On rit.)

Et la Belgique? Elle aussi a incaméré les biens de son clergé; celui-ci en est-il devenu plus libéral? Je ne suis pas suspect d'avoir un penchant pour le parti ultra-clérical, dont les journaux ne pratiquent guère à mon égard la charité évangélique; cependant je déclare à la Chambre que notre presse cléricale, tout exagérée, toute vouée qu'elle est à la cour de Rome, est moins excessive et moins obséquieuse envers Rome que celle qu'inspirent les évêques de Bruges et de Gand.

On dira : Mais il y a un autre parti à prendre; laissons les fidèles payer leurs ministres. — Savez-vous ce qui s'ensuivrait? Un redoublement de zèle, de fanatisme, d'ultramontanisme. Ce système existe en Irlande; là, le clergé n'est point salarié; ses moyens d'existence consistent dans l'aumône et les souscriptions volontaires des fidèles. Ce clergé est moins libéral encore et plus fanatique que celui de France, et le rapport que j'ai établi entre la presse de Belgique et celle du Piémont, on le peut sans crainte appliquer à la presse des catholiques irlandais en regard des journaux des catholiques belges. Les feuilles irlandaises ont poussé les sentiments antinationaux, l'esprit de trahison jusqu'à faire l'éloge de Nana-Sahib et des Cipayes égorgeant dans les Indes les citoyens du Royaume-Uni.

Mais pour vous convaincre, Messieurs, que l'incamération est loin de rendre le clergé plus libéral ou moins influent, vous n'avez qu'à considérer ce qui s'est passé ici même. L'incamération a été décrétée chez nous au temps de la révolution française; dans plusieurs localités, notre clergé n'a presque plus de propriétés, et vit des subsides de l'État ou de petites pensions, je dirais presque d'aumônes. Ces provinces sont-elles celles où le clergé est le plus avancé, où il exerce le moins son action contre le gouvernement? Au contraire, c'est là qu'il emploie le plus de forces pour le triomphe d'opinions qui sont certes des plus conservatrices. (Hilarité aux centres et à gauche; murmures à droite.)

Je crois cette phrase tout à fait parlementaire. (Oui! oui!)

Je ne ferai pas ici une statistique de la Chambre; je vous dis seulement : Examinez les bancs de la droite, ceux du centre, ceux de la gauche; prenez les moyennes, et vous verrez que les représentants qui siégent à droite sont ceux des provinces où le clergé a perdu ses biens et se trouve le moins riche; et que, dans les provinces où il est opulent, il a moins d'influence, ou il ne se sert pas de celle qu'il a pour grossir les rangs des conservateurs extrêmes; parmi ces dernières, permettez que je vous cite, Messieurs, des localités qui me sont bien chères, celles qui s'étendent de la Doire au Tessin : tous les députés qu'elles nous ont envoyés, à l'exception de l'honorable marquis Tornielli, siégent au centre et à la gauche de la Chambre. (Hilarité.)

Je suis donc contraire à l'incamération, parce que les inconvénients politiques en surpasseraient les avantages économiques. Mais nous ne sommes point contraires à une répartition meilleure des biens du clergé; nous l'avons prouvé en instituant la caisse ecclésiastique, dont nous prenons l'engagement d'améliorer autant que possible la situation.

Je vous ai démontré, Messieurs, que les moyens extraordinaires qu'on nous propose seraient de mauvais remèdes à notre situation financière. Il me reste à examiner si nous pourrions réaliser des économies suffisantes moyennant une réforme radicale dans notre système d'administration intérieure, et à apprécier l'état réel des affaires du pays. (Plusieurs députés : A demain!)

Mais il est tard; puisque la Chambre paraît le désirer, je remets à demain la suite de ce que j'ai à dire.

2

Séance de la Chambre des députés du 20 mai 1858.

Une vaste réforme dans l'organisation intérieure du royaume pourrait-elle, tout en laissant intact notre régime constitutionnel, nous permettre de réaliser des économies importantes? Ce serait, selon moi, une grande illusion que de le croire.

En ce qui regarde l'administration centrale, après la suppression des agences générales [1] et la réunion de toutes leurs attributions dans les mains du ministère, je crois qu'on ne peut plus rien innover de considérable sans nuire au service.

Notre système de comptabilité est certainement le plus efficace et le plus économique qui existe en Europe; les dépenses sont contrôlées de telle sorte, la réalité des paiements est constatée si sûrement, que nous pourrions sans crainte présenter cette organisation comme un modèle, comme une simplification et un perfectionnement des systèmes français et belge.

Plusieurs projets de réforme ont été mis sur le tapis quant à l'organisation judiciaire; tous proposent des améliorations, mais aucun ne vise à dégrever le budget.

1. Les *aziende* étaient des directions générales qui dépendaient nominalement du ministère des finances, mais qui en étaient distinctes en réalité, ce qui compliquait la comptabilité.

Ainsi, je suis très-partisan du jury et des cours d'assises, mais je doute fort qu'il en résulte une économie.

A l'égard de notre armée, je ne nie pas la possibilité de quelques petites épargnes; mais je soutiens qu'on ne peut pas faire sur elle des économies sérieuses sans porter atteinte à sa force. Si vous comparez la force de notre armée et ce qu'elle nous coûte à ce que valent et ce que coûtent les armées étrangères, le résultat de votre calcul sera tout à fait à notre honneur. Mon honorable ami le ministre de la guerre m'a souvent donné de grands soucis en me proposant de nouvelles dépenses pour l'armée (on rit); mais pas une de ces dépenses n'a manqué d'accroître notre puissance militaire, et en les faisant, on n'a jamais négligé d'économiser sur chaque objet autant qu'on le pouvait sans nuire aux résultats, si bien que, de 1850 à 1857, le ministre de la guerre a toujours présenté, dans ses comptes définitifs, des résidus de fonds épargnés non-seulement sur les sommes votées à part et sur les crédits supplémentaires, mais même sur la somme totale primitivement fixée par le budget.

Les dépenses extraordinaires, pour ce département, approchent de leur terme; nous n'avons plus à construire des fabriques de poudre, des casernes dispendieuses, des fortifications comme celles de Casal et d'Alexandrie; mais je déclare franchement que si vous voulez conserver une armée régulière et solide, si vous ne voulez pas vous contenter d'un système de milices, il faut vous résigner à voir figurer au budget sur ce chef une somme à peu près égale à celle qui y a été portée jusqu'ici.

Reste l'administration intérieure des provinces, sur laquelle, je l'avoue sans difficulté, il est théoriquement admissible qu'on fasse de larges épargnes. Si nous avions à organiser le pays à nouveau, nous pourrions créer, comme en Belgique, six, sept, ou (par égard pour la topographie spéciale de notre pays) dix grands centres administratifs, et supprimer tous les autres; mais c'est une de ces réformes qui ne sont praticables qu'au lendemain d'un bouleversement, et qui sont incompatibles avec la tranquillité dont nous jouissons. Il est impossible de destituer, si je puis dire ainsi, les quatre cinquièmes des chefs-lieux de province; il est impossible surtout de songer à détruire l'élément provincial. Le ministère prend sans difficulté l'engagement de présenter dans la session prochaine une loi sur l'administration provinciale; mais il ne peut consentir à entreprendre des remaniements qui rencontreraient des obstacles et des difficultés insurmontables. On donnera une plus grande liberté aux communes et aux provinces, on rendra l'action administrative plus rapide; mais toutes ces améliorations, qui doivent laisser subsister l'élément provincial, ne pourront pas soulager beaucoup le trésor.

On me dira peut-être : vous n'avez donc pas de remède à indiquer? la mort économique est donc inévitable, comme l'ont prétendu quelques orateurs de la droite? — Je réponds que le mal n'est pas si grand, tant s'en faut.

Notre dette publique s'élève à 685 millions, et en y ajoutant l'emprunt que nous allons contracter, — nous ne l'éviterons pas, quoi que nous fassions, — à 724 ou 725 millions. C'est beaucoup, je ne le nie pas; pour

5 millions d'habitants; mais la dette belge était, le 1er mai 1857, de 695 millions, et la Belgique, plus riche que nous d'un côté, a de l'autre près de 700,000 habitants de moins. Je ne parle pas de l'Angleterre, qui doit 20 milliards. La Hollande, pays plus riche mais moins peuplé que le nôtre, a une dette de 2 milliards. Notre dette, comparée à celle des autres États européens, n'est donc pas hors de proportion avec notre richesse et notre population.

Est-il vrai que notre dette grandisse sans cesse par suite d'un déficit constaté dans le budget ordinaire de l'État? Non pas. En 1856, il est entré dans les caisses de l'État 142 millions, sans compter l'emprunt anglais, qui n'a été qu'une ressource extraordinaire. Les dépenses ordinaires et extraordinaires se sont élevées à 149,612,000 fr. : c'est un déficit de 7,612,000 fr.; les dépenses extraordinaires ont été considérables cette année-là; de plus, remarquez, Messieurs, qu'il ne faudrait point comprendre dans le déficit le fonds d'extinction non employé. Il est excellent de consacrer des fonds à éteindre la dette; mais ce n'est pas marcher à sa ruine que de s'abstenir de le faire, autrement l'Angleterre serait ruinée depuis longtemps, elle qui dès 1818 ou 1819 a fait disparaître les fonds d'extinction de ses budgets.

En réalité, nos dépenses ordinaires sont soldées par nos rentrées ordinaires, et puisque la différence apparente ne consiste que dans la part que nous consacrons à l'extinction, je ne vois pas que notre situation soit mauvaise. En 1855, il en avait été de même; dans les comptes définitifs de 1857, il n'en sera pas autrement.

Le déficit dans le budget des recettes et des dépenses ordinaires étant inférieur au fonds d'extinction, il n'y a pas lieu de s'inquiéter, bien que j'admette que le Parlement a raison de prémunir le ministère contre des dépenses nouvelles.

Pour faire ici un examen de conscience complet, je ne disconviendrai pas que le ministre des finances de Sa Majesté n'ait été parfois trop porté à seconder des entreprises grandioses ; mais toutes ces entreprises, Messieurs, ont un caractère de très-grande utilité ; le ministère ne s'est prêté à aucune dépense improductive, excepté celles du département de la guerre, lesquelles, au fond, sont elles-mêmes productives, non pas économiquement, mais politiquement. Nous n'avons jamais consenti aux dépenses qui nous ont paru improductives. On nous l'a même reproché souvent; le député Valerio nous rendait encore récemment responsables du danger qui menace les tableaux de notre magnifique galerie dans le local si défavorable où ils se trouvent. Nous ne vous avons pas proposé d'élever des palais, des monuments, d'orner les villes du royaume; notre tâche a été d'écarter toute dépense qui n'était pas urgente et productive.

Mais puisqu'on invite le ministère à plus d'économie encore, qu'on me permette de prier à mon tour je ne dis pas la Chambre dans son ensemble, mais les députés en particulier, ceux surtout que nous envoient certaines parties de l'État, d'être eux-mêmes plus réservés dans les propositions, les demandes de dépenses nouvelles sur lesquelles ils ont coutume d'insister auprès du ministère. Nous serons plus énergiques dans notre résistance aux velléités de dépense; qu'ils mettent aussi plus de modération dans leurs propositions, et nous arriverons à l'équilibre.

Je compte, bien entendu, sur les progrès de la richesse nationale, qui ont été si sensibles de 1850 à 1856 et qui ne peuvent manquer de continuer dans l'avenir. Les députés de la droite répètent à l'envi : — l'émigration croît chaque jour, la valeur des terres diminue, les catastrophes commerciales se succèdent sans relâche sur nos places principales, et les contributions indirectes rendent de moins en moins : ce sont des preuves que, loin de progresser, nous sommes en décadence complète. — Ces objections doivent être réfutées.

L'émigration, considérée en général, n'est pas toujours un signe d'appauvrissement pour un pays. Les peuples les plus industrieux du monde sont ceux qui fournissent à l'émigration le tribut le plus large. Qui a peuplé l'Amérique septentrionale? La nation la plus riche de l'Europe, la nation anglaise.

Une voix a gauche. Ce sont les Irlandais.

Cavour. C'est la race anglo-saxonne. Les statistiques anglaises portent le chiffre des émigrants à 300,000 par an. Est-ce que l'Angleterre s'appauvrit pour cela? En Amérique même, c'est-à-dire dans le pays le plus riche du monde, une émigration nombreuse s'opère chaque année des anciens États vers les nouveaux, vers les régions de l'extrême ouest.

Je vais plus loin. S'il est vrai que l'on doive éviter de favoriser l'émigration comme les comtés et les paroisses ont eu le tort, à mon avis, de faire en Angleterre, il est vrai, d'autre part, que l'émigration est avantageuse pour ceux qui restent aussi bien que pour ceux qui s'en vont; car la situation des classes ouvrières dépend du rapport qui existe entre la masse des capitaux qui mettent en mouvement le travail et la quantité des bras qui s'offrent à travailler; et l'émigration, en diminuant le nombre des bras sans diminuer le capital industriel, favorise les ouvriers qui restent, comme il est précisément arrivé en Angleterre pendant ces vingt dernières années. La condition des classes ouvrières s'y est grandement améliorée par cette cause.

Une émigration particulière a été occasionnée chez nous par la maladie de la vigne, qui a détruit le principal, presque l'unique revenu de bien des localités, surtout de la Ligurie. Mais l'émigration causée par le fléau a été, en somme, un remède aux effets du fléau lui-même. Je ne nie pas d'ailleurs que si les finances ont fait des recettes plus considérables sur les importations qui en sont résultées, en définitive les ressources du trésor, qui sont une partie des ressources du pays, ont souffert. C'est l'effet tout spécial du fléau qui nous a frappés.

L'émigration n'est donc pas en elle-même un signe d'appauvrissement. J'ajoute que la baisse de prix des terres n'en est pas un non plus. Il y a deux causes de diminution pour le prix de la terre : l'une est constante, l'autre est momentanee.

Il est certain, en premier lieu, que dans un pays où il existe peu ou point d'industrie, où les classes éclairées n'ont pas l'habitude de s'adonner au commerce ou à la spéculation, les immeubles acquièrent une grande valeur, parce qu'ils deviennent le seul placement possible des fonds disponibles, des épargnes amassées. Chez nous, avant 1848, l'industrie était bien moins développée qu'aujourd'hui ; un bien plus petit nombre de personnes des classes élevées se consacrait à l'industrie et au commerce ; il est même avéré que lorsqu'un commerçant ou un industriel, en Piémont, avait amassé quelques capitaux, il en consacrait au moins une partie à acheter des terres, estimant que par cette transformation de commerçant en propriétaire, il s'élevait d'un degré dans l'échelle sociale. (C'est vrai!) Il est naturel que dans de telles circonstances le prix des immeubles soit élevé par rapport aux autres valeurs. Mais il n'en est plus ainsi. Il n'est plus personne qui s'imagine que le proprietaire soit au-dessus du commerçant, que la ferme soit quelque chose de plus noble que la manufacture. Le même changement s'est opéré en Angleterre, où, chose remarquable, les capitaux placés en rentes sur l'État ne rendent que trois ou trois et un quart pour cent, tandis que les immeubles rendent le quatre et le quatre et demi; il n'en était pas ainsi il y a cinquante ans.

Voilà la raison constante de la diminution du prix des terres. Une autre cause, celle-là transitoire, en est la crise commerciale, qui a élevé l'intérêt des capitaux et fait baisser la valeur des terres; car le taux de l'intérêt et la valeur de la terre sont toujours en raison inverse. Cette crise a occasionné des désastres commerciaux sur nos places; mais les autres places d'Europe et celles d'Amérique ont souffert plus que nous; et si l'on considère toutes les épreuves que notre pays a subies depuis 1848, l'on pourra à bon droit s'étonner que les catastrophes n'aient pas été plus grandes. En en recherchant ici les origines, qui sont les mêmes que celles de la diminution des produits de l'impôt indirect, je prouverai que ni les désastres commerciaux ni la diminution des recettes indirectes ne sont, dans les circonstances où nous sommes, des signes de décadence économique.

L'un et l'autre de ces deux ordres de faits a eu des causes particulières à notre pays et d'autres causes communes à l'Europe entière.

L'an dernier, Messieurs, l'une de nos principales récoltes, celle des vers à soie, a été presque entièrement détruite par une maladie mystérieuse. Une classe très-nombreuse de citoyens a été privée ainsi d'une partie de son revenu : première cause de diminution pour la perception indirecte. Les effets de la perte de cette récolte ont été d'autant plus cruels que la vente des cocons est celle qui fournit principalement aux agriculteurs l'argent sonnant avec lequel ils payent leurs dettes et font leurs achats. Dans plusieurs provinces, c'est le seul produit qui fasse entrer de l'argent monnayé dans la poche du paysan. De plus, il arriva que la récolte précédente n'ayant pas été très-abondante, les cocons montèrent à un prix exorbitant : on les payait jusqu'à 100 et 110 fr. le myriagramme. Nos industriels, par une conséquence du libre échange, avaient agrandi leurs ateliers, créé des filatures ou établi des machines nouvelles; pour faire fonctionner tout cela, ils avaient acheté toute la récolte du Piémont, une partie de celle du reste de l'Italie, et fait des acquisitions jusqu'en Chine. Les résultats ne furent pas heureux : il arriva naturellement que la soie ayant beaucoup augmenté de prix, la consommation diminua, et cela d'autant plus que cet objet n'était pas de première nécessité. Cette diminution de consommation fit baisser le prix des soieries. Là-dessus vint la crise américaine, qui poussa cette baisse à un tel point que l'organsin, par exemple, qui coûtait au négociant 130 ou 135 fr. le kilo, tomba à 80 fr., et que les filatures perdirent 40, 45 et jusqu'à 50 fr. par kilo, somme égale au prix total de la soie dans les temps ordinaires. Je ne crois pas exagérer en évaluant à 20 millions la perte totale qui en résulta pour notre commerce de soies.

Cette perte si considérable n'a causé que quelques faillites en petit nombre; c'est une preuve que notre commerce est solide et sérieux. Mais elle a diminué les recettes ordinaires du trésor; un pays ne subit pas une perte de 20 millions sans que le mouvement des entreprises et l'activité des transactions s'en ressentent.

Le commerce extérieur a souffert également. La Chambre se souvient que l'esprit de spéculation, poussé à l'extrême pendant ces dernières années, avait fait monter très-haut les prix des marchandises étrangères, telles que les denrées coloniales, les laines, les cotons, les cuirs, etc. Les négociants de Gênes, comme à l'ordinaire, en étaient abondamment pourvus. Mais comme toutes les marchandises ne peuvent pas augmenter de prix d'une manière permanente sans que la valeur de l'argent diminue, il arriva que, par une réaction naturelle, les marchandises en question se mirent à baisser de prix; dans le premier semestre de 1857, le prix de toutes ces denrées avait été de 40 ou 50 0/0 au-dessus de la moyenne des dix années précédentes : il s'opéra, dans les derniers mois de la même année, une baisse de plus de 30 0/0, si bien que je doute qu'il existe à Gênes une seule maison faisant le commerce d'importation qui ait pu clore l'année dernière ses comptes sans déficit.

Mais ces événements et les pertes qui en ont été la suite sont entièrement accidentels. La récolte des soies promet d'être meilleure cette année, et notre industrie en tout cas ne retombera pas dans les fautes qu'elle a commises l'année dernière. A l'égard du commerce étranger, la baisse de prix que nous avons vue se réaliser nous garantit contre une baisse ultérieure. Nous avons donc l'assurance que le mal ne se renouvellera pas, tandis que la réduction de prix des denrées étrangères, ainsi que des denrées indigènes de première nécessité, augmentera la consommation des marchandises du dehors et accroîtra le chiffre des recettes indirectes de l'État.

Mes honorables adversaires n'ont donc pas le droit de représenter notre situation comme désastreuse, ou notre système comme ruineux, loin d'avoir causé ou aggravé les épreuves exceptionnelles que nous avons subies, il en a atténué les effets. — Je viens de montrer que les allégations avancées contre nous sont peu exactes; je puis indiquer quelques considérations plus positives encore dans le même sens.

Le dernier recensement donne une augmentation de population de 250,000 âmes de 1848 à 1857. Ce n'est pas considérable; mais ces dix années ont été un temps de révolution, de guerres et d'épidémies. L'augmentation en France, pendant le même temps, a été beaucoup moindre.

Ce surcroît de population n'ayant pas fait baisser le prix des salaires, qui au contraire s'est accru, il est clair que le capital social a augmenté.

Il est d'autres faits qui prouvent quelles améliorations se sont réalisées dans le sort des classes ouvrières. Nous avons des caisses d'épargnes, pas encore en nombre suffisant, mais quelques-unes fort puissantes. Les dépôts s'y font dans une proportion sans cesse croissante. La caisse d'épargnes de Turin, par exemple, comptait, à la fin de l'année dernière, 587 déposants et 217,000 fr. de dépôts de plus qu'au 1er janvier.

Pour vous faire toucher du doigt, Messieurs, les progrès de notre industrie, tant agricole que manufacturière, je n'aurais qu'à vous montrer l'exposition du château du Valentin. Tous ceux qui se souviennent de l'exposition de 1850 doivent être frappés du chemin que nous avons fait dans ces huit années. Le nombre des exposants a triplé; le mérite et le bon marché des produits exposés se sont accrus d'une manière réellement extraordinaire, et bien faite pour confondre les détracteurs de notre système économique. Là est la preuve que notre industrie n'a rien à craindre de la liberté du commerce.

En somme, nous avons lieu de soutenir que les finances et l'économie publique n'ont point souffert, il s'en faut, de notre administration. Nos adversaires affirment le contraire. C'est à la Chambre de prononcer ; mais, dans tous les cas, elle ne peut se dispenser de voter l'emprunt, dont la nécessité a été démontrée par nos adversaires plus fortement encore que par nous-mêmes. (On rit.) Ce qu'elle peut faire, c'est de remplacer par d'autres les ministres qui ont créé cet état de choses, si elle le croit aussi funeste qu'on a voulu le représenter.

Il me reste, pour finir, à parler un peu politique. Il faut que la Chambre soit bien au courant de nos intentions. Ces intentions, j'ai eu l'occasion naguère, dans une circonstance solennelle, de les expliquer clairement. Le ministère suit et doit suivre, à notre sens, une politique ouvertement nationale dans les affaires du dehors, une politique libérale et réformatrice à l'intérieur. Je sais que quelques députés, sans être inquiets sur notre politique extérieure, se défient de notre libéralisme et de nos projets de réforme. C'est une grande erreur, Messieurs, une erreur réfutée par toute notre conduite jusqu'ici, une erreur qui, du reste, suppose l'impossible. En effet, dans ma conviction absolue, il est impossible au gouvernement d'avoir une politique nationale, italienne, en face de l'étranger, sans être, à l'intérieur, libéral et réformateur. (Bien!) De même, il nous serait impossible d'être libéraux au dedans sans être nationaux et Italiens dans nos rapports extérieurs. Si donc vous reconnaissez que nos relations étrangères sont conduites dans un esprit de nationalité, vous devez, à moins de nous supposer privés de sens commun, nous croire des libéraux et des réformateurs sincères. (Très-bien!) Il ne peut pas y avoir de doute là-dessus.

Si nous sommes encore sur ce banc pendant les sessions prochaines, nous continuerons à pratiquer la liberté et à développer les réformes, — comment, et avec quelle rapidité, c'est ce que les événements seuls décideront. — Les hommes qui siégent au pouvoir ont beau y être depuis longtemps, ils n'ont perdu ni l'amour de la liberté, ni le désir du progrès. Seulement ils sont en position de voir de plus près les obstacles, de mieux constater les périls d'une marche trop pressée qui pourrait exposer les résultats déjà obtenus.

Hors de la sphère politique, Messieurs, nous voulons administrer le pays sans esprit de parti, avec une égale sollicitude pour toutes les provinces, pour tous les individus, à quelques impulsions politiques qu'ils obéissent. C'est ainsi que nous avons donné des chemins de fer à la Savoie, qui ne nous envoie à peu près que des députés de l'opposition, de même que nous tâcherons de donner un chemin de fer à la province de Savone, dont les députés nous sont sympathiques.

Quant aux relations personnelles, nous chercherons à utiliser, abstraction faite de la politique, tous les talents qui peuvent être utiles à la patrie. Ceci est une vieille habitude chez le ministère. Je l'ai inaugurée moi-même en 1851, lorsqu'il fallut contracter un emprunt. Le comte de Revel était au nombre des adversaires les plus décidés de mon système économique : je n'hésitai pas à faire appel à son patriotisme, le priant d'aller réaliser l'emprunt en Angleterre. J'eus lieu de m'en féliciter ; le comte de Revel accepta et s'acquitta de sa mission de la manière la plus satisfaisante pour le ministère et la plus avantageuse pour le pays. Cela n'eut aucune conséquence politique, car il revint d'Angleterre aussi contraire à nos idées, pour le moins, qu'il l'avait été auparavant. (On rit.) De même, dans une circonstance récente, ayant à faire représenter le pays dans un congrès scientifique occupé de l'une des questions techniques les plus difficiles qui se puissent présenter, je choisis, d'après le vœu public et l'avis d'un maître, de notre collègue Paleocapa, le colonel Menabrea; et je suis assuré que le pays aura lieu de s'applaudir de ce choix. De même encore, si nous avions demain une grave question de chemins de fer à résoudre, je m'adresserais certainement à l'honorable président actuel de cette Chambre, qui a montré tant d'habileté dans ces matières[1]. (On rit.)

Nous ne craignons pas qu'on nous accuse pour cela d'illibéralisme; au contraire, cette manière d'agir est celle que suggère le respect de la liberté. Ce serait une triste chose que le régime constitutionnel pût avoir pour effet de rendre inutiles les talents et l'activité d'une partie de nos concitoyens.

Nous avons foi dans le patriotisme de nos adversaires autant que dans celui de nos amis; nous nous adressons aux uns et aux autres, sans préférences politiques. lorsque l'intérêt public le demande, parce que nous savons que, de leur côté, quand il s'agit du bien du pays, l'amour du pays est leur seul guide.

Je finirais ici mon discours, si un député n'avait lancé hier au ministère, dans un discours remarquable et modéré du reste, un trait empoisonné qui l'a frappé au vif. L'honorable Antonio Costa a dit que les espérances que nous donnons à l'Italie dans nos actes les plus solen-

1. M. Depretis.

nels peuvent n'être qu'une dérision, un moyen de gouverner avec plus de facilité. Ainsi, nos professions de foi nationales ne seraient qu'un artifice politique. Il n'est pas d'accusation, Messieurs, qui puisse nous être plus douloureuse. Je pourrais, pour la repousser, rappeler tous les actes de notre vie publique; je pourrais invoquer le témoignage de la presse européenne tout entière; mais je ne veux parler que de celui que nous rendent les journaux officiels publiés au delà du Tessin, à Vérone, à Vienne. Que la Chambre voie comment ce journalisme juge la politique du ministère piémontais; qu'elle observe les sentiments que nous excitons en lui, et qu'elle décide ensuite de la valeur de l'allégation qu'on nous jette.

Non, Messieurs, en présence du ressentiment profond que notre manière d'agir inspire à Vérone et à Vienne, en présence des colères que nous soulevons, j'ai la confiance que quiconque ici tient pour la politique nationale se gardera d'émettre un vote qui serait interprété contre le pays, un vote auquel applaudiraient ceux qui ne comptent, j'en suis certain, pas un ami, pas un partisan dans cette Assemblée italienne. (Applaudissements.)

XIII

SUR UN EMPRUNT DE 50 MILLIONS CONTRACTÉ EN PRÉVISION DE LA GUERRE.

Le 1er janvier 1859, l'empereur Napoléon III, s'adressant au baron de Hubner, lui dit : « Je regrette beaucoup que nos relations avec votre gouvernement ne soient pas aussi bonnes que par le passé ; mais je vous prie de dire à l'Empereur que mes sentiments personnels pour lui sont toujours les mêmes. » Un journal anglais rapportait que ces mots avaient été prononcés de manière à rappeler les paroles jetées par l'empereur Napoléon Ier à lord Withworth lors de la rupture de la paix d'Amiens. Les bruits de guerre, en dépit d'une note du *Moniteur* qui les démentait, s'accréditèrent rapidement, et les grandes maisons de banque en Europe prirent désormais pour base de leurs calculs l'éventualité d'un conflit prochain. Que s'était-il donc passé de si grave entre les cabinets de Paris et de Vienne? Voici en peu de mots ce qu'il est permis de penser actuellement à ce sujet.

La divergence de vues que le comte de Cavour avait remarquée entre la France et l'Autriche lors du congrès de Paris avait été entretenue avec bonheur par les événements, et utilisée avec habileté par le comte de Cavour. Ce désaccord avait fini par s'étendre à tous les points les plus importants de la politique européenne. Sur chacune des questions dont s'occupait activement la diplomatie, les cabinets français et autrichien se trouvaient en complet antagonisme. En Servie, dans les principautés danubiennes, dans le Monténégro, dans les négociations pour la navigation du Danube, il y avait entre l'influence de l'Autriche et celle de la France une opposition sourde, mais invariable. Pour ce qui avait trait à l'Italie, le contraste n'était même plus dissimulé. La presse française, et spécialement celle qui passait pour recevoir des inspirations semi-officielles, prenait ouvertement le parti du Piémont et des populations italiennes contre l'Autriche. Les réclamations répétées que le baron de Hubner crut devoir faire à ce sujet auprès du gouvernement français n'aboutirent à aucun résultat positif : les organes de la publicité française mirent une vivacité croissante à agiter les questions italiennes, et à les trancher contre l'Autriche.

En rompant ses relations diplomatiques avec le Piémont, l'Autriche l'avait en quelque sorte désigné elle-même aux populations de la Péninsule comme le défenseur de la liberté et de l'indépendance de la nation. Le rappel du comte Paar servit puissamment la politique du comte de Cavour auprès des Italiens. L'éventualité d'une guerre entre le Piémont et l'Autriche cessa d'être pour eux une hypothèse, une espérance lointaine, et devint le but du grand parti national, organisé déjà dans les diverses provinces par une société active et habilement dirigée, qui avait remplacé plus qu'avantageusement les sectes vieillies du mazzinisme. Le président du conseil avait pris ses précautions d'un autre côté. Dans un voyage qu'il fit pendant l'automne de 1858 à Plombières, il eut l'occasion de se convaincre plus fermement que jamais que la France n'abandonnerait pas le Piémont dans le cas d'une guerre provoquée par l'Autriche.

Pendant ce temps, les démonstrations contre l'Autriche se multipliaient dans la Lombardie et dans la Vénétie. C'était en vain que l'archiduc Maximilien avait fait apprécier ses qualités aimables, et qu'il avait même laissé entrevoir la possibilité d'obtenir un gouvernement séparé pour les provinces lombardo-vénitiennes. Pour accroître les embarras financiers de l'Autriche, les Milanais s'abstenaient de fumer : tous les cafés et les théâtres se vidaient instantanément aussitôt qu'apparaissait un uniforme autrichien : sortes de conspirations qui, par la petitesse même de leur objet, indiquaient la profondeur du sentiment qui les inspirait, car il est plus facile de rencontrer le patriotisme aux heures de bataille ou d'insurrection que dans la vie ordinaire de tous les jours. On fut obligé de fermer les universités de Pavie et de Padoue, d'entourer d'une grille les guérites des factionnaires pour les protéger; tout était pour l'Autriche haine et menace. Hésitant entre les moyens de conciliation que proposait l'archiduc Maximilien et la rigueur que voulait déployer l'autorité militaire, le gouvernement autrichien fut tour à tour faible et sanguinaire, toujours tyrannique et détesté. Cent trois employés des chemins de fer, étant Italiens, furent destitués d'un coup; le télégraphe électrique ne fut plus desservi que par des Autrichiens. Les opérations de la conscription se faisaient si mal en Lombardie, qu'un cordon militaire fut placé sur toute la ligne de frontière pour empêcher les jeunes gens de se rendre en Piémont. Ces précautions augmentèrent aussitôt après les paroles adressées par l'empereur au baron de Hubner, et prirent, dès ce moment, un caractère agressif contre le Piémont. On accrut à la hâte les fortifications de Plaisance, on renforça Pavie, on envoya des troupes à Côme, à Bergame, etc.

Tel était l'état des choses lorsque le roi Victor-Emmanuel ouvrit le Parlement, le 10 janvier 1859. La partie politique de son discours fut surtout reçue avec des applaudissements enthousiastes dans toute l'Italie, où il se répandit par milliers de copies. Le Roi avait dit :

« L'horizon autour de nous n'est pas entièrement serein :

cependant vous vous adonnerez avec votre activité habituelle aux travaux parlementaires.

« Encouragés par l'expérience du passé, affrontons résolûment les éventualités de l'avenir.

« Cet avenir sera heureux, car notre politique est fondée sur la justice, sur l'amour de la liberté et de la patrie.

« Notre pays, petit par son territoire, est devenu influent en Europe, parce qu'il est grand par les idées qu'il représente, par les sympathies qu'il inspire.

« Cette situation n'est pas sans dangers, car tout en respectant les traités, nous ne sommes pas insensibles au cri de douleur qui s'élève vers nous de tant de parties de l'Italie.

« Forts par notre concorde, confiants dans notre bon droit, nous attendrons avec une prudente énergie les décrets de la Providence divine.»

Bientôt les événements se développèrent avec rapidité. Le 13 janvier, le journal officiel de Turin annonçait qu'en considération des préparatifs militaires de l'Autriche, le gouvernement, sans ordonner le rappel des contingents, s'était vu obligé de retirer de la Savoie les régiments qui y étaient en garnison, pour les rapprocher des frontières autrichiennes. Le même journal publiait en même temps deux articles où étaient résumés avec calme les griefs de la France et de la Sardaigne contre l'Autriche dans la question de la navigation du Danube.

Le 17 janvier, le prince Napoléon arrivait à Turin; le 23, le général Niel et le prince de Latour d'Auvergne demandaient officiellement au Roi, pour le prince, la main de la princesse Marie-Clotilde de Savoie. La cérémonie nuptiale fut célébrée le 30 janvier; la population piémontaise accueillit avec de grandes démonstrations cet heureux événement.

La Chambre cependant discutait et votait à une forte majorité un projet de loi pour la mobilisation des gardes nationales; puis le projet de l'emprunt de 50 millions, destiné à mettre le pays en état complet de défense, lui était présenté. Tandis qu'elle l'examinait dans ses bureaux, la brochure *Napoléon III et l'Italie* venait avertir l'Europe, et l'empereur lui-même, dans son discours d'ouverture de la session législative, prononçait cette parole sôlennelle, que l'intérêt de la France est partout où la cause de la justice et de la civilisation est engagée. Aux yeux de tout le monde la guerre était imminente. Tout se réunissait donc pour démontrer l'opportunité d'un emprunt, et la commission nommée par la Chambre, dans son examen préalable du projet, délibéra à l'unanimité dans ce sens. Le projet de loi cependant ne fut pas voté sans discussion.

L'extrême droite laissa voir dans le débat son vieux penchant pour l'Autriche. M. Solaro della Margarita déclara que c'était le Piémont qui provoquait l'Autriche par son système de politique révolutionnaire. Le comte de Camburzano dit que le pays était incapable de résister à l'Autriche, et qu'on ne pouvait se fier à l'alliance française. M. Costa de Beauregard soutint que la Savoie verrait de mauvais œil une guerre pour la cause italienne, et M. Deviry, poussant l'opposition jusqu'à la violence, affirma que la Savoie se séparerait du Piémont plutôt que de le suivre.

M. Mamiani répondit à M. Solaro della Margarita avec cette beauté de parole dont l'influence est réelle dans les occasions suprêmes; M. Brofferio prit, cette fois, la défense du ministère contre M. de Camburzano. M. de Revel enfin, se séparant de ses amis de la droite, déclara qu'il voterait l'emprunt, le croyant nécessaire pour la défense du pays et pour la sauvegarde de la dignité nationale.

La loi fut votée le même jour à la Chambre des députés, par 116 voix contre 35. Elle fut adoptée au Sénat, malgré l'opposition de MM. Brignole, Audifredi et Gallina, à la majorité de 59 voix contre 7, dans la séance du 17 février.

Ajoutons que par une circulaire aux légations de Sardaigne, du 4 février, et par une note du 17 mars, adressée à notre ministre à Londres, le comte de Cavour expliqua la portée exclusivement défensive des mesures financières et militaires prises par le Piémont. Ces deux dépêches ont été publiées.

Séance de la Chambre des députés du 9 février 1859.

Messieurs, les honorables orateurs qui ont combattu ce projet de loi, si favorablement accueilli dans les bureaux de la Chambre, ont voulu démontrer qu'il est la conséquence d'une politique hasardeuse, provocatrice, et faite pour attirer les fléaux de la guerre sur le pays et peut-être sur l'Europe entière. L'un d'eux a été jusqu'à représenter cette politique comme personnelle au président du conseil, comme suggérée par le besoin pressant de sortir de certains embarras où le ministère serait plongé.

Pour me justifier, pour justifier le gouvernement d'accusations aussi graves, il n'est pas besoin que je répète ce que je disais devant vous, l'année dernière, de la ligne de conduite suivie par le gouvernement du Roi depuis 1849; je ne veux pas abuser de votre attention, et il suffit que je m'en rapporte au souvenir que vous en aurez gardé peut-être. Permettez-moi seulement, Messieurs, de vous rappeler que notre politique fut toujours conséquente avec elle-même, depuis le jour où notre généreux souverain recueillit l'héritage de son père sur le champ de bataille de Novare, jusqu'à celui où il prononça, il y a un mois, les paroles impérissables qui firent battre le cœur de tous les Italiens et réveillèrent l'Europe.

Notre politique, Messieurs, n'a jamais été ni provocatrice ni révolutionnaire; mais elle a toujours été libérale, nationale, italienne. Ni à présent, ni dans le passé, nous ne nous sommes crus en droit de provoquer une guerre; mais nous avons toujours mis au premier rang de nos devoirs non-seulement le développement à l'intérieur des principes de liberté et de nationalité, mais encore la représentation, en face de l'Europe, des besoins, des douleurs et des espérances de l'Italie. Vifs applaudissements.)

Ce programme, nous l'avons toujours énoncé à haute voix dans le Parlement, et jusque dans les conseils diplomatiques. Là même notre politique n'a point été regardée comme aventureuse, comme provocatrice; les hommes d'État les plus graves, ceux dont l'honorable comte della Margarita serait le moins disposé à mettre en doute l'autorité, nous ont approuvés aussi explicitement qu'il était possible. Je me bornerai, Messieurs, à vous rappeler ce qu'ont dit au congrès de Paris les représentants des puissances occidentales. Plus diplomatiques dans la forme, leurs paroles n'etaient pas moins énergiques au fond que celles que nos plus ardents orateurs ont prononcees ici sur le même sujet.

Après le congrès, notre politique n'a pas changé; elle ne s'est point faite agressive. J'ose défier mes honorables adversaires de citer un seul acte de provocation de notre part. Nous avons jugé nécessaire, il est vrai, après le congrès, de pourvoir activement à la defense de l'État, et nous avons construit les fortifications d'Alexandrie; mais nous y étions déterminés par la certitude acquise à Paris que la question italienne ne pourrait être résolue par des moyens pacifiques ; et en agissant en conséquence, nous ne sommes point sortis de la légalité et n'avons provoqué personne.

Nos rapports diplomatiques avec l'Autriche furent ensuite interrompus; ce n'est pas de nous que vint l'initiative de la rupture. Pas plus après qu'avant nous n'avons usé de provocations. Seulement, nous n'avons pas dévié de la ligne de notre devoir, nous avons continué à rappeler en toute occasion l'attention de l'Europe sur les souffrances de l'Italie, sur sa situation anormale, sur les périls qui en résultaient. Les puissances qui s'étaient jointes à nous sur cette question au congrès de Paris, avec une vigueur qui ne le cédait pas à celle des protestations de la Sardaigne, ont-elles plus tard apprécié moins amicalement nos actes? ont-elles jugé que nous les avions abusées sur le véritable état des choses?

Non, Messieurs. Je ne commenterai pas ici les paroles prononcées dernièrement par le souverain de l'une des plus grandes nations de l'Europe; je signalerai seulement l'approbation solennelle et complète donnée au Piémont dans cette circonstance[1]. Les autres puissances, plus portées peut-être à la paix, ne nous ont pas davantage démentis. Le Parlement anglais, que l'opposition cite souvent, a reconnu avec unanimité que l'Italie est dans une situation absolument anormale; une telle autorité ne doit-elle pas persuader mes contradicteurs, et les décider à s'unir à nous pour protester contre le déplorable état

1. Le discours de l'Empereur à l'ouverture des Chambres, du 7 février.

de choses où languissent le centre et le sud de la Péninsule? (Bravos.)

Mais pourquoi ces préparatifs, nous dit-on? Pourquoi les forces de l'État accumulées à la frontière et le rapide armement d'Alexandrie et de Casal? Pourquoi un emprunt destiné à subvenir aux préparatifs de défense? L'Autriche n'a aucune visée offensive; elle a toujours respecté et respectera toujours les traités, et si vous ne l'attaquez pas, elle ne cessera pas de vous traiter avec égards. — L'honorable comte Solaro est même allé si loin dans sa confiance, qu'il a proposé, pour soulager nos finances, de licencier une partie de l'armée et de nous reposer entièrement sur la bienveillance de l'Autriche et sur l'assistance de nos alliés. Il est vrai, Messieurs, notre sécurité pourrait être complète si en décrétant une telle mesure vous l'acheviez en élevant au pouvoir les représentants des principes opposés aux nôtres. (Bravos.) Alors, en effet, l'Autriche ne nous menacerait plus. Mais comme cette partie sous-entendue du programme dont je viens de parler ne paraît pas pouvoir se concilier avec les résolutions prises par la majorité de la nation, il serait imprudent de nous fier à ce point aux bonnes intentions de l'Autriche. Les faits d'ailleurs montrent assez quelles sont ses intentions.

L'honorable Mamiani vient de vous rappeler avec éloquence les provocations répétées de l'Autriche, sa domination successivement etendue pendant ces dix années jusqu'à Ancône, les fortifications de Plaisance accrues malgré les traités, la garnison de cette ville cantonnée jusque dans les forts qui l'entourent.

Mais pourquoi chercher des faits anciens? ce sont les faits récents qui nous ont contraints à agir. Ainsi que mon collègue des finances l'a rappelé à la Chambre, le gouvernement autrichien, sans qu'aucun prétexte lui eût été fourni chez nous ni dans le reste de la Péninsule, a annoncé à l'Europe qu'il expédiait en Italie un nouveau corps d'armée, et la chose a été exécutée avec une promptitude qui rappelle les mouvements stratégiques du premier empire. Pendant plusieurs jours, tous les moyens de transport ordinaires, tous ceux des chemins de fer, furent absorbés par le gouvernement; sur les lignes de Vienne à Trieste et de Venise à Milan, on ne voyait que soldats, chevaux, matériel de toute sorte; et ces troupes ne furent pas concentrées dans les grandes villes, où l'on eût pu imaginer que des soulèvements auraient lieu; elles furent envoyées à notre frontière, dans les villes où des mouvements étaient le moins possibles. L'Autriche, en un mot, prend vis-à-vis de nous une attitude non pas défensive, mais positivement offensive, sans qu'aucun acte de notre part, je le répète, ait justifié cette manière d'agir, et même dans une période de trêve diplomatique, en quelque sorte, puisqu'il s'est écoulé un temps assez long sans que le Piémont ait eu l'occasion de mettre de nouveau les affaires d'Italie sous les yeux des puissances.

J'ai donc le droit de declarer de la manière la plus solennelle au Parlement, en face du pays et de l'Europe, que nous n'avons point provoqué l'Autriche, et que l'Autriche nous provoque.

Je sais bien qu'auprès des cabinets, dans ses notes écrites, l'Autriche a protesté de son amour pour la paix et de son respect pour les institutions piémontaises. Mais le comte Solaro connaît trop l'histoire de la diplomatie pour oublier que ce ne serait pas la première fois que des projets belliqueux se masqueraient sous des demonstrations pacifiques. Il était donc prudent, il était de notre devoir le plus strict de nous mettre en garde de notre côté avec énergie et promptitude.

Le ministère a pris toutes les mesures qui étaient du ressort du pouvoir exécutif; pour celles qui en excèdent les limites, nous venons aujourd'hui vous demander les moyens de les effectuer, afin de pourvoir à la défense de la patrie, à la sauvegarde de son honneur et de ses plus chers intérêts.

On nous dit à ce propos que les principaux orateurs anglais qui ont pris part à la discussion de l'adresse en réponse au discours de la couronne, ont manifesté des désirs de paix et des dispositions peu conformes aux prétendus projets guerriers du Piémont.

Je ne me dissimule pas la gravité de ce fait. Nul dans cette Chambre ne fait plus de cas que moi des opinions des hommes d'État d'Angleterre; je suis habitué depuis mon enfance à respecter leur pays, et j'y ai puisé la plus grande partie des connaissances politiques qui m'ont guidé dans ma carrière. J'estime et je respecte l'Angleterre, cette forteresse où la liberté a trouvé et pourrait trouver encore un refuge inexpugnable. L'alliance avec l'Angleterre, autant qu'elle était possible, a toujours été pour moi un objet de prédilection; je l'ai montré comme écrivain et comme ministre, jusqu'à me le faire reprocher par mes adversaires. Tous les actes de notre politique sont là pour prouver combien l'alliance anglaise nous a été chère ; nos réformes commerciales, la part que nous avons prise à la guerre d'Orient et au congrès de Paris portent témoignage du soin que nous avons mis à nous concilier l'amitié de cette grande et noble nation.

Qu'il me soit permis de le dire : ces efforts, Messieurs, n'ont pas été entièrement vains. Au congrès de Paris, l'Angleterre nous a puissamment aidés, et s'est montrée animée des mêmes sentiments que nous sur la plupart des questions relatives à l'Italie. Si aujourd'hui elle se sépare de nos opinions, ou si, pour mieux dire, elle porte sur l'état actuel de nos affaires un jugement que je tiens en grande partie pour erroné, elle exprime ce jugement dans des termes qui ne sont pas sans dénoter de la sympathie. Tout en déplorant la manière dont quelques hommes d'État anglais envisagent notre situation, je ne puis qu'être sensible aux expressions dont les principaux orateurs se sont servis à notre égard. Et puisque l'honorable Beauregard a parlé du discours de lord Derby, je l'engage à le lire dans l'original anglais : il y verra que si lord Derby a employé un adjectif impropre au sujet du discours de la couronne, il a dit que notre pays est un pays glorieux, et qu'il a une importance bien supérieure à celle que semble comporter son étendue. Il me paraît difficile de désirer qu'on parle de nous en termes meilleurs.

Toutefois, je ne nie pas que l'opinion de plusieurs hommes politiques d'Angleterre ne se soit modifiée depuis 1856. Parmi les vertus principales du peuple anglais se trouve le patriotisme; l'Anglais juge toutes les questions au point de vue national, et quand il croit que l'intérêt de son pays est en jeu, toute autre considération perd beaucoup d'importance à ses yeux. Par malheur, l'Angleterre a cru, après 1856, que son intérêt était de se rapprocher de l'Autriche; cette puissance, qui ne l'avait point aidée sur les champs de bataille, mais qui lui avait prêté son appui sur le terrain diplomatique, lui a paru un sûr allié dans les affaires d'Orient. De là un certain changement dans ses vues sur la question italienne; elle ne les a pas modifiées à l'égard de l'Italie du centre et du sud, et ses jugements sur les gouvernements de Naples et du pape n'ont pas varié; mais quant aux provinces de la rive gauche du Pô, l'Angleterre a su voir dans le régime qu'elles subissent des améliorations que nous, malgré le voisinage, nous n'avons pu découvrir. (Hilarité et vive approbation.) Le cri de douleur qui s'élève de Naples et de Bologne arrive toujours avec la même intensité aux rivages de la Tamise, mais les plaintes qui éclatent à Milan et à Venise sont arrêtées sans rémission par les Alpes autrichiennes. Applaudissements.)

Ce fâcheux état de choses ne me décourage pas entièrement, Messieurs. J'ai confiance dans la rectitude de sens, dans la générosité de sentiments de la nation anglaise, car je sais par expérience que devant elle la cause du juste et du vrai finit toujours par l'emporter; je sais que les principes de liberté, que les droits véritables trouvent chez elle de chauds et éloquents défenseurs, et que, lorsqu'une question se dégage du fatras des sophismes et se pose avec clarté et précision devant elle, toutes les chances de réussite sont du côté de la raison, du progrès et de la civilisation. (Applaudissements prolongés.) Je ne me décourage pas, car, sans avoir atteint un âge bien avancé, je me souviens d'avoir vu triompher plusieurs fois en Angleterre les causes soutenues au nom de la liberté et de la justice, quel que fût contre elles l'effort des intérêts, des préjugés particuliers, des instincts de caste. Le débat pourra être long, mais le succès est certain.

Je me rappelle la grande lutte de l'émancipation irlandaise, et je me rappelle aussi son triomphe. J'ai souvenir encore de l'émancipation de la race noire, et des obstacles qu'y opposaient l'intérêt des colons et les préjugés de presque toutes les classes en Angleterre. La cause de l'Italie, Messieurs, n'est pas moins sacrée, ni moins propre à émouvoir les cœurs généreux, que celle des Irlandais, que celle de la race noire ; elle aussi (avec chaleur), elle aussi triomphera au tribunal de l'opinion anglaise. (Mouvement.) Je ne puis croire que l'éminent homme d'État qui préside les conseils de la couronne d'Angleterre, après avoir été assez heureux pour faire figurer dans l'émancipation des nègres le nom que l'histoire lui a transmis, veuille terminer sa brillante carrière par une complicité avec ceux qui voudraient condamner les Italiens à une servitude éternelle. (Applaudissements.)

Il ne me reste qu'à ajouter quelques mots sur une matière qu'a abordée l'honorable Costa de Beauregard. Il vous a fait entrevoir la possibilité d'un douloureux événement [1]. Je ne m'attendais pas qu'un homme généreux et

1. La séparation de la Savoie.

jaloux de la dignité nationale viendrait, au milieu des difficultés actuelles, soulever si mal à propos une question aussi irritante. Quelle que soit la politique du ministère, fût-elle fallacieuse comme il le croit, et dût-elle conduire le pays à sa ruine, est-ce au moment où va sonner l'heure de la lutte qu'il convient de soulever des questions faites pour diviser les esprits, pour rendre moins efficace devant l'ennemi la résistance commune?

Que l'honorable marquis de Beauregard me permette de lui exprimer la douleur profonde que m'ont causée ses paroles... Je comprends le sentiment qui les a dictées, je partage l'émotion qui l'agitait; mais je le supplie de ne plus soulever d'aussi tristes questions, qui ne peuvent avoir qu'une influence déplorable sur les généreux enfants des Alpes au nom desquels il a pris la parole. Certes, ces populations, auxquelles tant de liens m'unissent, ont bien montré leur excellent esprit; mais si vous jetez au milieu d'elles des paroles de défiance et de découragement, si vous leur dites que leurs sacrifices peuvent leur être funestes, que résoudront-elles? Oui, en évoquant ce débat, vous faites un mal immense à la patrie commune, parce que vous pouvez être cause que ces populations, une fois appelées à combattre, deviennent moins dignes de leur renommée.

Costa. (En français.) Je proteste contre l'interprétation donnée par M. le ministre à mes paroles.

Le Président du conseil (avec vivacité et en français Messieurs, je suis sûr que, dans cette circonstance, la Savoie ne parle point par votre organe (MM. Costa et de Vivy se lèvent pour protester), et lorsqu'il sera temps de le prouver, la Savoie ne viendra pas soulever des questions aussi irritantes ; elle pensera à l'ennemi, elle remplira son devoir, elle n'oubliera rien pour être digne de son ancienne réputation ; elle ne viendra pas, comme on voudrait le faire croire, marchander son appui. (Bravo !) Non ! elle est trop généreuse pour refuser au Piémont toute l'efficacité de son concours ! (Très-bien !)

(Il reprend en italien.) J'avais voulu éviter cette discussion, je ne l'avais pas provoquée. Si dans la chaleur du discours il m'est échappé des paroles qui aient pu paraître personnelles à quelques membres de cette Chambre, je les retire. (Non ! non ! Bravo !)

Je crois, Messieurs, vous avoir prouvé que nous ne provoquons point, que nous ne tentons rien de hasardeux, que nous ne défions personne. Mais nous ne changeons pas de politique, et nous voulons encore moins baisser la voix quand l'Autriche nous menace et accumule les armes et les soldats sur nos frontières.

Cette politique, franchement et loyalement proclamée, sera sanctionnée par le Parlement et approuvée de tous les hommes de cœur de l'Europe. Votre vote montrera que, quelles que soient nos discussions intérieures, nous sommes unanimes dans nos résolutions quand il s'agit de défendre la sûreté, l'indépendance, l'honneur de la nation. (Longs applaudissements.)

XIV

SUR LE PROJET DE LOI CONFÉRANT AU ROI LES PLEINS POUVOIRS.

La pièce suivante marque l'une des dates les plus importantes de la vie du comte de Cavour et de l'histoire de l'Italie.

La brillante guerre de Lombardie a été précédée d'une campagne diplomatique dont il serait trop long de rapporter ici tous les incidents. Voici sommairement ce qui venait de se passer en Europe au moment où les hostilités commencèrent.

L'Angleterre et la Prusse avaient fait tous les efforts imaginables pour les prévenir. Le cabinet de lord Derby, en possession du pouvoir depuis l'affaire d'Orsini, s'était rapproché de l'Autriche autant que le lui avait permis l'opinion du peuple anglais, très-favorable à l'Italie. Après avoir, dans un discours au Parlement, blâmé directement ce qu'il appelait la politique révolutionnaire du Piémont, lord Derby avait fait demander au comte de Cavour quels moyens lui paraissaient pouvoir être adoptés pour améliorer le sort de l'Italie. Un memorandum du 1er mars, publié dans le temps, répondit à cette question. Il est à présumer que les conclusions qui y étaient formulées servirent de base à la mission officieuse de lord Cowley à Vienne. A peine ce diplomate était-il de retour à Paris, que la Russie proposa de soumettre à un congrès les affaires d'Italie. L'Autriche pendant ce temps avait continué ses préparatifs militaires, envoyé en Lombardie ses bataillons de frontières, et rappelé tous les soldats en congé ; la proposition de la Russie ne lui convenait donc en aucune façon. Elle ne négligea rien pour la faire échouer, et alla jusqu'à mettre sur le tapis une évacuation immédiate du territoire du saint-siége par les troupes françaises et autrichiennes. Le comte de Cavour dut faire remarquer, dans une dépêche adressée au ministre de Sardaigne à Londres, que cette retraite ne devait avoir pour effet que de jeter les provinces pontificales dans un état de désordre qui justifierait des interventions nouvelles.

Voyant que la convocation d'un congrès était acceptée de tout le monde, l'Autriche finit par y adhérer, mais à la condition que le Piémont en serait exclu, ce qui fut admis par les puissances, malgré nos efforts.

Elle prétendit ensuite que le Piémont commençât par désarmer. L'Angleterre appuya cette prétention en offrant au Piémont sa propre garantie et celle de la Prusse contre toute agression de la part de l'Autriche. Mais, comme l'Autriche avait été la première à armer, le comte de Cavour jugea que la dignité du Piémont, entre autres considérations, lui interdisait de désarmer le premier. Il proposa seulement que les deux armées se tinssent à une distance égale de la frontière pour prévenir toute agression accidentelle. Le cabinet de Vienne n'y consentit pas, et riposta, cette fois, par un projet de désarmement général.

L'Angleterre appuya vivement ce nouvel expédient. La France y acquiesça en principe, réservant au congrès d'en régler l'exécution. Quant à la Sardaigne, si l'on n'eût pas persisté à l'exclure du congrès, elle eût pu suivre l'exemple de la France : mais l'isolement même auquel on la condamnait lui défendait d'accéder au principe du désarmement. Néanmoins, le comte de Cavour promit que si l'Autriche cessait d'envoyer de nouvelles troupes en Italie, le Piémont n'appellerait pas sous les armes les réserves, ne mobiliserait pas son armée et ne ferait pas quitter à ses troupes les positions purement défensives qu'elles occupaient depuis trois mois.

L'Angleterre en vint alors à admettre qu'un plénipotentiaire sarde assistât au congrès, mais uniquement pour traiter la question de désarmement. Cette restriction injuste et blessante pour le Piémont fut également repoussée par M. de Cavour. Le cabinet de Saint-James proposa enfin le désarmement simultané, à la condition que la Sardaigne et les autres États italiens seraient admis au congrès sur les bases adoptées au congrès de Laybach, c'est-à-dire sur le pied d'une parfaite égalité entre toutes les puissances. Le comte de Cavour accepta. Sa réponse fut adressée le 17 avril aux ministres d'Angleterre et de Prusse à Turin; elle fut en outre publiée dans le journal officiel; elle était donc connue à Vienne lorsque le cabinet autrichien, jetant le masque, lança son ultimatum daté du 19 avril, auquel le comte de Cavour répliqua le 26, dans une note remise le soir même à l'envoyé, M. de Kellersperg.

Pendant les trois jours fixés par l'ultimatum, le cabinet anglais fit un dernier effort pour arrêter les hostilités. Après avoir protesté, comme le firent la Prusse et la Russie, contre la détermination de l'Autriche, lord Malmesbury ordonna au ministre anglais à Berne de se rendre au camp du maréchal Giulay pour l'engager à attendre de nouveaux ordres avant de passer le Tessin. Le comte de Cavour craignit un moment que les menaces autrichiennes ne fussent pas exécutées. Ce fut avec une joie indicible qu'il apprit que le territoire piémontais était envahi. L'Autriche avait enfin déchiré elle-même ces traités de 1815 qui, violés maintes fois par elle à son profit, étaient cependant encore, au commencement de 1859, les tables d'airain de la servitude de l'Italie.

COMMUNICATION DU GOUVERNEMENT

Séance de la Chambre des députés du 23 avril 1859

Le comte de Cavour, lisant :

Messieurs,

Les grandes puissances européennes, dans le dessein de traiter la question italienne par les voies diplomatiques et d'essayer, s'il était possible, de la résoudre pacifiquement, ont décidé au mois de mars qu'un congrès aurait lieu à cet effet.

L'Autriche, cependant, mettait à son adhésion une condition concernant la Sardaigne seule : celle d'un désarmement préalable de notre part. Cette prétention, repoussée sans hésitation par le gouvernement du Roi comme injuste et contraire à la dignité du pays, ne trouva d'appui auprès d'aucune puissance. L'Autriche, alors, formula une autre proposition, celle d'un désarmement général.

Cet incident donna lieu à une série de négociations qui, malgré l'activité et la rapidité des communications télégraphiques, continuèrent pendant plusieurs semaines et aboutirent à la proposition de l'Angleterre, acceptée par la France, la Russie et la Prusse, et que vous connaissez. Bien que le Piémont comprît quels doutes, quels inconvénients pouvait susciter l'application du principe émis, cependant, par esprit de conciliation et comme dernière concession possible, il y adhéra.

L'Autriche, au contraire, l'a formellement repoussé. Ce refus, dont la nouvelle nous arrivait de tous les points de l'Europe, nous fut enfin officiellement annoncé par le représentant de l'Angleterre à Turin, lequel, par ordre de son gouvernement, nous signifia que le cabinet de Vienne avait résolu d'inviter directement le Piémont à désarmer, en demandant une réponse définitive dans le terme de trois jours.

Le fond et la forme de cette demande ne peuvent laisser aucun doute, aux yeux de toute l'Europe, sur les intentions véritables de l'Autriche. C'est le résultat et la conclusion des grands préparatifs d'attaque que l'Autriche concentre depuis longtemps sur nos frontières, et qui sont devenus pendant ces derniers jours encore plus considérables et plus menaçants.

Dans cet état de choses, en présence des graves dangers qui nous menacent, le gouvernement du Roi a cru de son devoir de se présenter sans délai au Parlement et de lui demander les pouvoirs qu'il juge nécessaires pour la défense de la patrie. Il a donc prié votre président de convoquer immédiatement la Chambre, qui s'était séparée pour les vacances de Pâques.

Hier, à une heure avancée de la nuit, il nous fut annoncé indirectement que l'Autriche diffère d'adresser au Piémont la demande qu'elle a résolue; mais comme elle a repoussé la proposition de l'Angleterre, cela ne peut modifier en rien ni la situation, ni nos résolutions.

Dans ces circonstances, les dispositions prises par S. M. l'empereur des Français sont pour nous un encouragement et un sujet de reconnaissance.

Nous pensons donc que la Chambre n'hésitera pas à conférer au Roi les pleins pouvoirs que les temps demandent.

Et qui pourrait être meilleur gardien de nos libertés? Qui pourrait être plus digne de cette preuve de confiance de la nation? Lui dont le nom, depuis dix années de règne, signifie loyauté et honneur (applaudissements prolongés sur tous les bancs de la Chambre); lui qui porta toujours haut et ferme le drapeau tricolore italien (applaudissements); lui qui à ce moment même se prépare à combattre pour la liberté et l'indépendance! (Longs applaudissements; cris de Vive le roi!)

Nous avons l'assurance, Messieurs, qu'en confiant dans ce grave moment les pleins pouvoirs à Victor-Emmanuel, vous serez applaudis unanimement par le Piémont, par l'Italie. (Bravos prolongés.)

XV

RÉUNION DE LA SAVOIE ET DE L'ARRONDISSEMENT DE NICE A LA FRANCE.

Nous dirons peu de chose sur ce sujet. Ni les négociations qui précédèrent le traité du 24 mars 1860, ni les circonstances qui en accompagnèrent l'exécution ne sauraient être exposées ici. Il suffira de noter que la cession de la Savoie et de Nice s'imposait à l'esprit du comte de Cavour comme une nécessité fatale, qui laissait peu de champ libre à la délibération. Nos ennemis pouvaient revendiquer d'un jour à l'autre, les armes à la main, les stipulations de Zurich ; l'Angleterre condamnait d'avance toute intervention autrichienne, mais sans nous donner aucune garantie effective ; la France seule pouvait être amenée à préserver l'Italie de toute violence extérieure, en la couvrant du principe de non-intervention pendant ce rapide et immense travail de transformation qui était déjà fort avancé d'une extrémité à l'autre de la Péninsule. Tandis que M. Mazzini prêchait que l'Italie serait invulnérable une fois qu'elle se serait plongée dans le torrent de la révolution, tandis que le général Garibaldi méditait ses expéditions sans songer à se demander quelles précautions diplomatiques pouvaient les rendre possibles, tandis qu'enfin les bruits de cession excitaient en Piémont la répugnance de la population et les objections d'hommes d'État éminents, M. de Cavour pesait dans sa conscience, au péril de sa propre renommée, la gravité de cet acte et les motifs impérieux qui lui faisaient une loi de l'accomplir. L'Italie étant pour son malheur le point où viennent s'entrecroiser et se combattre les principaux intérêts européens, il fallait, selon lui, attacher définitivement à notre cause la puissance qui, par son esprit d'initiative et par ses forces militaires, est prépondérante sur le continent; il fallait donner une sanction diplomatique, fût-ce à nos dépens, au principe de nationalité, et briser les pactes de 1815 même en ce qu'ils avaient d'avantageux pour le royaume. La cession de Nice et de la Savoie, dans la pensée du comte de Cavour, était le prix nécessaire et la garantie morale de l'unité de l'Italie.

Lui-même, le 20 avril 1861, expliqua, mieux que nous ne saurions le faire, le choix qu'il avait fait de la politique d'alliance, à laquelle la cession se liait, par préférence à la politique du parti d'action, plus séduisante sur quelques points, mais moins praticable. C'était à propos de l'interpellation du baron Ricasoli sur l'armée méridionale. Vigoureusement posée par l'illustre toscan devant une Chambre pleine des émotions qui agitaient le général Garibaldi et le comte de Cavour, la question se développait dans une suite de répliques ardentes où il faut recueillir les paroles suivantes du président du conseil :

« Nous avons fait connaître à tous notre but final. La question italienne ne sera terminée, nous l'avons dit et redit, que lorsque les grands problèmes de Rome et de Venise seront entièrement résolus. Mais nous avons dit aussi que la question de Rome ne pouvait avoir qu'une solution pacifique, et que nous ne regardions point les Français à Rome comme des ennemis. De même, pour Venise, nous avons dit avec modération, mais sans détour, que l'état actuel de la Vénétie est incompatible avec une paix stable, mais que, dans la situation où se trouve aujourd'hui l'Europe, nous ne nous croyons pas en droit d'allumer une guerre générale. En un mot, nous avons dit que notre politique à l'égard de

Rome repose sur l'alliance française, et que pour Venise nous tenons compte des grands intérêts européens, des conseils des puissances amies qui nous ont grandement aidés dans les moments difficiles.

« Voilà notre politique.

« J'admets qu'on puisse en suivre une autre, qu'on puisse déclarer que l'Italie est dans un état de guerre modifié par une sorte de trêve tacite quant à Rome et à Venise. La conviction profonde du ministère est que la première de ces deux politiques est la meilleure, la plus capable de réaliser les vœux de la nation. La seconde pourtant est praticable; elle est très-dangereuse, hérissée de périls, mais elle peut être mise à exécution. Ce qui serait fatal, ce qui nous perdrait inévitablement, ce serait de pratiquer un jour une politique et le lendemain l'autre. Il faut choisir, et, après avoir choisi, persister, afin qu'aucune incertitude ne plane sur nos résolutions aux yeux de l'Europe.

« Quelle que soit la décision de la Chambre, nous l'accepterons. N'étant plus ministres, nous combattrons la politique qui n'est pas la nôtre, jusqu'au jour où elle sera entrée en action; ce jour venu, nous aiderons de toutes nos forces ceux qui conduiront les affaires. Oubliant les anciennes discussions, nous ne serons plus que des soldats, et quiconque aura l'âge de porter les armes payera de sa personne pour cette politique qu'alors nous n'appellerons plus téméraire, mais généreuse. »

Ces mots, prononcés un an plus tard, montrent clairement l'alternative où le pays s'était déjà trouvé au moment de la discussion sur le traité du 24 mars.

Ce qui achève d'expliquer comment la France a pu demander la cession et comment le Piémont l'a consentie, c'est l'état tout à fait anormal où se trouvait la Savoie en 1859. Avant 1848, il avait existé en Savoie un parti séparatiste, dont les tendances étaient républicaines plutôt que françaises; pour mieux le dominer, le gouvernement avait naturellement aidé le clergé et la petite noblesse de ce pays à y acquérir une grande influence. Cette influence demeura presque absolue après la promulgation de la constitution, grâce aux sociétés cléricales, auxquelles les libéraux ne surent pas opposer d'autres sociétés, comme firent les Belges après 1830. Seulement, le drapeau de la séparation, le drapeau de la France avait passé, depuis 1848, en d'autres mains : les libéraux, satisfaits des institutions nouvelles, l'avaient abandonné, et le parti clérical, qui l'avait honni jusqu'alors, l'arborait par aversion contre ces institutions mêmes. A chaque pas que faisait lentement le Piémont dans la voie des réformes ecclésiastiques, où la législation française nous avait devancés de si loin, ce parti, qui avait des échos irrités jusque dans la députation savoisienne au Parlement, invoquait le nom de la France comme une vengeance et une menace. Il s'exaltait contre les réformes piémontaises, si mesurées et si incomplètes pourtant, et il était séduit par cette réaction passagère qui s'était étendue sur la France après 1848 et dont l'Empire se dégage peu à peu de nos jours; ces deux impressions seules le guidaient; il ne prévoyait, ne pressentait aucunement le terme de cette réaction, qui était la seule chose qu'il eût jamais aimée de la France. L'agitation qu'il avait réussi à soulever en Savoie avait fini par être assez bruyante pour que la France songeât à réclamer la réunion de ce pays à son territoire, et surtout pour mettre le Piémont dans l'impossibilité de se refuser à cette réclamation.

Si donc on laisse de côté ce qu'il a pu y avoir de naturel, de nécessaire, d'historiquement et ethnographiquement logique dans l'annexion de la Savoie et de Nice, et si l'on s'attache à ne considérer que ce qui a dépendu, dans cet événement, de la libre délibération des hommes, on y trouve ce fait étrange et pourtant incontestable : le cléricalisme aveuglé contribuant de ses propres mains et sans le savoir à fonder l'unité de l'Italie. Ainsi, dans ce petit royaume où tout conspirait pour la grande œuvre, il n'est pas jusqu'à la minorité ennemie de la cause nationale qui n'ait aidé malgré elle, dans ses rancunes étourdies, à la faire triompher. L'annexion de Nice et de la Savoie n'a fait que favoriser la haute entreprise en haine de laquelle une faction rétrograde l'avait préparée ; l'Italie prospère et grandit, et elle confond aujourd'hui la Savoie et Nice avec la France dans un même sentiment de gratitude pour les services rendus et de confiance pour l'avenir.

Quant au comte de Cavour, cet acte fut le seul de sa vie politique où il n'apporta pas cette sorte de sérénité héroïque qu'il déployait dans les situations les plus graves. Il en prit résolûment la responsabilité ; mais ce ne fut pas sans souffrance. Peu de semaines avant sa mort, il se trouvait, à la Chambre, face à face avec l'un de ces Italiens auxquels il avait dû ravir leur terre natale, le général Garibaldi. Le cœur du comte de Cavour se laissa voir à ce moment tel qu'ont pu l'apprécier les Savoisiens et les Niçois qui ont été en rapport avec lui après la cession de leur pays à la France. « Jamais, s'était écrié le général dans son fier ressentiment, jamais je ne tendrai la main à ceux qui m'ont fait étranger en Italie ! » Le comte de Cavour, s'inclinant devant cette juste douleur, répondit d'un accent ému que n'oublieront jamais ceux qui étaient présents : « Un fait a creusé des abîmes entre le général Garibaldi et moi. J'ai cru remplir un devoir, un devoir cruel pour moi, le plus cruel que j'aie eu à accomplir de ma vie. Ce que j'ai ressenti me fait comprendre ce que le général a dû éprouver ; et s'il est au-dessus de ses forces de me pardonner, je sens que je ne puis lui en faire un reproche... »

SUR LE TRAITÉ SIGNÉ A TURIN, LE 24 MARS 1859, POUR LA RÉUNION DE LA SAVOIE ET DE L'ARRONDISSEMENT (CIRCONDARIO) DE NICE A LA FRANCE.

Séance de la Chambre des députés du 26 mai 1860

Messieurs les députés,

Presque tous les orateurs qui ont pris part à cette discussion ont commencé par exprimer à la Chambre des sentiments de grave douleur, de profonde amertume à l'occasion de ce traité. Si les honorables préopinants ont fait ainsi, il doit m'être d'autant plus permis de manifester mon émotion, à moi qui, non moins jaloux de l'honneur et des intérêts de la patrie, ai dû agir en première ligne dans cette affaire, et assumer sur ma tête la responsabilité presque entière de cet acte en face de vous, en face du pays, en face de l'histoire.

Si quelques-uns d'entre eux eussent pu lire dans mon cœur, s'ils eussent pu apprécier quel chagrin le remplit, ils auraient adouci peut-être leur langage; ils n'auraient pas jeté sur moi à pleines mains le sarcasme, l'ironie, la raillerie, dans cette pénible discussion.

Mais je ne m'attacherai pas à répondre à ces personnalités, que l'honorable Rattazzi, je me plais à le reconnaître, a entièrement évitées. Seulement, puisque le député Guerrazzi, pour mettre le comble à son triomphe, a cru devoir me mettre en présence de l'histoire, et me représenter le sort que mérite un ministre aussi coupable que moi, je veux ajouter un complément à cette leçon historique.

L'honorable Guerrazzi a rappelé lord Clarendon, qui, après avoir suivi son souverain dans l'exil, après lui avoir donné des preuves d'une fidélité trop rare alors en Angleterre, après avoir exercé le pouvoir pendant plus de dix ans, fut accusé par les communes, envoyé en exil par le souverain et condamné à y mourir, pour avoir cédé Dunkerque à la France. (Avec chaleur.) Que l'honorable Guerrazzi me permette de lui faire observer que si le comte de Clarendon, pour défendre sa conduite si violemment accusée, eût pu montrer plusieurs millions d'Anglais délivrés par lui de la domination étrangère, plusieurs comtés ajoutés aux possessions de son maître, peut-être le parlement n'eût pas été si impitoyable, peut-être Charles II n'eût pas été si ingrat envers le plus fidèle de ses serviteurs.

Mais, Messieurs, puisque le député Guerrazzi me faisait une leçon d'histoire, il devait la faire complète. Après avoir dit ce qu'a fait lord Clarendon, il aurait dû dire quels ont été ses adversaires, ses accusateurs, ceux qui se sont partagé ses dépouilles et qui ont hérité de lui le pouvoir. (Avec grande animation.) Il aurait dû dire que ses adversaires formaient cette coterie fameuse d'hommes politiques que ne reliait aucun antécédent, aucune communauté de principes, aucune idée, et sur lesquels agissait seul le plus impudent égoïsme ; de ces hommes sortis de tous les partis, professant toutes les opinions, puritains, presbytériens, épiscopaux et papistes tour à tour; républicains un jour, royalistes exaltés le lendemain; démagogues dans la rue, courtisans au palais; tribuns devant le Parlement, fauteurs de réactions et de mesures extrêmes dans les conseils du prince; de ces hommes enfin dont la réunion forma le ministère que l'histoire a stigmatisé du nom de *cabale*.

Le député Guerrazzi aurait dû dire aussi cela, et alors je lui aurais répondu que les Anglais regardent comme une gloire nationale le comte de Clarendon, en le comparant à ses ennemis, à Clifford, à Arlington, à Buckingham, à Ashley et à Lauderdale.

Cela dit, je laisse à la Chambre, au pays, le soin d'apprécier ce qu'il convient d'en conclure pour le cas présent.

Répondant maintenant au député Rattazzi [1], je ne le

1. Le discours important que venait de prononcer M. Rattazzi avait réuni les principaux griefs de l'opposition. Il convient donc d'en donner le résumé :

Malgré les difficultés de notre situation, avait-il dit, malgré l'impossibilité de revenir sur le fait si singulièrement accompli de l'annexion, malgré la reconnaissance que nous sentons tous pour la France, on ne saurait approuver le traité. Notre politique n'a réussi que parce qu'elle est fondée sur des principes, ceux de la nationalité et de l'unité; la cession met à la place de ces principes le simple intérêt de l'agrandissement du royaume. Les arrêts sont permis, mais non les reculs : or le ministère recule en cédant Nice, dont la nationalité italienne n'a pas besoin d'être démontrée.

Ce sacrifice d'ailleurs affaiblit notre puissance militaire, car si l'État a doublé de population depuis un an, il a perdu ses frontières à l'ouest sans en acquérir à l'est. Il nous affaiblit à l'intérieur, en séparant de nous des pays où le sentiment dynastique et conservateur est plus enraciné que dans les provinces nouvelles. Il nous affaiblit à l'étranger, en nous faisant perdre les sympathies que nous inspirions.

Les formes de la cession ont été blâmables. Nous avons cédé sans suivrai pas dans la longue et éloquente digression qu'il a cru devoir faire pour la justification des travaux de son ministère passé. Je n'ai point attaqué son administration, il n'était donc pas besoin de la défendre. Il a paru désapprouver que j'aie donné ma démission après les préliminaires de Villafranca; c'est pourtant un acte dont je m'honore, et je persiste à croire qu'en protestant ainsi contre ces arrangements autant qu'il était en moi, je n'ai pas peu servi les intérêts de l'Italie. J'ajoute que, comprenant les devoirs d'un homme d'État qui quitte le pouvoir, j'ai fait ce que j'ai pu pour faciliter à l'honorable Rattazzi la formation de son ministère (signes affirmatifs du député Rattazzi), et je ne lui ai jamais fait d'opposition; même, pour éviter d'être un embarras

déterminer en même temps les nouvelles frontières, ce qui nous met à la merci de la France pour la délimitation. Le traité fait voter les populations avant que le Parlement en ait délibéré, ce qui est inconstitutionnel.

(Ici l'orateur défend et justifie les actes du ministère précédent, puis il revient :)

La cession n'était pas nécessaire. La France ne pouvait, ne devait, ne voulait pas empêcher la réunion de l'Italie centrale. Mais on a tout accordé sur-le-champ, sans essayer même de garder Nice, sur laquelle peut-être l'empereur n'eût pas insisté. La cession n'a pas de correspectif : le dernier mot dit sur nous par la France désapprouve la réunion de la Toscane.

La Savoie et Nice n'avaient jamais montré comme les provinces affranchies en Italie le désir de changer de gouvernement; elles étaient dévouées au Roi et heureuses de leur liberté. Repoussées loin de nous par les proclamations des gouverneurs locaux, leur vote, eût-il été libre matériellement, ne l'était pas moralement.

Mais le fait est irrévocable; le Parlement ne peut plus délibérer sérieusement. Il est de sa dignité de s'abstenir, et d'adresser ainsi l'adieu le plus convenable à nos frères d'outre-monts.

pour lui, je me suis retiré à la campagne, et j'y étais encore alors que la rigueur de la saison avait fait cesser toute occupation agricole. (On rit.)

Si ce ministère est tombé, ce n'est point par mon fait ni par celui de mes amis politiques. Il a été attaqué vivement; mais par contre ses amis n'ont pas épargné les plus basses calomnies aux hommes qu'ils supposaient ne lui être pas entièrement favorables.

Mais un débat sur ce sujet ne nous mènerait présentement à rien. J'entre tout de suite dans le cœur de la question.

Ayant été au pouvoir pendant dix ans, ayant eu la direction de plusieurs ministères, j'ai pu, Messieurs, apprécier autant que qui que ce soit, plus peut-être que quelques-uns d'entre vous, l'étendue du sacrifice que nous allons faire. Oui, Messieurs, j'ai pu constater combien la perte de la Savoie et de Nice était grande pour nous; j'ai vu quel concours les Savoisiens donnaient à l'armée; je sais combien leur caractère loyal et sévère aidait à la marche régulière des choses; je sais que la Savoie n'était pas une charge, mais une source d'avantages pour l'État, et je puis témoigner que peu de provinces se sont montrées plus dignes des libertés que Charles-Albert nous a données, et que nulle part peut-être dans l'État ces libertés n'ont plus rapidement développé les ressources publiques. De même, je sais combien Nice valait. Je reconnais que c'était un riche joyau à la couronne de nos princes; j'ai pu me convaincre que les Niçois, malgré leur réputation d'hommes difficiles à contenter, acceptaient volontiers nos institutions, et que leur pays faisait de grands progrès économiques sous l'influence de la liberté.

Je n'entreprendrai donc point de chercher à atténuer le sacrifice.

Je reconnais bien aussi que la perte de la Savoie et de Nice n'est pas sans inconvénient pour la défense du royaume. Nice et la Savoie rendaient nos frontières du côté de la France plus sûres, plus faciles à défendre; pourtant il ne faut pas exagérer cette considération. La Savoie n'a jamais été d'une grande utilité pour la défense de l'État. Sans remonter plus haut, je puis rappeler les guerres trop nombreuses de la France contre le Piémont depuis Louis XIV jusqu'à la Révolution française. Jamais, pendant tout ce temps, nous n'avons essayé d'empêcher l'occupation de la Savoie.

Vous savez que, pendant les dernières de ces guerres, celles de la Révolution, la Savoie fut entièrement envahie en quelques semaines par les troupes françaises. On ne peut attribuer ce fait au peu de valeur des troupes royales ni à l'insuffisance de nos moyens de défense, puisque nous avons ensuite résisté pendant plusieurs années sur les Alpes aux armées républicaines. Notre véritable ligne de défense, Messieurs, est sur les Alpes.

Or les Alpes nous sont conservées. Nous avons perdu un ouvrage avancé, mais la place nous reste, et il ne nous serait pas difficile, je crois, de la défendre.

Les changements qui se sont opérés dans les conditions de la guerre ont rendu bien moins difficile la défense des Alpes et des vallées qui en dépendent. Depuis la Révolution, la manière de faire la guerre n'est plus la même qu'autrefois. Les armées se sont extraordinairement accrues. Le général Bonaparte a pu conquérir une première fois l'Italie avec moins de quarante mille hommes, et une seconde fois, peu d'années après, avec une armée qui n'était guère plus nombreuse; il a gagné la bataille de Marengo avec vingt-huit ou trente mille hommes au plus. Aujourd'hui, Messieurs, on ne pourrait plus même essayer d'en faire autant avec une armée double ou peut-être triple.

La guerre dans les plaines d'Italie n'est plus possible sans une armée qui dépasse cent mille hommes; je dis qu'une telle armée ne pourrait être conduite malgré nous en Italie par les vallées des Alpes. Réussît-elle à les franchir, nous pourrions, au moyen des chemins de fer qui convergent de toutes les parties de l'État vers les débouchés ou jusqu'au fond même de ces vallées, y réunir des forces bien supérieures à celles que l'ennemi pourrait y porter.

L'année dernière, quand il n'existait aucun obstacle sur les montagnes, quand le pays mettait toutes ses ressources à la disposition de l'armée française, nous avons vu combien il est difficile de faire passer le Mont-Cenis à une armée régulière. Je n'entre pas dans les détails, mais j'affirme que la France, quand même elle concentrerait cent mille hommes en Maurienne, ne pourrait pas en faire passer par le Mont-Cenis plus de quatre ou cinq mille par jour, tandis que nous pourrions, dans le même temps, transporter à Suse trois et quatre fois autant de soldats.

Je répète que la manière dont la guerre se fait aujourd'hui rend la défense des Alpes beaucoup plus facile pour qui en a les clefs. Le député Guerrazzi a donc eu tort de dire que, par suite d'un traité qui découvre, selon lui, nos frontières, le Parlement se verrait forcé de changer de résidence, et qu'il faudrait établir la capitale ailleurs. Je ne sais s'il était bien à propos de faire cette remarque, qui n'est propre qu'à réveiller le sentiment le plus funeste à l'Italie, celui des rivalités municipales. (Approbation.) Ce que je sais, c'est que le député Guerrazzi se trompe de beaucoup, et que, Turin fût-il exposé plus qu'auparavant aux dangers d'une guerre, ce ne serait pas une raison pour que le Parlement s'en éloignât. Turin, souffrez que je le dise avec un juste orgueil, est un lieu où il fait bon délibérer en temps de guerre; la population de Turin a su, dans les moments les plus difficiles, conserver un calme, une fermeté bien faits pour nous déterminer, Messieurs, à maintenir ici le siége du Parlement.

Souvenez-vous de ce qui arriva l'année dernière, quand notre territoire fut envahi à l'improviste par l'ennemi : le Roi et son gouvernement décidèrent qu'il fallait exposer le palais et la capitale pour le salut de cette armée qui était alors la dernière espérance de l'Italie. La ville, attristée mais résolue, attendit l'ennemi avec une contenance digne d'elle. Peu de jours après, les masses autrichiennes ayant été arrêtées par cette grande opération de l'inondation des plaines qui fit tant d'honneur au pays, notre armée put prendre des positions formidables, et l'armée française eut le temps d'arriver tandis que les rangs ennemis s'accumulaient devant nous. Pendant ce temps, le gouvernement et les chefs militaires avaient jugé nécessaire que la capitale se défendît : cette décision fut annoncée à la population; il fut convenu que Turin se défendrait jusqu'à la dernière extrémité; personne ne se troubla; la municipalité, le peuple, la garde nationale unanimes déclarèrent que tous étaient prêts. Toutes les classes de la population se montrèrent décidées à suivre l'impulsion venue d'en haut. Les femmes elles-mêmes, je le dis à l'honneur de cette ville, furent inébranlables; pas une, dans ce moment suprême, ne songea à quitter son mari ou ses fils pour aller chercher un refuge dans les provinces écartées. (Approbation.) Une telle cité, Messieurs, est une bonne résidence pour le Parlement dans les heures difficiles, et je crois que les députés de l'Italie centrale se joignent à moi dans cette pensée. (Approbation.)

A l'égard de Nice, je l'avoue, les considérations militaires ont plus d'importance. Si la ville de Nice ne peut être défendue, à moins qu'on ne la transforme en place de guerre de premier ordre, une partie du comté offre de bonnes lignes de défense. Moi aussi, j'aime à me rappeler les glorieux faits d'armes de nos ancêtres sur les sommets de Braus et de Brouis. Mais nous n'avons pas oublié les exigences de la défense de notre territoire; un article exprès a été inséré pour cela au traité; par cet article, avant même que les commissaires se fussent réunis pour le tracement des limites définitives, il a été établi que tous les passages des Alpes, tels que la haute Roia, la haute Vesubia et une partie de la haute Tinea, sans exception, resteraient en notre pouvoir. La défense est ainsi assurée pour les provinces piémontaises et la vallée du Pô.

Quant à la Ligurie, il est bien vrai que, tout en conservant les hautes vallées de la Roia, de la Vesubia et de la Tinea, nous pouvons moins facilement la défendre; le col de Braus était évidemment un premier passage qui pouvait être bien disputé, tandis que la résistance devrait se porter aujourd'hui non plus entre le Paglione et la Roia, mais entre la Roia et la Nerva ou la Taggia.

Mais ici encore, Messieurs, les nouvelles conditions dans lesquelles se fait la guerre de nos jours changent entièrement la théorie de la résistance. L'attaque comme la défense peuvent tirer un avantage immense de la navigation à vapeur; avec des bateaux à vapeur, on peut transporter en vingt-quatre heures vingt, trente mille hommes à près de quatre-vingts lieues. Notre littoral ne peut donc être bien attaqué ni bien défendu que si des forces maritimes se joignent, dans l'un ou l'autre cas, aux forces de terre.

Supposons en effet que, dans une guerre contre la France, celle-ci (chose très-vraisemblable dans l'état actuel des choses) fût maîtresse absolue de la mer; pensez-vous qu'il serait possible, qu'il serait utile de défendre l'une des vallées de la Ligurie et de former nos lignes perpendiculairement à la mer, tandis que l'ennemi pourrait en quelques heures transporter un corps d'armée sur nos derrières? En vérité, je n'en crois rien. Le général Bonaparte a pu se porter jusqu'à Savone sans être maître de la mer; mais à cette époque la marine anglaise, n'ayant pas le secours de la vapeur, ne pouvait porter sur un point et à un moment déterminés les forces considérables qu'il est aisé de transporter aujourd'hui là où le besoin s'en fait sentir.

Encore une fois, la question de la défense de la Ligurie a donc perdu beaucoup de son importance.

Que si nous étions les maîtres de la mer, il faudrait faire le même raisonnement pour la France. Les Français commettraient une grande imprudence s'ils s'avançaient le long de la rivière de Gênes pendant que d'une part nous garderions les cimes des Alpes et des Apennins, et que de l'autre nous pourrions porter de Gênes, de la Spezia ou d'un autre port italien un corps d'armée sur les points laissés par eux en arrière.

Ainsi, je conviens que la perte de Nice diminue nos moyens de défense, non pas pour la vallée du Pô, mais pour la Ligurie; j'ajoute toutefois qu'à mes yeux notre position militaire par rapport à la France n'en est pas essentiellement modifiée.

Vous voyez, Messieurs, que je vous expose sans détour la portée du sacrifice que je viens vous conseiller de faire. Mais alors, me direz-vous avec l'honorable préopinant[1], pourquoi ce sacrifice? Nous ne voyons aucune compensation pour nous dans le traité, pas même ce qu'il eût été si aisé d'obtenir, la garantie de la réunion de l'Italie centrale aux anciennes provinces du royaume[2].

1. M. Rattazzi.

2. Le comte de Cavour disait à ce sujet, dans la séance de la Chambre du 29 mai :

« Non-seulement l'union de l'Émilie et de la Toscane aux anciennes provinces du royaume n'a pas été garantie par la France en retour de la cession de la Savoie et de Nice, mais je déclare que si cette garantie

Je pourrais dire que cette compensation, nous l'avons eue dans le traité de Zurich, car nous ne pouvons méconnaître que les concessions arrachées à l'Autriche l'ont été par les soins de la France; je pourrais dire que nous l'avons eue lorsque l'empereur des Français, reconnaissant l'impossibilité d'une restauration en Toscane, dans les duchés et dans les Romagnes, a osé déclarer au pape avec respect, mais avec résolution, dans cette lettre du 30 décembre qui ne sera jamais assez célébrée, que sa domination sur les Romagnes était finie. Oui, Messieurs, cette lettre marque une époque mémorable dans l'histoire de l'Italie; en l'écrivant, l'empereur Napoléon s'est acquis, selon moi, un titre non moins grand à la reconnaissance des Italiens qu'en battant les Autrichiens sur les hauteurs de Solferino. (Sensation.) Oui, car cette lettre mettait fin à la domination des prêtres, laquelle est peut-être aussi funeste pour l'Italie que la domination autrichienne. (Applaudissements.) Et cet acte de l'empereur était d'autant plus généreux, que pour aider l'Italie, pour mettre un terme à la tyrannie sacerdotale, il n'hésitait pas à s'aliéner un parti puissant en France et qui lui avait donné jusqu'alors, au moins en apparence, tout son appui.

Je maintiens que ce sont là de grandes compensations. Néanmoins, M. Rattazzi a raison de dire que, dans le traité de Zurich et dans les conférences qui l'ont pré-

nous eût été offerte, nous l'eussions refusée. Une garantie eût comporté un contrôle, une domination de la part de la France. Il nous a paru très-suffisant que la France eût déclaré solennellement à l'Europe qu'elle ferait respecter en Italie le principe de non-intervention. »

cédé, il n'a pas été question de la cession de la Savoie et de Nice, et que dès lors, au point de vue diplomatique, on ne pouvait pas nous la demander pour prix des services qu'on nous avait rendus dans ces négociations. Quelle est donc la raison d'être de ce traité?

Cette raison d'être est celle que l'honorable Rattazzi, dans la dernière partie de son discours, a cherché à détruire; cette raison, c'est que le traité est une partie intégrante de notre politique, une conséquence logique, inévitable de la politique passée, une nécessité absolue pour la continuation de cette politique dans l'avenir. Je me propose, Messieurs, de vous prouver que le traité est réellement une conséquence de notre passé, une condition de notre avenir.

Je ne veux pas vous tracer le tableau de la marche que nous avons suivie depuis l'avénement du roi Victor-Emmanuel au trône. Vous savez, Messieurs, que cette marche a toujours eu deux buts : le développement des principes de liberté à l'intérieur, la revendication, dans les limites du possible, du principe de nationalité au dehors. Cette double tâche a exigé des sacrifices graves et continuels. A peine le pays s'était-il remis de la secousse de Novare que les hommes qui siégeaient au pouvoir se regardèrent comme obligés de réorganiser l'armée et d'accroître nos ressources offensives et défensives. Et ici, je m'associe cordialement à l'honorable préopinant pour rappeler les immenses services rendus par le général Alphonse Lamarmora qui, prenant la direction de l'armée désorganisée et démoralisée, travailla pendant des années à la raffermir, sans se laisser arrêter par les calomnies, par les accusations les plus injustes. (Approbation.)

Il fallait du courage alors, Messieurs, pour persévérer dans une telle voie. Les difficultés n'étaient pas au dehors, mais au dedans du pays; pour renforcer l'armée, pour organiser la défense, il fallait accroître les ressources du trésor; il fallait demander sans cesse au pays de nouveaux sacrifices pécuniaires, charger de nouveaux impôts une population frappée par le fléau des mauvaises saisons, éprouvée par des épidémies, serrée de près par la disette.

Les ministres de ce temps-là ont eu ce courage. Ils ont su, dans certaines circonstances, engager leur propre responsabilité, s'exposer au sort de lord Clarendon, à être mis en accusation par les Chambres pour avoir décrété des dépenses pour la défense de l'État sans la permission du Parlement. Et je ne prononce pas ici de vaines paroles, car il s'en est fallu d'une seule voix que l'ouvrage qui a rendu le plus de services dans la dernière guerre n'ait été condamné : je parle des fortifications de Casal.

Pendant quelque temps, cette politique, tout en ne perdant pas de vue son but suprême, le bien de l'Italie, resta bornée à l'intérieur de l'État. Mais une fois notre édifice social consolidé, une fois l'armée recomposée, l'Europe ayant vu que cette partie de l'Italie était capable de vivre de la vie de la liberté, nous cherchâmes à passer à une phase d'existence plus active; la guerre d'Orient nous en fournit l'occasion; et alors encore, Messieurs, il fallut du courage à ceux qui signèrent le traité qui envoyait nos soldats en Crimée; car le traité souleva d'abord une désapprobation générale. Cependant la discussion amena un bon nombre de représentants à l'accepter, et ceux-là, n'ayant pas tardé à voir ce dont il s'agissait, appuyèrent dès lors avec ardeur le ministère.

Au retour de Crimée, nous avions conquis le droit de parler de l'Italie à l'Europe; mais pour en parler avec efficacité, pour que notre faible voix ne se perdît pas au milieu de celles des grandes puissances, il fallait que nous fussions soutenus par nos alliés. Nous avons fait alors tous nos efforts pour serrer à Paris les nœuds de solides et bonnes alliances; nous trouvâmes, en effet, la France et l'Angleterre favorablement disposées, sympathiques à nos vues, désireuses de nous aider, avec cette différence pourtant que l'Angleterre se préoccupait particulièrement de l'un des deux buts de notre politique, la liberté intérieure; l'Angleterre se montrait extrêmement amie de notre régime constitutionnel et disposée à empêcher, non-seulement par des protocoles, mais même par les armes, tout attentat contre nos libertés; tandis que sur la question de la nationalité, des intérêts de la Péninsule, l'Angleterre était beaucoup moins explicite; ce n'est pas qu'elle ne ressentît une inclination marquée pour ce beau pays, mais son respect superstitieux pour les traités de 1815 empêchait cette inclination de se traduire par des actes extérieurs. (Hilarité; approbation.)

Je crois que ce respect des traités, que cette répugnance contre toute infraction à leur texte avait été singulièrement excitée par les circonstances spéciales où l'Angleterre se trouvait depuis la guerre. Elle avait réussi à arrêter la Russie en Orient, et les accords sanctionnés au congrès de Paris élevaient une barrière contre les projets d'envahissement qu'elle prêtait au cabinet de Pétersbourg : voulant voir ces pactes religieusement observés, elle était naturellement portée à souhaiter qu'il en fût de même des traités antérieurs.

En France, ou, pour mieux dire, dans l'esprit de l'empereur des Français, nous avons trouvé une sympathie sincère pour notre État, pour l'Italie entière, un vif désir d'en améliorer les destinées, d'en soulager les maux, dans la mesure compatible avec les intérêts qui doivent lui être le plus chers, ceux de la France. Il était donc naturel que, sans nous éloigner de l'Angleterre, si bienveillante pour nous, nous missions un soin plus spécial à cultiver l'alliance française.

Ainsi, Messieurs, dans la seconde phase de notre politique, c'est-à-dire à partir de la guerre d'Orient, nous avons procédé par un système d'alliances, et particulièrement par l'alliance française.

Vous savez quels ont été les fruits de cette politique. L'honorable Rattazzi vous l'a dit : elle nous a valu la délivrance de la Lombardie, elle nous a conduits à Parme, à Modène, à Bologne, à Florence.

Je ne crois pas que les observations faites par l'honorable préopinant sur la prétendue autonomie administrative de la Toscane puissent diminuer à vos yeux ces avantages. A quoi, en somme, se réduit cette autonomie? quel engagement avons-nous pris envers la Toscane? un seul : nous avons admis que l'union pût s'opérer sans qu'immédiatement l'on étendît à la Toscane toutes nos lois anciennes, et, que l'honorable Rattazzi me permette de le dire, toutes les nouvelles. (Hilarité.)

C'est un fait qu'en arrivant au ministère nous avons trouvé la Lombardie fort mécontente du procédé dont on avait usé envers elle, en lui donnant en quelques semaines une quantité considérable de lois, de règlements et d'employés où tout pour elle était nouveau. Ayant vu le mauvais effet produit par ce mode d'unification en Lombardie, nous avons voulu agir autrement pour la Toscane. Dans l'Émilie, le gouvernement local avait procédé à l'union avec beaucoup de résolution; en Toscane, on avait marché avec plus de réserve; l'Émilie fut acceptée telle qu'elle s'était constituée, la Toscane telle qu'elle était. On nous demande si nous conserverons toujours en Toscane des lois particulières, une administration séparée; non certes : nous avons dit tout le contraire. Nous avons dit : « L'intention du gouvernement (et vous savez que le gouvernement, lorsqu'il parle, suppose toujours qu'il a le concours du Parlement) est de modifier en partie ces lois qui ont été mal accueillies en Lombardie, de les rendre plus favorables à la liberté locale, à la décentralisation. Nous n'appliquerons donc ces lois à la Toscane qu'après qu'elles auront été modifiées, parce qu'alors, étant plus larges, elles donneront, avec les bénéfices de la liberté et de la décentralisation, les avantages de l'autonomie : car, enfin, les bienfaits de l'autonomie administrative se réduisent à laisser à chacune des parties du corps social une grande latitude d'action. » Si donc nous pouvons arriver, — et j'espère que nous y arriverons bientôt, avec votre concours, — à organiser l'administration sur les bases d'une grande liberté locale, nous aurons conservé à la Toscane le bénéfice de l'autonomie, en lui donnant une législation commune aux autres provinces.

Chaque jour d'ailleurs nous vous marquons assez que notre intention est de procéder à l'unification législative et administrative. Il ne se passe pas de semaine où le ministre de grâce et justice ne vienne vous proposer d'étendre à la Toscane quelqu'une de nos lois. Tout ce que nous disons, tout ce que nous écrivons témoigne que ce ne sont point là des actes isolés, mais les déductions constantes d'un système invariablement poursuivi.

J'espère que vous partagez tous la pensée que je viens de développer dans cette première partie de mon raisonnement, savoir que la politique des alliances nous a été profitable; le député Rattazzi, qui pendant de longues années a tant contribué au succès de cette politique, ne saurait me contredire. (Mouvements en sens divers.)

Maintenant, avant d'examiner à quelles conditions le même système peut être continué, je dois me demander si d'aventure il est possible, s'il est opportun de le modifier, soit par rapport au but à nous proposer, soit par rapport aux moyens à choisir.

Peut-être pourrait-on discuter la question de savoir si, au lieu de poursuivre une marche si active, si militante, il n'est point le cas de faire halte, de nous recueillir, de donner tous nos soins à l'organisation intérieure, à la constitution d'un royaume fort sur des bases libérales. Mais, en vérité, je ne crois pas que le pays soit disposé à s'en tenir là. En considérant l'immense sympathie qu'excitent dans les cœurs de tous nos concitoyens les entreprises les plus aventureuses en faveur des autres provinces d'Italie, je suis amené à penser qu'une politique timide et égoïste, quelque libérale qu'elle pût être à l'intérieur, ne serait pas supportée par les populations. Je suis sûr que vous recevriez fort mal le ministre des finances, si, au lieu de vous demander des crédits supplémentaires comme il est obligé de le faire à chaque instant, il venait vous proposer de larges économies sur les budgets de la guerre et de la marine.

D'ailleurs, quand je me tromperais sur le sentiment national, sur vos dispositions réelles, ma conviction est qu'au fond il nous est absolument impossible de changer de politique. Lors même que nous le voudrions, l'état de l'Italie, celui de l'Europe, je le dis hautement, ne nous le permettraient pas.

L'Italie est-elle donc constituée de manière à rendre possible une politique comme celle dont je viens de parler? Pouvons-nous bannir toute préoccupation des affaires extérieures pour nous consacrer exclusivement aux choses du dedans? Nous aurions beau le faire, nos adversaires ne nous imiteraient pas, et nous nous placerions dans une situation bien fâcheuse.

Je ne veux pas exagérer les périls qui nous entourent; mais je dois vous faire remarquer quelle est notre position en face de l'Autriche. (Écoutez!) L'Autriche a accepté les conditions de Zurich, et cela de bonne foi, je veux le croire; mais elle n'a pas accepté de même l'annexion de l'Émilie et de la Toscane; elle a, au contraire, protesté contre ce fait et réservé tous ses droits. Elle a bien déclaré qu'elle ne nous attaquerait pas pour le moment si nous n'usions pas de procédés agressifs; mais ce n'est pas là une garantie pour l'avenir. Si l'Autriche ne nous menace pas aujourd'hui, elle est entièrement libre de le faire demain sans violer les pactes jurés, sans manquer au droit des gens. Nous sommes donc, à l'égard de notre puissante voisine, dans une situation assez difficile pour ne pouvoir changer de politique sans imprudence.

Mais ce n'est pas seulement à l'orient et au nord qu'on nous menace; c'est aussi au midi. Le pape, vous le savez, a repoussé avec ressentiment toute tentative de conciliation, et déclaré qu'il ne traiterait que sur les bases d'une restauration de son pouvoir dans les Romagnes, désormais réunies à nos États. Le pape, en outre, a associé sa cause d'une manière absolue à celle des princes déchus. Tout cela nous place, à l'égard de notre voisin du sud, dans une position tout à fait anormale.

Il ne faut pas, Messieurs, considérer cette position comme exempte de dangers. Si le saint-père n'avait pas d'autres forces que celles qu'il tire de ses possessions, ses menaces seraient peu à craindre; mais vous savez qu'il n'a pas hésité à faire appel à tous les catholiques du monde, et qu'il n'a négligé aucun moyen de réveiller les sentiments qui ont produit, à une époque heureusement éloignée de nous, les croisades contre l'islamisme et contre les malheureux Albigeois. Sans grossir les résultats qu'a obtenus le souverain pontife, nous sommes bien forcés de constater que sa voix n'a pas été sans écho ; et, je le dis avec douleur, il a été surtout écouté chez des peuples qui ont ressenti les bienfaits de la liberté, et qui auraient dû répugner d'autant plus à seconder une entreprise dont le but avoué est de réduire en servitude une nation noble et chrétienne. (Très-bien!)

Oui, Messieurs, il est douloureux de dire, il est douloureux de penser que la passion puisse conduire des populations entières à l'inconséquence, à l'ingratitude; il est douloureux de dire que la voix du pape-roi a trouvé plus d'échos en Belgique et en Irlande qu'ailleurs; que la Belgique, qui se levait fièrement il y a quelques années pour reconquérir sa nationalité, pour briser les chaînes hollandaises, se montre disposée aujourd'hui à prêter au pontife les moyens d'écraser une grande nation, de river des chaînes bien autrement lourdes que n'étaient celles de la Hollande; il est douloureux de la voir fournir au pontife de l'argent et des hommes, ce prélat, entre autres, qui a quitté la mitre pour les armes. (Hilarité et marques d'approbation.)

Il est triste de voir l'intéressante Irlande, qui, dans notre jeunesse, fit battre nos cœurs de tant de sympathie, elle qui a dû son émancipation aux efforts constants du parti libéral en Angleterre, envoyer aujourd'hui ses fils combattre non pas pour cette liberté à laquelle elle doit la vie, mais pour le despotisme civil et religieux.

Et par malheur aussi, la France ne s'est pas soustraite à cette influence; la France a donné au pape le chef de sa nouvelle armée; chose déplorable, il est sorti de cette France généreuse un soldat illustre, couronné encore de ses lauriers d'Afrique, qui est allé se mettre à la tête de bandes d'aventuriers!

Tout ceci est un sujet de réflexions sérieuses, Messieurs. Si vous ajoutez au péril qui nous guette au nord celui que nous prépare le sud, vous comprendrez bien vite pourquoi je vous dis qu'il ne nous est pas possible de changer de politique.

Je ne porte pas mes regards au delà des États du pape; la réserve qui appartient à ma charge me le défend, et je sens trop l'impossibilité où je serais de concilier dans mon langage l'émotion vive que me font éprouver les souffrances de cette partie de l'Italie avec la prudence que m'imposent mes devoirs. Qu'il me suffise, Messieurs, de vous nommer ces contrées, pour vous faire souvenir que de là encore peuvent venir sur nous des menaces et des dangers.

Mais, comme je vous l'ai dit, outre l'état de l'Italie, l'état de l'Europe elle-même nous interdit de changer de politique. Il ne m'appartient pas de vous exposer toutes les causes qui peuvent troubler gravement l'ordre public européen; comme ministre des affaires étrangères, mon devoir n'est pas de mettre en lumière les périls, mais plutôt de couvrir d'un voile les éventualités qui pourraient alarmer les populations. Toutefois, il n'est pas besoin que je traite devant vous les affaires générales pour que vous sachiez que des causes sérieuses de perturbation existent à l'orient et au centre même de l'Europe. Diplomates et ministres s'étudient, dans leurs dépêches, dans leurs discours, à prouver aux Parlements, au public que ces dangers sont illusoires. Mais l'attitude des gouvernements mêmes auxquels ils appartiennent ne dément que trop leurs paroles; tandis que celles-ci sont toutes à la paix et à la tranquillité, les armements sont partout à l'ordre du jour. Si vous examinez les derniers budgets des pays constitutionnels, vous serez effrayés des sommes qui y sont affectées aux armements. Et ce qu'il y a de plus étrange, c'est que les Parlements, loin de blâmer ces dépenses, qui souvent ont nécessité de nouveaux impôts, se sont plaints au contraire que les préparatifs de guerre fussent trop lents et trop timides. En présence de tels faits, un changement de politique serait chose insensée.

Il reste à voir si notre politique, sans changer de but, pourrait être conduite par d'autres moyens, c'est-à-dire autrement que par des alliances. Croyez-vous, Messieurs, que ce soit praticable ?

On pourrait dire : continuons la politique d'alliances, mais changeons d'alliés. Mais il ne faut pas de longues phrases pour démontrer qu'une résolution de ce genre serait aussi inhabile que honteuse. L'immoralité, je le dis avec M. Guerrazzi, ne sert de rien en politique ; et en changeant d'alliés, en nous rendant coupables d'ingratitude envers la France, nous attirerions en même temps sur nous un désastre et le déshonneur.

On peut dire avec moins de déraison : passons-nous d'alliés ; ce ne sera pas manquer de gratitude envers la France, ce sera seulement cesser de demander de nouveaux sacrifices, de nouveaux secours à l'allié qui nous en a été prodigue. — C'est la politique de l'isolement.

Je ne nie pas qu'on ne doive attendre beaucoup d'un peuple de onze millions d'hommes animés d'un sentiment unique et puissant, celui de l'indépendance de leur pays ;

si des circonstances que nous n'aurions pas faites nous-mêmes nous réduisaient à marcher sans appuis, certes je ne désespérerais pas pour cela du sort de l'Italie, et, dans ces instants suprêmes, si je me trouvais au pouvoir, je ne reculerais, Messieurs, devant aucun parti décisif, même le plus audacieux et le plus risqué. Mais est-il sage, est-il raisonnable de choisir de notre propre gré l'isolement? Nous pourrions l'accepter comme une nécessité : nous y placer volontairement serait un acte de folie dont aucun ministre ne voudrait se rendre coupable.

Je n'ai nulle envie de méconnaître les services que peuvent rendre dans une guerre les forces irrégulières, révolutionnaires. Je n'ai jamais été et je ne suis pas devenu un homme de révolution (on rit), et pourtant je ne balancerais pas, en cas de nécessité, à employer ces sortes de ressources. Je crois avoir donné des preuves incontestables du cas que je fais de l'aide que des volontaires sont capables de prêter à l'armée; je sais ce que peuvent des hommes que l'amour de la patrie enflamme tout entiers, et qui poussent jusqu'à l'héroïsme la vertu du sacrifice; je sais quels résultats merveilleux on en peut espérer. Mais enfin, dans l'hypothèse d'une guerre à laquelle de grandes puissances prendraient part, il faudrait, pour la bien faire, avoir à notre disposition des corps réguliers nombreux, et pourvus de tous les moyens d'attaque et de défense que fournit l'art moderne. Les grandes batailles comme Magenta et Solferino, les grandes forteresses comme Mantoue et Vérone, ne peuvent être gagnées, ne peuvent être prises que par des armées régulières, nombreuses et fortement disciplinées.

Aussi je repousse la politique d'isolement, en tant qu'objet d'un libre choix de la part du gouvernement.

Si donc, comme je crois l'avoir prouvé, nous ne pouvons changer ni de but ni de moyens, il faut persévérer de toute manière dans la même politique. Il ne me reste plus dès lors qu'à vous démontrer que le traité sur lequel nous discutons est une condition essentielle de la continuation de cette politique, c'est-à-dire de l'alliance française. Ici, ma tâche devient difficile, car j'ai à parler de l'état des esprits dans la généreuse nation française ; je vous demande donc toute votre indulgence. (Écoutez !)

Il n'est pas douteux que la France, considérée dans son ensemble, ne soit sympathique à la cause italienne, et que ses nobles instincts ne la portent à aider l'Italie, sa sœur dans la grande famille latine. Néanmoins, Messieurs, si cela est vrai de la France en général, il faut convenir aussi qu'il existe en France des partis nombreux et puissants qui nous sont ouvertement hostiles. Si dans les masses l'Italie est aimée, dans les classes plus élevées elle n'est que trop souvent l'objet de sentiments tout autres. Je pourrais citer à l'appui de ce que j'avance plusieurs organes de la presse française, qui représentent des partis influents ; mais il suffira du témoignage de ceux des membres de cette assemblée qui, dans ces dernières années, ont visité ou habité la France. Quiconque d'entre eux est resté à Paris pendant quelques semaines, a été certainement frappé du nombre, de l'autorité des ennemis de l'Italie et de la véhémence qu'ils montrent.

Et ces ennemis déclarés, nous ne les comptons pas

seulement dans le vieux parti qui conserve un culte spécial à la légitimité, nous les rencontrons dans d'autres régions politiques; il n'est pas besoin d'avoir longtemps observé la société de Paris pour être obligé d'affirmer, et avec tristesse, que parmi les plus anciens et les plus illustres chefs du libéralisme, parmi ceux que nous étions habitués dans notre jeunesse à vénérer comme les pontifes de la science et de la philosophie, et encore parmi les historiens des fastes de la grande révolution, et jusque chez les apologistes des drames de 1793, il se rencontre des hommes qui se sont faits cléricaux et papistes, tant l'idée qu'ils se font de nous est fausse, tant ils ont d'aversion pour la cause italienne. (Mouvement.)

Ce fait déplorable s'explique par l'état des partis en France. Je n'ai pas à vous entretenir des légitimistes et des ultramontains. Qu'ils soient contraires à notre indépendance, au remplacement de gouvernements absolus par un régime libre, au pacte scellé entre des populations longtemps courbées sous le despotisme et un roi qui est un modèle de droiture et de loyauté, cela ne peut surprendre personne.

Il y a l'orléanisme. Ici encore, à quelques nobles exceptions près, nous trouvons les mêmes antipathies, les mêmes hostilités.

On n'en saurait dire autant de l'ancien parti républicain modéré; quoiqu'il se soit montré jadis peu favorable à l'Italie, nous pouvons croire ou espérer qu'il s'est en grande partie ravisé. Si, en effet, nous tenons compte des démonstrations affectueuses qu'il a adressées à l'Italie en diverses circonstances, depuis la souscription pour les canons d'Alexandrie, depuis les hommages rendus à la mémoire de Manin, jusqu'aux preuves d'amitié qu'il nous a données pendant la dernière campagne, nous devons reconnaître que ce parti a rectifié grandement ses anciennes opinions sur l'indépendance italienne. Loin de nous la pensée de le rendre solidaire de la conduite de l'un de ses anciens chefs, le général Lamoricière : il est impossible que les hommes de Cavaignac reconnaissent encore l'un de leurs amis d'autrefois dans le commandant des troupes du pape.

En dehors de ces trois partis, dont deux nous sont positivement hostiles, tandis que le troisième est modérément notre ami, il existe en France un grand nombre d'individus qui n'appartiennent pas à un parti plutôt qu'à l'autre, mais qui placent au-dessus de toute chose les intérêts matériels. Ceux-là ne sont pas tous des ennemis déclarés, beaucoup d'entre eux désirent même voir l'Italie libre et prospère; mais par malheur tous sont contraires aux moyens qui ne sont que trop nécessaires pour arriver à ce résultat. C'est qu'ils jugent une politique non pas d'après les principes qui la gouvernent, d'après les effets généraux qu'elle produit, mais d'après son action temporaire sur la Bourse, sur le cours des fonds publics. (On rit.) Ainsi, en parlant d'un ministre, ils disent : un tel est un bon ministre, parce que la rente hausse quand il est au pouvoir; un tel est un ministre détestable, car à sa chute les fonds monteraient de six francs. (Nouvelle hilarité.)

Eh bien, Messieurs, tous ces partis, tout cet ensemble d'hommes ouvertement opposés sinon à la cause de l'Italie, du moins aux moyens indispensables pour la faire triompher, constituent une coalition d'intérêts qui a une énorme influence sur le gouvernement, et qui jusqu'à un certain point donne le ton à l'opinion publique. Aussi les dispositions favorables des masses en France à l'égard de l'Italie seraient-elles demeurées stériles je ne sais pour combien d'années, s'il ne se fût heureusement trouvé à la tête de cette nation une intelligence supérieure, hautement sympathique à l'Italie, qui a compris combien nos intérêts s'accordent admirablement avec ceux de la France. C'est à cette circonstance, je le dis nettement et sans craindre qu'aucun Français, ami ou ennemi du gouvernement impérial, me contredise, c'est à cette circonstance que nous devons d'avoir vu la France à notre côté; autrement nous n'aurions eu qu'une simple alliance diplomatique, inspirée par une amitié d'un platonisme pur. (Hilarité.)

Mais si l'empereur, grâce à l'immense puissance qu'il exerce, et avec raison, sur la France, a pu dans de graves conjonctures mettre en mouvement et faire agir les éléments favorables à l'Italie; s'il a pu conduire, aux applaudissements de la multitude, 150,000 Français dans nos plaines, cette puissance néanmoins a des limites. Si à l'hostilité des partis venait se joindre, je ne dis pas l'hostilité des masses, mais seulement leur indifférence, l'empereur des Français, nous gardât-il tout son bon vouloir, et restât-il persuadé que l'alliance de l'Italie est utile à la France, ne pourrait plus agir en conformité de cette persuasion, car son pouvoir aussi a des bornes. (Approbation.)

Or, je le dis avec une conviction profonde, la cession de la Savoie et de Nice était indispensable pour maintenir les masses françaises dans de bons sentiments envers l'Italie. A tort ou à raison, je ne veux pas le discuter, elles croient que ces provinces appartiennent naturellement à la France. Ce peut être une erreur, mais quiconque connaît bien la France, doit convenir de bonne foi que c'est une idée arrêtée.

Dès lors, et cette cession nous ayant été demandée, si nous eussions répondu par un refus, l'opinion française n'aurait pas tenu compte des difficultés qu'un tel projet pouvait rencontrer de la part de l'Italie; on nous aurait accusés d'ingratitude et d'injustice, on nous aurait dit que nous ne voulions pas appliquer d'un côté des Alpes les principes que nous invoquions de l'autre, les principes pour lesquels la France a répandu son sang et son or. S'il était besoin de vous apporter un témoignage à l'appui de ce que je dis, je citerais une lettre que m'écrivait un des chefs du parti républicain, un homme qui a refusé, pour conserver son indépendance, un portefeuille offert par le chef du gouvernement français, qui a envoyé deux de ses enfants combattre pour nous, et qui peut-être en ce moment pleure un frère tombé pour la cause de l'Italie [1]; Alexandre Bixio m'écrivait, peu de jours avant la signature du traité : « Pour l'amour de Dieu, pour l'amour de l'Italie, signez, signez, si vous voulez l'alliance française; car à tort ou à raison,

1. Le bruit s'était répandu que M. Nino Bixio avait été tué en Sicile.

si vous hésitez, votre pays ne trouvera plus de sympathies en France. »

En présence de ces faits, le ministère ne devait-il pas accéder à la demande de l'empereur, demande faite, — oui, je puis le dire, — non-seulement au nom des intérêts français, mais au nom de l'alliance de la France avec l'Italie? Messieurs, je tiens à grand honneur d'y avoir consenti, je tiens à grand honneur d'avoir pris sur moi cette terrible responsabilité de conseiller à mon souverain la cession de deux nobles et antiques provinces; car il le fallait pour consolider l'alliance française, qui nous est nécessaire pour arriver au but où nous aspirons tous [1]. (Sensation.)

1. Le comte de Cavour disait un autre jour à la Chambre, dans le même ordre d'idées :

« ... Le vrai, le seul bénéfice du traité pour nous, c'est la consolidation de l'alliance, non pas tant des deux gouvernements, mais des deux peuples. Vous donc, Messieurs, qui êtes le peuple italien, ne vous mettez pas en opposition avec les intérêts français. S'il doit y avoir des froissements, des contestations, laissez-les tomber tous sur le gouvernement; vous pourrez ensuite le blâmer s'il fait mal. Un député a dit qu'il viendra un jour où le ministère sera mis en accusation pour ce traité. Si ce jour doit être celui de la delivrance finale de l'Italie (avec énergie), plaise au ciel que nous soyons accusés et condamnés demain!

« ... Le député Mellana, s'adressant aux ministres, s'écrie : « Vous avez donc bien peur de vous compromettre devant votre puissant allié? Mais vous pouvez mettre le Parlement entre vous et lui, et votre responsabilité à couvert derrière notre vote! » — Messieurs, suivre un tel conseil, ce serait trahir la nation. Il importe peu que les ministres se compromettent à l'étranger ou à l'intérieur; il importe peu qu'ils appellent sur leur tête de formidables inimitiés; mais il serait désastreux, il serait irréparable que ces inimitiés fussent attirées sur les représentants de la nation.

« Dans un pays constitutionnel, les ministres doivent savoir se sacrifier aux intérêts généraux; jamais, tant que nous occuperons ce poste, jamais nous ne mettrons à couvert notre responsabilité derrière un vote

Je crois avoir pleinement démontré, comme je l'avais entrepris, que notre politique a été bonne, que nous ne pouvons pas la changer, et que le traité du 24 mars est une condition indispensable pour la poursuivre.

Je pourrais terminer ici, mais je dois encore vous demander la permission de vous soumettre deux considérations d'une importance extrême.

Tous les orateurs qui ont parlé contre le traité ont supposé qu'il était parfaitement en notre pouvoir de céder ou de ne pas céder Nice et la Savoie; ils n'ont pas songé aux suites graves que notre refus pouvait avoir, même à l'intérieur.

De plus, ils se sont montrés frappés de cette considération, que le traité pouvait être un jour invoqué comme un précédent funeste à l'appui de cessions nouvelles et plus douloureuses encore.

Je m'expliquerai en même temps sur ces deux sujets, qui se lient l'un à l'autre; car si je puis vous convaincre, Messieurs, que du moment où l'empereur avait demandé la réunion de Nice et de la Savoie au nom des principes

du Parlement. Nous prenons l'entière responsabilité du traité; s'il a quelque chose d'odieux, que ce quelque chose retombe sur nous (avec force), j'y consens. Nous aimons la popularité autant que personne, et souvent, mes collègues et moi, nous avons bu à cette coupe qui enivre; mais nous savons nous en éloigner quand le devoir l'exige. Nous savions, en signant, quelle immense impopularité nous attendait; mais nous savions aussi que nous travaillions pour l'Italie, pour cette Italie qui n'est pas le corps sain dont parlait le député Bottero.

« L'Italie (avec émotion), l'Italie a encore de grandes blessures dans son corps. Regardez du côté du Mincio, regardez au delà de la Toscane, et dites si l'Italie est hors de danger! »

appliqués par nous en Italie, nous ne pouvions plus empêcher longtemps cette réunion de s'effectuer, vous concevrez par là même qu'il n'est aucunement à craindre que la cession actuelle puisse être invoquée comme précédent, puisqu'aucune autre province du royaume ne se trouve dans des conditions analogues à celles de la Savoie et de Nice.

Les préopinants ont parlé comme si jamais il n'avait été question de réunir la Savoie et Nice à la France, comme s'il n'avait jamais existé de parti français dans ces provinces. Je ne puis comprendre qu'on nie sérieusement qu'il existe en Savoie un parti qui désire la réunion à la France. Nous avons eu, Messieurs, au milieu de nous, et pendant des années, bien des députés de la Savoie : en dépit de leur serment, ils cachaient mal ce désir. Vous l'avez pu constater souvent. Cela peut vous paraître surprenant; pourtant les rapports commerciaux, la communauté de langue, la facilité des communications étaient des forces qui poussaient la Savoie vers la France. Intellectuellement, la Savoie vit de la vie française; on trouve difficilement, à Chambéry et à Annecy, des journaux italiens; les libraires n'y vendent que des livres français, et si, comme moi, vous eussiez observé les trains de chemins de fer à la station de Chambéry, vous auriez vu que ceux qui se dirigent vers la France sont toujours remplis, tandis qu'il ne part pour l'Italie qu'un petit nombre de voyageurs, réduits à un chiffre minime à l'arrivée à Saint-Jean-de-Maurienne. Du jour, Messieurs, où Chambéry, grâce aux chemins de fer, s'est trouvé à douze heures de Paris, tandis qu'il restait à vingt ou vingt-quatre heures de Turin, de ce jour l'annexion a été faite.

Dans le passé, le parti français en Savoie s'est borné à une opposition plus ou moins légale; enhardi aujourd'hui par les demandes du gouvernement français, il se serait étendu et manifesté avec plus d'énergie; croyez-vous qu'il aurait été facile à gouverner? Les élections provinciales, faites en Savoie sous le ministère Rattazzi, alors qu'on ne parlait que vaguement de cession, ont donné à Chambéry et à Annecy des conseils provinciaux composés presque entièrement de partisans déclarés de la France. Comment se fût-on tiré d'affaire? peu à peu il eût fallu arriver aux voies de répression; une lutte se serait établie entre le gouvernement et la majorité des Savoisiens, et peut-être en serait-on venu à devoir gouverner ce pays comme gouvernent certaines puissances que nous n'avons, certes, jamais songé à louer. (Mouvement.) Et si quelque événement européen, quel qu'il fût, s'était produit pendant que la Savoie eût été dans ces dispositions, croyez-vous que nous l'aurions conservée?

C'est une idée à laquelle on ne peut s'arrêter. La cession, si nous nous y étions refusés aujourd'hui, ne se serait pas moins faite plus tard; seulement, au lieu d'être un élément de consolidation pour l'alliance française, elle se serait faite dans de telles conditions que cette alliance en eût été moins facile et moins sincère.

J'arrive à la question de Nice. On a parlé de l'acte volontaire de réunion de Nice aux États de la maison de Savoie en 1388; mais les Niçois, à cette époque, n'ont pas entendu se donner à un prince italien; la maison de

Savoie, il faut bien le dire, n'était pas encore devenue italienne, elle avait encore sa résidence principale en Savoie; Amédée VI, dit le comte Rouge, à qui les Niçois se donnèrent, tenait sa cour à Chambéry, du même côté des Alpes où se trouvent les Niçois.

Mais considérons ce qu'est Nice aujourd'hui. Nice, a-t-on dit, est italienne; Nice, — et je ne nie pas la valeur de cette raison, — Nice a donné à l'Italie des citoyens illustres, dévoués, héroïques. Je le reconnais avec bonheur, à la gloire de ces hommes qui ont voulu persuader au reste de l'Italie que leur pays natal est italien, en compensant par leur amour du pays et par leurs services ce qu'il y a de douteux dans leur nationalité. Nice a donné le jour à bien des Italiens, mais Nice n'est pas italienne.

Des faits d'un ordre tout matériel l'indiquent assez. La moitié peut-être du comté de Nice, c'est-à-dire une grande portion des vallées du Sperone, du Var, de la Vesubia et de la Tinea, n'a pas de communications aisées avec la ville même; les habitants de cette contrée pouvaient au contraire, en peu de temps et avec toute facilité, se transporter en France. Cette partie de la province s'appelle la *France rustique*; ce nom, sous lequel on la désigne depuis des siècles, montre que la conscience de la nationalité italienne n'y est pas très-vive. Les intérêts matériels de cette partie de la province l'attirent vers la France; c'est en France que les habitants de ces vallées font tous leurs achats, jusqu'au pain et au vin que leurs terres ne produisent pas, et ils vendent en France tous leurs produits, qui consistent principalement en bois et en bétail. Cette partie au moins du comté de Nice n'est donc pas italienne.

Mais la ville de Nice? Ici encore je ne veux me servir que de raisonnements vulgaires. La nationalité d'un peuple ne se constate point par des arguments philosophiques, par des recherches trop savantes ; c'est un fait qui appartient au sens commun et que chacun peut apprécier. Nos États, Messieurs, comptent deux villes de Nice : l'une en Piémont, qu'on appelle Nice-de-Monferrat; l'autre au bord de la mer, et que tous, dans notre jeunesse au moins, nous avons été habitués à nommer *Nice-en-Provence.* J'ai habité Nice; j'y ai reçu une grande quantité de lettres dont la suscription portait Nice-en-Provence. Cette locution serait-elle devenue populaire, vulgaire, si Nice était une ville italienne? (Murmures.)

Mais quel est l'indice le plus concluant de la nationalité? C'est la langue. Le langage niçois n'a qu'une analogie lointaine avec l'italien, c'est à peu près celui de Marseille, de Toulon, de Grasse. Quand on parcourt la rivière de Gênes, on y trouve la langue italienne dans ses diverses modifications jusqu'à Ventimiglia. Au delà, il y a comme un changement de scène; c'est tout une autre langue. Je ne conteste pas qu'à Nice les gens bien élevés ne sachent l'italien; mais dans la vie ordinaire, c'est le provençal ou le français qu'ils parlent. Un assez grand nombre de nos anciens collègues, les députés niçois parlaient italien, il est vrai, dans cette Chambre ; mais, remarquez-le, ces députés étaient d'anciens employés, des membres du barreau ou de la magistrature, familiarisés avec la langue italienne par leurs occupations. Quand Nice nous a envoyé comme députés des propriétaires et des commerçants, ils ont été dans la nécessité de parler français. Je puis assurer la Chambre que tous les députés niçois avec lesquels j'ai eu des conversations particulières se sont toujours servi de la langue française. Je fais une exception pour le député Bottero : quand il me fait l'honneur de causer familièrement avec moi, il parle le dialecte du pays ou l'italien ; mais, si je ne me trompe, M. Bottero, dans une occasion où il eut à me présenter une députation de commerçants de la ville qui l'a élu, ne se servit pas de l'italien, qu'il parle pourtant fort bien ; se trouvant à la tête d'une députation de Niçois, il fut entraîné à parler français. (On rit.) Cela serait-il arrivé si Nice eût été véritablement italienne ?

On dira : le même fait se retrouve dans tous les pays de frontières. Messieurs, si jamais des circonstances que je ne puis prévoir amenaient au milieu de nous des députés du haut Frioul et de l'extrémité de la Sicile, croyez-vous qu'ils parleraient les uns l'allemand, les autres l'arabe ? Je ne le pense pas.

Non, Messieurs, Nice n'est pas italienne. Comme dans toute région voisine d'une frontière, il y existe des nuances : ces nuances se succèdent insensiblement de Nice au col de Tende ; mais les communes les plus rapprochées du col ont elles-mêmes protesté par des adresses de leur désir de partager la destinée des autres.

On ne peut pas dire que ce soit là une impulsion factice et anormale, déterminée par le traité du 24 mars. Le premier journal qui parut à Nice après 1848, celui qui pendant plusieurs années compta le plus d'abonnements, l'*Avenir de Nice*, n'a jamais cessé de prêcher ouvertement, et parfois avec violence, la réunion de Nice à la France. Et cette tendance n'était pas une forme prise par une opposition ministérielle, puisque l'appui de ce parti français fut souvent d'un grand secours, dans les élections, aux libéraux amis du ministère, contre les candidats cléricaux. Ce n'était pas non plus le fait de journalistes achetés par la France, puisque ce journal a fait longtemps une guerre très-vive au gouvernement français, si bien que nous fûmes forcés d'éloigner de Nice l'un des rédacteurs, professeur distingué d'économie politique et réfugié français.

On a dit : « Le vote a été si peu libre, que loin d'avoir aucune autorité, il prouve le contraire de ce qu'il exprime. » Le raisonnement me paraît singulier. Mais, à propos de la votation, je dois expliquer comment il se fait qu'après avoir établi que le suffrage, en Savoie et à Nice, aurait lieu d'après des règles que la Chambre déterminerait, le gouvernement a consenti que le vote eût lieu avant la délibération du Parlement.

Quand on négocia le traité, le gouvernement du Roi proposa le suffrage universel. Cette idée ne fut pas immédiatement accueillie par le gouvernement français, et c'est alors que nous fîmes savoir que le mode de votation serait réglé d'avance par le Parlement. Mais quand le gouvernement français se fut décidé à accepter le suffrage universel, sur les bases et d'après les règles établies dans l'Italie centrale, nous avons cru ne pas pouvoir repousser cette proposition raisonnable.

Le vote, dit-on, a été surpris à Nice; il y a eu coaction morale; il y a eu la proclamation du gouverneur; des agents ont été envoyés dans chaque commune. — Mais le zèle trop vif des agents, qui ont voulu se faire bien voir du gouvernement français, a entravé la réunion des deux pays au lieu de la faciliter. Il a été procédé au scrutin, dans toutes les communes, sous la présidence du syndic et de quatre conseillers ou adjoints communaux. Que les agents français aient fait ce qu'ils ont pu pour mettre en relief les avantages de l'union à la France, je ne le nie pas; il n'est que trop vrai qu'ils avaient de véritables raisons à faire valoir. Ils ont prouvé aux curés et aux instituteurs primaires que leurs traitements seraient augmentés; ils ont dit aux émigrants qui vont chaque année en Provence qu'ils n'auraient plus besoin de passeport; ils ont pu mentionner, à côté de ces bénéfices réels, des bénéfices imaginaires; de grandes élections, dans quelque pays que ce soit, ne manquent jamais d'être accompagnées de faits semblables. On en voit bien d'autres en Angleterre, en Amérique et chez nous-mêmes. Je ne parle pas des derniers votes émis en Italie sous l'impression d'une grande émotion universelle, d'un sentiment national; mais rappelez-vous les élections de 1857; d'un côté, le parti clérical criait : « Si vous nommez des amis du ministère, la religion est perdue, les autels seront renversés, le pays sera ruiné; » de l'autre, les amis du ministère disaient : « Si vous nommez des cléricaux, des modérés, la constitution est perdue, nous allons avoir une réaction absolutiste. » Tous les peuples libres sont sujets à ces anomalies, à ces exagérations. Je veux bien qu'à Nice on en ait fait un usage plus étendu qu'à l'ordinaire; mais de pareils moyens auraient-ils pu donner à la France la presque unanimité, si les vœux réels du pays eussent été contraires? Qu'on fasse l'expérience quelque part en Italie : on ne trouvera pas même une minorité qui se prête à la séparation de la moindre parcelle d'une province italienne. (Bien.) D'ailleurs, les soldats niçois qui se trouvaient sur notre territoire ont, eux aussi, voté pour la France.

Si donc le traité nous impose les sacrifices les plus douloureux, s'il nous prive de deux nobles provinces qui nous ont été et pouvaient nous être encore larges de secours en forces et en argent, nous n'avons pas enfreint le principe de nationalité sur lequel notre politique repose. Je regretterais comme M. Rattazzi le traité, si je pouvais penser que la cession de Nice viole ce principe sacré. Nous pouvons avoir commis une erreur, c'est possible, quoique je ne le croie pas; mais notre bonne foi a été complète. Nous avons voulu, par le traité, rendre au principe de nationalité un éclatant hommage; et cette conviction est si vraie en nous, que les pactes les plus avantageux qui nous seraient proposés à la condition de le violer, nous les repousserions absolument. Dieu sait combien le sort de Venise émeut notre cœur, Dieu sait quel cruel moment a été pour nous celui où nous avons dû renoncer à l'espoir de la délivrer. Eh bien, Messieurs, je le déclare à haute voix devant vous et devant l'Europe, si, pour avoir Venise, il nous fallait céder le moindre morceau de terre en Sardaigne ou en Ligurie (avec chaleur), je repousserais sans hésiter la proposition.

Je termine ici. Je ne sais si je puis me flatter d'avoir fait passer dans vos âmes la conviction profonde qui m'anime, de vous avoir démontré que notre politique est sage, généreuse, féconde; que nous ne pouvons pas la changer; que nous devons donc nous résoudre à céder la Savoie et Nice.

Si j'ai réussi, venez, l'âme attristée, mais la conscience tranquille, déposer dans l'urne un vote favorable au traité, et l'histoire louera cet acte comme un témoignage de la sagesse éclairée, du patriotisme véritable de ce premier Parlement italien.

XVI

SUR LE PROJET DE LOI POUR L'ANNEXION DES PROVINCES MÉRIDIONALES.

La politique du comte de Cavour dans les affaires de Naples a été sévèrement jugée. On n'a voulu voir que du machiavélisme dans les réponses qu'il fit aux offres d'alliance que MM. Manna et Winspeare avaient apportées à Turin de la part du roi de Naples : on a dit et répété qu'il eût dû les accepter ou déclarer la guerre sans délai. Ceux qui raisonnent ainsi n'ont qu'une idée très-vague de la question telle qu'elle était posée alors. Au jeune roi de Naples comme à son père, le cabinet de Turin n'avait fait entendre que des conseils amicaux de modération et de sagesse. Loin de songer à fomenter des troubles dans les Deux-Siciles, le comte de Cavour s'était abstenu, soit au congrès de Paris, soit plus tard, de suivre l'exemple de la France et de l'Angleterre, qui ne contribuèrent pas peu, par leurs éclatantes démonstrations diplomatiques, à précipiter le cours des événements dans l'Italie du sud. Les instructions données au comte de Salmour et au marquis de Villamarina, qui ont été livrées à la publicité, prouvent que, même après Villafranca, le gouvernement sarde désirait sincèrement voir la monarchie constitutionnelle se fonder sérieusement et s'affermir à Naples.

Mais deux conditions étaient indispensables pour cela : de

la part du gouvernement de François II, une loyauté au-dessus de tout soupçon; de la part de ses sujets, une confiance pleine et entière. Les deux conditions manquaient également. Les intrigues réactionnaires se nouaient sans interruption autour du jeune roi; l'on savait que la reine douairière était en correspondance suivie avec Vienne, et que François II ne cessait de demander à Rome l'absolution du péché qu'il avait commis en octroyant une constitution. Les populations, de leur côté, ne voyaient dans la constitution et dans l'offre d'alliance avec le Piémont qu'une répétition de la comédie sanglante de 1848.

De plus, d'après certains projets formés précédemment entre le roi de Naples et la cour de Rome, et venus à la connaissance du comte de Cavour, le président du conseil avait eu des raisons de penser que, dans le cas où l'insurrection de Sicile et la descente de Garibaldi à Marsala ne fussent pas venues retarder la retraite des Français de Rome, déjà acceptée par le cardinal Antonelli, la marche des affaires d'Italie eût été probablement modifiée de la manière suivante : François II aurait donné la main au général Lamoricière, et les troupes pontificales et napolitaines auraient entrepris ensemble la conquête des Romagnes pour le compte du saint-siége.

Enfin les négociateurs napolitains n'avaient pas même le pouvoir de reconnaître le gouvernement avec lequel ils traitaient. Une lettre autographe de François II aurait été jusqu'à leur interdire de rien faire qui pût entraîner de la part du gouvernement napolitain une reconnaissance des « usurpations » commises dans les États du pape. Dans ces conditions, les offres d'alliance ne pouvaient être regardées comme sérieuses.

Les fragments suivants d'une dépêche envoyée à Saint-Pétersbourg, le 25 juillet 1860, exposent avec vigueur le jugement du comte de Cavour sur cette situation :

« Le gouvernement napolitain se trouve dans une position

fort singulière. Après avoir persisté, avec une opiniâtreté dont on trouverait peu d'exemples dans l'histoire, dans des errements qui lui ont attiré la désapprobation universelle, après avoir refusé plusieurs fois de s'associer à nous et d'asseoir son autorité sur la large base d'une politique nationale, pressé par des dangers qu'il s'est créés lui-même, il fait un brusque virement de bord et demande notre amitié. Quelles sont les circonstances dans lesquelles se fait cette demande? Une moitié de son royaume s'est déjà soustraite à son autorité; dans l'autre moitié le peuple, que le joug d'une police odieuse et des antécédents déplorables ont rendu méfiant même des institutions libérales qu'on lui octroie, refuse de prêter son appui à des ministres honnêtes et libéraux, et s'attend à voir à chaque instant le canon de la réaction tonner dans les rues de Naples. C'est pour détruire cet incurable sentiment de défiance, pour combler l'abîme qui existe malheureusement entre le peuple et la dynastie, qu'on demande au roi Victor-Emmanuel de se faire garant de la bonne foi du gouvernement napolitain, de l'appeler à partager avec lui cette auréole de popularité qu'une administration ferme et libérale, et surtout le sang versé glorieusement dans de nombreux champs de bataille ont méritée à la maison de Savoie. En attendant, l'armée, la marine napolitaines hésitent entre la fidélité à leur roi et le besoin de se rallier à l'opinion nationale. Des désertions nombreuses affaiblissent les troupes qui combattent Garibaldi, et ce général, avec une poignée d'hommes, s'empare de Palerme, fait reculer des masses énormes de soldats, et réalise une expédition qui paraissait téméraire et impossible... »

« Le véritable ennemi du gouvernement napolitain, c'est le discrédit où il est tombé. Même sans reposer sur des institutions représentatives, un gouvernement peut compter sur l'appui de son peuple, tant qu'il représente un principe national, qu'il administre et punit avec justice et suivant les lois établies. A ces conditions, les rois trouvent des soldats qui se battent pour eux, surtout lorsqu'ils savent se mettre bravement à leur tête : à ces conditions il est facile de trouver des alliés empressés et utiles. Lorsque, au contraire, au moment où l'on fête la concession d'une constitution, le peuple est terrifié par la vue de spectres sortant des cachots; lorsque l'armée a été minée par l'espionnage, mise en défiance de ses officiers, avilie par des faveurs accordées à des troupes mercenaires; lorsque, surtout, les soldats, depuis deux ou trois générations, n'ont vu d'autres ennemis que leurs concitoyens, l'édifice s'écroule, non par le manque de force matérielle, mais par le défaut absolu de tout sentiment généreux, de toute force morale...

Quant à nous, s'il était en notre pouvoir de donner un peu de ressort moral à une organisation frappée d'une incurable sénilité, nous ne lui refuserions point notre concours, mais nous devons tenir compte des difficultés qui nous entourent et ne pas blesser inutilement le sentiment national. Il est facile, il est glorieux même d'embrasser son ennemi sur le champ de bataille; malheureusement l'antagonisme qui a existé jusqu'ici entre les gouvernements de Sardaigne et de Naples, n'est pas une de ces luttes où il est également glorieux de vaincre ou d'être vaincu. »

Mais si une alliance était impossible, d'un autre côté, comme la Russie et la Prusse insistaient pour que les offres napolitaines ne fussent pas repoussées, il était également impossible d'y répondre par une déclaration de guerre. Ouvrir les hostilités contre le gouvernement napolitain avant que les populations eussent montré clairement leur aversion pour les Bourbons, c'eût été changer réellement en conquête le mouvement annexionniste italien. L'Espagne, la Prusse et la Russie ont protesté vivement contre l'entrée de l'armée de Victor-Emmanuel dans les provinces napolitaines, bien que François II eût alors abandonné déjà sa capitale, et qu'il ne lui restât plus, de tout son royaume, qu'une forteresse pour dernier refuge : quelle opposition n'eût pas soulevée en Europe une déclaration de guerre faite au roi de Naples, au moment même où il paraissait tendre au gouvernement sarde une main qui pouvait encore être jugée capable de tenir le sceptre?

Le comte de Cavour fut donc forcé de temporiser, contre son inclination, et d'attendre que les populations napolitaines eussent choisi entre le drapeau de Victor-Emmanuel, porté par Garibaldi dans l'Italie méridionale, et la dynastie de Bourbon. Si elles eussent appuyé le moins du monde le gouvernement napolitain dans sa défense, l'entreprise de Garibaldi n'aurait pas eu plus de succès que celle de Pisacane. Il dépendait entièrement de l'attitude des populations que la descente de Marsala n'aboutît qu'à une insurrection passagère ou qu'elle devînt le point de départ d'une révolution dans le sens national.

Le comte de Cavour ne se cachait pas les inconvénients de cette politique d'atermoiements, fatalement imposée par la situation. Il savait qu'elle l'exposait à être accusé de duplicité par Garibaldi, aussi bien que par les partisans du roi de Naples. Il savait surtout qu'on pouvait voir de la faiblesse dans une conduite où il n'y avait que de la prévoyance, et que le prestige du gouvernement du Roi dans le reste de l'Italie pourrait en être diminué au profit des hommes de la révolution pure.

L'expédition rapide des Marches et de l'Ombrie para bientôt à ce danger. Les provocations n'avaient pas manqué de la part du gouvernement pontifical : le général Lamoricière avait annoncé publiquement que sa mission était de reconquérir les Romagnes; les massacres de Pérugia pouvaient se renouveler au premier moment, et les rapports entre les deux gouvernements ressemblaient si peu à l'état de paix, qu'on devait s'attendre de part et d'autre à un éclat de plus en plus inévitable. L'armée italienne prit les devants avec la célérité nécessaire. Rome et la Comarca étant mises hors de cause par l'occupation française, il fallait en un clin d'œil débarrasser l'Ombrie et les Marches des zouaves pontificaux, prendre Ancône, et, après avoir de la sorte anéanti les plans de la réaction, aller à Naples empêcher que le mouvement italien, abandonné à de fougueux pionniers, ne changeât de nature et de caractère.

Le danger était réel, imminent. Le cœur rempli d'amertume par la cession de Nice, Garibaldi s'éloignait de plus en plus des vues du gouvernement, tout en continuant à faire du nom du Roi le symbole de l'unité italienne. Enivré de sa victoire, le héros ne s'apercevait pas des intrigues qui se nouaient autour de lui. Il déclarait hautement qu'il ne réunirait l'Italie méridionale à celle du nord que le jour où, après avoir délivré Venise et reconquis Nice, il pourrait proclamer du haut du Capitole l'unité de l'Italie.

Dans cette situation plus qu'inquiétante, le tact politique du peuple italien, l'immense ascendant du Roi, la fermeté habile du comte de Cavour, surent prévenir la guerre civile.

Conduits par le Roi, les vainqueurs de Castelfidardo et d'Ancône franchirent la frontière napolitaine, et assiégèrent Capoue et Gaëte. Garibaldi, après avoir demandé sans l'obtenir la lieutenance générale de l'Italie méridionale pour une année, refusa les honneurs qui lui furent offerts et se retira à Caprera. En même temps le comte de Cavour réunissait les Chambres et les consultait sur le dissentiment survenu entre le dictateur et le ministère.

La question avait été posée par le dictateur dans des termes très-nets. Il avait protesté publiquement, au mois de septembre, que jamais il ne pourrait s'entendre avec l'homme qui lui avait ôté sa patrie. Il avait envoyé auprès du Roi le marquis Giorgio Pallavicini pour lui demander la démission du comte de Cavour et de ses collègues. Le Roi ne s'était pas rendu à cette intimation peu constitutionnelle; mais il était du devoir des ministres de soumettre la question de cabinet à l'autorité compétente du Parlement.

C'est ce que le comte de Cavour expliqua dans un rapport

qu'il lut lui-même à la Chambre des députés, le 2 octobre 1860. Ce rapport contenait l'exposé des motifs d'un projet de loi dont l'objet était d'autoriser le gouvernement à accepter l'annexion des provinces de l'Italie méridionale, et à la consacrer par des décrets royaux.

On y rappelait que depuis le vote de confiance donné au ministère en juin 1860, onze millions d'Italiens étaient venus se réunir aux onze autres millions qui formaient déjà le royaume; que les succès obtenus étaient dus à l'initiative des populations, à la valeur des volontaires, mais aussi à la politique suivie depuis 1848 par le gouvernement du Roi; les événements récemment accomplis obligeaient le ministère à s'assurer qu'en continuant à la suivre il avait l'appui du Parlement. L'Italie, ajoutait le rapport, est libre désormais; Venise fait exception; mais une agression contre l'Autriche ferait naître présentement une coalition contre l'Italie. Quant à Rome, qui donc voudrait tourner contre les Français qui sont à Rome les forces que nous devons en grande partie aux Français qui étaient à Solferino? On ne peut donc actuellement rien faire pour ces deux provinces, mais on peut faire beaucoup pour les autres, qui ont besoin d'être organisées.

Les tendances de l'Italie à la modération, à la régularité, à l'ordre, lui ont acquis les sympathies du monde. Sortir sans délai du provisoire, telle a été la première pensée de l'Émilie et de la Toscane; telle est celle des provinces du sud, qui sentent combien le désordre qui naît de l'incertitude nuirait à elles et au reste du pays. Le Roi, au nom de qui s'est fait le mouvement du sud, ne peut le laisser s'égarer et se compromettre; il ne veut point disposer arbitrairement de ces populations, mais il doit les mettre en état d'exprimer librement ce qu'elles veulent. Comme Italiens, nous souhaitons que les Napolitains et les Siciliens imitent l'Émilie et la Toscane; comme ministres du Roi, nous leur assurerons la liberté du vote. Le gouvernement vous demande donc la faculté d'accomplir l'annexion des provinces déjà affranchies, lesquelles, consultées par le suffrage universel, se déclareront librement pour la réunion au reste de la famille italienne.

Des patriotes éminents veulent retarder la réunion jusqu'après la délivrance de Venise et de Rome : c'est dire qu'on voudrait entretenir la révolution en permanence pour affranchir l'Italie. Mais au point où nous sommes arrivés, quand nous pouvons former un État fort et compact de vingt-deux millions d'Italiens, la période révolutionnaire doit finir, la période d'ordre et d'organisation doit commencer. Le généreux citoyen qui s'est opposé jusqu'ici à l'annexion du sud ne songe pas que, si son projet s'exécutait, l'autorité passerait bientôt de ses mains, à lui qui a écrit sur son drapeau *Italie et Victor-Emmanuel*, dans celles des hommes qui ont pris cette mystique et obscure devise : *Dieu et le peuple*.

Un homme justement cher au pays a dit qu'il se défiait de nous : c'est au Parlement de décider si nous devons nous retirer, ou continuer notre œuvre.

Tel était le rapport. Après une discussion de quelques séances, le projet fut voté par la Chambre à la majorité de deux cent quatre-vingt-seize voix contre six.

Le Sénat l'approuva par quatre-vingt-quatre voix contre douze.

1

SUR LA DISCUSSION DU PROJET DE LOI POUR L'ANNEXION DE NOUVELLES PROVINCES.

Séance de la Chambre des députés du 11 octobre 1860.

Messieurs les députés,

Si jamais j'avais douté que le gouvernement du Roi eût raison en provoquant la réunion du Parlement pour lui soumettre l'état du pays et lui demander son suffrage, la discussion qui a eu lieu pendant ces quatre jours m'aurait pleinement rassuré. Ce débat, nous devons tous le reconnaître, a dissipé bien des craintes, résolu bien des incertitudes et rapproché beaucoup les esprits. Les différences qui nous séparent sont bien petites, puisque tous, à une brillante exception près[1], nous considérons comme nécessaire d'appeler sans retard les populations de l'Italie du sud à manifester leurs vœux.

Je rends justice aux membres de cette Chambre qui ont parlé contre le projet de loi; ils ne sont en désaccord avec nous que sur la voie que le gouvernement doit suivre pour effectuer ces annexions, et sur la détermination prise par le ministère de vous demander à ce sujet votre jugement sur la direction qu'il a imprimée aux affaires publiques.

On a surtout insisté sur ce point, que le procédé pro-

1. M. Ferrari.

posé par le gouvernement est tout différent de celui qui a été adopté pour l'Émilie et pour la Toscane. Les orateurs qui m'ont précédé ont assez répondu à cette remarque. Mes honorables amis les députés Minghetti et Galeotti vous ont démontré que si l'annexion de la Toscane et de l'Émilie n'a pas été accomplie immédiatement après la délivrance de ces provinces, la faute n'en fut pas aux populations, ni aux hommes éminents qu'elles se donnèrent pour chefs dans la crise; j'ajoute que ce ne fut pas non plus la faute du gouvernement du Roi, et je parle ici du ministère qui nous a précédés aussi bien que du ministère actuel.

Était-il possible, en effet, qu'immédiatement après Villafranca, tandis que le traité de paix se négociait à Zurich, le gouvernement du Roi se prêtât aux désirs de la Toscane et de l'Émilie, qui voulaient l'annexion immédiate? Considérez la situation où se trouvait le pays, je ne dis pas à l'égard de l'Autriche, mais de la France elle-même : vous reconnaîtrez que la réponse faite par le Roi à Turin aux députations de la Toscane et des duchés, et à Milan à celle des Légations, loin d'être un acte de timidité et de modération, était d'une hardiesse extrême; aller plus loin eût été de l'étourderie.

Pas plus le lendemain que la veille de la signature du traité de Zurich, le gouvernement ne pouvait accepter ces annexions. Les temps cependant devenaient plus propices, lorsque survint la proposition fort inattendue, et bientôt acceptée par toutes les grandes puissances, d'un congrès européen où devaient s'établir des conférences sur la base, proclamée par deux de ces puissances, du principe de non-intervention, c'est-à-dire, en définitive, du respect des vœux des Italiens.

Pendant que la réunion de ce congrès était attendue, et qu'on en espérait des résultats favorables à l'Italie, il aurait été imprudent, il aurait été insensé de précipiter un acte d'union que les gouvernements les plus sympathiques à notre cause nous conseillaient de différer.

Sur ces entrefaites, la réunion du congrès étant devenue peu probable, le ministère qui était alors au pouvoir se résolut à envoyer immédiatement une mission à Paris et à Londres pour hâter l'annexion. C'est une décision que je ne puis désapprouver, puisque j'acceptai alors de représenter le gouvernement dans ces deux capitales. La mission ne put s'effectuer; mais si une crise ministérielle se produisit à ce moment, je puis affirmer ici, sans crainte d'être démenti par personne, qu'elle provenait exclusivement de causes intérieures, et que la politique étrangère n'y avait aucune part. Ces causes, je ne les rappellerai pas; je voudrais que le souvenir en fût effacé dans toutes les mémoires. (Applaudissements.)

Le nouveau ministère s'empressa de préparer l'annexion. Comme celle-ci était vue de mauvais œil par la diplomatie, il parut sage d'associer le Parlement à ce grand fait; et en conséquence, après le plébiscite, les dictateurs de l'Émilie et de la Toscane furent invités à faire procéder sans retard à l'élection des députés, et l'on appela les représentants de ces provinces à siéger tous ensemble avec nous dans cette enceinte.

En agissant ainsi, je l'avoue sans réticence, nous nous sommes écartés de la légalité stricte, nous avons commis un acte inconstitutionnel; nous n'avions pas, en droit absolu, la faculté d'inviter les représentants de l'Émilie et de la Toscane à siéger au Parlement, pour délibérer avec les représentants des anciennes provinces (et je compte parmi celles-ci la Lombardie), pour prendre part au vote sur l'annexion des provinces nouvelles.

Votre vote unanime a sanctionné cet acte.

S'il était nécessaire, pour assurer l'annexion du sud de l'Italie, de commettre d'autres illégalités, je suis persuadé que le ministère, malgré la présence dans son sein de deux jurisconsultes éminents, prêtres zélés de Thémis (hilarité), en prendrait la responsabilité; mais, grâce au ciel, on peut s'en dispenser. La réunion de ces provinces rencontre des obstacles, mais des obstacles différents de ceux qu'on a eu à renverser pour les annexions passées.

Il n'y a pas de nécessité actuelle que cette annexion soit consacrée d'avance par les députés de toute l'Italie; dès lors, il vaut mieux, conformément à l'esprit de nos institutions, procéder légalement, et faire que lorsque les populations du sud seront appelées à délibérer sur l'annexion dans leurs comices, les députés des anciennes provinces (y compris l'Émilie et la Toscane) aient déjà émis leur vote sur cette grande question.

On a tort de dire que, le contrat n'étant pas conclu, la Chambre ne sait pas ce qu'elle vote; car nous ne venons pas vous demander la moindre latitude, le moindre pouvoir discrétionnaire quant à la teneur du pacte d'union. Ce que vous voterez, c'est l'annexion sans condition de l'Italie méridionale. Nous ne pouvons nous écarter d'une virgule de ce texte inscrit dans la loi. Vous ne sanctionnez donc pas un traité à conclure, vous tracez au ministère une règle positive, invariable pour le conclure.

Ainsi formulé, votre vote aura de grands et heureux résultats. En autorisant le gouvernement à accomplir l'annexion, vous établirez avec solennité que l'annexion ne doit pas être conditionnelle. Je ne m'exagère pas l'importance du parti municipal à Naples et en Sicile; il ne compte qu'un petit nombre d'hommes, distingués, mais isolés. Pourtant un vote solennel du Parlement rendra plus facile encore et moins contestée cette sentence que les populations du midi vont être appelées à prononcer sur leur sort.

Je crois avoir démontré qu'on ne saurait invoquer en ceci les précédents de l'année dernière. Il me reste à traiter le sujet le plus délicat de cette discussion, à parler du vote de confiance. (Écoutez!)

Quelques orateurs ont donné à entendre qu'en venant vous demander un jugement sur sa politique, le ministère voulait constituer la Chambre juge entre le général Garibaldi et lui. L'honorable Sineo a parlé comme si l'illustre général eût été traîné à la barre de cette Assemblée et qu'il eût besoin ici d'un défenseur. Non, Messieurs : loin de manquer d'égards envers le général Garibaldi, le ministère, en portant devant la Chambre la question de confiance, a rendu au général l'hommage le plus éclatant qui puisse être rendu à un citoyen.

Un dissentiment profond s'est produit entre le général et le ministère. Ce dissentiment, nous ne l'avions pas provoqué; l'amiral qui alla opérer auprès du général à Palerme pourrait dire, s'il n'était absent de cette Chambre pour des raisons de service public[1], quelles étaient alors ses instructions soit officielles, soit confidentielles. Nous n'avions pas provoqué ce dissentiment; une fois qu'il se fut produit, le ministère fit tout son possible pour le tenir secret. Quand un écrit public, quand une mission solennelle, en quelque sorte, le révéla, le gouvernement du Roi jugea le cas assez grave pour que son devoir fût de demander au Parlement si la scission survenue ne modifiait point le jugement porté par lui peu de mois auparavant sur notre politique. Il me semble que cette façon d'agir, loin d'être injurieuse au général, est hautement honorable pour lui. (Bien.)

Que pouvait faire le ministère? Passer outre sans savoir si le Parlement ne partageait point les idées de Garibaldi sur sa politique? Si nous avions fait cela, on nous aurait reproché avec raison de n'avoir pas consulté le Parlement dans une circonstance aussi critique.

Vous aviez, nous dit M. Mellana, un autre parti, une noble résolution à prendre : vous deviez vous retirer. Le conseil n'est pas entièrement mauvais, mais ce n'est pas au moment dont parle M. Mellana qu'il pouvait être suivi. Aux derniers jours du mois d'août, quand le désaccord n'était encore que latent, le ministère, se préoccupant des suites qu'il pouvait avoir s'il venait à éclater, délibéra à l'unanimité de soumettre le cas à la couronne. Les hommes qui versaient, comme dit l'ho-

1. L'amiral Persano. Ancône venait d'être prise.

norable Chiaves, le fiel et le vinaigre dans le cœur blessé de l'illustre général, avaient beaucoup plus d'influence sur lui que ceux de ses amis qui, en bons citoyens, tâchaient de calmer ses ressentiments : nous représentâmes au souverain les perspectives inquiétantes qu'ouvrait un tel état de choses, et nous lui déclarâmes que peut-être fallait-il prévenir des éventualités fâcheuses en changeant, non pas certes de politique, mais de ministres. Après mûres réflexions, le Roi jugea qu'un changement de ministère en dehors de l'action des Chambres, et sans aucun motif politique, ne pouvait qu'affaiblir le gouvernement au dedans et à l'extérieur. Sa Majesté invita donc les ministres à rester à leur poste. Ils obéirent, espérant que leur désaccord avec le général ne paraîtrait pas au grand jour. Il éclata sans que nous pussions l'empêcher. Dès lors, il ne nous était plus permis de renouveler l'offre de notre démission ; car si la couronne fût venue à changer de conseillers à la requête d'un citoyen, quelque illustre et bien méritant qu'il pût être, elle aurait porté un coup mortel à notre système constitutionnel. (Bravo.) Le général Garibaldi, je le veux bien, est dans une autre condition que les généraux Fanti et Cialdini ; mais s'il est dictateur à Naples, il est citoyen comme nous, et il a, comme nous, juré le Statut. (Très-bien.)

Ne pouvant plus donner nos démissions, nous ne pouvions que convoquer le Parlement. Nous l'avons fait, pensant que c'était le seul moyen de faire cesser le désaccord. Oui, en venant franchement vous faire connaître la situation, en vous demandant un jugement non pas sur la conduite du général Garibaldi, mais sur notre politique, nous arriverons à ce résultat : que si votre vote nous est contraire, la crise ministérielle s'accomplira, mais en conformité des grands principes constitutionnels; et que s'il nous est favorable, il agira sur l'âme généreuse du général Garibaldi. (Bien.) Nous sommes sûrs (avec force) qu'il en croira les représentants de la nation plutôt que ces mauvais citoyens dont le triste travail est de séparer des hommes qui ont énergiquement et longtemps lutté pour la cause nationale. (Applaudissements.) Si vous nous accordez votre vote, nous, animés toujours d'un égal esprit de conciliation, excités même dans nos désirs de concorde par les nobles paroles qui ont été prononcées ici, nous irons au-devant du général Garibaldi; lui montrant l'ordre du jour proposé par votre commission [1], et auquel nous nous associons de grand cœur, et lui montrant aussi le vote de confiance qui nous aura été accordé par le Parlement, nous inviterons le général, non pas en notre nom, mais au nom de l'Italie, à nous tendre la main. (Vifs applaudissements.)

Je viens de dire pourquoi nous portons devant la Chambre la question de confiance. Je devrais finir ici; mais je dois donner quelques explications qui m'ont été

1. Ainsi conçu : « La Chambre des députés applaudit à l'éclatante valeur de l'armée de terre et de mer et au généreux patriotisme des volontaires; elle atteste l'admiration et la reconnaissance nationales pour l'héroïque général Garibaldi, qui, secourant avec une hardiesse magnanime les peuples de la Sicile et de Naples, rendit aux Italiens, au nom de Victor-Emmanuel, une si grande partie de l'Italie. » Cet ordre du jour fut approuvé à l'unanimité, immédiatement avant la votation de la loi qui autorisait le ministère à effectuer la réunion des provinces du sud. (11 octobre.)

demandées dans les séances précédentes. J'ai d'abord un mot à répondre au député Ferrari, qui a dit qu'en adoptant la proposition du ministère, l'on rendait probable la cession d'une nouvelle partie de l'Italie.

J'ai dit, et je crois inutile de le répéter, que jamais il n'a été question, et d'aucune manière, directement ou indirectement, de rien de semblable. Cependant tenons-nous-en à la possibilité matérielle du fait : il est incompréhensible que pour prévenir une diminution de territoire, on veuille perpétuer la division, pour ne pas dire la discorde, en Italie. Mais faites l'annexion, et toute cession deviendra impossible; faites-la, et le traité du 24 mars ne pourra plus être invoqué comme précédent, car une telle demande ne serait plus faite à un petit peuple de cinq millions, mais à la grande nation italienne, forte de vingt-deux millions de citoyens; faites-la, et si le ministère change, quels que soient nos successeurs sur ce siége, à quelque partie de la Chambre ou du pays qu'ils appartiennent, ils sauront répondre en dignes descendants de Capponi. (Applaudissements prolongés.)

Des doutes ont été soulevés, des explications demandées sur deux points douloureux et délicats : Rome et Venise. Je pourrais me taire et m'envelopper dans la raison d'État; mais, en ce siècle de publicité, je crois qu'il vaut mieux que les gouvernements et les assemblées manifestent ouvertement leurs vues. Sur la question présente, pratique, nous sommes tous d'accord. Nous sommes tous d'avis qu'il ne sera ni opportun ni convenable que nous allions à Rome tant que les troupes françaises l'occuperont. Reste la question d'avenir.

C'est une chose grave, pour un ministre, d'émettre son opinion sur les grandes questions qui appartiennent aux temps futurs ; cependant un homme d'État digne de ce nom doit avoir devant lui certains points immuables qui soient comme son étoile polaire, qui le guident dans son chemin et dont il ne détache jamais son regard, tout en se réservant le choix de moyens appropriés aux circonstances.

Durant les douze dernières années, l'étoile fixe du roi Victor-Emmanuel fut l'idée de l'indépendance nationale; quelle sera cette étoile, cette idée pour Rome? C'est que la Ville éternelle, sur laquelle vingt-cinq siècles ont accumulé toutes les sortes de gloire, devienne la splendide capitale du royaume italique. (Immenses applaudissements.)

Cette réponse ne suffira peut-être pas aux interpellants, qui demandent quels moyens nous entendons employer. Je pourrais dire : je répondrai si d'abord vous me faites savoir dans quelle situation seront dans six mois l'Italie et l'Europe. (Hilarité et marques d'adhésion.) Si vous ne me fournissez pas ces données, ces termes du problème, je crains que ni moi ni aucun des mathématiciens de la diplomatie ne soit capable de trouver l'inconnue que vous cherchez. (On rit.)

Si pourtant je ne puis indiquer les moyens particuliers à adopter, je puis dire quelles doivent être les grandes causes qui amèneront la solution désirée.

J'ai affirmé et je vous répète que la question de Rome ne peut, à mon avis, être résolue par l'épée. L'épée est nécessaire et le sera encore pour empêcher que des éléments hétérogènes ne viennent se mêler aux éléments propres du problème; mais c'est par des forces morales que celui-ci doit surtout être résolu. Quelles sont ces forces?

Ici, j'empiète un peu sur le terrain de la philosophie et de l'histoire (hilarité); mais puisque je suis entraîné sur ce terrain, je dirai ma pensée tout entière.

Je crois que la solution de la question romaine viendra de la conviction toujours croissante, dans le sein de la société moderne et même dans la grande société catholique, que la liberté est hautement favorable au développement du véritable sentiment religieux. (Très-bien.)

Je crois fermement que cette vérité triomphera avant peu. Nous l'avons vue reconnue par les partisans les plus passionnés des idées catholiques; nous avons vu un écrivain illustre, dans un moment de lucidité, démontrer à l'Europe, en un livre qui a fait du bruit, que la liberté avait été très-propice au réveil de l'esprit religieux. C'est une vérité d'ailleurs dont nous fournissons nous-mêmes les preuves. Je n'hésite pas à affirmer que le régime libéral qui se développe dans cette contrée subalpine depuis douze ans est très favorable aux progrès du sentiment religieux; je me crois en droit de déclarer qu'aujourd'hui ce sentiment est plus vif, plus sincère en Piémont qu'il ne l'était il y a douze ans. (C'est vrai!) Je me crois dans le vrai en assurant que si le clergé a moins de priviléges, si le nombre des moines est bien moindre, la vraie religion a bien plus d'empire sur les esprits qu'à l'époque où l'on montait aux emplois et aux honneurs en flattant une certaine fraction du clergé et en fréquentant hypocritement les églises. (Applaudissements.)

Ceux d'entre vous qui n'ont pas habité les anciennes provinces sardes peuvent s'assurer du fait au sortir de cette assemblée. Il vous sera confirmé par tous les vénérables pasteurs de cette ville, bien que la capitale du Piémont n'ait pas eu la bonne fortune de voir à la tête du diocèse un de ces pasteurs éclairés comme il s'en rencontre dans des cités très-proches de nous, et qui savent concilier les principes de liberté avec les préceptes religieux. (Applaudissements.)

Lorsque cette opinion sera généralement accueillie, Messieurs, et elle ne tardera pas à l'être (la conduite de notre armée, l'attitude de notre prince magnanime y aideront elles-mêmes), quand cette opinion aura pris assez de consistance dans l'esprit des autres peuples et aura pénétré au cœur des sociétés, la grande majorité des catholiques éclairés et sincères, je l'affirme sans hésitation, reconnaîtra que l'auguste chef de notre religion peut exercer avec plus de liberté, plus d'indépendance son sublime office, entouré de l'amour et du respect de vingt-deux millions d'Italiens, que gardé par vingt-cinq mille baïonnettes. (Applaudissements.)

J'arrive à Venise. (Profond silence.)

Quelque ardente que soit l'affection qui nous attache tous à cette grande martyre, tous nous reconnaissons que la guerre contre l'Autriche serait impossible en ce moment. Impossible, parce que nous ne sommes pas organisés; impossible, parce que l'Europe ne le veut pas. Je sais qu'il est ici des hommes qui font peu de cas de l'opposition des cabinets; je ne suis point de ce nombre, et je leur rappelle qu'il a toujours été fatal aux princes et aux peuples de ne pas tenir compte de ce que veulent les puissances. D'énormes catastrophes sont venues d'un trop grand dédain pour les sentiments des autres nations. Au commencement de ce siècle, le plus grand capitaine des temps modernes ayant mis sous ses pieds l'opinion européenne, tombe, malgré son génie extraordinaire et ses immenses ressources, après quelques années de règne, et retombe une seconde fois pour ne plus se relever, sous les efforts réunis de l'Europe. Plus récemment, un autre empereur, qui comptait, lui aussi, ses soldats par cent mille, et des soldats d'une valeur à nulle autre seconde, méprisa les avertissements des puissances et voulut trancher à lui seul son différend avec l'empire turc : il ne tarda pas à se repentir amèrement de n'avoir pas assez calculé la force des intérêts et des volontés de l'Europe. La même chose pourrait nous arriver si nous nous confiions uniquement à notre bon droit et à nos ressources, si nous ne nous occupions point des conseils qu'on nous adresse du dehors.

Mais alors, me demande-t-on, par quel moyen résoudre la question de Venise? — D'une manière bien simple : en faisant changer l'opinion de l'Europe.

Et cela comment? L'opinion de l'Europe doit changer inévitablement. L'opposition que nous rencontrons maintenant n'existe pas dans les gouvernements seuls, mais aussi, il faut le dire, dans une grande partie des populations même libérales de l'Europe. Cette opposition contre l'entreprise de la délivrance de Venise vient de deux causes :

D'abord, l'Europe doute encore que les Italiens soient capables de se constituer en une nation forte et indépendante; elle n'a pas une juste idée des ressources dont nous disposons; elle nous croit impuissants à accomplir seuls et par nous-mêmes une si grande entreprise. Ces idées, il dépend de nous de les rectifier. Organisons-nous, prouvons qu'il n'existe parmi nous aucun germe funeste de désunion et de discorde; formons un État solide, qui puisse disposer d'une armée formidable, d'une flotte puissante, et qui s'appuie sur le consentement unanime des populations; alors l'opinion changera en Europe, et ils verront enfin la vérité, ces libéraux de divers pays dont la pensée est perplexe ou incrédule touchant les destinées de cette noble et malheureuse partie de l'Italie.

En second lieu, quelques-uns imaginent encore qu'une réconciliation est possible entre les populations vénitiennes et le pouvoir autrichien; mais cette illusion va se dissipant; il est clair qu'il n'est pas de concession, pas de faveur, pas de tentative d'accord qui puisse détourner les Vénitiens des aspirations qui les entraînent vers la grande famille italienne. Si cela a été vrai jusqu'ici, ce sera vrai de plus en plus à l'avenir, car le monde moral est régi par des lois analogues à celles du monde physique; l'attraction est en raison des masses, et plus l'Italie devient forte et compacte, plus l'attraction qu'elle exerce sur la Vénétie est puissante, irrésistible. (Applaudissements.)

Du reste, Messieurs, cette vérité a déjà été avouée par le gouvernement de Vienne lui-même. (Écoutez!)

A Villafranca, l'empereur d'Autriche, je n'en doute aucunement, désirait sincèrement établir en Vénétie un régime de conciliation et essayer, par des faveurs, de rattacher moralement la Vénétie à l'empire. Il s'y efforça pendant quelque temps, mais il dut bientôt reconnaître qu'il faisait fausse route, et il revint au système de compression. Je ne lui en fais aucun reproche : du moment où l'empire entend garder la Vénétie, une fatalité inévitable lui commande de maintenir le système de la compression et des rigueurs. (Assentiment.)

Quand ces vérités auront pénétré dans les esprits, dans les cœurs en Europe, elles exerceront, je l'espère, une grande influence.

Je sais bien ce qu'on va me répondre : que je caresse des rêves, que la diplomatie n'a point d'entrailles. Avant tout, en raison de ma charge, je repousse cette imputation. (Hilarité.) Mais, fût-elle juste, je dirais : si les diplomates n'ont pas d'entrailles, les peuples en ont. Par le temps qui court, ce ne sont plus les diplomates qui disposent des peuples, ce sont les peuples qui imposent aux diplomates les travaux à accomplir. (Vif assentiment.)

J'ai donc la confiance que, lorsque la vérité ne pourra plus être sérieusement contestée, le sort déplorable de la Vénétie éveillera une immense sympathie non-seulement dans la généreuse France, dans la juste Angleterre, mais aussi dans la noble Allemagne (bravo !), où les idées libérales acquièrent d'année en année, de jour en jour plus de pouvoir. Je crois que le temps n'est pas loin où la plus grande partie de l'Allemagne témoignera qu'elle ne veut plus être la complice du supplice de Venise. (Applaudissements.)

Quand il en sera ainsi, Messieurs, nous serons à la veille de sa délivrance. Cette délivrance s'opèrera-t-elle par les armes ou par des négociations? la Providence seule en décidera.

Il ne me reste rien à ajouter, Messieurs.

Je ne sais si je puis me flatter d'avoir dissipé tous vos doutes et persuadé tous les membres de cette Chambre de la droiture des intentions du ministère, de l'opportunité de la politique qu'il vous conseille. J'espère toutefois que vous ne me taxerez pas de présomption si je manifeste un ardent désir, une vive espérance que vous donnerez à cette loi un vote unanime; ce vote sera d'un grand effet aux yeux de l'Europe; il pourra, avec une autorité incontestée, étouffer dans leur germe ces semences de discorde qui sont apparues dans les provinces méridionales, et qui risqueraient, si on les laissait se développer, de rendre irréalisable peut-être l'œuvre la plus grande, la plus merveilleuse qu'il ait été donné à un peuple d'accomplir. (Salves répétées d'applaudissements.)

2

MÊME SUJET.

Séance du Sénat du 16 octobre 1860.

Messieurs les sénateurs, quand l'honorable sénateur Brignole a reproché au président du conseil de venir soutenir une politique de révolution condamnée par lui-même en d'autres circonstances, je pouvais m'attendre à la discussion la plus animée. Si la politique du ministère eût été révolutionnaire, elle aurait trouvé dans cette auguste assemblée une nombreuse et forte opposition; car le Sénat est le gardien respecté des grands principes conservateurs, le Sénat réunit les magistrats les plus renommés, les hommes les plus éminents et les plus indépendants, les gloires vivantes enfin de la moitié de l'Italie. Si les intérêts conservateurs étaient menacés, les voix ne manqueraient pas ici pour rappeler le ministère à de plus sages déterminations. Souvent, dans les dernières années, lorsqu'en certaines discussions le ministère se montrait non pas révolutionnaire, mais hardiment réformateur, souvent il a vu des oppositions considérables s'élever contre lui dans cette enceinte. Aujourd'hui au contraire, tous les sénateurs qui ont pris la parole après l'honorable Brignole ont appuyé la politique du ministère, tout en différant d'appréciation sur les moyens. Ceci prouve que les jugements de l'honorable Brignole ont été trop sévères, sinon injustes. Notre politique, en effet, à l'examiner mûrement, est en réalité éminemment conservatrice, dans le sens vrai du mot.

S'il est vrai que la politique qu'on appelle révolutionnaire est celle qui s'attaque aux racines de la société, qui a pour but de substituer aux principes fondamentaux de la famille et de l'ordre civil des idées hasardeuses et pleines de périls, vous ne pouvez méconnaître que la marche constamment suivie par le gouvernement du Roi lui a été absolument contraire. Comparez l'Italie de 1848 à l'Italie de 1860; vous reconnaîtrez que les idées extrêmes, qu'on désigne vulgairement sous le nom de révolutionnaires, n'ont plus guère de pouvoir parmi nous.

L'Italie a donné en ces deux dernières années des exemples admirables de sagesse civile, ainsi que de l'empire sur elle des principes d'ordre, de morale, de civilisation; nous pouvons tous dire avec orgueil qu'il n'existe pas de transformation politique dans l'histoire qui ait été accompagnée de moins de désordres, de moins de trouble dans les ressorts sociaux, que n'en a produit le mouvement italien depuis quinze mois.

Un orateur éloquent vient de retracer le tableau douloureux qu'offraient les Romagnes sous le gouvernement pontifical; il n'a rien exagéré. J'ai pu proclamer les mêmes faits en présence de la diplomatie européenne, et la diplomatie, qui est loin de manquer d'indulgence pour les gouvernements établis, n'a point contesté la vérité de mes paroles. Ce mauvais gouvernement est tombé sans qu'une réaction se soit produite. Les Romagnols libres n'ont pensé à se venger ni des castes, ni des hommes de l'oppression pendant les longs mois où l'Europe les abandonna à eux-mêmes. Le même fait s'est reproduit en Toscane et dans les duchés. L'une des villes de l'Émilie seulement a été la scène d'un attentat très-regrettable[1] qui excita partout la réprobation en Italie.

D'où sont venus ces grands résultats? De ce que le seul gouvernement qui soit resté libre, après 1848, de toute influence étrangère, le seul qui ait pris en main le drapeau national, l'a porté haut, ce drapeau, devant tous les Italiens, en déclarant qu'il lutterait par tous les moyens réguliers pour la cause de l'indépendance et du progrès civil. Alors disparut la contradiction qui existait dans les esprits entre l'idée d'un gouvernement régulier et l'idée de la tyrannie, de la force, de la négation des sentiments généreux de la nation; le sentiment de l'ordre, la notion juste d'un véritable gouvernement se firent jour dans les masses. A peine quelques débris des sectes de 1848 ont-ils reparu à Bologne : la population a fait rentrer aussitôt dans le silence ces restes d'une époque de triste mémoire.

Mais peut-être est-ce surtout ce qui se passe à Naples et à Rome que blâme le sénateur Brignole-Sales. Messieurs, j'en conviens, les faits qui se sont produits dans l'Italie du centre et du midi ne peuvent pas être jugés d'après les règles que l'on enseignait dans les écoles au temps où le sénateur Brignole les fréquentait. Il est évident que si l'on veut faire entièrement abstraction du droit des peuples, que si l'on ne veut pas reconnaître à la société le droit de réagir contre une domination deve-

1. L'assassinat d'Anviti à Parme.

nue trop malfaisante, rien n'empêche de blâmer ce qui s'est passé dans l'Italie du sud. Mais, comme on l'a dit ici même, il faut, dans une appréciation de ce genre, compléter par les maximes tirées du droit des peuples les préceptes de l'ancien droit public.

Le gouvernement du Roi ne pouvait rester insensible à la misérable condition de l'Italie méridionale. La réunion de la Lombardie au Piémont, les changements opérés dans l'Italie centrale rendaient cette condition plus dure qu'elle ne l'avait jamais été; le contraste entre des régimes si divers exaspérait des douleurs déjà trop cuisantes. Poussé par un vif désir d'améliorer le sort des contrées du sud, de faire faire un pas de plus à l'œuvre de l'indépendance et d'éviter des catastrophes nouvelles, le gouvernement adressa des conseils sincères, loyaux, utiles au jeune prince qui montait sur le trône de Naples dans le temps où la guerre suivait son cours, ainsi qu'au vénérable pontife de Rome. Ces conseils furent repoussés d'une manière absolue.

Ils étaient pourtant d'une modération qu'on peut qualifier d'excessive. Ils signalaient au jeune souverain le moyen d'échapper à une catastrophe inévitable : c'était de se décider à prendre part à la lutte nationale pendant que son concours pouvait encore être efficace. Le roi de Naples ayant jugé qu'il ne devait ou ne pouvait pas changer l'ordre de choses établi par son père, il devint évident qu'à une époque plus ou moins éloignée une révolution éclaterait dans ce royaume. Il était absurde d'imaginer que neuf millions d'Italiens pussent longtemps rester soumis à un régime ennemi de tous les sentiments les plus élevés et les plus généreux de la nature humaine, tandis qu'à peu de distance, en Italie même, il existait un État de onze millions d'hommes où la liberté pouvait largement se déployer, où le sentiment national avait pleine carrière.

Cette prévision fut justifiée quelques mois plus tard, lorsque la révolution de Sicile, aidée d'une poignée de volontaires conduits par un chef héroïque, renversa en quelques semaines tout un édifice politique appuyé par cent mille baïonnettes régulières. Chacun put apprécier alors la faiblesse réelle de la monarchie des Bourbons, qui avait suivi à la lettre toutes les traditions de ces États qui ne veulent pas changer de principes pendant que les siècles changent. S'il faut entendre par gouvernement révolutionnaire un gouvernement qui est dans l'impuissance de résister à la révolution, c'est celui de Naples que l'honorable Brignole devait qualifier ainsi, et non pas le nôtre. (Hilarité.)

Mais que pouvions-nous devant des faits semblables? Il était incontestable qu'un gouvernement qui n'avait pu disputer son existence à une poignée de volontaires manquait des conditions indispensables à la vie d'un État. Une restauration à Naples ne pouvait s'opérer par les seules forces du souverain; il fallait, pour l'imposer, une intervention étrangère, c'est-à-dire le malheur le plus grand qui pût arriver à l'Italie. Ce pouvoir était mort moralement; il avait lui-même reconnu sa propre déchéance en quittant la capitale sans tirer un coup de fusil. Que devaient faire le Roi et son gouvernement? Abandonner au caprice des événements cette noble partie de l'Italie? Laisser se développer dans le sud, au sein d'un état de choses précaire et transitoire, les germes de révolution anéantis dans l'Italie du nord? Non; ils ne le pouvaient pas.

En prenant résolûment la direction des affaires politiques du sud, le Roi et son gouvernement ont empêché que le mouvement national ne se fourvoyât; ils ont empêché que les circonstances exceptionnelles où Naples se trouvait après la révolution ne fissent surgir ces factions qui avaient fait tant de mal à l'Italie en 1848. Notre intervention, visant non pas à imposer aux autres Italiens un système préconçu, mais à les faire délibérer librement sur leur sort, ne fut pas un acte révolutionnaire; ce fut au plus haut point un acte conservateur.

Est-il plus difficile de justifier ce qui s'est passé dans les États romains? Non, Messieurs. Il est incontestable, même pour les plus tendres partisans des droits du saint-père, que les États pontificaux, placés entre l'Italie supérieure jouissant de sa liberté et l'Italie méridionale en révolution, ne pouvaient tenir. En vain le gouvernement papal avait-il fait appel je ne dirai pas aux sentiments, mais aux préjugés religieux de tout l'univers catholique, afin de réunir autour de lui quelques étrangers pour la défense de ses provinces. Cette armée, bien qu'il s'y trouvât des braves, bien qu'elle fût commandée par un général renommé, n'aurait pu former un rempart suffisant contre la pression révolutionnaire d'un côté, et de l'autre contre le mouvement qui eût entraîné irrésistiblement une grande partie des Italiens du nord à délivrer leurs frères demeurés sous la domination ecclésiastique.

Les destinées du pouvoir temporel dans l'Ombrie et les Marches étaient accomplies du moment où le reste de l'Italie, du Pô au golfe de Messine, était rendu à la liberté. Je ne nie pas que le pape n'eût pu résister quelque temps, mais le résultat final n'était pas douteux.

En présence de cette situation, le gouvernement du Roi devait aviser; il devait prévenir les égarements révolutionnaires, les incidents hasardeux; il a donc jugé que c'était à lui d'accomplir ce grand acte de justice, d'effacer du milieu de l'Italie l'opprobre qu'y perpétuait l'appui prêté par des mercenaires étrangers au joug de fer de l'autorité romaine.

Je ne sais si nos procédés ont été parfaitement réguliers, mais je sais que le but est sacré et qu'il justifiera peut-être ce qu'il peut y avoir eu d'anormal dans les moyens. (Approbation.)

Dans l'Ombrie et les Marches comme dans les autres provinces, nous ne sommes pas allés établir la révolution et le désordre, mais la bonne administration, la légalité et la moralité publique. Quoi qu'on ait dit, je proclame avec certitude (et l'Europe éclairée et libérale confirmera mes paroles) que jamais guerre ne fut conduite avec plus de générosité et de justice. Il était naturel qu'une certaine irritation se fût produite dans ces pays contre des étrangers qui, sans être poussés par le sentiment du devoir ou par l'amour de leur pays, venaient raffermir un joug exécré. Cependant ces étrangers ne furent en butte à aucun procédé hostile du jour où ils eurent déposé les armes; le gouvernement n'aurait pas permis que la population se déchaînât contre les autorités détestées qui avaient pesé sur elle, mais il n'eut même pas à l'empêcher. Le nouveau régime, salué, acclamé avec une joie enthousiaste, fit oublier jusqu'aux rancunes soulevées par l'ancien. Si dans quelques localités on a dû procéder contre certaines autorités ecclésiastiques, c'est qu'il est des provocations qui peuvent jeter l'émoi jusque dans l'armée la plus disciplinée du monde. Ainsi, quand vous saurez, Messieurs, que des prêtres ont refusé la sépulture à de simples soldats morts avec honneur sur le champ de bataille (sensation), vous ne trouverez pas étrange que l'autorité militaire ait pourvu avec quelque énergie à ce que de tels scandales ne pussent se présenter de nouveau. (Bien.)

Je vous ai exposé, Messieurs, que si en ces circonstances aussi exceptionnelles le gouvernement du Roi a dû recourir à des mesures extraordinaires, il a été conduit dans ses résolutions par un grand principe de nationalité qui est en même temps un grand principe de conservation.

Nous espérons pouvoir fonder l'Italie sur ces bases sacrées de l'ordre, de la légalité, et de l'esprit conservateur, mais de cet esprit qui maintient les principes premiers de la société humaine en les développant à mesure que la civilisation progresse; nous voulons la conservation, mais la conservation par le progrès national. (Approbation.)

En faisant de la sorte, nous rendrons un grand service non-seulement à l'Italie, rappelée enfin à une vie nouvelle, replacée à son rang parmi les nations et mise en état de travailler aux grandes tâches de la civilisation moderne, mais encore à toute l'Europe; car nous donnerons une force et une vie nouvelle, je le répète, aux principes conservateurs et libéraux qui sont l'ancre de salut de nos sociétés. Le principe monarchique sortira affermi de cette période laborieuse; les idées subversives, qui ne comptent plus chez nous que quelques partisans exaltés, achèveront de perdre tout pouvoir, et les puissances vraiment sages, en Europe, applaudiront à notre politique.

En prévenant les événements, en secondant ce qu'il y a de juste, de noble dans les instincts populaires, on rend les révolutions impossibles. Nous ne faisons que suivre les exemples que nous donnent, dans l'histoire moderne, ces princes et ces hommes d'État éclairés qui surent détourner à temps les dangers des révolutions. Ce que nous faisons a été fait par les hommes d'État anglais, qui changèrent leurs lois économiques pour donner une satisfaction à la grande classe des consommateurs, et qui évitèrent ainsi les périls de 1848; par les Belges, qui, en se constituant libres et en persévérant dans les voies droites, ont su échapper aux mêmes dangers; ce que nous faisons, d'autres puissances en Europe le font encore, et je n'appelle pas révolutionnaires les gouvernements qui éloignent la révolution en réformant avec opportunité, mais bien ceux qui la provoquent en demeurant immobiles. Ainsi, la Prusse est réellement conservatrice lorsque, se mettant à la tête du mouvement germanique, elle va développant chez elle les institutions libérales. Nous espérons donc que notre conduite, une fois qu'elle aura été appréciée par l'opinion européenne, apparaîtra aux yeux de tous comme fondée sur les principes mêmes qui ont toujours porté les gouvernements éclairés à mettre un frein aux révolutions; l'opinion générale sera pour nous, je n'en doute aucunement. Et c'est sur cette opinion que je compte pour l'achèvement de l'œuvre nationale; car, lorsqu'elle aura reconnu la légitimité et les avantages de la régénération italienne, les deux grands problèmes qui restent sans solution ne seront plus si difficiles.

Je ne dirai rien de Venise; les sentiments de cette assemblée n'ont rien de secret pour elle, et ils ont été assez hautement exprimés dans cette discussion. Mais je crois devoir une réponse aux observations d'un honorable sénateur sur Rome. Il paraît avoir trouvé un peu imprudente l'espérance témoignée ailleurs[1] par moi, que, grâce à l'appui de l'opinion publique, la question romaine pourrait être résolue par un accord entre les Italiens et le pape, de manière que Rome devînt en fait ce qu'elle doit être, la capitale de l'Italie régénérée.

Certes, je ne me dissimule pas les difficultés, et je ne conteste pas que les remarques de l'honorable sénateur ne soient justes; à vrai dire, si je n'entrevoyais pas quelque changement à venir dans l'esprit de la cour de Rome, mes espérances seraient peu assurées. Mais j'ai la ferme confiance, Messieurs, que la liberté largement entendue et loyalement pratiquée changera les rapports de Rome avec notre société civile.

Nous ne pouvons pas juger de l'avenir d'après le passé,

1. A la Chambre des députés.

car il faut, pour être justes, reconnaître que le principe de liberté appliqué aux rapports de l'Église avec l'État est une chose assez nouvelle dans l'histoire du monde. Au dernier siècle, ce principe était proclamé par un bien petit nombre de penseurs; aucun parti puissant ne le soutenait; et ceux mêmes qui professaient les cultes dissidents ne fondaient pas leurs croyances sur la liberté, mais sur une interprétation meilleure de l'Évangile.

Je ne sais si je me trompe, mais je crois que ce principe modifiera grandement les dispositions du pontife envers nous; qu'il le réconciliera avec la société moderne; qu'avant peu d'années l'on envisagera autrement qu'aujourd'hui les rapports essentiels de la société religieuse avec la société civile, et qu'ainsi pourra se réaliser la coexistence à Rome du chef auguste du catholicisme et du siége du gouvernement italien.

Quoi qu'il en soit de cette conviction, fondée ou non, nous n'en devons pas moins considérer la solution de ce problème comme un but à poursuivre, en dépit des difficultés qu'il présente.

Je m'arrête; ce projet de loi n'a pas besoin, Messieurs, d'être soutenu plus longtemps devant vous. Je vous prie seulement de lui faire l'accueil que lui a fait la Chambre des députés, et de témoigner par votre vote que vous le considérez non pas comme la conséquence d'une politique aventureuse et révolutionnaire, mais comme la consécration du droit qu'ont les Italiens de disposer librement de leurs destinées. (Vive approbation.)

XVII

SUR LA QUESTION DE ROME.

L'empire et la papauté, ces deux idées dont Rome a été le berceau, étaient des institutions trop grandes pour tenir dans le moule d'une nationalité. Victime de la grandeur de son rôle historique, l'Italie expia par la servitude de ses citoyens et le démembrement de ses provinces ses rêves de suzeraineté universelle. Avant la découverte de l'Amérique, le maître de l'Italie était le maître du monde. La réforme d'abord, la Révolution française ensuite, celle-ci suivie de la résurrection passagère, dans une tête puissante, de l'idée toute romaine d'un empire européen, brisèrent la charpente de l'Europe du moyen âge. Embryons des nationalités naissantes, les États modernes furent disposés à Vienne en un équilibre factice par la diplomatie : celle-ci chercha la balance des forces européennes dans des combinaisons artificielles de mesures territoriales et de chiffres de populations, comme si cette balance pouvait être ailleurs que dans l'harmonie qui s'établira d'elle-même entre les nations, lorsqu'elles seront constituées dans des conditions normales et telles que les a formées la nature. L'essai d'organisation internationale fondé sur la sainte alliance ne réussit pas mieux que l'ancien antagonisme de l'empire et de la papauté à assurer la paix et l'indépendance des nations de l'Europe.

Des deux conceptions idéales qui ont tenté de ramener à une forme systématique et unitaire la variété perpétuelle des rapports politiques et sociaux, l'une, la plus ancienne, a disparu à jamais. C'en est fait de l'empire; aucun César, aucune puissance ne peut aspirer désormais à régner exclusivement sur le monde. Le czar Nicolas, qui se crut un jour assez fort pour trancher à lui seul les plus grandes questions du siècle, apprit à ses dépens que l'Europe, quelque divisée qu'elle paraisse, sait être unanime quand il s'agit de sauvegarder sa liberté.

L'autre institution cosmopolite, la papauté, est encore debout. Quoiqu'elle ait beaucoup perdu de son prestige, elle vit, elle s'agite, elle lutte encore. Le monde des intelligences ne gravite plus autour de Rome, mais de Rome partent des paroles qui émeuvent bien des consciences. La papauté a été pendant des siècles, elle est encore le plus grand obstacle à la régénération de l'Italie. Fallait-il la prendre corps à corps, s'efforcer de la terrasser, ou reculer avec effroi devant elle et lui sacrifier notre unité?

On sait quelle solution le comte de Cavour a donnée à ce problème, et les détails qu'on a trouvés dans les premières pages de ce livre nous dispensent de revenir sur ce sujet. A la Rome de l'antiquité, qui a conquis le monde par des légions de soldats, à la Rome du moyen âge, qui l'a conquis par des légions de moines, le comte de Cavour opposait, dans sa pensée, la Rome de l'avenir, où la liberté politique et religieuse trouverait sa formule souveraine. De cette terre que nul n'a jamais regardée sans amour ou sans haine, de ce centre puissant d'où tant de lumière a jailli et d'où aussi le double despotisme militaire et sacerdotal s'est étendu sur le monde, la liberté rayonnerait d'un éclat nouveau. Le pouvoir politique, institué pour faire respecter les droits de chacun et de tous, et le pouvoir spirituel, exercé sans obstacle sur les âmes catholiques, concourraient tous deux, en se mouvant chacun dans sa sphère propre, aux progrès de la civilisation. Une alliance se formerait, dans un intérêt réciproque, entre le principe d'autorité religieuse, agissant de toute sa puissance sur les esprits, et le principe de liberté, maintenu par l'État dans tous les rapports de la société civile. Ainsi se développerait, sur un terrain d'où serait exclue toute oppression soit morale, soit matérielle, cette lutte pacifique entre les traditions et les aspirations qui transforme et agrandit sans cesse les bases de la société humaine.

Dans l'opinion du comte de Cavour, l'abolition du pouvoir temporel devait avoir pour effet pur et simple de désarmer l'autorité ecclésiastique de tout moyen de coaction matérielle. Établir à Rome même la liberté de conscience et de pensée était à son avis le seul moyen de garantir à jamais à tous les peuples la paisible jouissance de cette précieuse et noble conquête du XIXe siècle. Le saint-siége, disposant uniquement de ces forces morales qui seules constituent l'essence de son pouvoir, trouverait dans le consentement spontané des fidèles la sanction, la seule qui puisse être légitime, de son autorité. Placée dans un milieu salutaire, où régnerait l'échange libre des idées et le respect de la pensée d'autrui, la papauté pourrait déployer toutes les forces morales, toutes les puissances, divines ou humaines, qui seraient réellement en elle; il dépendrait d'elle de prouver, à sa gloire, que le glaive séculier n'est pas nécessaire au salut du catholicisme. Peu à peu, sous l'influence du mouvement général des idées, et par un retour probable de cet esprit profondément politique qu'a montré la cour de Rome à d'autres époques, la papauté s'élèverait au-dessus des antagonismes de partis, des intrigues de prétendants; elle mettrait, par son attitude, le gouvernement en état de renoncer sans danger aux armes féodales forgées au moyen âge par les juristes pour la défense de la société civile contre les empiétements du clergé. De leur côté, les populations, cessant de voir en elle un ennemi de tout ce qu'elles ont de cher et de sacré, lui accorderaient la vénération à laquelle elle a droit par le rôle bienfaisant qu'elle a joué pendant plusieurs siècles; et l'État, dans tous les cas, se bornerait à garantir à toutes les opinions le droit commun.

Cette conception de l'Église libre dans l'État libre n'est-elle qu'une chimère? L'esprit solide et pratique du comte de Cavour s'était-il égaré tout à coup dans le domaine de l'utopie? Arrivée prématurément au terme de ses travaux, cette intelligence si nette et si sûre d'elle-même s'était-elle abandonnée à des rêves de paix et d'harmonie suprême inspirés par l'approche du tombeau?... On serait tenté de le penser en considérant l'opiniâtreté avec laquelle la cour de Rome répète le *non possumus* traditionnel. Peut-être le comte de Cavour se laissait-il aller à une illusion lorsqu'il croyait qu'un acte aussi solennel, aussi prodigieux qu'un accord entre les principes de liberté et d'autorité pourrait être l'objet d'une convention écrite, d'un contrat bilatéral. Cependant, la destinée à venir des sociétés humaines est dans cet accord, sous quelque forme et dans quelque éventualité qu'il puisse se réaliser; et c'est par ce côté surtout que la résurrection de l'Italie tournera au profit de la civilisation.

Dans les derniers mois de sa vie, le comte de Cavour, sans cesser d'avoir une confiance absolue dans les principes qu'il avait formulés, s'était attaché à éliminer, du grand débat entre l'Italie et la papauté, tous les éléments étrangers à l'Italie. La querelle, comme il arrive dans toute querelle de famille, avait été évidemment aigrie et envenimée par l'intervention de partis et d'intérêts étrangers. Il fallait, selon le comte de Cavour, mettre enfin la papauté en face de cette Italie qu'elle avait pris l'habitude de trop méconnaître, de trop négliger. La papauté a toujours cherché à faire de l'Italie un instrument pour ses projets de théocratie universelle; l'Italie a été pour elle un serviteur habile, mais sacrifié, auquel jamais elle n'a accordé ce qu'elle accordait aux autres peuples, plus rebelles et plus redoutables à sa domination. Les gouvernements italiens n'ont jamais obtenu d'elle qu'une très-faible partie des concessions qu'elle se laissait arracher par des États plus lointains et moins soumis; c'est ainsi, pour prendre un exemple entre cent, que, dans le temps même où M. Rios Rosas stipulait avec elle un concordat assez libéral sur les biens du clergé espagnol, le gouvernement sarde, moins heureux, n'essuyait que refus à ses moindres requêtes. Le temps est venu où la papauté doit à la fin s'apercevoir que le serviteur dédaigné reprend ses droits; elle doit comprendre que l'appui, le respect qu'il lui offre librement et dans des conditions qu'aucun autre État ne saurait lui faire, valent mieux que le tribut forcé d'une servitude désormais impossible. Pour l'amener à reconnaître cette vérité, il n'était besoin, selon le comte de Cavour, que d'écarter les influences extérieures qui se sont interposées entre le pontife et nous, et qui l'ont isolé de l'Italie.

Ainsi s'explique un fait que nous avons déjà signalé : la modération extrême, l'insuffisance peut-être des mesures prises par le gouvernement sarde dans tout ce qui touchait aux matières ecclésiastiques. Les ménagements gardés par le ministère sous la présidence du comte de Cavour, en toute matière touchant aux priviléges du clergé, peuvent en effet passer pour excessifs auprès de ce qu'ont fait dans ce genre toutes les autres nations catholiques, sans exception. C'est que le président du conseil était profondément convaincu que l'Italie, rendue à elle-même, ne serait point un terrain propice aux agitations révolutionnaires. Peu de nations sont aussi homogènes que l'Italie par le côté religieux. Les dissidents y sont une minorité peu considérable, et le scepticisme un peu matérialiste des classes supérieures en fait de religion n'empêche pas que les masses populaires conservent l'habitude et le respect des légendes et des formes du culte catholique. Il est donc à présumer que si l'Italie et la papauté pouvaient être laissées seules l'une en face de l'autre, elles ne tarderaient pas à s'entendre. Quand même, ce qui n'est point à désirer, la papauté viendrait à s'exiler elle-même de Rome pour quelque temps, comme il advint à l'époque de la translation du saint-siége à Avignon, il n'est pas douteux que le pape et les cardinaux finiraient par reconnaître que nulle part dans le monde ils ne sauraient être libres comme au Vatican; que nulle part ils ne rencontreraient plus d'égards, non-seulement de la part des catholiques, mais de la part des politiques, des jurisconsultes, et, dans l'ordre intellectuel, des libres penseurs eux-mêmes. En admettant cette hypothèse d'une émigration volontaire et momentanée, il arriverait, selon le mot d'un docteur allemand beaucoup cité naguère, que la papauté, dans sa visite aux autres nations, même les plus catholiques, apprendrait à connaître la marche du monde et l'esprit des temps, et qu'elle subirait bien plus vite la transformation dont elle a besoin. L'action d'un milieu si nouveau pour elle reporterait bientôt ses préférences vers le sol où elle est née, où elle a grandi; mille faits lui prouveraient qu'en tout autre séjour il lui faudrait se résigner à des transformations bien autrement radicales, et dans son propre intérêt bien entendu, elle reviendrait définir le dogme du haut du Vatican, tandis que le roi d'Italie régnerait au Quirinal [1].

Quoi qu'il en soit, ces idées doivent triompher en Italie dans un temps plus ou moins éloigné par l'influence qu'elles sont appelées à exercer sur les rangs inférieurs de la hiérarchie cléricale. Sans être disposé le moins du monde à provoquer l'insurrection du bas clergé contre les grands dignitaires de l'Église, le comte de Cavour était convaincu que des modifications importantes doivent se produire spon-

1. Dès 1849 les Italiens ne concevaient pas que la question du pouvoir temporel pût se résoudre autrement. Déjà à cette époque, des idées tout à fait analogues à celles exposées par M. de Cavour étaient énoncées avec une remarquable justesse dans une dépêche encore inédite adressée le 24 février 1849 à l'illustre Manin par M. Pasini, qui représentait alors à Paris le gouvernement vénitien.

Ajoutons que les savantes recherches de l'érudition allemande confirment que Rome est historiquement le couronnement de l'unité italienne. M. Mommsen, dans son *Histoire romaine*, a établi que ce qu'on a appelé la conquête de l'Italie par les Romains a été plutôt la consolidation dans un État unitaire de toute la race italienne, dont les Romains n'ont été que la branche la plus puissante. (*V.* Mommsen, *Histoire romaine*, Introduction.)

tanément dans la forme actuelle du gouvernement de l'Église catholique. La papauté, qui se prétend immobile, a changé et s'est transformée graduellement en même temps que la société chrétienne. Sans remonter jusqu'à l'époque apostolique, il est permis de rappeler que les conciles ont fourni à la civilisation naissante de l'Europe le premier modèle du gouvernement parlementaire. Féodale au moyen âge, la papauté devint peu à peu une monarchie absolue, et ne fit en cela que suivre cette loi générale qui constitua la royauté comme centre de développement des États modernes. Cependant la forme définitive du gouvernement de l'Église, celle qui semble le mieux convenir aux peuples chrétiens, est une confédération d'évêques régie par un chef électif. Le comte de Cavour était convaincu qu'il suffirait que l'État rendît aux évêques leur pleine liberté d'action dans la sphère spirituelle pour qu'ils se sentissent aussitôt moins dépendants de Rome et plus attachés aux intérêts réels des populations de leurs diocèses. Il attribuait aux essais de constitution civile du clergé faits par la Révolution française la prépondérance acquise par le parti ultramontain sur les prêtres français. Délier les évêques de toute dépendance spéciale envers l'État, c'était, selon lui, la meilleure manière de les affranchir, de les rendre plus libres à l'égard du saint-siége. Ainsi, pour ce génie épris de la liberté, il n'était besoin que de supprimer les entraves artificielles qui faussent l'équilibre des forces, pour que tout rentre à sa place et que la vie circule librement dans tous les membres du corps social.

On nous pardonnera ces trop longs commentaires aux discours qu'on va lire. Ne pouvant porter la lumière sur d'autres faces du débat, nous avons voulu éclaircir autant qu'il était en nous le sens vrai de la formule *libera chiesa in libero stato*. Il est superflu de rappeler d'ailleurs que ces trois discours furent accueillis avec enthousiasme, et que les Chambres proclamèrent à l'unanimité Rome capitale de l'Italie.

1

EN RÉPONSE A L'INTERPELLATION DU DÉPUTÉ AUDINOT SUR LA QUESTION DE ROME.

Séance de la Chambre des députés du 25 mars 1861.

Messieurs les députés, l'honorable député Audinot, en vous adressant de graves et éloquentes paroles, bien dignes du sujet élevé qu'il a traité devant vous, a fait plus qu'une interpellation au ministère sur des faits spéciaux; il a présenté une excellente exposition de la question romaine. Il a conclu son discours et il l'a résumé en demandant des éclaircissements au ministère sur deux points particuliers, c'est-à-dire sur les négociations qui seraient engagées avec le saint-siége, et sur les démarches faites ou à faire pour que le principe de non-intervention soit appliqué aux affaires de Rome; il a terminé enfin par une autre interpellation bien plus importante, en interrogeant le ministère sur la ligne de conduite qu'il entend suivre dans cette question suprême.

Il a bien fait. La discussion qui nous occupe ne pouvait, ne devait pas se borner à l'échange de quelques explications; puisque la question de Rome est mise sur le tapis, il convient qu'elle soit traitée dans toute son étendue.

Cependant, Messieurs, avant de répondre soit aux interpellations de l'honorable député Audinot, soit à l'ensemble des considérations qu'il a si utilement développées, permettez-moi de vous rappeler que ce problème est le plus grand, le plus important qui ait jamais été soumis à une assemblée de représentants d'un peuple libre. La question de Rome n'est pas seulement d'un intérêt vital pour l'Italie; son influence s'étend encore à deux cents millions de catholiques répandus sur tout le globe; sa solution exercera une action immense sur le monde moral et religieux.

Cette remarque, je ne la fais point, Messieurs, pour me mettre à couvert, pour essayer d'échapper à une discussion pleine et entière, ou de l'éluder au moyen de subterfuges diplomatiques, d'artifices oratoires.

Quand la question de Rome ne se présentait encore que dans le lointain, quand la solution en pouvait être remise à une époque indéterminée, la sagesse voulait que le ministre des affaires étrangères restât prudemment sur la réserve, qu'il ne fît qu'indiquer l'étoile polaire qui devait guider sa marche, et qu'il se refusât à de plus amples explications; mais aujourd'hui que cette question a été discutée dans les parlements étrangers, aujourd'hui qu'elle est un sujet préféré de discussion dans tous les pays civilisés, la même conduite ne serait plus de la prudence, mais de la pusillanimité. (Très-bien!)

Ces observations, Messieurs, ont pour but de me concilier votre indulgence, celle surtout des députés devant qui j'ai pour la première fois l'honneur de parler; elles les porteront à tenir compte, lorsqu'ils jugeront ce que je vais dire, des difficultés immenses qui m'environnent. (Mouvement d'attention.)

L'honorable député Audinot vous l'a dit sans réserve : Rome doit être la capitale de l'Italie. Il a eu raison de le dire, car la question de Rome ne peut être résolue si cette vérité n'est d'abord proclamée, acceptée par l'opinion publique en Italie et en Europe. (A gauche : bien !) S'il était possible de concevoir l'Italie une et solidement constituée sans que la capitale en fût à Rome, je déclare nettement que je regarderais comme difficile, comme impossible peut-être la solution de la question romaine. Pourquoi, en effet, avons-nous le droit, le devoir de réclamer, d'insister pour que Rome soit réunie à l'Italie? C'est parce que sans Rome pour capitale, l'Italie ne peut se constituer. (Approbation.)

L'honorable préopinant vous a prouvé cette vérité de diverses manières. Il vous a dit avec beaucoup de raison que cette vérité, sentie instinctivement par l'universalité des Italiens, proclamée hors de l'Italie par quiconque juge de nos affaires avec impartialité et bienveillance, n'a pas besoin de démonstration.

Néanmoins, Messieurs, on pourrait en donner une démonstration bien simple. L'Italie a encore beaucoup à faire pour se constituer sur ses bases définitives, pour résoudre les problèmes difficiles que soulève l'unification, pour abattre les obstacles suscités contre cette grande œuvre par de vieilles institutions et des traditions séculaires; pour qu'on puisse venir à bout de tout cela, il faut écarter tout motif de dissidences, toute cause de discordes; or, tant que la question de la capitale demeurera en suspens, il ne cessera pas d'y avoir des causes de désaccord entre les diverses parties de l'Italie.

Et en vérité, Messieurs, il est facile de comprendre que des hommes éclairés, des hommes de bonne foi, de grand talent si l'on veut, puissent motiver par des considérations historiques, par des raisons artistiques, ou de toute autre manière, leurs préférences pour telle ou telle autre capitale italienne; je comprends qu'une discussion de ce genre soit encore possible maintenant; mais si l'Italie constituée avait déjà établi sa capitale à Rome, pensez-vous qu'on pourrait encore discuter là-dessus? Non certes; ceux-là même qui s'opposent à ce que la capitale soit transportée à Rome, n'oseraient plus, une fois qu'on y serait, proposer qu'on la portât ailleurs. Ce n'est qu'en proclamant Rome notre capitale que nous pouvons faire cesser absolument cette cause de dissentiment entre nous.

Il m'est donc pénible de voir des hommes dont le nom a de l'autorité, des hommes de talent, qui ont rendu à la cause italienne d'éminents services, comme l'écrivain auquel l'honorable préopinant a fait allusion[1], renouvelerce débat pour y apporter, j'ose le dire, des arguments futiles.

La capitale d'un pays ne se détermine point par des raisons de climat, de topographie, de stratégie; si des raisons de cette nature devaient prévaloir, Londres ne serait certainement pas la capitale de la Grande-Bretagne; Paris même ne serait peut-être pas celle de la France.

Le choix d'une capitale est déterminé par de hautes raisons morales. C'est le sentiment des peuples qui en décide. Rome, Messieurs, réunit toutes les conditions historiques, intellectuelles, morales, qui forment la capi-

1. M. Audinot avait fait allusion à la brochure de M. d'Azeglio.

tale d'un grand État. Rome est la seule ville d'Italie qui n'ait point ou presque point de souvenirs municipaux; son histoire, depuis les Césars jusqu'aujourd'hui, est celle d'une cité dont l'importance s'étend infiniment au delà de son territoire, d'une cité destinée à être la capitale d'un grand État. (Signes d'approbation.) Convaincu, profondément convaincu de cette vérité, je crois qu'il est de mon devoir de la proclamer de la manière la plus solennelle devant vous et devant la nation; je crois qu'il est de mon devoir de faire appel en cette circonstance au patriotisme de tous les citoyens italiens, de tous les représentants de nos plus illustres villes, afin que toute discussion à ce propos cesse, afin que nous puissions dire à l'Europe : la nécessité d'avoir Rome pour capitale est reconnue et proclamée par la nation tout entière. (Applaudissements.) Je crois avoir des titres particuliers à faire cet appel à ceux qui, par des raisons que je respecte, diffèrent de moi sur ce point; je ne veux pas en effet, Messieurs, étaler devant vous des sentiments de Spartiate; j'avoue franchement que ce sera pour moi un grand chagrin d'être obligé de déclarer à ma ville natale qu'elle doit renoncer résolûment et pour jamais à tout espoir de conserver dans son sein le siége du gouvernement. (Approbation.) Oui, Messieurs, en ce qui me concerne personnellement, je vais à Rome avec douleur. Étant d'une nature peu artistique (on rit), je suis persuadé qu'au milieu des splendides monuments de la Rome ancienne et de la Rome moderne, je regretterai les rues sévères et simples de ma cité natale. Mais il est une chose, Messieurs, que je puis affirmer avec confiance :

connaissant le caractère de mes concitoyens, sachant, pour les avoir éprouvés, qu'ils ont toujours été prêts aux plus grands sacrifices pour la cause sacrée de l'Italie (vive approbation); les ayant vus affronter je ne dirai pas avec joie, mais avec décision l'invasion ennemie dans leur ville, qu'ils s'apprêtaient à défendre énergiquement; connaissant, dis-je, leurs sentiments, je suis sûr de n'être point démenti par eux quand je proclame en leur nom, comme député de Turin, que cette ville est prête à se soumettre à ce grand sacrifice dans l'intérêt de l'Italie. (Applaudissements dans les tribunes.)

Une espérance me rassure encore, — je devrais dire une certitude, après l'accueil que vous avez fait aux généreuses paroles que le député Audinot adressait à la ville où je suis né; — cette espérance, cette certitude, c'est que l'Italie, lorsqu'elle sera définitivement constituée, lorsqu'elle aura établi son gouvernement dans la Ville éternelle, ne sera point ingrate envers ce pays où notre liberté eut son berceau, envers ce sol où a été déposé un germe d'indépendance qui s'est largement développé, et qui a poussé de vigoureux rejetons dans toute la Péninsule, de la Sicile aux Alpes. (Approbation.)

J'ai dit, Messieurs, et j'affirme encore que Rome, Rome seule, doit être la capitale de l'Italie. Mais ici commencent les embarras du problème, les difficultés de la réponse que j'ai à faire au préopinant. (Profond silence.)

Il faut que nous allions à Rome, mais à ces deux conditions : que ce soit de concert avec la France, et que la grande masse des catholiques, en Italie et ailleurs, ne voie pas dans la réunion de Rome au reste de l'Italie le signal de l'asservissement de l'Église. Il faut, en d'autres termes, que nous allions à Rome, mais sans que l'indépendance du souverain pontife en soit diminuée. Il faut que nous allions à Rome, sans que l'autorité civile étende son pouvoir sur le domaine des choses spirituelles.

Voilà les deux conditions qui doivent se réaliser pour que notre entrée à Rome ne mette point en péril les destinées de l'Italie.

Quant à la première, l'honorable député Audinot a dit avant moi qu'il serait insensé de vouloir, dans l'état actuel de l'Europe, aller à Rome malgré la France.

Mais j'irai plus loin : lors même que, par suite d'événements que je ne crois ni probables ni même possibles, la France se trouverait réduite à une telle situation qu'elle ne pût matériellement s'opposer à notre entrée dans notre capitale, nous ne devrions point réaliser la réunion de Rome à l'Italie s'il devait en résulter un grave dommage pour nos alliés.

Nous avons contracté, Messieurs, une grande dette de reconnaissance envers la France. Je ne prétends certes point qu'il faille appliquer aux rapports internationaux les règles strictes de moralité qui doivent présider aux relations individuelles; cependant il y a des préceptes de morale que les nations elles-mêmes ne sauraient violer impunément.

Je sais bien qu'un bon nombre de diplomates professent une doctrine contraire. Je me souviens d'avoir entendu applaudir, il y a quelques années, le mot fameux d'un homme d'État autrichien, qui déclarait en riant que dans peu l'Autriche étonnerait le monde de son ingratitude envers la Russie; et en réalité l'Autriche tint parole; vous savez tous en effet, et j'en puis porter le témoignage pour ceux qui l'ignoreraient, que dans le congrès de Paris et dans les négociations qui suivirent, aucune puissance ne se montra si hostile à la Russie, si tenace à rendre plus dures les conditions de la paix que l'Autriche, dont l'épée cependant n'avait point contribué à l'imposer, cette paix, à son ancienne alliée. (Sensation.) Mais cette violation d'un grand principe de moralité ne tarda pas à être punie Quelque temps après, la Russie prit sa revanche; et je n'hésite pas à attribuer à l'ingratitude solennelle de l'Autriche la facilité avec laquelle se sont rétablis, entre la Russie et nous, de bons rapports qui par malheur sont momentanément interrompus, sans que pour cela, j'en ai la confiance, rien ait altéré les sentiments de la nation russe envers l'Italie, et sans que le souverain qui la gouverne ait cessé entièrement d'avoir des sympathies pour nous.

Mais nous avons encore, Messieurs, un motif plus grave de nous mettre d'accord avec la France. Quand nous avons appelé, en 1859, la France à notre aide, quand l'empereur consentit à venir en Italie à la tête de sa vaillante armée, il ne nous dissimula point les engagements dont il se tenait pour lié envers la cour de Rome. Nous avons accepté son aide sans protester contre les obligations qu'il nous déclarait avoir assumées; après avoir tiré de cette alliance tant d'avantages, nous ne pouvons pas protester contre des engagements que jusqu'à un certain point nous avons admis.

Mais alors, me dira-t-on, la question romaine est insoluble.

Je réponds que si nous réussissons à réaliser la deuxième des conditions dont j'ai parlé, la première rencontrera peu d'obstacles; c'est-à-dire que si nous pouvons faire en sorte que la réunion de Rome à l'Italie n'inspire pas des craintes graves au monde catholique, — et j'entends par là cette grande masse de personnes de bonne foi qui professent les dogmes religieux par un sentiment vrai et non pas par calcul politique, cette grande masse que n'aveuglent point de vulgaires préjugés, — si nous arrivons, dis-je, à persuader à la grande majorité des catholiques que la réunion de Rome à l'Italie peut s'opérer sans que l'Église cesse d'être indépendante, je crois que le problème sera bien près d'être résolu.

Qu'on ne se fasse pas illusion : bien des personnes de bonne foi, sans être animées de préjugés hostiles à l'Italie ou même aux idées libérales, craignent que le siége du gouvernement italien une fois établi à Rome, le Roi une fois au Quirinal, le souverain pontife ne perde beaucoup en dignité et en indépendance; elles craignent que le pape, au lieu d'être le chef du catholicisme tout entier, ne soit alors réduit en quelque sorte à des fonctions de grand-aumônier ou de premier chapelain. (On rit.)

Si ces craintes étaient fondées, si réellement la chute du pouvoir temporel devait entraîner une telle conséquence, je n'hésiterais pas à dire que la réunion de Rome au reste du royaume serait fatale non-seulement au catholicisme, mais encore à l'Italie; car je ne puis concevoir, Messieurs, un plus grand malheur pour un peuple civilisé que de voir réunis dans une seule main, dans la main du gouvernement, le pouvoir religieux et le pouvoir civil. (Bien!) L'histoire de tous les siècles comme de tous les pays nous le montre : partout où s'est produite cette réunion, la civilisation s'est arrêtée presque aussitôt et n'a jamais manqué de prendre une direction rétrograde; le plus odieux despotisme s'est établi; et cela est arrivé soit qu'une caste sacerdotale usurpât le pouvoir temporel, soit qu'un calife ou un sultan s'emparât du pouvoir spirituel. Partout cette fatale confusion a conduit aux mêmes résultats; Dieu nous préserve, Messieurs, qu'il en soit ainsi dans ces contrées.

Cela dit, je crois devoir examiner sous toutes ses faces la question soulevée, celle des effets qu'aura la réunion de Rome à l'Italie sur l'indépendance du pouvoir spirituel du pontife.

Il convient en premier lieu de voir si réellement le pouvoir temporel assure au pape une indépendance effective.

En vérité, si cela était, si aujourd'hui encore, comme cela se passait jadis, le pouvoir temporel était pour le pontife une garantie d'indépendance absolue, j'hésiterais beaucoup à trancher la difficulté. Mais est-ce que nous pouvons, Messieurs, est-ce qu'il y a quelqu'un au monde qui puisse affirmer de bonne foi que le pouvoir temporel, tel qu'il subsiste aujourd'hui, rend le pape indépendant? Évidemment non, pour peu que l'on considère avec impartialité l'état présent du gouvernement de Rome.

Autrefois, quand le droit public européen ne connaissait guère d'autre titre juridique de souveraineté que le droit divin, quand les souverains étaient regardés comme les propriétaires absolus des pays où ils régnaient, quand les divers gouvernements d'Europe respectaient ces maximes, oh! alors, je comprends que la possession de quelques provinces pût être pour le pape une garantie d'indépendance. Ces principes étaient acceptés, ou, si vous voulez, subis par les populations; elles acceptaient ou elles subissaient leurs gouvernements, bon gré, mal gré, qu'ils leur fussent agréables ou antipathiques; je n'ai donc point de difficulté à reconnaître que jusqu'à 1789 le pouvoir temporel fut pour le pape une garantie d'indépendance.

Mais aujourd'hui, Messieurs, le droit public est changé; presque tous les gouvernements civilisés ont pour base le consentement exprès ou tacite des populations. Nous voyons ce principe solennellement proclamé en France et en Angleterre, presque accepté en Prusse; l'Autriche elle-même paraît en tenir compte; et la Russie, si elle le conteste encore, ne le repousse plus avec cette véhémence que mit à le combattre l'empereur Nicolas, qui avait fait du principe du droit divin presque un dogme religieux.

Si l'on admet la nécessité de ce consentement du peuple, il faut reconnaître que le pouvoir temporel du pape est absolument dénué de fondement; car il est de toute évidence que ce consentement n'existe pas dans les États du souverain pontife, et qu'au contraire il y a eu et il continue à y avoir un antagonisme croissant entre son gouvernement et les populations.

Cet antagonisme se manifeste dès la Restauration. Peu de mois après les événements de 1814, au moment où un guerrier illustre entrait dans les États du pape en faisant appel au sentiment de nationalité, le peuple de ces contrées se soulevait; l'incompatibilité du gouvernement pontifical avec la civilisation était proclamée par un grand Italien qui fut, dans son long exil, comme économiste et comme homme d'État, l'honneur de notre patrie, qui tenta, vers la fin de sa carrière, par esprit d'abnégation, l'entreprise impossible de réconcilier le pouvoir temporel avec le progrès civil, et dont la mort fut l'un des plus grands malheurs qu'ait éprouvés l'Italie. (Très-bien ! bravo !) Je parle de Pellegrino Rossi, qui en 1816 avait proclamé à Bologne le principe de la nationalité italienne.

Les premières années qui suivirent furent relativement tranquilles; les peuples se reposaient, épuisés d'une lutte gigantesque qui avait duré vingt-cinq ans. La cause de cette trève fut aussi peut-être dans la douceur du vénérable pontife qui illustra alors le saint-siége de ses vertus, et dans la politique relativement libérale du cardinal Consalvi.

Mais sitôt que l'Italie s'agite, en 1820 et en 1831, pour sa liberté et son indépendance, les Romagnes, où le patriotisme fut toujours vivace, montrent leur impatience du joug pontifical. Depuis lors l'antagonisme ne cessa de se manifester plus ou moins ouvertement. Après la révolution de 1830, il aboutit à des insurrections; ces provinces, dans un complet accord, affirmèrent leur droit de se soustraire au pouvoir temporel des papes, et le mouvement, parti de Bologne, alla jusqu'aux portes de Rome.

L'intervention étrangère vint l'étouffer.

A partir de ce moment, l'intervention devint une nécessité; elle cessa quelque temps, il est vrai, mais elle subsistait, même alors, à l'état de menace; les troupes autrichiennes qui avaient quitté les Romagnes et les Marches étaient campées vers le Pô, prêtes à accourir au moindre mouvement sur l'autre rive; c'était en réalité une intervention effective et incessante.

L'antagonisme devint plus fort, plus irrésistible après 1848; la menace de l'intervention ne suffisait plus, il fallut étendre à toutes les parties de l'État romain l'intervention de fait.

Certes, Messieurs, les événements de 1859 n'ont pas modifié ces sentiments, il est aisé de s'en assurer. Les Romagnes sont réunies à nous depuis deux ans; la presse y est libre; chacun, laïque ou prêtre, y est libre d'exprimer sa pensée; les associations y sont libres, et les élections n'y ont certes été violentées ni par les particuliers, ni par le gouvernement.

Ainsi, il s'est établi à Bologne un journal clérical; je ne le lis pas, mais je sais qu'il est ultra-clérical, et plus violent encore que l'*Armonia* de Turin. (Hilarité.)

Vous savez aussi que les prélats ont pu répandre sans difficulté leurs protestations, qui n'avaient pas toutes les caractères de modération qu'aurait fait désirer la sainteté de leur ministère.

Eh bien, s'est-il manifesté dans les Romagnes quelque regret en faveur de l'ancien gouvernement? Y a-t-il une partie de la population qui ait redemandé l'ancien régime? Les quelques erreurs commises par nous (je le confesse en mon nom et au nom de mes collègues) ont pu fournir des sujets de mécontentement, de ce mécontentement qui se produit contre tel ministre ou contre le cabinet tout entier; mais jamais on n'a été jusqu'à faire le panégyrique des anciennes autorités. (Assentiment; rires.)

Ce qui s'est passé dans l'Ombrie est plus remarquable encore. A peine délivrée du pouvoir clérical, l'Ombrie fut entièrement évacuée par nos troupes. Les nécessités de la guerre, diverses considérations importantes nous forcèrent de nous résoudre, imprudemment peut-être, à ne pas laisser dans cette province un seul homme qui appartînt à l'armée régulière, de la livrer à ses propres forces, à ses gardes nationales, aux volontaires dévoués que ses villes avaient spontanément offerts. Eh bien, l'Ombrie ne donna pas un signe de regret au régime disparu; et quoique la réaction cléricale parût y être plus à craindre qu'ailleurs, à cause du nombre excessif des couvents, quoique des provocations de toute sorte y fussent faites par les autorités déchues, réfugiées tout près, à Rome, l'Ombrie jouit d'une paix parfaite, ne fut troublée par aucune réaction; et j'ose même dire que si le drapeau respecté de la France n'eût pas flotté sur l'autre rive du Tibre, les Ombriens n'auraient pas tardé à tendre la main à leurs frères et à les attirer au sein de la grande famille italienne, malgré tous les efforts des néophytes catholiques travestis en zouaves. (Hilarité et marques d'assentiment.)

Peut-être (non pas dans cette Chambre, en tout cas), quelque défenseur passionné du pouvoir temporel m'objectera, comme preuve de l'opposition de ces populations au nouveau régime, les désordres de la province d'Ascoli.

Messieurs, je ne suis pas le défenseur du pouvoir temporel du pape, mais je veux être juste envers lui. Je déclare donc sans hésitation que ni le souverain pontife, ni son ministre ne sont responsables à mes yeux de ces faits atroces qui se passèrent lorsque les troupes bourboniennes se furent débandées.

Ces faits prouvent, non point que le peuple de ces pays soit opposé à un régime libéral, mais que le gouvernement clérical ne prédispose ces populations qu'à se livrer au brigandage sitôt qu'arrivent des agitations politiques. (Bravo! bien!)

Je crois avoir établi qu'un antagonisme incontestable, absolu, règne entre le saint-siége et les populations.

Quel remède ont à proposer les partisans du pouvoir temporel pour que celui-ci devienne une garantie d'indépendance pour le pouvoir spirituel?

Je sais qu'il est des catholiques, plus zélés qu'éclairés, qui disent : le pouvoir temporel est d'une nécessité absolue pour le monde catholique : il doit être assuré au moyen de garnisons fournies par toutes les grandes puissances catholiques et de fonds versés au trésor pontifical; que les habitants de ces États, ajoutent-ils, soient ou non asservis, c'est ce qui n'entre pas dans cette question.

Je ne m'arrêterai pas à réfuter ces raisonnements, si

mal placés dans des bouches chrétiennes, et qui semblent appartenir à ces dogmes religieux qui faisaient des sacrifices humains un moyen de se rendre les dieux propices ! (Approbation.)

Non, Messieurs, ils ne peuvent pas être des disciples de Celui qui donna sa vie pour l'humanité, ces hommes qui veulent sacrifier une nation entière, la condamner à un perpétuel martyre, pour maintenir le pouvoir temporel de celui qui précisément le représente sur la terre ! (Bravo ! très-bien !)

D'autres amis plus modérés du pouvoir temporel disent : « Mais le pape ne peut-il point faire des réformes, des concessions qui fassent disparaître l'antagonisme dont on vient de parler, et le réconcilient avec ses sujets ? Comment les principes qui assurent la paix et la tranquillité dans d'autres parties de l'Europe ne pourraient-ils pas produire les mêmes effets dans les Romagnes, l'Ombrie et les Marches ? » Et ils insistent auprès du pontife pour qu'il donne des réformes ; ils bravent les refus ; ils reviennent à la charge ; rien ne les décourage.

Ils sont dans l'erreur. Ils demandent au pape ce que le pape ne peut pas donner ; car le pape réunit deux caractères, celui de chef de l'Église et celui de souverain politique ; mais le premier de ces deux caractères doit de toute nécessité avoir le dessus. Du moment, en effet, où le pouvoir temporel est établi pour l'indépendance de l'autorité spirituelle du pape, évidemment le pape doit sacrifier celui-là à celle-ci, les intérêts de sa politique aux intérêts de l'Église.

Or, quand vous lui demandez de faire à la société

civile des concessions exigées par le progrès des temps et par l'état actuel de la civilisation, mais contraires aux préceptes positifs de la religion dont il est le chef, vous lui demandez ce qu'il ne peut, ce qu'il ne doit pas accorder. S'il cédait, il trahirait ses devoirs de pontife, il cesserait d'être respecté comme chef du catholicisme. Le pape peut tolérer certaines institutions comme une nécessité ; il ne peut les consacrer, en prendre la responsabilité, leur donner l'autorité de son nom.

Par exemple, le pape peut tolérer en France le mariage civil, mais il ne peut l'approuver, le proclamer comme loi de ses États. Ce que j'affirme pour le mariage civil, je le dis pour une infinité d'autres institutions, qui, considérées au point de vue purement catholique, sont en contradiction avec certains préceptes, et qu'il a été reconnu néanmoins qu'on ne pouvait se dispenser d'admettre.

Je me prononce donc sur ce point : loin de reprocher au pape d'avoir constamment refusé les réformes et les concessions qu'on lui demandait, loin de voir là de l'obstination, j'y vois une juste fermeté, et je tiens que les catholiques doivent lui en savoir gré comme d'un mérite. (Mouvement.)

J'ai toujours pensé ainsi, et j'ai eu, dans ma carrière, à combattre bien souvent l'opinion de gens qui soutenaient de bonne foi la thèse que j'ai énoncée, qui voulaient que le pape fît des réformes.

Je me souviens qu'au congrès de Paris, de très-hauts personnages, bien disposés pour l'Italie et préoccupés surtout de la situation anormale des États pontificaux, insistaient pour m'engager à indiquer les réformes à proposer au saint-siége et le moyen de les réaliser. Je refusai de tracer aucun programme de ce genre; je proclamai hautement la doctrine que je soutiens devant vous, l'impossibilité pour le pape de suivre les conseils qui lui étaient donnés; et alors déjà, puissamment aidé par mon excellent ami le ministre Minghetti, qui prit une part importante à ces négociations, — et j'aime à lui rendre ici cette justice, qu'une grande partie du mérite qu'on a voulu m'attribuer à ce sujet lui revient de droit, — je déclarai nettement que le seul moyen de remettre les Romagnes et les Marches dans une voie normale et de les rendre gouvernables sans occupation étrangère, était d'en séparer entièrement l'administration de celle de Rome, et de les rendre civilement, financièrement, administrativement indépendantes.

S'il était nécessaire de confirmer encore cette thèse dans l'esprit de ce grand nombre d'hommes de bonne foi qui pensent que les principes de 1789 peuvent se concilier avec le pouvoir temporel, je leur dirais : tous vos efforts viendront se briser contre ce qui fait l'essence même de ce gouvernement.

Je n'attribue pas les maux dont souffrent ces contrées aux personnes qui les gouvernent. Je pense que si l'on changeait tous les fonctionnaires dans les provinces soumises au pouvoir pontifical, pour mettre à la place les hommes les plus éclairés, les plus libéraux, en peu de temps les choses reviendraient à leur premier état. Tant que les deux pouvoirs seront réunis, il est inévitable qu'ils soient confondus et que le pays soit mal gouverné.

Je ne voudrais pas faire de comparaison irrespectueuse; je crois nécessaire pourtant d'indiquer un fait analogue.

Il y a vingt ans que l'Europe s'épuise à inventer des réformes pour l'empire ottoman. Toutes les habiletés diplomatiques, toutes les influences puissantes s'y sont employées; et j'ajoute, pour être juste, que plusieurs, le plus grand nombre peut-être, parmi les ministres ottomans, sont très-favorables à des changements qui concilieraient leur gouvernement, tel qu'il est constitué, avec les exigences de la vie civile. J'ai eu l'honneur de connaître quelques-uns des hommes d'État les plus distingués de ce pays; tous m'ont surpris par la largeur de leurs vues, par le libéralisme de leurs principes; et pourtant leur œuvre est jusqu'ici restée stérile; pourquoi? Parce qu'à Constantinople, comme à Rome, les pouvoirs spirituel et temporel sont concentrés dans les mêmes mains.

Je ne crois pas, Messieurs, qu'il y ait au monde une vérité mieux démontrée que l'impossibilité de réformer le pouvoir temporel du pape. L'antagonisme qui règne entre les populations et lui est donc sans remède; dès lors, il est évident que le pouvoir temporel n'est pas une garantie d'indépendance pour le pape.

Cela éclairci, il me semble que les craintes des catholiques devraient se calmer; car si ce pouvoir temporel rend aujourd'hui le pape si peu indépendant, il ne mérite pas tant de tendresse.

Mais je crois bon de démontrer de plus à cette partie d'élite du catholicisme que le pape sera beaucoup plus indépendant, qu'il exercera une action spirituelle beaucoup plus efficace lorsque, ayant renoncé au pouvoir temporel, il aura mis le sceau à la pacification de l'Italie par la liberté.

Si le pouvoir temporel n'assure pas l'indépendance du spirituel, comment l'assurera-t-on? Voilà ce qu'a demandé avant moi le député Audinot. Eh bien, nous tenons que l'indépendance, la dignité du souverain pontife et l'indépendance de l'Église seront protégées par la séparation des deux pouvoirs, par l'application large du principe de liberté aux rapports de la société civile avec la société religieuse.

Il est clair, Messieurs, que si cette séparation venait à s'opérer d'une façon nette, bien définie, irrévocable, si l'indépendance de l'Église s'établissait de la sorte, l'indépendance du pape se fonderait sur de bien meilleures bases qu'aujourd'hui. Son autorité alors deviendra aussi plus efficace, n'étant plus liée par tous ces concordats, par tous ces pactes qui ont été et qui seront indispensables tant que le pape sera souverain temporel. Ces armes, dont le pouvoir civil, en Italie et au dehors, doit se prémunir contre lui, deviendront inutiles quand le pontife se bornera à l'exercice de son pouvoir spirituel; et l'autorité du pape, loin de diminuer, grandira de beaucoup dans la sphère qui lui appartient. (Bravo!)

Je crois que ceci n'a pas besoin d'être démontré; je crois que tout catholique sincère, tout prêtre zélé pour sa religion doit préférer de beaucoup cette liberté d'action dans la sphère religieuse à des priviléges ou même à un pouvoir suprême dans la sphère politique. Autrement il faudrait dire que ces catholiques, que ces prêtres ne sont pas de bonne foi et veulent faire du sentiment religieux un moyen d'avancer leurs intérêts temporels. (Rires d'assentiment.)

La difficulté n'est donc pas là, tout théologien sensé en conviendra. Seulement, on peut fort bien demander comment nous assurerons cette séparation, cette liberté que nous promettons à l'Église.

Elle peut être garantie, selon moi, de la façon la plus sûre. Les principes de liberté dont je vous ai parlé doivent être formellement inscrits dans notre Statut, et faire partie intégrante du pacte fondamental du nouveau royaume d'Italie.

Mais la meilleure garantie est dans le caractère, dans les conditions mêmes du peuple italien. Ce peuple est éminemment catholique; il a longtemps travaillé à la réforme du pouvoir temporel, mais jamais à la destruction de l'Église. Telles ont été les vues de nos plus hardis penseurs, à toutes les époques; Arnaldo da Brescia, Dante, Savonarola, Sarpi, Giannone (autant qu'on en juge par ses écrits), tous ont voulu la réforme du pouvoir temporel, aucun la ruine du catholicisme.

Cette réforme est ardemment désirée par l'Italie; mais quand elle sera accomplie, j'ose affirmer que pas une nation sera plus que la nôtre attachée à l'indépendance du pape, à la liberté absolue de l'Église. Le principe de liberté, je le redis encore, est conforme au vrai tempérament de notre pays, et j'ai la confiance que si les amis les plus jaloux de l'indépendance de l'Église examinaient de près nos affaires, notre situation, ils seraient forcés d'admettre que l'autorité du pontife et l'indépendance de l'Église seront mieux protégées par le libre consentement de vingt-six millions d'Italiens que par quelques mercenaires rassemblés autour du Vatican, ou bien par des troupes valeureuses et amies, mais enfin des troupes étrangères. (Bravo!)

On me dira : vous montrez des espérances; les faits les encouragent peu. Toutes vos tentatives de transaction, toutes vos offres de négociations ont été repoussées.

Je ne crois pas opportun, et la Chambre approuvera cette réserve, d'entrer dans le détail de nos rapports avec la cour de Rome : je reconnais du reste que jusqu'ici aucune ouverture n'a abouti auprès d'elle; mais j'ajoute que le moment de traiter sur les bases de principes aussi larges n'était pas encore venu, et par conséquent nous pouvons nourrir l'espérance que nos intentions une fois bien connues et justement appréciées, les dispositions de la cour de Rome envers nous pourront prendre un caractère moins inflexible.

Messieurs, l'histoire nous montre bien des exemples de pontifes qui, après avoir fulminé contre des souverains, faisaient la paix et s'alliaient avec eux. A une époque funeste pour l'Italie, Clément VII, après avoir vu Rome mise à sac par les Espagnols, après avoir subi toutes sortes d'humiliations de la part de Charles-Quint, le sacra quelques années plus tard dans l'église de Saint-Pétrone, et fit alliance avec lui dans le dessein d'ôter la liberté à Florence, sa patrie. Le changement qui s'opéra dans l'esprit de Clément VII pour l'asservissement de sa ville natale, pourquoi ne le verrions-nous pas se faire dans l'âme de Pie IX pour la liberté de l'Italie et de l'Église? (Bravo! très-bien!)

Mais si cet espoir ne se réalisait pas? (Mouvement d'attention.) Si, par l'effet de circonstances fatales à l'Église et à l'Italie, le pape restait inébranlable et continuait à repousser tout accord? Alors, Messieurs, nous ne cesserons pas pour cela de proclamer à haute voix les principes que je viens de vous exposer, et qui, je l'espère, recevront de vous un accueil favorable; nous ne cesserons pas de dire : qu'un accord avec le pape précède ou non notre entrée dans la Ville éternelle, l'Italie n'aura pas plutôt déclaré la déchéance du pouvoir temporel qu'elle séparera l'Église de l'État, et assurera sur les bases les plus étendues la liberté de l'Église. (Très-bien! très-bien!) Quand nous aurons fait cela, quand ces doctrines auront été sanctionnées solennellement par le Parlement national, quand on ne pourra plus mettre en doute les véritables sentiments des Italiens, quand le monde verra que, bien loin d'être hostiles à la religion de leurs pères, ils veulent la conserver chez eux, et en assurer la prospérité en abattant un pouvoir qui empêchait le développement du catholicisme aussi bien que la reconstitution de l'Italie; alors, je l'espère, la grande majorité du monde catholique absoudra les Italiens, et fera retomber sur qui de droit la responsabilité de la lutte fatale que le pape aura voulu engager contre la nation au sein de laquelle il réside. (Applaudissements.)

Que Dieu en écarte l'augure! Au risque d'être taxé d'utopie, je m'abandonne à l'espoir que lorsque cette déclaration de principes et la consécration que vous allez en faire seront connues et arriveront jusqu'au Vatican, les fibres italiennes que le parti réactionnaire n'a pu sans doute arracher entièrement du cœur de Pie IX sentiront un frémissement, et qu'on verra s'accomplir alors le plus grand acte qui ait jamais été accompli par un peuple. Ainsi il sera donné à la même génération d'avoir ressuscité un grand peuple, et d'avoir fait une autre œuvre encore plus grande, plus sublime, une œuvre dont l'influence sera incalculable : l'œuvre de la réconciliation de la papauté avec l'autorité civile, de l'esprit de religion avec les grands principes de la liberté.

Oui, Messieurs, j'espère que nous pourrons réaliser ces deux grandes choses, qui porteront jusqu'à la postérité la plus reculée le souvenir de la génération que porte aujourd'hui cette terre d'Italie. (Vifs applaudissements.)

2

DANS LA MÊME DISCUSSION.

Séance de la Chambre des députés du 27 mars 1861.

Je dois manifester l'opinion du gouvernement du Roi sur les diverses propositions qui ont été adressées à la Chambre ; je crois en même temps qu'il est de mon devoir de répondre à quelques reproches qui m'ont été faits, et de donner quelques explications qui m'ont été demandées. Je pense que, dans l'examen même des propositions qu'on a formulées, je pourrai remplir cette double obligation, et répondre sinon à tous, du moins à la plupart des députés qui m'ont adressé la parole. Cependant je dois dire, dès le principe, que j'exclus en grande partie de cette réplique l'honorable député Ferrari; non pas que son discours n'ait été parfaitement convenable et parlementaire, mais il a porté la question sur le terrain des discussions théoriques, et il me serait difficile de l'y suivre, soit par défaut de connaissances suffisantes, soit parce qu'il faut que je m'occupe du côté pratique de la question.

Il y a néanmoins deux accusations qu'il a dirigées contre le cabinet et contre moi; je leur dois une courte réponse.

L'honorable député Ferrari, se servant d'une figure de rhétorique, et faisant allusion à un nom qu'il croyait que cette Chambre ne voulût pas entendre, a dit qu'il n'aimait pas les conspirateurs, même quand ils sont sur le banc de la présidence. L'honorable député Ferrari a donc voulu me faire l'honneur de me compter parmi les conspirateurs. (On rit.)

Je l'en remercie, et à cette occasion, je déclare à la Chambre que j'ai été pendant douze ans un conspirateur. (Oh! oh!) Oui, Messieurs, pendant douze ans j'ai conspiré de toutes mes forces; j'ai conspiré pour arriver à donner l'indépendance à ma patrie. Mais j'ai conspiré d'une façon singulière : j'ai conspiré en proclamant dans les journaux, en proclamant à la face du Parlement entier, en proclamant dans les conseils de l'Europe le but de ma conspiration. J'ai conspiré en cherchant des affiliés, des adeptes, et j'ai eu avec moi tout ou presque tout le Parlement subalpin; les années dernières, j'ai eu pour adeptes et pour compagnons presque tous les membres de la Société nationale, et aujourd'hui je conspire avec vingt-six millions d'Italiens. (Applaudissements.)

L'honorable Ferrari, en outre, a expliqué la politique des annexions d'une manière curieuse; il vous a dit, Messieurs : si le ministère fait des annexions, croyez-vous que ce soit pour faire l'Italie? pas du tout; les annexions sont pour lui des expédients politiques, des stratagèmes pour éviter les difficultés intérieures. S'il a annexé Parme, c'est qu'en Lombardie certaines lois du précédent ministère avaient déplu; s'il a annexé Modène, c'est probablement à cause de ces fameux 33 centimes contre lesquels on a tant crié à Milan; s'il a fait l'annexion de la Toscane, c'est parce qu'il n'avait pas le courage de résoudre la question du mariage civil; et peut-être, s'il proclame maintenant que nous aurons Rome, c'est pour différer la solution du problème ardu des régions.

Voilà comment l'honorable député Ferrari juge la politique du ministère. L'argumentation est fort ingénieuse, fort spirituelle; mais on me permettra de ne pas la trouver très-solide.

Ce raisonnement ressemble à celui que ferait un soldat vieilli dans les casernes sans avoir jamais fait la guerre, à un capitaine heureux qui, suivant rapidement l'ennemi, se trouverait forcé de négliger des détails du service militaire; prenez garde, dirait-il, la tenue de votre armée n'est pas parfaite, la plupart de vos hommes sont mal vêtus, leurs armes ne sont pas bien nettoyées, votre matériel n'est pas complet. Le général ne s'en inquiéterait pas; au retour, quand même, après ses hauts faits, il montrerait à ses concitoyens des hommes en habits usés, des bataillons diminués, je crois qu'il n'en remporterait pas moins l'approbation universelle. (Très-bien!)

Cela dit, que l'honorable Ferrari me permette de prendre congé de lui, et un congé courtois, comme l'ont été les reproches qu'il m'a adressés dans la séance d'hier.

J'arrive maintenant à la discussion des ordres du jour. (Marques d'attention.)

En examinant les trois ordres du jour d'hier et les deux d'aujourd'hui, je trouve qu'ils s'accordent tous dans l'idée finale; ils sont unanimes à vouloir que Rome soit acclamée capitale de l'Italie, et à presser le gouvernement de s'employer à la réalisation de ce vœu universel. Mais qu'on me permette de constater que, tant pour la forme que pour le fond, aucun de ces votes motivés ne résume, à mon sens, avec plus de précision et de clarté que l'ordre du jour Bon-Compagni les idées exposées si nettement par l'honorable auteur de l'interpellation, adoptées sans réserve par le ministère et favorablement accueillies par cette Chambre.

L'ordre du jour Bon-Compagni est en quelque sorte une réponse complète aux interpellations de l'honorable Audinot. En le démontrant, je donnerai ces explications plus amples qui m'ont été demandées par plusieurs orateurs.

L'honorable député Audinot demandait, de la façon la plus positive, que le gouvernement fît connaître son opinion, ses principes sur les affaires de Rome. A cela, j'ai répondu précisément comme répond l'ordre du jour Bon-Compagni. J'ai déclaré que Rome devait être la capitale de l'Italie; l'ordre du jour Bon-Compagni proclame cette vérité. J'ai dit que Rome devait être la capitale de l'Italie et qu'on devait le proclamer immédiatement. Cette assertion a donné occasion à l'honorable député Chiaves de me faire, dans un fort beau discours, deux observations. Il trouve en premier lieu cette déclaration inopportune; il dit ensuite qu'elle est trop explicite, et croit nécessaire de m'interpeller sur la manière dont le gouvernement entend effectuer ce déplacement de la capitale.

L'honorable député Chiaves a pensé qu'une déclaration aussi précise que la mienne pouvait embarrasser les négociations que le gouvernement devra faire pour résoudre la question romaine. Il croit que des motifs de prudence auraient dû conseiller au gouvernement de motiver l'annexion immédiate de Rome à l'Italie non point sur cette considération que Rome doit être notre capitale, mais sur des raisons de justice, d'humanité, sur des principes.

L'honorable Chiaves, qu'il souffre que je le lui dise, commet là une grave erreur. Je tiens ceci pour certain : si nous ne pouvions pas nous prévaloir de ce puissant argument : — que sans Rome pour capitale, l'Italie ne peut se constituer définitivement et la paix ne peut s'établir sur des bases sûres, — nous ne pourrions décider ni le monde catholique, ni la puissance qui croit devoir ou pouvoir représenter plus spécialement le monde catholique, à consentir à la réunion de Rome à l'Italie.

Pour le prouver, je ferai une hypothèse. Supposez que la résidence du souverain pontife, au lieu d'être à Rome, au centre de l'Italie, dans cette ville où tant de souvenirs historiques sont réunis, fût située sur les confins de la Péninsule, dans une ville importante, si l'on veut, mais à laquelle aucun grand prestige historique ne fût attaché; supposez, par exemple, que l'antique et cléricale Aquilée se soit relevée et que le pontificat y ait son siége; pensez-vous qu'il fût facile d'obtenir l'assentiment des puissances catholiques à la séparation du pouvoir temporel dans ce coin de la terre italienne? Non, Messieurs.

Je sais bien que l'on pourrait faire valoir, dans cette circonstance, le principe de non-intervention, le droit qu'ont les peuples de manifester leurs vœux, toutes les grandes maximes enfin sur lesquelles repose le droit international.

Mais les diplomates vous répondraient qu'en politique il n'est rien d'absolu, que toutes les règles ont leurs exceptions, que nous ne songeons certes pas à appliquer à toutes les parties de l'Italie le principe de nationalité, et que, puisque nous consentons à voir Malte aux Anglais, nous pouvons bien consentir à ce qu'un territoire qui n'est point nécessaire à la constitution de l'Italie demeure soumis au domaine papal.

On ajouterait que l'intérêt italien, qui est d'un ordre secondaire, ne doit pas prévaloir sur l'intérêt général de l'humanité; et j'affirme à l'honorable Chiaves que devant ces arguments échoueraient les plus belles dissertations faites au nom des principes et du droit; que le ministre des affaires étrangères, eût-il la bonne fortune d'être assisté de tous les professeurs de droit international qui sont au monde, ne parviendrait point à convaincre les diplomates avec qui il aurait à traiter, et qu'aucune négociation ne pourrait venir à bout d'une question ainsi posée. Je sais qu'en dernière analyse on pourrait penser à se servir de l'argument du canon; mais nous sommes tous d'accord qu'il ne saurait être employé dans cette circonstance.

Je répète donc que proclamer la nécessité où se trouve l'Italie d'avoir Rome, ce n'est pas seulement une chose prudente et opportune, c'est encore remplir une condition indispensable à la réussite des démarches que le gouvernement pourra faire pour arriver à la solution de la question romaine.

Il me reste à examiner la seconde objection de l'honorable Chiaves, qui voit des dangers à déclarer que la capitale doit être transférée à Rome. Si je voulais prendre à la lettre son discours, et particulièrement ce qu'il a dit sur la nécessité de préparer Rome à la haute fonction de capitale de l'Italie, je serais obligé de supposer que l'honorable Chiaves veut qu'on fasse l'éducation du peuple romain avant que ce déplacement s'opère, c'est-à-dire qu'on le retarde d'une ou deux générations.

Or, le différer ainsi, ce serait pour moi chose pire que d'y renoncer, ou du moins que de renoncer à déclarer dès à présent la nécessité de transporter notre capitale à Rome.

Je n'entends certes point, par la déclaration que j'ai

faite, lier le ministère quant à la date du déplacement et à la manière de l'effectuer. Je n'ai pas entendu qu'en votant l'ordre du jour Bon-Compagni, en acclamant Rome pour capitale de l'Italie, la Chambre s'obligeât à se mettre en route le premier jour où la nouvelle capitale sera libre pour aller s'installer dans je ne sais quel palais de Rome. (On rit.)

Il est évident que la translation de la capitale, quand elle sera possible, devra être l'objet non-seulement d'une détermination du ministère, mais encore d'un vote du Parlement. Il n'est pas dans les prérogatives du pouvoir exécutif de changer la capitale du royaume. Le ministère aura donc alors à étudier les difficultés que présentera le déplacement, à proposer les moyens de les surmonter, à examiner si l'état de l'Italie et celui de l'Europe ne conseilleraient point de différer pour quelque temps. Il appartiendra ensuite au Parlement de décider en dernier appel sur ce qui aura été jugé convenable, et c'est alors que le député Chiaves pourra proposer tout ce qui lui paraîtra être exigé par l'intérêt général.

Puisqu'on a soulevé la question de la possibilité de différer pour longtemps la translation de la capitale à Rome, je crois devoir ajouter une considération.

Les orateurs qui m'ont précédé ont prouvé avec tant d'éloquence et par de si nombreuses raisons la nécessité de cette translation, que je ne veux présenter à ce propos qu'une démonstration, une de celles que les mathématiciens appellent démonstration par l'absurde. Imaginons donc que les choses se passent comme nos adversaires le veulent; voyons quelles conséquences s'ensuivraient.

Pour montrer combien il serait funeste que la capitale ne fût pas transportée à Rome sitôt qu'auront disparu les obstacles insurmontables qui existent aujourd'hui, je suppose que Rome soit réunie à l'Italie, mais sans être notre capitale.

Je ne puis m'empêcher de prévoir que jusqu'à ce que la question eût été définitivement résolue, ou, à défaut de solution définitive, jusqu'à ce que le principe eût été affirmé et que le retard mis à sa réalisation eût été justifié par des raisons tout à fait majeures, l'Italie entière serait dans un état d'agitations et de troubles. Il y aurait une lutte ardente entre ceux qui voudraient aller à Rome tout de suite et ceux qui voudraient différer; et si, dans cet état de choses, il arrivait qu'à l'occasion d'une réunion du Parlement, 180 ou 200 députés de l'Italie méridionale, en s'acheminant vers la capitale actuelle, se trouvassent par hasard réunis sur l'une des places de l'antique métropole du monde, ne serait-il pas à craindre qu'une force occulte, irrésistible, les empêchât de continuer leur route? J'avoue que cette idée me remue, et que je ne serais pas sans appréhension dans une telle éventualité.

Je prie l'honorable député Chiaves de vouloir bien y réfléchir; peut-être ensuite pensera-t-il avec moi que plus tôt nous pourrons aller à Rome, mieux cela vaudra; pourvu que ce soit sans exposer, bien entendu, la sûreté de l'État, sans rendre plus difficile la dernière phase de la résurrection italienne, sans ébranler le gouvernement. Nous sommes bien d'accord aussi que cette translation s'effectuera avec toute la gravité, les précautions que réclame un acte si considérable. J'espère que, cela admis, l'honorable Chiaves conviendra que le plus tôt sera le mieux pour l'Italie.

Il me semble donc que l'ordre du jour Bon-Compagni, qui acclame Rome capitale de l'Italie, répond pleinement aux sentiments exprimés par tous les orateurs dans cette Chambre.

Jusqu'ici ma tâche a été facile; maintenant me voici de nouveau en présence des difficultés que j'ai rencontrées dans l'avant-dernière séance, quand j'ai dû parler des moyens d'aller à Rome.

L'honorable Audinot m'a paru satisfait des explications que j'avais données, et l'ordre du jour Bon-Compagni, en les résumant, appelle en quelque sorte sur elles la sanction de la Chambre.

J'ai dit quel est le système que le gouvernement se propose de suivre pour résoudre la question romaine, et c'est, j'imagine, ce que désirait particulièrement l'honorable député Audinot; je ne pense certainement pas qu'il ait entendu que je viendrais raconter à la Chambre les détails des négociations qui existent ou qui pourraient exister, soit à Rome, soit à Paris, pour aplanir les difficultés que ces affaires présentent; je ne pense pas qu'il ait entendu que je communiquerais des dépêches officielles ou confidentielles.

En ce qui concerne les dépêches confidentielles, l'honorable député Petruccelli ne voudrait certainement pas que j'en parlasse à la Chambre, que je vinsse dire : J'ai écrit une lettre confidentielle à Rome, pour tâcher de faire parler au théologien A, à monseigneur B; j'ai écrit à des personnes influentes, pour essayer d'agir sur l'opinion publique à Rome.

Quant aux dépêches officielles, j'ai déjà dit mon sentiment l'autre jour ; mais puisque je suis ramené sur ce terrain, je veux dire un secret à la Chambre (hilarité), un secret bien mal gardé, et dont plusieurs d'entre vous sont instruits tout comme moi.

Au point où en sont les choses, à la façon dont on mène les affaires aujourd'hui, les dépêches officielles répandent bien peu de lumière sur les négociations. Que voulez-vous ? Depuis que presque tous les gouvernements, parlementaires et non parlementaires, ont pris l'habitude de communiquer aux Chambres ou de publier dans les journaux les dépêches des agents diplomatiques, ces dépêches ont perdu beaucoup de leur valeur ; l'on n'y fait plus aujourd'hui que résumer des faits plus ou moins accomplis. Autrefois, quand ces pièces ne devaient voir le jour qu'après la mort de celui qui les avait écrites, les affaires se faisaient par le moyen de notes à communiquer, de notes à lire, de notes verbales, de toutes les armes que renferme l'arsenal de la diplomatie. Maintenant, quand on écrit une dépêche, et j'en ai écrit beaucoup, je dois dire qu'on est moins préoccupé de l'influence qu'elle aura sur le destinataire que de l'effet qu'elle fera sur le public européen, qui en sera bientôt juge. Il est un peu humiliant pour un ministre des affaires étrangères de le déclarer, mais les dépêches publiques ressemblent en général à un article de journal plus qu'à autre chose. Il est vrai que la diplomatie prend sa revanche dans certains discours parlementaires, qui sont d'excellentes notes diplomatiques.

Le ministère ne vous a pas fait connaître l'état des négociations, si négociations il y a ; mais il vous a indiqué de la manière la plus claire, la plus précise, les principes de sa politique et les applications qu'il en veut faire; il vous a dit qu'il pense résoudre la question romaine en convainquant les hommes de bonne foi de la société catholique que la réunion de Rome à l'Italie ne portera aucun préjudice à l'indépendance de l'Église; le ministère vous a dit qu'une fois cette vérité acceptée par la partie saine du monde catholique, l'accord avec la France, qui dans cette affaire représente et croit devoir représenter le monde catholique, serait plus facile; que, cet accord une fois établi, il y aurait lieu d'espérer que le pontife lui-même reconnaîtrait notre bon droit; et que s'il ne le reconnaissait pas, la responsabilité de ce qui pourrait s'ensuivre ne retomberait pas sur nous.

Il me semble impossible de formuler plus nettement notre programme, que résume parfaitement l'ordre du jour Bon-Compagni. Ne me dites pas, Messieurs, que je me fais illusion. La thèse de la garantie de l'indépendance spirituelle du pape par son pouvoir temporel me paraît être désormais une erreur mathématiquement démontrée aux catholiques de bonne foi. Je leur dis ceci : Le pouvoir temporel est une garantie d'indépendance quand il fournit à qui l'exerce des armes et de l'argent pour garantir cette indépendance; mais lorsque, au lieu d'en fournir, il force à mendier auprès des autres puissances des armes et de l'argent, il est clair qu'il est une cause non pas d'indépendance, mais de dépendance absolue. (Bravo!)

L'homme qui vit tranquillement chez lui, sans dettes, sans ennemis, me semble mille fois plus indépendant que le riche propriétaire de terres qui a soulevé contre lui tous ses paysans, et qui ne peut plus sortir qu'entouré de gendarmes. (Très-bien!)

Je crois donc que les catholiques de bonne foi doivent être d'accord avec nous sur ce point.

Reste à persuader le saint-père que l'Église peut être indépendante sans le pouvoir temporel. Mais il me semble que quand nous nous présentons au souverain pontife, et que nous lui disons : « Saint Père, le pouvoir temporel n'est plus pour vous une garantie d'indépendance; renoncez-y, et nous vous donnerons cette liberté que vous avez demandée en vain depuis trois siècles à toutes les grandes puissances catholiques; cette liberté, vous leur en avez arraché quelques lambeaux dans des concordats qui vous forçaient vous-même à leur concéder des priviléges, que dis-je! l'usage même des armes spirituelles; eh bien, cette liberté que vous n'avez jamais pu obtenir de ces puissances qui se vantaient d'être vos alliés, vos fils dévoués, nous venons vous l'offrir dans toute sa plénitude; nous sommes prêts à proclamer en Italie ce grand principe : l'Église libre dans l'État libre. (Très-bien!)

« Vos amis de bonne foi reconnaissent comme nous l'évidence; ils reconnaissent que le pouvoir temporel, tel qu'il est, ne peut plus exister. Ils viennent vous proposer des réformes que, comme pontife, vous ne pouvez faire; ils vous proposent d'établir des institutions qui, en certains points, ne s'accordent pas avec les maximes dont vous devez être le gardien; ils insistent, ils vous reprochent votre obstination; vous opposez une résistance inflexible, et vous faites bien; à ceux qui vous reprochent de n'avoir pas une armée basée sur la conscription, vous répondez que vous ne pouvez pas forcer au célibat des jeunes gens de vingt à vingt-cinq ans, l'âge des passions les plus vives : je ne vous en blâme point; vous refusez de proclamer la liberté religieuse, la liberté d'enseignement, je le comprends : vous devez enseigner certaines doctrines, et par conséquent vous ne pouvez pas dire qu'il est bon que quiconque enseigne quelque doctrine que ce soit. Vous ne pouvez donc pas accepter les conseils que vous donnent vos amis de bonne foi, parce qu'ils vous demandent ce qu'il vous est impossible d'accorder; et ainsi vous restez dans cet état anormal où le père des fidèles est forcé de maintenir son peuple sous le joug au moyen des baïonnettes étrangères, au lieu d'accepter le principe de liberté, loyalement, largement appliqué chez l'aînée des nations de race latine, dans le pays où le catholicisme a son siége naturel. »

Il me semble impossible, Messieurs, qu'un tel langage, qu'une telle proposition, faite avec toute sincérité, avec toute loyauté, ne soit pas accueillie avec faveur.

Que ces propositions soient sincères, c'est ce qui ne peut être mis en doute. Je ne fais point de question de personnes; cependant, je pourrais rappeler à ceux de mes collègues qui faisaient partie des Parlements précédents, que dès 1850, peu de jours après avoir été appelé dans le conseil de la couronne, je proclamai franchement ce principe, et je repoussai un projet qui avait pour but l'incamération des biens du clergé, l'établissement d'un clergé salarié et sa dépendance de l'État.

Je rappellerai, comme preuve de la sincérité de ces propositions, qu'elles sont conformes à tout notre système. Nous croyons que le principe de liberté doit être appliqué à toutes les parties de la société religieuse et civile; nous voulons la liberté économique, la liberté administrative, la liberté de conscience pleine et absolue, toutes les libertés politiques compatibles avec le maintien de l'ordre public; et, comme conséquence de cet ordre de choses, nous jugeons nécessaire à l'harmonie de l'édifice que nous voulons élever l'application du principe de liberté aux rapports de l'Église et de l'État. (Très-bien!)

J'espère que ces déclarations satisferont l'honorable Boggio, et je suis bien aise de me trouver maintenant pratiquement d'accord avec lui, comme je l'étais en théorie quand il publia son remarquable écrit sur les rapports de l'Église et de l'État.

Ces vérités seront accueillies par l'opinion publique, et sans être à même de prévoir le temps qu'il leur faudra pour acquérir une puissance irrésistible, je crois ne pas me tromper en pensant qu'à une époque où le monde intellectuel lui-même se sert de la locomotive, elles ne tarderont pas à être acceptées. Quand cela se sera réalisé, l'accord avec la France, comme je l'ai dit, sera facile.

Une fois les deux grandes conditions remplies, une

fois les catholiques persuadés et la France consentante, j'espère que nous pourrons nous entendre avec le saint-père. Je ne veux pas prévoir le cas où un arrangement serait impossible; mais je dis que si cette impossibilité ne venait point de nous, la faute ne nous en serait pas imputée, et que, même dans ce cas, Rome pourrait être réunie à l'Italie sans qu'il en résultât des conséquences fatales pour l'Italie et pour l'Église.

Quoi qu'il en soit, Messieurs, il est évident que pour atteindre ce but si important, si glorieux, il est nécessaire que le gouvernement soit investi de la plus grande force morale possible. Permettez-moi donc de faire appel aux auteurs des divers ordres du jour déposés sur le banc de la présidence, ordres du jour qui ne me semblent pas différer en substance; je prierai ces députés d'accepter tous l'ordre du jour proposé par le député Bon-Compagni, qui proclame en termes précis et explicites Rome capitale de l'Italie; qui déclare qu'en même temps que Rome doit être réunie à l'Italie, l'indépendance, la dignité du pontife, la liberté de l'Église doivent être assurées; et qui reconnaît enfin l'absolue nécessité d'un accord avec la France.

Ne nous divisons pas sur des questions secondaires, surtout sur des questions de forme; unissons-nous en une seule pensée, en une seule volonté. Votez, Messieurs, cet ordre du jour, pour nous donner la force de vaincre tant de difficultés; soyez unanimes, et peut-être ainsi nous sera-t-il donné d'arriver dans un avenir prochain à l'un des plus grands résultats qui se soient jamais réalisés dans l'histoire, à la réconciliation de la papauté et de l'empire, de l'esprit de liberté et du sentiment religieux. (Applaudissements.)

3

SUR LE MÊME OBJET.

Séance du Sénat du 5 avril 1861.

Messieurs les sénateurs,

Lorsque l'interpellation que vous venez d'entendre me fut annoncée, je craignis que l'honorable sénateur Vacca ne voulût me demander des explications sur ce qui a pu se passer depuis la discussion solennelle de la Chambre sur la question de Rome. Mais l'orateur, appréciant les difficultés en face desquelles se trouve le gouvernement du Roi, s'est sagement abstenu de toute interrogation embarrassante, et s'est borné à provoquer une déclaration nouvelle des principes si favorablement accueillis déjà par l'opinion en Italie.

Si notre but est grand, s'il est nettement déterminé, s'il n'est pas susceptible de discussion, les moyens de l'atteindre sont difficiles. L'honorable Vacca a redit, en l'appuyant de considérations nouvelles, une vérité qui a été reconnue par la Chambre et qui va l'être, je l'espère, par vous : c'est que nous ne devons pas entrer à Rome en conquérants, et qu'il serait dangereux pour l'Italie d'éloigner le pape de Rome; il a conclu en établissant avec raison que la question de Rome se lie étroitement à celle de Naples, et que la solution de la première achèvera celle de la seconde.

Oui, la question de Rome a une importance sans égale au point de vue de notre constitution intérieure. Oui, il est essentiel pour nous que Rome cesse d'être le rendez-vous de tous les ennemis de l'Italie et de la liberté, le quartier général de tous les conspirateurs; que Rome ne nous envoie plus de messagers de désordre, d'émissaires armés pour le crime.

Il est, d'un autre côté, essentiel à la fusion complète des populations que la paix soit rétablie entre l'Église et l'État. L'antagonisme qui existe à présent et dont le gouvernement ne peut cependant être tenu pour responsable, est exploité par l'intrigue, l'ambition, le mécontentement. Je ne veux pas traiter ici la question de Naples comme un simple incident; je répondrai seulement que le gouvernement suivra les conseils qui lui sont donnés, et il les suivra de la façon que je vais dire.

Le gouvernement doit employer tous les moyens constitutionnels pour faire respecter la loi et réprimer les excès des partis; que les partis s'habillent de noir ou de rouge, les moyens légaux suffiront. Je ne dis pas qu'une tranquillité parfaite naîtra instantanément, que les restes des vieux partis disparaîtront tout de suite; il faudrait connaître bien peu le caractère des révolutions et les exemples fournis par l'histoire pour espérer une métamorphose subite. Partout où un grand changement se produit, quelque légitimes et nobles qu'en soient les causes, une perturbation plus ou moins longue le suit. Le nouveau gouvernement peut, à l'aide de la politique la plus juste et la plus éclairée, ramener le calme ; mais le concours du temps lui est indispensable. L'Angleterre a accompli en 1688 une glorieuse révolution où la liberté a triomphé sans passer par l'anarchie : elle eut pourtant à lutter pendant soixante ans encore contre les débris des partis.

La secousse n'a pas été si violente chez nous ; le principe de nationalité, joint à celui de liberté, nous a donné une grande force ; je ne veux donc pas exagérer ; je n'annonce pas qu'il faudra soixante ans pour ramener à un état normal les provinces du sud ; mais du moins faudra-t-il pour cela un temps plus long que les six mois qui se sont écoulés depuis le jour heureux où le Roi est entré à Naples au milieu des applaudissements du peuple.

Les moyens légaux, je l'espère, nous suffiront. S'il faut des mesures nouvelles, nous demanderons au Parlement non pas une dictature, non pas les pleins pouvoirs, mais les moyens d'action requis par les circonstances. Nous ferons ce que l'honorable Vacca nous suggère : nous imiterons les ministres anglais les plus libéraux, en demandant au Parlement telle ou telle modification à nos lois pénales. Mais nous espérons fermement n'en avoir pas même besoin.

Ce qui s'est dit ici et à la Chambre, l'opinion unanime de tous les représentants des provinces méridionales, lesquels ne demandent au gouvernement que de se montrer énergique et fort, accroîtra précisément la force du gouvernement. Mais le meilleur remède au mal serait certainement la solution de la question romaine, qui ôterait aux factions sinon leur état-major, du moins leur armée.

Je ne redirai pas ici comment j'entends la solution de la question de Rome; j'affirme seulement que les espérances que j'ai manifestées dans l'autre assemblée n'ont diminué en rien. Certes, en si peu de jours, les idées que nous avons émises ne peuvent avoir fait de grandes conquêtes; pourtant elles ont fait du chemin; elles ont été accueillies avec faveur au dedans et au dehors du pays par toutes les fractions du parti libéral, même celles sur lesquelles les idées conservatrices ont le plus d'empire.

C'est beaucoup; mais ce n'est pas encore assez. Ce n'est pas le libéralisme seul que nous devons disposer favorablement, c'est aussi la partie modérée et éclairée de la société catholique. De grandes difficultés, de grands obstacles se présentent à nous; mais faut-il s'en étonner? faut-il perdre courage?

Non, Messieurs; le principe de liberté ne peut pas être accueilli par la société catholique sans hésitation, sans que certains doutes, certaines craintes s'éveillent. Comment pourrait-il en être autrement? C'est la première fois qu'une grande nation catholique offre résolûment à l'Église une liberté pleine et entière, en échange du sacrifice de quelques intérêts temporels.

Le principe de la liberté religieuse appliqué à une société catholique, qu'on me permette de le dire, est chose nouvelle dans le monde. Il n'est pas nécessaire de rappeler les premiers siècles du christianisme où l'Église fut tour à tour persécutée et persécutrice. Le moyen âge n'a pas connu le principe de liberté. L'ère des grandes réformes ne l'a pas connu davantage. Les puissants réformateurs du XVIe siècle combattaient l'Église, non pas au nom de la liberté religieuse, mais au nom d'une autre doctrine qui ne faisait que laisser une part plus large à la raison. Pas plus que Clément VII et que Paul V, Calvin, Luther, Zwingli n'ont reconnu le dogme de la liberté religieuse.

Aujourd'hui même, les sociétés où la réforme a conservé toute sa force n'appliquent pas encore dans sa plénitude ce grand principe ; là où il a été le plus vivement mis en lumière par la civilisation moderne, il se heurte encore de temps à autre aux idées de la réforme. En Suède, où celle-ci subsiste dans sa pureté, la législation pénale frappe les catholiques, en dépit des efforts tentés par un souverain éclairé et libéral pour l'abolition des lois de cette nature. En Angleterre, les lois politiques contre les catholiques ont été maintenues jusqu'au premier quart de ce siècle, et il n'y a pas plus de dix ans, le parti libéral, alarmé d'une bulle où le pape ne faisait que créer de simples titres, obtenait du Parlement un bill qui frappait d'une amende de cent livres sterling quiconque accepterait l'un de ces titres.

Il ne faut donc pas s'étonner si l'Église, si le catholicisme accueille avec tant de défiance un principe qui n'a pas même été complétement admis de nos jours dans les pays protestants.

Une autre circonstance explique la crainte, la défiance que rencontre dans l'Église la proposition de mettre largement en pratique la liberté. Nous n'avons vu que trop souvent les partis libéraux, après avoir lutté pour la destruction des vieux systèmes, pour la conquête d'un principe, d'un droit, abuser de ce principe, une fois la victoire gagnée, pour opprimer ceux qu'ils avaient vaincus. Nous avons vu en France, au dernier siècle, les hommes illustres, les bienfaiteurs de l'humanité qui venaient de proclamer dans l'Assemblée constituante la grande charte des sociétés modernes, nous les avons vus, un an après, prononcer contre le clergé un décret entaché de despotisme; nous les avons vus, un an plus tard encore, imposer au clergé une constitution civile qui violait la liberté de l'Église; nous l'avons vu usurper les prérogatives légitimes du souverain pontife, lui refuser le droit d'investiture, et exiger des prêtres un serment contraire à leur conscience.

Ces faits, Messieurs, et beaucoup d'autres du même genre, expliquent jusqu'à un certain point l'hésitation, la frayeur que témoigne l'Église; ils expliquent aussi comment l'épiscopat français, qui en général ne connait pas l'Italie et qui la juge d'après les relations absurdes, mensongères, calomnieuses des journaux ultra-cléricaux, voit avec une espèce d'horreur les efforts que nous faisons pour établir nos rapports avec Rome sur un pied d'entière liberté. On confond nos principes avec ceux qui régnèrent à des époques désastreuses; on croit voir venir à la suite de nos idées une constitution du clergé comme celle de 1790. Il m'est impossible de m'expliquer autrement que l'épiscopat français, si éminent par ses vertus et par son zèle religieux, que cet épiscopat, qui est sorti des classes les plus libérales, puisse témoigner tant de haine, tant d'injustice envers l'œuvre entreprise par les Italiens, qui veulent se donner la liberté et la donner à l'Église.

Les mêmes torts ont été faits à l'Église dans d'autres pays, quoique sous des formes moins condamnables qu'en France. Nous avons vu le parti libéral en Autriche, en Toscane, à Naples, introduire dans les lois des dispositions contraires à la liberté du pouvoir ecclésiastique.

Mais aussi, Messieurs, il faut, pour la justification de ces gouvernements, tenir compte des rapports où ils étaient avec Rome. La cour de Rome, investie du pouvoir temporel, se rappelant et regrettant la puissance qu'elle avait eue au moyen âge, l'influence qu'elle se croyait en droit d'exercer sur les autres États européens, ne pouvait pas être traitée avec la largeur de vues qui eût été possible si l'on eût pu voir en elle uniquement une puissance spirituelle. Si donc nous devons estimer que les lois de Joseph II et de Léopold ne sont plus de notre temps, il faut reconnaître aussi que ces souverains avaient le droit de recourir à de telles lois, je ne dirai pas comme armes de guerre, mais comme moyens de défense.

Quoi qu'il en soit, ce sont là des souvenirs qui ont laissé dans l'esprit de la cour de Rome et des catholiques les plus ardents des impressions défavorables au principe de liberté, des dispositions soupçonneuses pour tout ce qui peut venir du libéralisme.

Soyons justes toutefois : l'idée de la liberté a pénétré jusqu'au sein de la société catholique. Une partie du clergé français, après la révolution de 1830, s'est aperçue qu'elle avait rendu la cause de la religion impopulaire en l'associant à celle des Bourbons, et a confessé, par la bouche de quelques-uns de ses membres éminents, le principe de liberté. Il est vrai que le chef de cette école, talent extraordinaire et imagination ardente, voyant ses doctrines mal accueillies de Rome, ne voulut pas en tempérer l'expression, abandonna le catholicisme et alla porter l'aide de sa parole éloquente à un parti ennemi non pas seulement de l'Église, mais de la civilisation. Cependant ces germes n'ont pas péri; la partie du clergé français qui veut la liberté n'a pas disparu. Je crois que beaucoup de membres du clergé de France désirent voir se réaliser le programme jeté en 1830 par l'abbé de Lamennais et par ses partisans, le père Lacordaire et le comte de Montalembert.

Il est un pays où cette doctrine a été assez largement appliquée, c'est la Belgique. Là, le temps a sanctionné la séparation de l'Église et de l'État et la liberté du clergé. Cet exemple doit avoir une grande autorité auprès des catholiques et des libéraux.

Et d'abord il doit rassurer ces derniers, leur prouver que l'Église peut être libre, qu'elle peut jouir du droit d'association, de la liberté d'enseignement, sans que la société civile ait à en souffrir. Et en vérité, Messieurs, les institutions libérales en Belgique se développent sans interruption. Il y a lutte, c'est vrai, et lutte vive, ardente entre les libéraux et les catholiques; mais cette lutte n'a pas fait de mal à la nation, à la liberté. Le parti catholique, à travers les vicissitudes qu'amène le régime représentatif, est arrivé plusieurs fois au pouvoir, et dans des temps où le mouvement général en Europe était à la réaction; il en a profité pour faire adopter certaines lois sur l'enseignement, sur la charité, sur les mainmortes, dans un sens favorable au clergé; mais il n'a jamais porté la main sur les grands principes où se fonde la constitution belge, sur les lois organiques, sur la liberté de la presse, la garde nationale, la liberté individuelle. Si sa politique a été contraire à la nôtre, contraire au mouvement italien (sans doute parce qu'il ne connaît pas bien notre histoire), on ne l'accusera pas de servilité envers les puissances qui représentent l'absolutisme, car il n'y a pas longtemps, dans la Chambre belge, des membres du parti catholique se plaignaient au ministère que les princes montrassent trop de faveur à une auguste princesse appartenant à un État qui résumait alors toutes les idées du despotisme.

Oui, il y a lutte entre les deux partis, mais cette lutte n'est point un mal. Nous ne pouvons imaginer un état de choses fondé sur la liberté où il n'y ait pas des partis et des luttes. La paix complète, absolue, est incompatible avec la liberté ; la liberté doit être acceptée avec ses inconvénients comme avec ses bénéfices.

Si l'exemple de la Belgique est rassurant pour les libéraux, il ne l'est pas moins pour les catholiques. Nulle part, en Europe, la condition du clergé n'est meilleure.

Mais l'Italie, Messieurs, est la nation du monde la plus capable d'appliquer les grands principes que j'ai eu l'honneur de proclamer. Cela me paraît profondément vrai. Et pourquoi? parce qu'en Italie le parti libéral est plus catholique qu'en nul autre pays d'Europe. En Italie, les grands penseurs, je parle de ceux du siècle présent, se sont voués à la conciliation de l'esprit de liberté avec le sentiment religieux. Je puis d'autant mieux affirmer cette vérité devant vous, que telle a été la tâche de la première gloire littéraire de l'Italie, la tâche du poëte sans rival que vous comptez parmi vous[1]; près de la fin de sa carrière, il est fidèle, comme il l'a toujours été, à l'un et à l'autre de ces principes suprêmes. Et dans la sphère philosophique, là où la conciliation est le plus difficile, où l'antagonisme se déclare le plus facilement, nos deux grands esprits, quoique dans des écoles diverses, se sont unis dans une pensée qui domine toutes leurs théories, la pensée de concilier la liberté et la religion. Antonio Rosmini et Vincenzo Gioberti ont consacré toute leur vie, tout leur génie à l'entreprise ardue de mettre d'accord ces deux éléments sur lesquels doit reposer la société moderne. Je pourrais citer bien d'autres noms moindres que les leurs. Lorsque dans un pays les premiers poëtes, les premiers philosophes épousent une doctrine, c'est que cette doctrine y compte bien des partisans.

En Italie donc, plus que nulle autre part, la conciliation peut s'accomplir et produire ses heureux effets. Il y aura lutte, encore une fois; je ne crois pas à un accord parfait; si la conciliation s'opère, je m'apprêterai à soutenir bien des assauts; même, pour parler franchement, je dirai que si la cour de Rome accepte nos propositions et se réconcilie avec l'Italie, si elle accueille le système de la liberté, en peu d'années, dans le pays légal, les partisans de l'Église, ou ceux que j'appellerai plutôt le parti catholique, auront le dessus : je me résigne donc

1. C'est nommer Alexandre Manzoni.

d'avance à finir ma carrière sur les bancs de l'opposition. (Hilarité.)

Je suis profondément convaincu de la vérité de ce que j'ai eu l'honneur de vous exposer, des avantages immenses que doit trouver l'Église à accepter les principes sur lesquels nous voulons établir un accord définitif. J'ai la ferme espérance que cette conviction ira se répandant peu à peu dans le monde catholique : cette discussion publique et les manifestations du sentiment national n'y contribueront pas peu. Déjà ce qui a été dit dans l'autre Chambre a puissamment opéré dans ce sens : l'Europe a été étonnée lorsqu'elle a vu que de tous les bancs de l'Assemblée s'élevaient des paroles de conciliation, des paroles respectueuses envers le chef de l'Église ; et ce qui doit l'avoir frappée le plus, c'est que celles de ces paroles qui manifestaient les sentiments les plus catholiques, des sentiments trop catholiques même à mon gré, partaient de l'extrême gauche. (Sensation.)

Si vous vous associez à cette imposante manifestation, si vous donnez à la politique du gouvernement le poids de votre vote, vous faciliterez de beaucoup notre tâche. Lorsque ce corps éminent, qui compte parmi ses membres les premières illustrations de l'Italie, et à qui appartient la garde des bases de notre édifice social, aura déclaré lui aussi la nécessité d'une conciliation fondée sur l'application large des principes de liberté, il aura fait beaucoup pour la grande œuvre. Et bientôt, en voyant que nous marchons fermes et résolus dans notre voie, sans nous laisser égarer par des impatiences déraisonnables, sans céder au doute ni au danger, bientôt, je l'espère, la partie d'élite de la société catholique se convaincra de la loyauté de nos intentions; elle se convaincra que la solution proposée par nous est la seule qui puisse assurer l'influence légitime de l'Église en Italie et dans le monde entier, et nous entendrons s'élever de tous les points du monde catholique des voix qui s'écrieront :

« Saint-père, acceptez le pacte que l'Italie devenue « libre vous offre, acceptez le pacte qui doit consacrer la « liberté de l'Église, accroître l'éclat du siége où la Pro- « vidence vous a placé, augmenter l'influence de l'Église, « — et en même temps couronner l'œuvre de la régéné- « ration de l'Italie et assurer la paix de la nation, de « cette nation qui après tout, au milieu de tant de mal- « heurs et de tant d'épreuves, est encore celle qui est « restée la plus fidèle au véritable esprit du catholi- « cisme. » (Applaudissements prolongés.)

FIN.

TABLE DES MATIÈRES

PARIS. — IMPRIMERIE DE J. CLAYE, RUE SAINT-BENOIT, 7.

Printed in Dunstable, United Kingdom

91222224R10368